jetzt lerne ich

Java 5

**Komplettes Starterkit für den erfolgreichen
Einstieg in die Programmierung**

DIRK LOUIS   PETER MÜLLER

Markt+Technik

Bibliografische Information Der Deutschen Bibliothek
Die Deutsche Bibliothek verzeichnet diese Publikation in der Deutschen
Nationalbibliografie; detaillierte bibliografische Daten sind im Internet
über <http://dnb.ddb.de> abrufbar.

Die Informationen in diesem Produkt werden ohne Rücksicht auf einen
eventuellen Patentschutz veröffentlicht.
Warennamen werden ohne Gewährleistung der freien Verwendbarkeit benutzt.
Bei der Zusammenstellung von Texten und Abbildungen wurde mit größter
Sorgfalt vorgegangen.
Trotzdem können Fehler nicht vollständig ausgeschlossen werden.
Verlag, Herausgeber und Autoren können für fehlerhafte Angaben
und deren Folgen weder eine juristische Verantwortung noch
irgendeine Haftung übernehmen.
Für Verbesserungsvorschläge und Hinweise auf Fehler sind Verlag und
Herausgeber dankbar.

Fast alle Hardware- und Softwarebezeichnungen und weitere Stichworte und
sonstige Angaben, die in diesem Buch verwendet werden, sind als eingetragene
Marken geschützt. Da es nicht möglich ist, in allen Fällen zeitnah zu ermitteln,
ob ein Markenschutz besteht, wird das ® Symbol in diesem Buch nicht
verwendet.

Umwelthinweis:
Dieses Buch wurde auf chlorfrei gebleichtem Papier gedruckt.

10 9 8 7 6 5 4 3 2 1

07 06

ISBN-13: 978-3-8272-4150-4
ISBN-10: 3-8272-4150-2

© 2006 by Markt+Technik Verlag,
ein Imprint der Pearson Education Deutschland GmbH,
Martin-Kollar-Straße 10–12, D-81829 München/Germany
Alle Rechte vorbehalten
Lektorat: Brigitte Bauer-Schiewek, bbauer@pearson.de
Herstellung: Monika Weiher, mweiher@pearson.de
Coverkonzept: independent Medien-Design
Coverlayout: adesso 21, Thomas Arlt
Titelillustration: Karin Drexler
Satz: text&form GbR, Fürstenfeldbruck
Druck und Verarbeitung: Bosch-Druck, Ergolding
Printed in Germany

jetzt lerne ich Java 5

Übersicht

jetzt lerne ich

Mokka Java

Für 4 Personen

1/2 l Milch
1 EL Kakao
1 EL Zucker
1/2 l Wasser
80 g gemahlener Kaffee

optional:
1/8 l geschlagene Sahne
Zimt zum Bestäuben
ein Schuss Cognac, Whiskey,
Rum oder Amaretto zum Veredeln

Mokka Java ist ein Mischgetränk aus starkem Kaffee und mildem Kakao, das mit oder ohne Sahne getrunken wird.

Zuerst bereiten Sie den Kaffee zu. Soll es ein echter Mokka werden, brühen Sie die ganzen 80 g Kaffee auf. Wer starken Kaffee nicht gewohnt ist und nach dem Programmieren auch noch seinen Nachtschlaf finden möchte, nimmt besser nur 40 g und bereitet sich einen »Kaffee Java«.

Während der Kaffee durchläuft, nehmen Sie von der Milch 3 EL ab und rühren damit in einer kleinen Schüssel das Kakaopulver und den Zucker an. Die restliche Milch setzen Sie zum Kochen auf. Der Topf sollte groß genug sein, dass Sie später noch den Kaffee zugießen können. Wenn die Milch kocht, nehmen Sie sie vom Herd und rühren die Kakaomischung ein.

Zum Schluss Kakao und Kaffee im Topf (oder einer Thermoskanne) zusammengießen und warm halten.

Serviervorschlag:

In der Tasse oder im dekorativen Glas, mit einem Schuss Cognac und einer zimtbestäubten Sahnekrone. Wer es lieber etwas süßer mag, kann seinen Mokka Java mit Amaretto statt mit Cognac veredeln. Aber bitte nicht zu stark veredeln – Sie wollen doch zum Programmieren einen klaren Kopf behalten.

Inhaltsverzeichnis

Vorwort

Sehr wahrscheinlich haben Sie das Wort »Java« seit dem Erdkundeunterricht in der Schule nur noch selten gehört. In den letzten Jahren dürfte es Ihnen jedoch wieder häufiger begegnet sein, allerdings nicht in den Auslagen der Reisebüros, sondern beim Surfen im World Wide Web, beim Durchblättern diverser Computer-Magazine oder beim Belauschen einer Gruppe fachsimpelnder Programmierer. Irgendwann hat Sie die Neugier gepackt und Sie wollen nun endlich wissen, was genau hinter diesem Schlagwort steckt und wieso jeder davon redet.

Sicherlich ist Ihnen schon bekannt, dass Java eine Programmiersprache ist. Zwei Merkmale unterscheiden Java von anderen bekannten Programmiersprachen wie Basic, C++ oder Pascal:

- Es ist eine moderne, rein objektorientierte Sprache.

- Es ist *die* Sprache des Internets.

Dies und eine Reihe weiterer Vorteile, auf die wir im Lauf dieses Buchs noch eingehen werden, machen Java zu einer der attraktivsten Programmiersprachen, mit denen man sich derzeit auseinander setzen kann.

Ob Sie also bereits seit Jahren mit Basic, Delphi oder C++ programmieren und mit Java nun den Sprung ins Internet schaffen wollen oder ob Sie sich Java als Ihre erste Programmiersprache überhaupt ausgesucht haben – mit Java haben Sie die richtige Wahl getroffen und mit diesem Buch auch.

Dieses Buch führt Sie auf leicht verständliche und gleichsam unterhaltsame Weise in die Grundlagen der Programmierung mit Java ein. Vorhandene Programmierkenntnisse können von Vorteil sein, werden aber nicht vorausgesetzt. Schritt für Schritt werden Sie sich in Java einarbeiten und erfahren, wie Sie die Mächtigkeit der Sprache für Ihre Zwecke nutzen können. Sie werden Ihre ersten eigenständigen Java-Anwendungen schreiben, Applets zur Unterstützung von HTML-Dokumenten implementieren, mit Animationen und Threads programmieren. Aber auch das Umfeld, in das Java eingebettet ist, wollen wir nicht vernachlässigen. Falls Sie das World Wide Web bisher nur aus der Sicht Ihres Browsers kennen, haben Sie hier die Gelegenheit, einen Blick hinter die Kulissen zu werfen und Ihre erste eigene Webseite aufzusetzen. Wir möchten Ihnen aufzeigen, wie Sie Ihre Java-Programme sinnvoll einsetzen können, wie Sie Java-Programme portieren und wie Sie Ihre Programme ins Internet bringen. Am Ende eines jeden Kapitels finden Sie eine Reihe von Testfragen und eine Zusammenfassung des behandelten Stoffs sowie einige Übungsaufgaben, die zur Vertiefung und Wiederholung des Stoffs dienen, vor allem aber auch die Lust am Programmieren anregen sollen.

Programmierkenntnisse sind wie erwähnt nicht erforderlich, aber Sie sollten auch nicht zu den Zeitgenossen gehören, die bisher noch jedem Computer erfolgreich aus dem Weg gegangen sind. Spaß am Programmieren können wir Ihnen nur dann vermitteln, wenn Sie selbst ein wenig guten Willen und Ausdauer mitbringen. Gute Laune, eine Portion Neugier, dieses Buch – was brauchen Sie noch?

Um mit Java programmieren zu können, benötigen Sie ein entsprechendes Entwicklungspaket, das so genannte JDK (Java Development Kit) von der Firma Sun. Optional können Sie zusätzlich zu dem JDK eine integrierte Entwicklungsumgebung wie z.B. den JBuilder von Borland (enthält ein eigenes JDK) oder die Open-Source-Software Eclipse (wird zusätzlich zum JDK installiert) verwenden.

Für Java-Einsteiger ist der Einsatz einer integrierten Entwicklungsumgebung allerdings häufig recht verwirrend und lenkt vom eigentlichen Primärziel, die Programmiersprache Java zu lernen, unnötig ab. Schlimmer noch: Die meisten Entwicklungsumgebungen sind für fortgeschrittene Programmierer konzipiert und erleichtern deren tägliche Programmierarbeit, indem sie komplexe Arbeitsschritte automatisieren, vordefinierte Codegerüste anbieten, eigenständig Code erzeugen. Für Anfänger ist dies ein Desaster! Nehmen wir nur einmal das Codegerüst einer einfachen Konsolenanwendung, das in Java aus ungefähr vier bis sieben Zeilen Code besteht. Wenn Ihnen dieses Codegerüst stets von Ihrer Entwicklungsumgebung fertig vorgelegt wird, werden Sie sich kaum die Mühe machen, es je selbst einmal abzutippen. Sie werden es sich vielleicht anschauen und zu verstehen suchen, aber Sie werden es nie wirklich verinnerlichen. Wenn Sie dann später einmal an einem Rechner arbeiten müssen, auf dem keine Entwicklungsumgebung installiert ist, werden Sie mit Schrecken feststellen, dass es Ihnen unmöglich ist, das Grundgerüst aus dem Kopf nachzustellen. Nun, ganz so schlimm wird es vielleicht nicht kommen, aber der Punkt ist, dass die Annehmlichkeiten der Entwicklungsumgebungen

14

den Anfänger schnell dazu verführen, sich mit zentralen Techniken und Prinzipien der Java-Programmierung nur oberflächlich auseinander zu setzen.

Aus diesem Grund legen wir in diesem Buch Wert auf Handarbeit mit elementarsten Mitteln: Wir setzen unsere Quelltexte in einem einfachen Texteditor auf, wandeln die Quelltexte mithilfe des Java-Compilers *javac* aus dem JDK in ausführbare Programme um und führen diese dann mit dem Java-Interpreter *java* (ebenfalls im JDK enthalten) aus. Wie Sie dabei im Einzelnen vorgehen und was Sie beachten müssen, erfahren Sie in den einleitenden Kapiteln und im Anhang dieses Buchs.

Und wenn Sie nach Lektüre dieses Buchs mit den Grundtechniken der Java-Programmierung vertraut sind, steht es Ihnen auch zu, die Annehmlichkeiten einer integrierten Entwicklungsumgebung zu nutzen. Auf der Buch-CD finden Sie dazu kostenlose Vollversionen von Eclipse und JBuilder sowie Hinweise zu Installation und Bedienung.

www.carpelibrum.de

Falls Sie während der Buchlektüre auf Probleme stoßen oder gar auf Tipp- oder sonstige Fehler stoßen, sollten Sie nicht zögern, uns eine E-Mail unter Angabe von Buchtitel und Auflage zu senden. Allerdings schauen Sie bitte zuerst auf unserer Buchseite *www.carpelibrum.de* nach, ob sich nicht dort schon eine Antwort findet. Neben Aktualisierungen, Fehlerkorrekturen und Antworten auf typische Fragen finden Sie dort auch Hinweise auf weitere Bücher rund ums Thema Programmieren (Java, C/C++, C#, Flash, HTML u.a.).

Viel Erfolg mit Java wünschen Ihnen

Dirk Louis (autoren@carpelibrum.de)
Peter Müller (leserfragen@gmx.de)

Saarbrücken, den 18. September 2004

KAPITEL 1

Bevor es losgeht

Ich weiß, ich weiß – Sie sitzen vor Ihrem Bildschirm, haben bereits Ihre Java-Entwicklungsumgebung installiert, brennen darauf, Ihr erstes Java-Programm zu schreiben, und sind einigermaßen ungehalten, sich erst noch durch etliche Seiten theoretischer Ausführungen quälen zu müssen. Müssen Sie nicht! Wenn Sie Ihre Entwicklungsumgebung schon eingerichtet haben und mit der Programmerstellung prinzipiell vertraut sind, überspringen Sie dieses Kapitel einfach. Nur wenn Sie ein absoluter Neuling in der Programmierung sind oder von Java nicht viel mehr wissen, als dass es eine Programmiersprache ist, sollten Sie dieses Kapitel unbedingt vorab durchlesen. Alle anderen können nach Bedarf auch noch später hierher zurückkehren.

1.1   Was ist Java? – 1. Teil

Java entstand 1993 als Forschungsprojekt der Firma Sun, wobei schon auf andere Vorarbeiten zurückgegriffen werden konnte. Der konkrete Anlass war der einsetzende Boom des World Wide Web, das nach einer geeigneten Programmiersprache verlangte. Java ist vor diesem Hintergrund zu betrachten und daher untrennbar mit dem Internet und seinen Erfordernissen verbunden. Wie Sie im Laufe des Buchs lernen werden, ist es mit Java relativ einfach, Anwendungen zu schreiben, die mit anderen Computern via Internet kommunizieren, Grafiken oder Webseiten anzeigen und interaktive Fenster und Oberflächen verwenden. Natürlich können auch alle anderen Aufgaben programmiert werden, die bisher durch den Einsatz klassischer Programmiersprachen erledigt wurden.

Wie steht es in diesem Zusammenhang mit der Verwandtschaft von Java zu den anderen Programmiersprachen? Man entwickelt schließlich keine neue Programmiersprache, ohne die eigenen Erfahrungen mit den etablierten Programmiersprachen einfließen zu lassen. C/C++-Programmierer wird es freuen zu hören, dass Java stark an C++ angelehnt ist. Die Gründe hierfür sind zweifellos in der Objektorientiertheit, der Schnelligkeit und der Leistungsfähigkeit von C++ zu suchen, aber natürlich auch in der bisherigen Bedeutung dieser Sprache fürs Internet. Programmierer, die von Pascal, Basic oder anderen objektorientierten Sprachen herkommen, wird es freuen zu hören, dass Java viel unnötigen Ballast, den C++ mit sich schleppt, abgeworfen hat und dadurch wesentlich einfacher zu erlernen und zu programmieren ist. Diese Entschlackung dient nicht nur der Entlastung des Programmierers, sondern soll vor allem auch die Entwicklung »sicherer« Programme gewährleisten. Für eine Internetsprache ist dies ein ganz wesentlicher Aspekt, denn unsachgemäß programmierte Anwendungen, die in Extremsituationen ein unerwünschtes Verhalten zeigen oder abstürzen, können in einem Computernetzwerk schnell zu einem Sicherheitsrisiko werden. Natürlich liegt die Verantwortung für die Sicherheit der Anwendungen letztendlich beim Programmierer. Je komplizierter und undurchsichtiger die Konzepte einer Sprache aber sind, umso wahrscheinlicher ist es, dass der Programmierer unbeabsichtigt Fehler einbaut. In Java hat man dies erkannt und beispielsweise die gesamte Zeiger-Programmierung und die dynamische Speicherverwaltung aus den Händen des Programmierers genommen und an Compiler und Interpreter übertragen.

Falls Sie schon eine andere objektorientierte Programmiersprache wie z.B. C++ beherrschen – die folgenden Konzepte gibt es in Java *nicht*:

1. Zeiger (die dynamische Speicherverwaltung wird intern vorgenommen)

2. Funktionen (statt allein stehender Funktionen gibt es nur noch Methoden (Elementfunktionen) von Klassen)

3. Strukturen und Unions

4. Arrays und Zeichenketten gibt es nur noch als Objekte

5. Typendefinition (typedefs)

6. Mehrfachvererbung (nur in gemäßigter Form)

7. Überladung von Operatoren

Java deshalb als Schmalspur-C++ zu bezeichnen, wäre aber völlig falsch. Von der Leistungsfähigkeit her steht Java C++ kaum nach. Betrachtet man sich obige Liste etwas genauer, lässt sich feststellen, dass viele Konzepte, die C++ von C übernommen hat, zugunsten einer konsequenteren objektorientierten Programmierung aufgegeben wurden (dies betrifft die Sprachelemente 2 bis

5, die alle im Klassenkonzept aufgegangen sind). Java ist daher mittlerweile die Standardprogrammiersprache an allen US-amerikanischen Universitäten und auch an deutschen Universitäten allgegenwärtig.

Andererseits wurde auf bestimmte objektorientierte Konzepte verzichtet (Punkte 6 und 7), die im Wesentlichen der Wiederverwertung objektorientierten Quellcodes dienen, aber für Einsteiger (und auch oft noch für Fortgeschrittene) manchmal schwierig zu handhaben sind. Was geblieben ist, ist eine relativ leicht zu erlernende, konsequent objektorientierte Sprache, die Ihnen einiges zu bieten hat:

- Objektorientiertheit
- statische Typbindung, aber späte Methodenbindung
- dynamische Speicherverwaltung und Garbage Collection
- Multithreading
- Exception-Handling

Neben Java hört man auch viel von JavaScript. JavaScript wurde von Netscape entwickelt und als Erweiterung des HTML-Standards implementiert (in Browsern, die diese Erweiterung nicht unterstützen, werden die Scripte einfach ignoriert). JavaScript ist an Java angelehnt und sollte daher für C/C++- und Java-Programmierer leicht zu erlernen sein. Die Verwandtschaft zu Java hört damit aber auch schon auf. Während man mit Java echte Programme schreibt, die entweder als eigenständige Anwendungen (Anwendungen) oder als Teil eines HTML-Dokuments (Applets) ausgeführt werden, wird JavaScript-Code direkt in den HTML-Code eingefügt und vom Browser interpretiert (sofern dieser JavaScript unterstützt). Neben JavaScript gibt es mittlerweile auch noch weitere Scriptsprachen, die vornehmlich von den verschiedenen Browser-Entwicklern angeboten werden und vor allem für die Designer von HTML-Seiten interessant sind, die sich nicht mit dem Erlernen einer echten Programmiersprache belasten möchten.

1.2   Was ist ein Programm?

Prinzipiell sind Programme nichts anderes als eine Folge von Befehlen, die an einen Computer gerichtet sind und von diesem befolgt werden. Im Grunde genommen funktionieren Programme also genauso wie Kochrezepte: Sie als Programmierer sind der Koch, der das Buch schreibt. Jedes Kochrezept entspricht einem Programm und der Computer, der Ihre Programme ausführt, ist der Leser.

Abb. 1.1:
Analogie
zwischen Pro-
grammen und
Kochrezepten

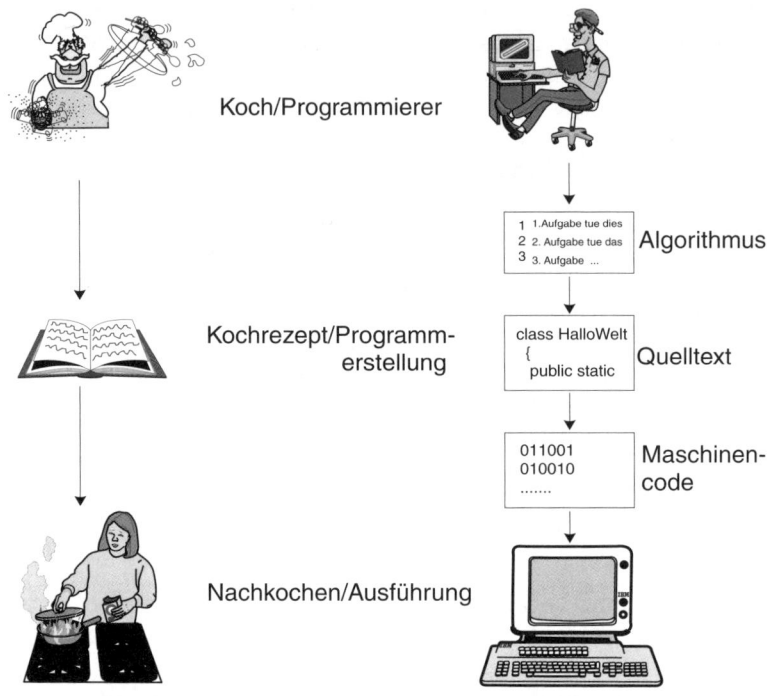

Leider ist die Realität wie üblich etwas komplizierter als das Modell. Im Falle des Kochrezepts können wir einfach davon ausgehen, dass Schreiber und Leser die gleiche Sprache sprechen. Im Falle des Programmierers und des Computers ist dies natürlich nicht der Fall, denn Sie als Programmierer sprechen an sich Deutsch und der Computer spricht ... ja, welche Sprache versteht eigentlich ein Computer?

Ich wünschte, Sie hätten diese Frage nicht gestellt, denn die Antwort ist äußerst unerfreulich. Der Computer, in diesem Fall sollte man genauer von dem Prozessor des Computers sprechen, versteht nur einen ganz begrenzten Satz elementarer Befehle – den so genannten Maschinencode, der zu allem Unglück noch binär kodiert ist und daher als eine Folge von Nullen und Einsen vorliegt. Können Sie sich vorstellen, Ihre Programme als Folge von Nullen und Einsen zu schreiben? Wahrscheinlich genauso wenig, wie Ihr Computer in der Lage ist, Deutsch zu lernen. Wir haben also ein echtes Verständigungsproblem. Um dieses zu lösen, müssen Sie – als der Intelligentere – dem Computer schon etwas entgegenkommen.

Kehren wir noch einmal zu unserem Kochbuch zurück und stellen Sie sich vor, ein Chinese würde ein Kochbuch schreiben, dass auf dem deutschen Buchmarkt erscheinen soll. Zwar findet der Chinese keinen geeigneten Übersetzer, der das Buch ordentlich vom Chinesischen ins Deutsche übersetzen könnte, aber er erinnert sich seiner Englischkenntnisse, die für ein Kochbuch absolut ausreichend sein sollten. Er schreibt also sein Buch in Englisch und lässt es dann von einem Übersetzer ins Deutsche übertragen. Gleiches geschieht auch bei der Programmierung. Statt Ihre Programme in Deutsch aufzusetzen, bedienen Sie sich einer Programmiersprache (wie Java, C, Pascal, Basic etc.), für die es einen passenden Übersetzer gibt (in diesem Fall auch Compiler genannt), der Ihre Anweisungen in Maschinencode umwandeln kann.

Ich denke, das ist jetzt schon etwas klarer. Was aber genau ist jetzt das Programm? Die noch in Deutsch formulierten Befehle? Die in Java formulierten Befehle? Oder die binär kodierten Maschinenanweisungen? Im weitesten Sinne können Sie in allen drei Fällen von Ihrem Programm reden. Wenn Sie es dagegen genau nehmen wollen, bezeichnen Sie die noch in Ihrer Sprache aufgesetzte Befehlsfolge als Algorithmus, die in Java formulierte Version des Algorithmus als Quelltext Ihres Programms und erst den vom Compiler erzeugten Maschinencode als Ihr Programm.

Mehr oder weniger unabsichtlich sind wir damit bereits in die Programmerstellung abgeglitten, die im nächsten Abschnitt noch einmal zusammengefasst wird.

1.3   Wie werden Programme erstellt?

Die Entwicklung von Computerprogrammen läuft unabhängig von der verwendeten Sprache üblicherweise nach dem folgenden Muster ab:

1. Man hat ein Problem, eine Idee, eine Aufgabe, zu deren Lösung man einen Computer einsetzen möchte.

2. Als Nächstes wird die Aufgabe als Algorithmus, also als eine Folge von Befehlen formuliert. Größere Probleme werden dabei in Teilaufgaben und Teilaspekte aufgeteilt. (Ob der Algorithmus tatsächlich auf dem Papier oder nur im Kopf des Programmierers entwickelt wird, hängt von der Komplexität der Aufgabe und der Genialität des Programmierers ab.)

3. Der Algorithmus wird in für den Computer verständliche Anweisungen einer Programmiersprache umgesetzt. Dies ergibt den so genannten Quelltext oder Quellcode.

4. Dieser Quelltext muss dann durch ein spezielles Programm, den Compiler, in Maschinenanweisungen übersetzt werden, die das eigentliche Herz des Computers – der Prozessor – versteht und ausführen kann.

5. Das ausführbare Programm wird gestartet, das heißt in den Hauptspeicher geladen und vom Prozessor ausgeführt.

21

1.4 Von Compilern und Interpretern

Bei einigen Programmiersprachen fallen die Schritte 4 und 5 zusammen. Es wird also nicht das ganze Programm erst übersetzt (kompiliert) und dann bei Bedarf ausgeführt. Stattdessen wird bei der Ausführung des Programms der Quelltext Zeile für Zeile eingelesen, übersetzt und ausgeführt. In diesem Fall spricht man von Interpreter-Sprachen, weil das Programm nicht als ausführbare Datei, sondern bloß als Quelltext vorliegt, der nur mithilfe eines speziellen Programms (des Interpreters), welches die zeilenweise Übersetzung während des Programmlaufs übernimmt, ausgeführt werden kann. In dem Beispiel aus Abschnitt 1.2 würde dies bedeuten, dass der chinesische Koch seine Kochkünste nicht in Buchform, sondern als Hörkassette herausgegeben hat und Sie mit einem Dolmetscher (Interpreter) an der Seite diese Kassette abspielen und die Rezepte nachkochen.

Abgesehen davon, dass Sie wahrscheinlich niemals auf die Idee kommen werden, sich eine chinesische Kassette mit Kochrezepten zu kaufen, haften interpretierten Programmen zwei wesentliche Nachteile an:

▨ Da die Erzeugung des Maschinencodes erst während der Ausführung vorgenommen wird, dürfte klar sein, dass solche Programme wesentlich langsamer ablaufen als kompilierte Programme.

▨ Da diese Programme als Quelltext vertrieben werden, sind der unauthorisierten Nutzung des Programmtextes und der für das Programm entwickelten Algorithmen Tür und Tor geöffnet.

Auf der anderen Seite haben diese Programme den Vorteil, dass sie sehr gut zu portieren sind, das heißt, die Übertragung von einem Computer auf einen anderen ist unproblematisch.

Bekannte Vertreter von Compiler-Sprachen sind C, C++ und Pascal. Das klassische Beispiel für eine interpretierte Programmiersprache ist Basic.

Jetzt fragen Sie sich sicherlich, wo Java einzuordnen ist.

1.5 Was ist Java? – 2. Teil

Ist Java nun eine Compiler- oder eine Interpreter-Sprache? Nun, die Einteilung ist hier nicht ganz so klar. Man kann zwar vielerorts lesen, es sei eine Interpreter-Sprache, aber das wird der Lage nicht ganz gerecht, denn tatsächlich ist Java beides.

Java-Quellcode wird zunächst mit einem Compiler (er heißt `javac`) übersetzt, allerdings nicht in den Maschinencode des jeweiligen Prozessors, sondern in so genannten Bytecode. Man kann sich diesen Bytecode als einen Maschinencode eines virtuellen Prozessors vorstellen, das heißt eines Prozessors, den es gar nicht gibt!

Damit der Bytecode nun von einem echten Prozessor ausgeführt werden kann, muss er während des Programmlaufs in dessen Maschinencode übersetzt werden, das heißt, ein Interpreter ist zum Ausführen von Java-Programmen notwendig, den man einfach wie die Sprache getauft hat, also `java`.

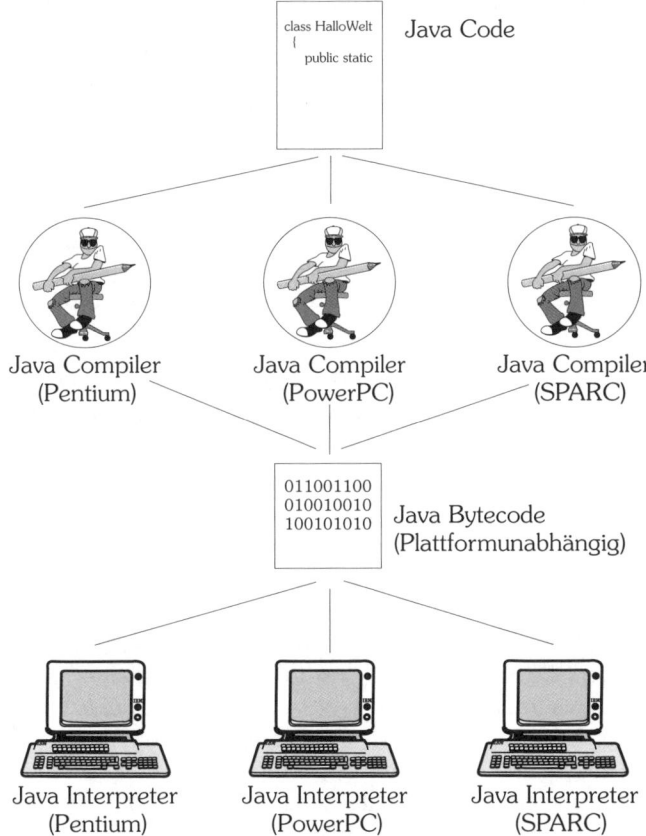

Abb. 1.2: Erstellung von Java- Programmen

Warum diese seltsame Mischung aus Compiler- und Interpreter-Sprache? Die Antwort liegt eigentlich auf der Hand. Es geht darum, die Vorteile beider Systeme miteinander zu verbinden:

▫ Der vorkompilierte Bytecode kann wesentlich schneller interpretiert werden.

- Die Übersetzung in Bytecode schützt Ihre Algorithmen vor unerwünschter Nachahmung.

- Der Bytecode ist plattformunabhängig. Gleichgültig, auf welchem Computer der Bytecode erstellt worden ist, er wird immer identisch aussehen. Es ist dadurch möglich, Bytecode von einem Rechner zum nächsten zu transferieren (zum Beispiel über das Internet) und dort ausführen zu lassen, ohne die *geringste* Änderung vornehmen zu müssen. (Wenn Sie schon in konventionellen Sprachen wie C programmiert haben und das Problem hatten, ein Programm zu entwerfen, das auf verschiedenen Betriebssystemen, Prozessoren und Compilern läuft, werden Sie diesen Vorteil von Java sicherlich zu schätzen wissen.)

- Der Interpreter hat die Möglichkeit, die Programmausführung zu überwachen und beispielsweise (absichtliche oder unabsichtliche) unkorrekte Speicherzugriffe oder Datenmanipulationen zu erkennen und direkt mit einer Fehlermeldung abzufangen. Dies ist insbesondere unter Sicherheitsaspekten interessant. Da Java für das Internet und somit beliebigen Datenaustausch konzipiert ist, muss weitgehend sichergestellt sein, dass ein Java-Programm, das man mit seinem Browser durch einen mehr oder weniger achtlosen Klick startet, nicht irgendwelche üblen Sachen anstellt. Ein Interpreter, der ständig darauf achtet, was das Java-Programm gerade tun will, ist dafür ein geeigneter Ansatz.

Zusammenfassend lässt sich sagen, dass Java-Programme aufgrund des Compiler/Interpreter-Ansatzes hardwareunabhängig und somit portabel sind und gleichzeitig ein relativ hohes Maß an Sicherheit vor Manipulationen bieten. Diese Vorteile gehen jedoch zu Lasten der Geschwindigkeit. Interpretierte Java-Programme sind trotz Bytecode ca. fünf bis zehn Mal langsamer als vergleichbare C/C++-Programme. Dies sollte Sie aber nicht abschrecken. Moderne Prozessoren sind schnell genug und viele Programme verbringen die meiste Zeit mit Warten auf Benutzereingaben, so dass der Geschwindigkeitsnachteil gar nicht zum Tragen kommt. Mittlerweile unterstützen auch alle modernen Java-Interpreter die so genannte Just-In-Time-Compilation (JIT). Hierbei übersetzt der Java-Interpreter *während der Programmausführung* Programmteile, die oft benötigt werden, in optimierten Maschinencode für den verwendeten Prozessor und hält diese Codeblöcke im Hauptspeicher, so dass bei Wiederverwendung während der aktuellen Programmausführung keine erneute Übersetzung notwendig ist. Zusätzlich werden häufig fortlaufend Hot-Spot-Analysen gemacht, d.h., sehr oft durchlaufene Codeabschnitte (die »Hot-Spots«) werden parallel zur Programmausführung intensiv optimiert und dadurch noch schneller gemacht.

1.6   Vorbereitung zum Programmieren

Bevor wir im nächsten Kapitel voll in die Programmierung einsteigen, sollten Sie Ihren Computer vorbereitet haben. Folgende Zutaten sind für die Erstellung von Java-Programmen notwendig:

■ das Java-Entwicklungstoolkit

Die aktuelle Version steht unter *http://java.sun.com/j2se/* als Public Domain Software kostenlos zur Verfügung; die zurzeit neueste Version J2SE 1.5 finden Sie auch auf der Buch-CD (Installationshinweise siehe Anhang »Installation des JDK«).

Das JDK (Java Development Kit) besteht aus einer Sammlung aller für die Programmierung erforderlichen Werkzeuge (Compiler, Interpreter, Debugger, AppletViewer etc.), den zu Java gehörenden Standardbibliotheken und einer Reihe von Beispielprogrammen. Die JDK-Werkzeuge werden von der Konsole aus aufgerufen. Linux-Anwender öffnen hierzu ein Terminalfenster, Windows-Anwender die Eingabeaufforderung.

■ ein Texteditor

Für die Programmierung genügt ein einfacher Texteditor, wie er zur Grundausstattung jedes anständigen Betriebssystems gehört. Wichtig ist, dass der Editor unformatierten ASCII-Text (also einfach nur die Buchstaben ohne Formatangaben wie fett, kursiv etc.) abspeichern kann.

Mögliche Optionen wären *Notepad* oder *Wordpad* unter Microsoft Windows, bzw. *vi* oder *emacs* unter Linux/Unix. Natürlich können Sie auch Textverarbeitungssoftware wie Microsoft Word einsetzen, allerdings müssen Sie darauf achten, nur reinen unformatierten Text (ASCII, Dateiendung *.txt*) abzuspeichern.

■ einen WWW-Browser

Wie zum Beispiel Netscape Navigator (*home.netscape.com*), Internet Explorer (*www.microsoft.com*), Opera, ein sehr schneller kostenloser Browser aus Norwegen (*www.opera.com*), oder Mozilla Firefox (*www.mozilla.org*).

Den Browser benötigen Sie einerseits zum Studium der Java-Klassendokumentation, die wir Ihnen als Ergänzung zu diesem Buch mit auf die CD gepackt haben (aber Achtung: alles auf Englisch), andererseits zum Testen von selbst erstellten Applets – kleinen Java-Programmen, die in Webseiten integriert werden.

Einrichtung einer eigenen Entwicklungsumgebung

Als Erstes sollten Sie sich überlegen, wie Sie die Dateien Ihrer Programme auf der Festplatte verwalten wollen. Eine Möglichkeit wäre, unter einem eigenen übergeordneten Verzeichnis für die einzelnen Programme Unterverzeichnisse anzulegen. Zum Nachvollziehen der Beispiele in diesem Buch bietet es sich allerdings an, unter dem übergeordneten Verzeichnis Unterverzeichnisse für die Buchkapitel anzulegen.

Wenn Sie das übergeordnete Verzeichnis *Java* nennen, könnte Ihre Verzeichnisstruktur wie folgt aussehen:

C:\Java
C:\Java\Kap02
C:\Java\Kap03
C:\Java\Kap04
...

In den Verzeichnissen für die einzelnen Kapitel speichern Sie dann die Quelldateien der zugehörigen Beispiele. Für kleinere Beispiele können Sie die Quelldateien ruhig zusammen im Kapitelverzeichnis speichern. Für größere Beispiele, die aus mehreren Quelldateien bestehen, empfiehlt es sich, nochmals eigene Unterverzeichnisse für jedes Programm anzulegen. (Gleiches gilt, wenn zwei Programme gleichnamige Klassen definieren.)

1. Richten Sie jetzt auf Ihrem Rechner ein Verzeichnis *Java* ein.

   Unter Windows können Sie das Verzeichnis direkt unter *C:* anlegen, also als *C:\Java*. (Unterverzeichnisse können im Windows Explorer, Aufruf mit ⊞+E, erzeugt werden.)

   Unter Linux legen Sie das Verzeichnis unter Ihrem Home-Verzeichnis an.

2. Legen Sie ein Unterverzeichnis *Kap02* für Kapitel 2 an.

Jetzt sollten Sie Ihren Desktop noch so gestalten, dass Sie alle für die Programmierung typischen Aufgaben effizient erledigen können.

3. Lassen Sie den Explorer geöffnet. Sie brauchen ihn, um bei Bedarf weitere Kapitel- oder Programmverzeichnisse anzulegen. Außerdem können Sie aus dem Explorer heraus bestehende Quelldateien zur Ansicht oder Bearbeitung öffnen.

4. Rufen Sie den Texteditor Ihrer Wahl auf, mit dem Sie Ihren Quellcode als ASCII-Text abspeichern können.

   Unter Windows eignet sich beispielsweise der Notepad-Editor, den Sie über das Start-Menü mit START/PROGRAMME/ZUBEHÖR/EDITOR aufrufen können. (Alternativ können Sie Start/Ausführen aufrufen, in dem erscheinenden Dialogfenster notepad eingeben und abschicken.)

Unter Linux können Sie den vi oder KWrite verwenden.

5. Speichern Sie zur Probe im Verzeichnis *C:\Java\Kap02* eine Datei *CHalloWelt.java*. Die Datei kann ruhig leer sein (oder einen beliebigen Text enthalten).

Bei Verwendung von Notepad gibt es manchmal Probleme, weil der Notepad-Editor die Dateiendung .txt an die gespeicherten Dateien anhängt (aus *Dateiname.java* wird dann *Dateiname.java.txt*). Um dies zu vermeiden, gibt es zwei Möglichkeiten. Die erste Lösung besteht darin, den kompletten Dateinamen, samt Extension, in Anführungszeichen zu setzen: *"Dateiname.java"*. Die zweite Möglichkeit ist, die Extension *.java* im Windows Explorer zu registrieren. Speichern Sie dazu nach Methode 1 eine Datei mit der Extension .java. Wechseln Sie danach in den Windows Explorer und doppelklicken Sie auf die Datei. Ist die Extension noch nicht registriert, erscheint jetzt der Öffnen mit-Dialog. Wählen Sie als gewünschtes Bearbeitungsprogramm *Notepad* aus und aktivieren Sie die Option Diese Datei immer mit diesem Programm öffnen. Wenn Sie den Dialog jetzt abschicken, wird die Extension .java registriert und mit Notepad als Standardverarbeitungsprogramm verknüpft. Danach können Sie *.java*-Dateien per Doppelklick in Notepad laden und werden nie wieder Ärger mit an Java-Dateien angehängten *.txt*-Extensionen haben.

6. Öffnen Sie ein Konsolenfenster.

Im Gegensatz zu Linux-Anwendern sind viele Windows-Anwender heutzutage gar nicht mehr mit dem Umgang mit der Konsole vertraut. Unter Windows heißt die Konsole je nach Version »Konsole« oder »Eingabeaufforderung« und wird über das Start-Menü aufgerufen (Start/Programme/ Eingabeaufforderung bzw. Start/Programme/Zubehör/Eingabeaufforderung).

7. In der Konsole wechseln Sie mithilfe des cd-Befehls (»change directory«) in das Verzeichnis, in dem die zu kompilierende Quelldatei steht. Nehmen wir an, es war dies das Verzeichnis *C:\Java\Kap02*. Dann tippen Sie hinter dem Prompt der Konsole den Befehl *cd c:\Java\Kap02*[1] ein und schicken ihn durch Drücken der ⏎-Taste ab.

---

1. Achtung: Falls Sie die Datei auf einer anderen Partition der Festplatte abgespeichert (z.B. D:) haben als die Windows-Standardpartition C:, dann müssen Sie vor dem cd-Befehl erst die richtige Partition anwählen, z.B. durch *d:* <RETURN> und dann *erst cd d:\Java\Kap02*!

8. Entpacken Sie die Java-API-Dokumentation von der Buch-CD (Verzeichnis *Software/Java-SDK/Dokumentation*) auf Ihre Festplatte – beispielsweise unter das Java-Installationsverzeichnis – und legen Sie auf Ihrem Desktop eine Verknüpfung zu der Datei *..\docs\api\index.html* an.

Wenn Sie sich dann später in der Referenz genauer über eine API-Klasse und ihre Methoden informieren wollen, brauchen Sie nur auf das Symbol der Verknüpfung doppelzuklicken.

Ihr Desktop sollte nun ungefähr wie in Abbildung 1.3 aussehen.

Abb. 1.3:
Desktop mit
Editor, Konsole
und Explorer
(unter
Windows)

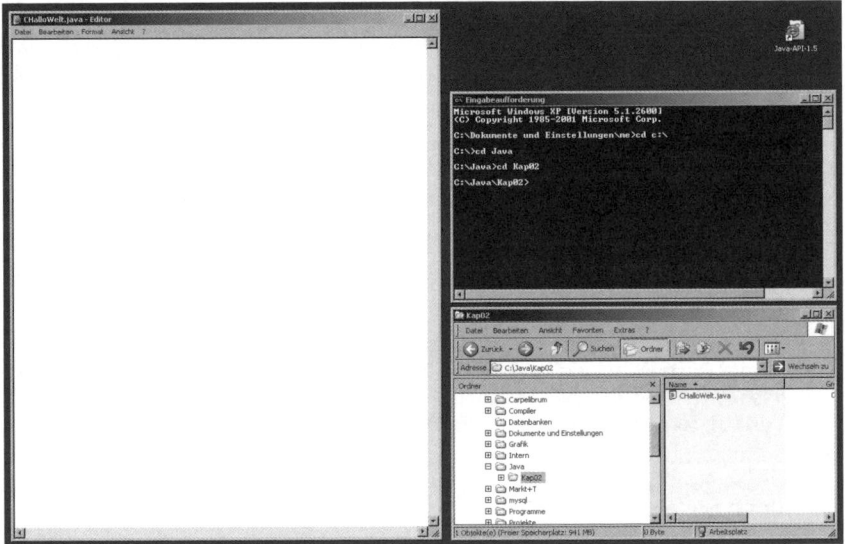

Im Editor setzen Sie Ihre Quelltexte auf. Den fertig bearbeiteten Quelltext speichern Sie im zugehörigen Programmverzeichnis.

Nach dem Speichern wechseln Sie in die Konsole, von wo aus Sie das Programm kompilieren und ausführen (die entsprechenden Befehle werden Sie gleich im nächsten Kapitel kennen lernen).

Nutzen Sie die Treten bei der Kompilierung Fehler auf, korrigieren Sie die entsprechenden
Konsolen- Zeilen im Quelltext, Speichern, wechseln Sie zur Konsole und kompilieren
History! Sie erneut. Die Konsolenbefehle müssen Sie dazu nicht einmal neu eingeben. Die Konsole merkt sich alle bereits abgeschickten Befehle in ihrer History, die Sie mithilfe der Pfeiltasten durchgehen können. (Achtung, Windows 98-Anwender! Für die Win98-Konsole muss die History explizit durch Abschicken des Befehls doskey aktiviert werden.)

Damit sind Sie gerüstet und das Abenteuer kann beginnen!

Integrierte Entwicklungsumgebungen

Die Arbeit mit dem JDK ist wegen der vielen, nur von der Konsole aus zu bedienenden Programme etwas unhandlich. Viele Programmierer greifen daher zu integrierten Entwicklungsumgebungen, deren grafische Benutzeroberfläche den Komfort eines übergeordneten Bedienpults bietet, von dem aus sämtliche Programmierarbeiten bequem erledigt werden können. Die meisten integrierten Entwicklungsumgebungen warten daher nicht nur mit Menübefehlen zum Kompilieren und Ausführen der Programme auf, sondern auch mit

– integrierten Editoren, die speziell für die Erstellung von Quelltexten ausgelegt sind und den Programmierer mit Optionen wie Zeilennummerierung, Syntaxhervorhebung, automatischer Zeileneinzug, Codevervollständigung und Einblendung von Hilfetexten erfreuen,

– integriertem Debugger zum Aufspüren von Laufzeitfehlern,

– einer ausgeklügelten Projektverwaltung, die dem Programmierer dabei hilft, die Dateien seiner Programme (Quelltextdateien, kompilierte class-Dateien, Ressourcen wie Bild- oder Sounddateien) übersichtlich zu verwalten,

– vorgefertigen Programmgerüsten und

– visueller Programmierung. (Betrifft vor allem die Erzeugung von Anwendungen mit grafischer Benutzeroberfläche (GUI). Die Fenster der Benutzeroberfläche können in einem grafischen Editor aufgebaut und bearbeitet werden, den zugehörigen Java-Code erzeugt die Entwicklungsumgebung automatisch.)

Die wichtigsten Java-Entwicklungsumgebungen sind JBuilder, Eclipse und NetBeans. JBuilder und Eclipse finden Sie auch auf der Buch-CD, ergänzt durch Hinweise zur Installation und Bedienung (*/PDFs/Entwicklungsumgebungen.pdf*).

Grundsätzlich möchten wir Ihnen aber raten, anfangs auf den Einsatz einer integrierten Entwicklungsumgebung zu verzichten und rein mit dem JDK zu arbeiten. Gerade weil dem JDK der Komfort einer integrierten Entwicklungsumgebung und die Leichtigkeit und trügerische Sicherheit der visuellen Programmierung fehlt, halten wir ihn für den Einstieg ideal. Wir möchten, dass Sie erst einmal selbst lernen, wie man gute und sichere Programme schreibt und sich nicht gleich von Anfang an auf eine Entwicklungsumgebung verlassen, die Ihnen zwar vieles abnimmt, aber auch vieles vor Ihnen verbirgt. Wir wollen nicht, dass Sie einfach aufs Geratewohl programmieren, Sie sollten auch verstanden haben, was Sie programmieren. Später können Sie dann jederzeit auf eine integrierte Entwicklungsumgebung umsteigen.

jetzt lerne ich

Der erste Kontakt – von Applets und Anwendungen

Bestimmt sind Sie schon ganz gespannt und wollen nun endlich wissen, wie man mit Java Programme schreiben kann. Wir werden uns daher auch nicht mehr mit langen Vorreden aufhalten, sondern gleich mit zwei einfachen Beispielen beginnen – eine Java-Anwendung und ein Java-Applet. Beide Programme werden nur aus wenigen Zeilen Quelltext bestehen, aber diese werden es in sich haben. Sie sollten darüber aber nicht erschrecken und Sie brauchen sich auch nicht darum zu sorgen, wie es mit der Java-Programmierung weitergeht, wenn schon die einfachsten Programme so kompliziert und unverständlich sind. Das Problem, speziell für uns als Autoren, liegt darin, dass man in Java auch für die einfachsten Programme auf eine Reihe weit fortgeschrittener Konzepte vorgreifen muss. Versuchen wir einfach, aus der Not eine Tugend zu machen. Statt gleich alles bis ins Detail verstehen zu wollen, verschaffen wir uns erst einmal einen Überblick.

In diesem Kapitel werden Sie

– den Unterschied zwischen Applets und Anwendungen kennen lernen,

– Ihre erste Java-Anwendung schreiben,

– Ihr erstes Java-Applet ausprobieren,

– den Umgang mit Compiler und Interpreter üben,

– eine simple HTML-Seite zum Aufruf von Applets aufsetzen.

2.1   Was unterscheidet Applets und Anwendungen?

Es gibt zwei verschiedene Arten von Java-Programmen, nämlich *Applets* und *Anwendungen*.

Applets   Applet bedeutet soviel wie »little application« und deutet auch schon an, was darunter zu verstehen ist: Applets sind keine selbstständigen Programme, sondern brauchen immer eine bestimmte Umgebung, in der sie existieren und ablaufen können. Diese Umgebung stellt in der Regel ein WWW-Browser zur Verfügung (der natürlich Java-fähig sein muss). Alle modernen Browser bieten diese Unterstützung, vorausgesetzt, ein aktuelles Java-Plug-In ist für den Browser installiert (dazu im Applet-Kapitel mehr).

Die eigentliche Aufgabe dieser Browser ist es, Sie durchs World Wide Web zu geleiten, HTML-Dokumente auszumachen und anzuzeigen sowie die grundlegenden Formen des Datenaustauschs im Internet zu unterstützen. Das Web selbst ist nichts anderes als die Gesamtheit der HTML-Dokumente im Internet, die untereinander über so genannte Links in Verbindung stehen. Sie beginnen eine Reise durchs Web damit, dass Sie eine beliebige, in HTML geschriebene Webseite in Ihren Browser laden. Bestimmte Stichwörter im Text des Dokuments sind besonders hervorgehoben – hinter ihnen verbergen sich die Links (Verknüpfungen) zu weiteren HTML-Dokumenten. Wenn Sie ein solches Stichwort anklicken, ermittelt der Browser die Adresse, unter der das zugehörige Dokument zu finden ist, fordert es von dem entsprechenden Server an (der Server wird als Teil der Adresse angegeben) und zeigt es, wenn alles gut geht, auf Ihrem Bildschirm an.

Die Erstellung von HTML-Dokumenten ist nicht sehr schwierig, so dass praktisch jeder, der Zugang zu einem Server hat, auf dem er seine Webdokumente anbieten kann, am World Wide Web teilhaben und es erweitern kann. Bis hierher sind die Webdokumente allerdings recht statische Gebilde, die sich kaum von den typischen Textdokumenten der PC-Textverarbeitungsprogramme unterscheiden: elektronische Abbilder gedruckter Texte. Interessant wäre es, den Webseiten ein flexibles Aussehen zu verleihen (beispielsweise durch Einblendung des jeweils aktuellen Datums), den Leser einer Webseite mit dieser interagieren zu lassen (über Schaltflächen, Listen, sensitive Grafiken) und Daten vom Leser abzufragen (über Dialogfelder) und an den Besitzer der Website zurückzuliefern. Um dies möglich zu machen, gibt es viele unterschiedliche Ansätze, u.a. der Einsatz von diversen Scripting-Sprachen und natürlich der Einsatz von Java in Form von Applets.

Die Unterstützung von Webseiten durch Programme kann serverseitig oder clientseitig erfolgen. Bei der serverseitigen Unterstützung werden die Programme auf der Server-Maschine ausgeführt (z.B. CGI-Skripte, PHP-Seiten). Als Ergebnis liefern die Programme meist eine Webseite an den Browser zurück. Bei der clientseitigen Unterstützung werden die Programme auf der Client-Maschine, also auf dem Computer des Websurfers, ausgeführt (Applets, JavaScript). Die Oberflächenelemente der Programme können in der Webseite angezeigt werden und mit dem Leser der Webseite interagieren.

Wenn Sie als Anbieter eines Webdokuments dieses um ein Java-Applet bereichern wollen, programmieren Sie das Applet, nehmen in Ihr HTML-Dokument einen Verweis auf das Applet auf und speichern HTML-Dokument und Applet zusammen auf Ihrem Server. Greift jetzt ein Internet-User mit seinem Webbrowser auf Ihr HTML-Dokument zu, lädt der Webbrowser zuerst das HTML-Dokument. Blättert der User zu der Stelle, an der das Applet eingeblendet werden soll, lädt der Webbrowser dieses automatisch von Ihrer Website und führt es aus. Für den Leser des Webdokuments erscheint das Applet wie ein integraler Bestandteil des Dokuments, so dass ihm unter Umständen gar nicht bewusst wird, dass hier im Hintergrund ein Programm abläuft.

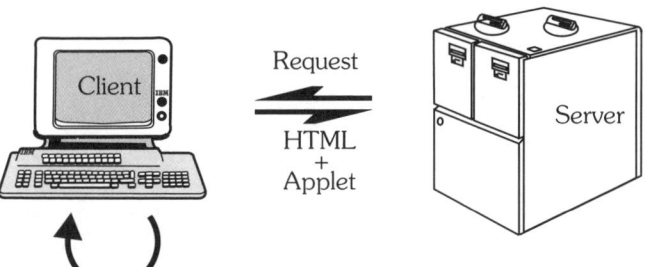

Abb. 2.1: Kommunikation zwischen Server und Client für Java-unterstützte Webdokumente

Soviel zu den Applets, mit denen wir uns ab Kapitel 14 eingehender befassen werden. In den nachfolgenden Kapiteln werden wir uns allerdings erst einmal mit der allgemeinen Java-Programmierung und der Erstellung von Java-Anwendungen beschäftigen.

Im Gegensatz zu Applets sind Anwendungen vollwertige und eigenständige   *Anwendungen*
Programme, die zur ihrer Ausführung keinen Browser und keine besondere Umgebung benötigen (bis auf den Java-Interpreter natürlich). Java-Anwendungen stellen also das Pendant zu den üblichen C-, Pascal- oder Basic-Programmen dar.

2.2 Die erste Java-Anwendung

In vielen Lehrbüchern über Programmiersprachen (insbesondere C) beginnt man mit dem Erstellen eines kleinen Programms, das die Meldung »Hello World« auf den Bildschirm ausgibt. Wir wollen uns dieser Tradition anschließen und eine Anwendung erzeugen, die sich mit einem freudigen »Hallo Welt« meldet.

Und so sieht das Programm aus:

Listing 2.1:
CHalloWelt

```java
// Dies ist die erste Anwendung

public class CHalloWelt {
  public static void main (String[] args) {
    System.out.println("Hallo Welt!");
  }
}
```

Anwendungen erstellen und ausführen

Um diese – und jede andere – Anwendung auf Ihrem Computer zu erstellen und auszuführen, gehen Sie folgendermaßen vor:

1. *Öffnen Sie Ihren Texteditor.*

   Rufen Sie einen beliebigen Texteditor auf, mit dem Sie Ihren Quellcode als ASCII-Text abspeichern können.

2. *Geben Sie den Java-Quelltext ein.*

   Legen Sie in Ihrem Editor eine neue Datei an, tippen Sie obigen Quelltext ein und speichern Sie die Datei unter dem Namen *CHalloWelt.java*. Wichtig ist dabei, dass die Quelltextdatei exakt den gleichen Namen trägt wie die in dem Quelltext definierte Hauptklasse (hier also CHalloWelt), wobei auch die Groß- und Kleinschreibung zu beachten ist. Weiterhin wichtig ist, dass die Datei die Dateiendung *.java* trägt und der Editor nicht eigenmächtig eine eigene Dateiendung anhängt (vgl. Anmerkung zu Notepad in Schritt 5 von Abschnitt 1.6, »Einrichtung einer eigenen Entwicklungsumgebung«).

Zu Anfang bitte nicht die Quelltexte von der Buch-CD kopieren, sondern die Texte wirklich selbst eintippen. Es werden sich dabei zwar manche Tippfehler einschleichen, doch aus der Beseitigung dieser Fehler lernen Sie! Greifen Sie auf die Quelltexte der Buch-CD nur als letzte Referenz zurück, wenn Sie Ihre Programme gar nicht zum Laufen bringen.

3. *Kompilieren Sie den Quelltext.*

Falls Sie es nicht bereits bei Lektüre von Abschnitt 1.6, »Einrichtung einer eigenen Entwicklungsumgebung« getan haben, öffnen Sie jetzt ein Konsolenfenster und wechseln Sie in das Verzeichnis Ihrer Java-Quelldatei. Von dort rufen Sie den Java-Compiler *javac* auf und übergeben ihm die zu kompilierende Quelldatei:

Prompt:> *javac CHalloWelt.java* <RETURN>

Dieser Aufruf erzeugt eine ausführbare Bytecode-Datei mit dem Namen der übergebenen Quelltextdatei, allerdings mit der Extension *.class* – in unserem Beispiel also *CHalloWelt.class.*

Sollten Sie beim Abschicken des Befehls eine Meldung in der Form »Befehl oder Dateiname nicht gefunden« erhalten, ist Ihr System nicht so eingerichtet, dass sie die Java-Entwicklungsprogramme aus jedem beliebigen Verzeichnis aufrufen können. Sie müssen dann dem Programmnamen *javac* den vollständigen Pfad voranstellen, der zu dem Programm führt. Wenn Sie beispielsweise Java im Verzeichnis *C:\programme\java\jdk1.5.0* installiert haben, würde der Aufruf beispielsweise *C:\programme\java\jdk1.5.0\bin\javac* lauten. Bequemer ist es, wenn Sie den Pfad zu den Java-Entwicklungsprogrammen in Ihren Systempfad eintragen (siehe Anhang »Installation des JDK«).

4. *Lassen Sie die fertige Anwendung ausführen.*

Dazu rufen Sie den Java-Interpreter (*java*) auf und übergeben diesem als Parameter den Namen Ihrer kompilierten Bytecode-Datei, aber ohne die Endung *.class*, d.h., in der Konsole wird eingegeben:

Prompt:> *java CHalloWelt*

Sollten Sie daraufhin eine Fehlermeldung der Form »Exception in thread "main" java.lang.NoClassDefFoundError: CHalloWelt« erhalten, bedeutet dies, dass der Interpreter die gewünschte Java-Klasse nicht findet. Dies kann daran liegen, dass die *.class*-Datei nicht erzeugt wurde (kontrollieren Sie nach dem Kompilieren mithilfe des DOS-Befehls *dir*, ob die Datei *CHalloWelt.class* im Verzeichnis angelegt wurde). Möglich ist auch, dass Sie aus Versehen die Dateiendung .class angehängt oder den Klassennamen nicht exakt so eingegeben haben, wie er im Quelltext definiert ist (auf gleiche Groß- und Kleinschreibung achten). Meist liegt es aber daran, dass irgendeines der auf Ihrem System installierten Programme die Java-Umgebungsvariable CLASSPATH so gesetzt hat, dass die class-Dateien im aktuellen Verzeichnis nicht mehr gefunden werden. Dann müssen Sie die CLASSPATH-Variable bearbeiten und um den Platzhalter für das aktuelle Verzeichnis (;.) erweitern. Wie dies genau geht, ist im Anhang »Installation des JDK« beschrieben.

Abb. 2.2:
Kompilation
und Aus-
führung der
Anwendung
CHalloWelt im
Verzeichnis
C:\Java\
Kap02.

```
Eingabeaufforderung                                                    _□×

Microsoft Windows XP [Version 5.1.2600]
(C) Copyright 1985-2001 Microsoft Corp.

C:\Dokumente und Einstellungen\me>cd c:\Java\Kap02

C:\Java\Kap02>javac CHalloWelt.java

C:\Java\Kap02>dir
 Volume in Laufwerk C: hat keine Bezeichnung.
 Volumeseriennummer: 0CDB-30D7

 Verzeichnis von C:\Java\Kap02

06.10.2004  09:09    <DIR>          .
06.10.2004  09:09    <DIR>          ..
06.10.2004  14:27               425 CHalloWelt.class
06.10.2004  13:54               181 CHalloWelt.java
               2 Datei(en)            606 Bytes
               2 Verzeichnis(se),   985.481.216 Bytes frei

C:\Java\Kap02>java CHalloWelt
Hallo Welt!

C:\Java\Kap02>_
```

Der Quelltext der Anwendung

```
01 // Dies ist die erste Anwendung
02
03 public class CHalloWelt {
04   public static void main (String[] args) {
05     System.out.println("Hallo Welt!");
06   }
07 }
```

Die Zeilennummern sind nicht Teil des Listings!!! Sie sollen Ihnen lediglich helfen, die besprochenen Codestellen leichter zu finden.

Gehen wir nun den Quelltext des Programms durch. Dabei sollte es uns nicht darum gehen, alle syntaktischen Elemente von Java auf einmal verstehen zu wollen. Wichtiger ist es zu verstehen, wie das Grundgerüst einer Java-Anwendung aussieht und woran der Compiler eine Java-Anwendung erkennt. Im nachfolgenden Abschnitt werden wir uns dann mit dem Grundgerüst von Java-Applets beschäftigen.

```
// Dies ist die erste Anwendung
```

Die erste Zeile des Quelltextes ist ein Kommentar. Eingeleitet wird der Kommentar durch die doppelten Schrägstriche //, die dem Compiler mitteilen, dass der Rest der Zeile nur als Gedächtnisstütze für den Programmierer gedacht ist und bei der Übersetzung ignoriert werden kann.

Unter dem Kommentar wird es dann schon recht kryptisch. Springen wir gleich in die fünfte Zeile, in der wir den Text wiedererkennen, den die Anwendung ausgeben soll:

```
System.out.println("Hallo Welt!");
```

Damit der Compiler erkennt, dass es sich bei »Hallo Welt!« um einen einfachen Text und nicht etwa um einen Programmierbefehl handelt, wird der Text in Anführungszeichen gesetzt. Woher aber weiß das Programm, was es mit diesem Text zu tun hat? Dazu bedarf es spezieller Anweisungen, die den Text auf Ihrem Bildschirm ausgeben, die Sie glücklicherweise aber nicht selbst zu implementieren haben. Es gibt schon eine vordefinierte Folge von Anweisungen, die als so genannte Methode unter dem Namen `println()` zum Standardumfang von Java gehört. Um einen Text auszugeben, brauchen Sie diesen also lediglich der Methode `println()` zu übergeben, wozu Sie den Text in Anführungszeichen zwischen die Klammern nach dem Methodennamen schreiben.

Wir sind damit auf ein ganz zentrales Konzept zur Modularisierung von Programmcode gestoßen.

Modularisierung durch Methoden

Grundsätzlich bestehen Programme aus Anweisungen – einzelne Befehle, die der Computer nacheinander ausführen soll (in den nächsten Kapiteln werden wir viele Beispiele für solche Anweisungen sehen). Man könnte nun ein Programm so aufsetzen, dass man die Befehle einfach in der Reihenfolge, in der sie abgearbeitet werden, untereinander aufschreibt (wie es früher in Basic der Fall war). Nun kehren aber bestimmte Aufgaben bei der Programmierung immer wieder, so zum Beispiel die Ausgabe von Text auf einen Bildschirm, die Berechnung von Sinus-Werten, das Öffnen einer Datei und so weiter und so fort. Damit man nun nicht fortwährend das Rad neu erfinden muss, fasst man die Anweisungen zur Lösung eines solchen Problems in einer Methode zusammen. Fortan muss man zur Ausgabe eines Textes nicht mehr die ganzen Anweisungen zur Textausgabe niederschreiben, sondern man braucht nur noch die entsprechende Methode aufzurufen. Und da man den auszugebenden Text der Methode erst beim Aufruf übergibt, kann die Methode sogar beliebigen Text ausgeben (wie dies im Einzelnen funktioniert, werden wir in Kapitel 4.2 klären).

Methoden kapseln Quellcode und dienen der Lösung genau definierter Teilprobleme.

Glücklicherweise sind für die wichtigsten Probleme bereits entsprechende Methoden vorhanden – sie gehören zur Standardausstattung von Java (wie zum Beispiel `println()` für die Textausgabe). Die Frage ist nur: Wo findet man diese Methoden? Oder um die Frage zu verallgemeinern: Wie wird der Quellcode in Java-Programmen organisiert?

Methoden, Klassen, Pakete

In Java-Programmen dürfen Anweisungen (also der eigentliche Code, der vom Computer ausgeführt werden soll) nicht einfach irgendwo im Quelltext herumstehen. Vielmehr ist es so, dass Anweisungen nur innerhalb von Methodendefinitionen erlaubt sind.

Aber auch Methodendefinitionen dürfen nicht an beliebiger Stelle stehen. Methoden sind in Java nur als Elemente von Klassen erlaubt (in einigen anderen Programmiersprachen können Methoden auch allein außerhalb von Klassen definiert werden und man nennt sie dann zur Unterscheidung *Funktionen*).

Klassen dürfen dagegen an beliebiger Stelle im Quelltext definiert werden.

Um es also noch einmal in aller Deutlichkeit zu sagen: Java-Programme bestehen praktisch nur aus Klassendefinitionen. Diese Klassen definieren Variablen und Methoden und nur in diesen Methoden stehen die eigentlichen Anweisungen, die das Programm auszuführen hat.

Betrachten wir jetzt noch einmal den Aufbau unseres ersten Programms:

```
01 // Dies ist die erste Anwendung
02
03 public class CHalloWelt {
04   public static void main (String[] args) {
05     System.out.println("Hallo Welt!");
06   }
07 }
```

Analyse In Zeile 3 definieren wir eine eigene Klasse namens CHalloWelt. Beginn und Ende der Klassendefinition werden durch das geschweifte Klammernpaar gekennzeichnet. Die Angabe public ist ein so genannter Modifizierer und legt fest, welche anderen Klassen auf CHalloWelt zugreifen dürfen[1]. Innerhalb der Klasse CHalloWelt definieren wir die Methode main() (Zeile 4 bis 6). Die Anweisungen, die zu der Methode gehören, werden wiederum in geschweifte Klammern gefasst. In unserem Fall ist die einzige Anweisung der Aufruf der Methode println().

Ähnlich wie man Methoden in Klassen organisiert (wobei alle Methoden einer Klasse üblicherweise einem gemeinsamen Aufgabengebiet angehören), kann man Klassen in so genannten Paketen zusammenfassen. Mehr dazu erfahren Sie in Kapitel 3.6 und am Ende von Abschnitt 4.2. Eine tabellarische Übersicht der wichtigsten Pakete und Klassen enthält die PDF-Datei *Java-Klassenuebersicht.pdf* auf der Buch-CD, Verzeichnis *PDFs*. Die vollständige

---

1. In diesem einfachen Beispiel, wo das ganze Programm nur aus einer Klasse besteht, könnte man public auch weglassen.

(englische) Referenz der Pakete und Klassen enthält die API-Dokumentation (Buch-CD, Verzeichnis *Software/Java-SDK/Dokumentation*).

Der eigentliche Code, die Anweisungen des Programms, ist also verteilt auf die Methoden des Programms. Und da eine Methode eine andere Methode aufrufen kann, ist es kein Problem, den Programmablauf zu steuern und von Methode zu Methode weiterzuführen. Mit welcher Methode wird nun aber begonnen? Welche Methode wird aufgerufen, wenn wir das Programm starten?

Der Programmstart

Jede Java-Anwendung beginnt mit einer main()-Funktion, die folglich in jeder Java-Anwendung definiert werden muss. Genau dies geschieht in unserem kleinen Beispielprogramm.

```
public class CHalloWelt {
  public static void main (String[] args) {
    System.out.println("Hallo Welt!");
  }
}
```

Da Methoden nur innerhalb von Klassen definiert werden dürfen, müssen wir zuerst die Alibi-Klasse CHalloWelt definieren. Diese enthält dann die Definition unserer main()-Methode. Und das war schon das ganze Programm.

> Das Grundgerüst einer Java-Anwendung besteht aus einer Hauptklasse, in der die Methode main() definiert wird. Die Signatur dieser Funktion ist fest vorgegeben:
>
> `public static void main (String[] args)`
>
> Die Ausführung der Anwendung beginnt mit der ersten Anweisung im Funktionskörper von main().

2.3   Das erste Java-Applet

Als Nächstes implementieren wir das Programm aus Abschnitt 2.2 als Applet. Da Applets wie gesagt nur zur Unterstützung von WWW-Dokumenten dienen, ändern wir die Grußformel in »Hallo World Wide Web!«.

Und so sieht das Applet aus:

```
// Dies ist das erste Applet

public class CHalloWWW extends java.applet.Applet  {
  public void paint(java.awt.Graphics gc)  {
    gc.drawString("Hallo World Wide Web!",100,100);
  }
}
```

Listing 2.2: CHallo-WWW.java

39

Applets erstellen und ausführen

Um dieses – und jedes andere – Applet auf Ihrem Computer zu erstellen und auszuführen, gehen Sie anfangs genauso wie bei der Erstellung einer Anwendung vor:

1. Legen Sie in Ihrem Texteditor ein neues Dokument an, tippen Sie den Quelltext ein und speichern Sie die Datei unter dem Namen der Applet-Klasse, hier *CHalloWWW.java*.

2. Kompilieren Sie die Quelldatei des Applets.

   ```
   Prompt:> javac CHalloWWW.java
   ```

   Der Compiler erzeugt die zugehörige class-Datei (für *CHalloWWW.java* also *CHalloWWW.class*).

Bevor wir das Applet ausführen und austesten können, müssen wir noch eine zugehörige HTML-Seite aufsetzen, die das Applet aufruft. Zuvor aber untersuchen wir noch den Quelltext.

Der Applet-Quelltext

Schauen wir uns nun den Quelltext an. Unser Wissen über das Grundgerüst der Java-Anwendungen kommt uns dabei bereits zugute, so dass wir gleich etwa tiefer in die Materie einsteigen können. Lassen Sie sich aber nicht verdrießen, wenn Sie in den Details nicht immer folgen können. Wichtig ist der grobe Überblick.

Kommentare

Wie die Java-Anwendung beginnen wir auch das Java-Applet mit einem Kommentar. Alle Zeichen einer Zeile, die nach dem // erscheinen, werden von dem Java-Compiler als Kommentar angesehen und ignoriert, da sie nur für den Programmierer als Gedächtnisstütze dienen sollen. Bei kleinen Programmen sind Kommentare noch nicht so wichtig, aber bei etwas größeren Programmierprojekten sind sie unverzichtbar, damit der Programmierer oder andere, die den Code lesen wollen, nachvollziehen können, was das Programm an der jeweiligen Stelle macht.

Mehrzeilige Kommentare kann man auch mithilfe der »Klammern« /* und */ einfügen:

```
/* Dies ist
alles ein
Kommentar */
```

Die Hauptklasse des Applets

Die nächsten Zeilen des Beispiels sehen schon ziemlich wild aus und wir werden uns langsam von außen nach innen vorarbeiten.

```
public class CHalloWWW extends java.applet.Applet {

}
```

Hier wird eine Klasse mit dem Namen CHalloWWW definiert. Klassen sind wie gesagt die Grundbausteine, aus denen ein Java-Programm zusammengesetzt ist. Die Definition einer Klasse beginnt mit dem Schlüsselwort class, gefolgt von dem Namen der neuen Klasse (in diesem Beispiel CHalloWWW). Dem Modifizierer public, der in obigem Beispiel noch vor dem Schlüsselwort class steht, werden wir uns später zuwenden. Sie können sich aber schon merken, dass die Hauptklasse eines Applets unbedingt mit dem Modifizierer public deklariert werden muss.

Damit Sie im Laufe des Buchs besser zwischen Java-Klassen aus den Standardbibliotheken und selbst erstellten Java-Klassen unterscheiden können, geben wir Letzteren immer Namen, die mit C (wie Class) beginnen.

Es gibt schon viele fertige Klassen, die von Java bereitgestellt werden. Ein Beispiel ist die Klasse Applet, die mit vollem Namen java.applet.Applet heißt und wie jede Klasse so genannte Variablen und Methoden enthält, die ihre Eigenschaften und Fähigkeiten bestimmen. Wenn man als Programmierer nun eine maßgeschneiderte Klasse braucht, hat man zwei Möglichkeiten. Entweder definiert man eine ganz neue Klasse oder man baut auf einer schon vorhandenen Klasse und deren Fähigkeiten auf. Im letzteren Fall verwendet man das Schlüsselwort extends, das dem Compiler anzeigt, dass die neue Klasse (die abgeleitete Klasse) alle Elemente der spezifizierten vorhandenen Klasse (der Basisklasse) erbt. In der weiteren Definition der abgeleiteten Klasse wird diese um zusätzliche Variablen und Methoden erweitert.

Mit diesen Informationen können wir die obigen Zeilen nun besser verstehen: Es wird eine eigene Klasse mit dem Namen CHalloWWW definiert, die von der Basisklasse java.applet.Applet abgeleitet wird. Danach folgt ein Klammerpaar, das den Anfang und das Ende der Klassendefinition markiert.

Die Klassendefinition

Im Inneren der Klammern werden die Eigenschaften und Fähigkeiten der Klasse festgelegt, also was diese Klasse machen und können soll. Wie schon erwähnt, unterscheidet man dabei *Variablen* und *Methoden*.

41

Variablen präsentieren die Daten, mit denen Ihr Programm arbeitet. Jeder Variable wird im Arbeitsspeicher des Computers ein bestimmter Speicherplatz zugeordnet, wo der Wert der Variablen zwischengespeichert wird. Variablen speichern Zahlen, Zeichen, boolesche Werte oder auch Instanzen Ihrer Klassen. Welche Art von Werten eine Variable aufnehmen kann, wird durch ihren Datentyp festgelegt.

Methoden hingegen sind Unterprogramme, also eine bestimmte Abfolge an Anweisungen, die irgendeine Teilaufgabe lösen. Man kann ihnen beim Aufruf Werte (Parameter) mitgeben und die Methode kann auch einen Wert als Resultat zurückgeben. Aus diesem Grund nennt man sie auch häufig Elementfunktionen, da wie bei einer mathematischen Funktion ($y=f(x)$) ein Parameter (das x) mitgegeben und ein Resultat (y) zurückgeliefert wird.

Die paint()-Methode

Schauen wir nun wieder das Beispiel an. Im Innern der Klammern finden wir die Definition einer solchen Methode:

```
public void paint(java.awt.Graphics gc) {
   gc.drawString("Hallo World Wide Web!",100,100);
}
```

Es wird eine Methode `paint()` definiert, die als Parameter eine Variable namens `gc` erwartet. Die Angabe `java.awt.Graphics` bezeichnet dabei den Datentyp von `gc`. Auch der Datentyp des Rückgabewerts der Methode wird schon festgelegt: durch das Schlüsselwort `void` vor dem Methodennamen. Es handelt sich dabei um einen ganz speziellen Typ, der nichts anderes besagt, als dass gar kein Wert zurückgeliefert wird. (Das `public` ignorieren wir noch, damit es nicht zu kompliziert wird.)

Die Anweisungen einer Methode müssen in einem Anweisungsblock stehen, der durch ein Klammernpaar { } begrenzt wird. Im obigen Beispiel ist die einzige Anweisung der Aufruf der Methode `gc.drawString()`, die als Parameter die Zeichenkette `"Hallo World Wide Web"` erhält sowie die x- und y-Koordinaten der Stelle, wo die Meldung ausgegeben werden soll.

Ganz unscheinbar, aber sehr wichtig ist das Semikolon am Ende des Methodenaufrufs. Jede Anweisung muss in Java (wie in C und C++) mit einem Semikolon abgeschlossen werden. Der Compiler benötigt es für seinen Übersetzungsvorgang von Quellcode nach Bytecode. Testen Sie dies ruhig einmal: Löschen Sie das Semikolon und kompilieren Sie das Beispiel erneut. Sie werden eine Fehlermeldung erhalten. Das Semikolon zu vergessen, ist ein sehr häufiger Fehler beim Eintippen von Quelltext!

Anweisungen werden stets mit Semikolon abgeschlossen!

Vordefinierte Methoden

Sie werden sich vielleicht fragen, wo die Methode gc.drawString() auf einmal herkommt, da sie ansonsten nirgendwo auftaucht und somit auch die Definition fehlt, was sie überhaupt machen soll. Die Antwort liefert uns die Parametervariable gc. Ihr Datentyp ist java.awt.Graphics, der eine der zahlreichen fertigen Klassen in Java bezeichnet. Somit handelt es sich bei gc um eine so genannte Instanz der Klasse java.awt.Graphics – ähnlich wie Sie eine Instanz der Klasse Mensch sind –, die daher über alle Eigenschaften dieser Klasse verfügt, insbesondere die Methode drawString(), auf die über den so genannten Punkt-Operator (.) zugegriffen werden kann.

Automatisch aufgerufene Methoden

Verbleiben wir noch einen Moment bei der paint()-Methode. Sie gehört zu einer speziellen Gruppe von Methoden, die zu bestimmten Zeiten im Lebenslauf eines Applets automatisch aufgerufen werden. Speziell die Methode paint() wird immer dann aufgerufen und ausgeführt, wenn das Applet gezeichnet werden muss. Dies ist beispielsweise dann der Fall, wenn ein Browser auf einer Webseite den Verweis auf Ihr Applet findet. Das Applet wird geladen und die Methode paint(), die festlegt, was das Applet im Webdokument anzeigt, wird aufgerufen. Die weiteren Methoden, die zu dieser Gruppe der automatisch aufgerufenen Applet-Methoden gehören, sind init(), start(), stop() und destroy().

Damit haben wir die Erläuterung des ersten Applets schon hinter uns. Wenn Ihnen noch nicht alles klar geworden ist, brauchen Sie nicht weiter beunruhigt zu sein. Dieses Kapitel dient nur zum Reinschnuppern, damit Sie einen ersten Eindruck von Java erhalten und Ihnen schon einige Grundideen begegnen.

Das Grundgerüst eines Java-Applets besteht aus einer Hauptklasse, die von der vordefinierten Klasse java.applet.Applet abgeleitet und als public deklariert wird. Die Deklaration der Hauptklasse enthält zumindest folgende Angaben:

public class KLASSENNAME extends java.applet.Applet

Statt der Eintrittsfunktion main() definieren Sie in einem Applet eine oder mehrere der folgenden Methoden, die automatisch aufgerufen werden: init(), start(), paint(), stop() und destroy().

2.4   Ein einfaches Webdokument erstellen

Da Applets wie oben erwähnt nur in der Umgebung eines Browsers »leben« können, müssen wir noch ein einfaches Webdokument erzeugen, mit dem unser erstes Applet geladen werden kann:

Listing 2.3:
Applet-
Rufen.html

```
<html>
<head>
  <title> Hallo Applet </title>
</head>

<body>
<p>HTML ruft Applet. Bitte antworten.</p>

<applet code = "CHalloWWW.class"
        width  = "350"
        height = "200" >
</applet>

</body>
</html>
```

Um diese Webseite aufzusetzen und zusammen mit Ihrem Applet auszuprobieren, gehen Sie wie folgt vor:

1. Legen Sie mit Ihrem Editor eine neue Textdatei an und tippen Sie den obigen HTML-Code ein.

2. Speichern Sie die Datei unter einem beliebigen Namen aber mit der Extension *.html* (z.B. *AppletRufen.html*) im gleichen Verzeichnis wie das Java-Applet.

3. Laden Sie die HTML-Datei in den AppletViewer:

    ```
    Prompt:> appletviewer AppletRufen.html
    ```

Abb. 2.3:
Das Applet im
AppletViewer

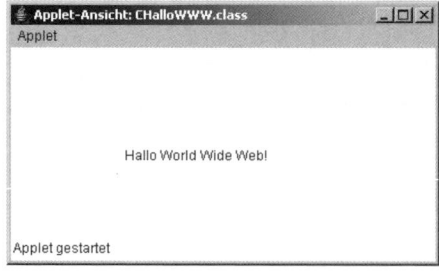

Applet-Ansicht: CHalloWWW.class
Applet

Hallo World Wide Web!

Applet gestartet

Sie können die Webseite mit dem Applet auch in Ihren Browser laden. Voraussetzung ist, dass der Browser so konfiguriert ist, dass er Java 2 unterstützt. Glücklicherweise ist es nur selten erforderlich, dass Sie die Java-Unterstützung selbst aktivieren. Meist sind die Browser werksmäßig korrekt eingestellt oder sie können im Zuge der JDK-Installation, siehe Anhang, konfiguriert werden.

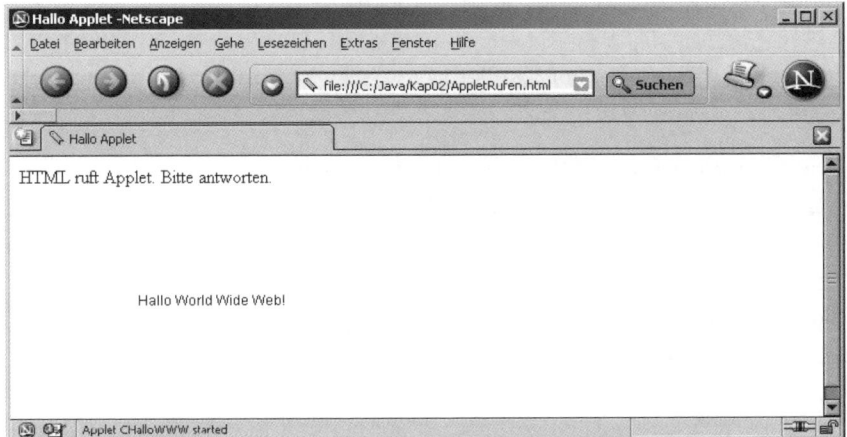

Abb. 2.4:
Das HTML-
Dokument
mit Applet

Damit das Applet aus obigem Beispiel korrekt innerhalb des HTML-Dokuments ausgeführt werden kann, müssen HTML-Dokument (.html) und Applet (.class) in einem Verzeichnis stehen. Ansonsten bedarf es eines speziellen Parameters zum `applet`-Tag, der den Pfad zum Applet angibt:

```
<applet code="CHalloWWW.class"
        codebase="c:/java/kap02"
        width="350" height="200">
        </applet>
```

Weitere Hinweise zur Einbindung von Applets finden Sie in der PDF-Datei *HTML_Grundlagen.pdf* auf der Buch-CD, Verzeichnis *PDFs*.

Der HTML-Quelltext

Werfen wir zum Abschluss noch einen kurzen Blick auf den HTML-Code unseres ersten Webdokuments. (Eine Übersicht der wichtigsten HTML-Befehle finden Sie auf der Buch-CD unter *PDFs/HTML_Grundlagen.pdf* auf der Buch-CD.)

HTML-Code ist im Vergleich zu Java die Einfachheit selbst. Der Quelltext eines HTML-Dokuments besteht hauptsächlich aus dem anzuzeigenden Text, plus einer Reihe von HTML-Befehlen, die beschreiben, wie der Text in Berei-

45

che aufzuteilen ist, wie der Browser die einzelnen Bereiche formatieren und anzeigen soll und welche weiteren Elemente (beispielsweise Grafiken und Applets) geladen werden sollen.

HTML-Tags und Bereiche

Diese HTML-Befehle, die als Tags bezeichnet werden, treten üblicherweise paarweise auf. Der erste Befehl kennzeichnet den Anfang des Bereichs, auf den der HMTL-Befehl anzuwenden ist (beispielsweise `<title>`). Der zweite Befehl des Paars wird durch einen Schrägstrich gekennzeichnet und definiert das Ende des Bereichs, auf den der HMTL-Befehl anzuwenden ist (beispielsweise `</title>`).

Das Grundgerüst eines HTML-Dokuments

Das erste Tag im Quelltext sollte stets `<html>` lauten, um dem Browser mitzuteilen, dass nun HTML-Code folgt (das Ende des Dokuments wird durch `</html>` angezeigt).

Danach beginnt die Kopfzeile, auch Header genannt. In diesem Bereich, der durch die Tags `<head>` und `</head>` definiert wird, können Sie einen Titel für Ihr HTML-Dokument spezifizieren sowie verschiedene interne Informationen für den Browser übergeben (Letztere werden nicht angezeigt). Der Text des Titels wird von dem Tag-Paar `<title>` und `</title>` umschlossen.

Unter dem Header folgt das eigentliche Dokument, der Körper (`<body>` und `</body>`). Hier stehen Ihnen eine Reihe von Möglichkeiten zur Verfügung. In unserem Beispiel beschränken wir uns darauf, einen einfachen Text auszugeben (»HTML ruft Applet. Bitte antworten.«) und unser Applet aufzurufen. Einfachen Text können Sie überall innerhalb der Tags `<body>` und `</body>` eintippen. Für spezielle Elemente wie Menüs, Tabellen oder auch Applets müssen Sie dagegen die passenden Tags verwenden (siehe Datei */PDFs/ HTML_Grundlagen.pdf* auf der Buch-CD).

Die meisten Browser sind in Bezug auf die Verwendung der Tags `<html>`, `</head>` und `<body>` recht großzügig. Wundern Sie sich also nicht, wenn Sie auf HTML-Dokumente treffen, in denen Sie diese strenge Dreigliederung nicht wiederfinden können oder in denen die zugehörigen abschließenden Tags fehlen.

Applets aufrufen

```
<applet code = "CHalloWWW.class"
        width  = "350"
        height = "200" >
</applet>
```

Die Tags <applet> und </applet> bezeichnen den Anfang und das Ende des Applet-Aufrufs. Neu für uns ist die Möglichkeit, einem HTML-Tag ein Argument zu übergeben. Im Falle des <applet>-Tags sind es gleich drei Argumente:

Argument	Beschreibung
code	Dem Parameter code wird der Name des kompilierten Java-Applets übergeben.
width	Der Wert für width gibt an, wie viele Pixel die Ausgabe des Applets im HTML-Dokument in der Breite einnehmen soll.
height	Der Wert für height gibt an, wie viele Pixel die Ausgabe des Applets im HTML-Dokument in der Höhe einnehmen soll.

Tabelle 2.1:
Argumente des
<applet>-Tags

Damit wäre der Einstieg in die Java-Programmierung geschafft. In den nächsten Kapiteln wird die Behandlung der syntaktischen Elemente von Java im Vordergrund stehen. Sie werden lernen, aus welchen Elementen Java-Programme aufgebaut sind und wie diese Elemente korrekt und sinnvoll eingesetzt werden. Danach sollten Sie in der Lage sein, beliebige Java-Programme lesen und verstehen zu können und eigene Java-Programme zur Lösung von Problemen aufsetzen zu können.

2.5   Zusammenfassung

Mit Java können Sie verschiedene Arten von Programmen schreiben. Die beiden wichtigsten sind Anwendungen und Applets.

▪ Java-Anwendungen sind eigenständige Programme, die von Betriebssystemebene aus aufgerufen werden.

▪ Java-Applets sind Hilfsprogramme, die zur Unterstützung von Webseiten programmiert werden. Java-Applets werden automatisch von Seiten eines Webbrowsers aufgerufen, wenn dieser in einem HTML-Dokument auf einen Applet-Verweis trifft.

Das Grundgerüst einer Java-Anwendung besteht aus einer Hauptklasse, die als public class KLASSENNAME deklariert wird, mit einer Methode public static void main (String[] args). Die Ausführung einer Java-Anwendung beginnt mit der ersten Anweisung in der main()-Methode.

Das Grundgerüst eines Java-Applets besteht aus einer Hauptklasse, die als public class KLASSENNAME extends java.applet.Applet deklariert wird. Die Ausführung eines Java-Applets beginnt mit dem Aufruf der Funktionen init(), start() und paint().

2.6   Fragen und Antworten

F: Wie hängen Quelltext, Bytecode und Maschinencode voneinander ab?

Quelltext wird in Java-Syntax aufgesetzt und ist für den Computer unverständlich. Der Quelltext muss daher vom Compiler übersetzt werden. Der Java-Compiler erzeugt aus dem Quelltext binären Bytecode, der noch prozessorunspezifisch und daher gut portabel ist. Erst der Java-Interpreter erzeugt aus dem Bytecode prozessorspezifischen Maschinencode, der auf dem Computer ausgeführt werden kann.

F: Was ist der Unterschied zwischen einem Applet und einer Anwendung? Versuchen Sie sich an einige Punkte zu erinnern und füllen Sie den folgenden Multiple-Choice-Test aus:

1. Applets werden nur zusammen mit HTML-Dokumenten verwendet

2. Applets sind eigenständige Programme

3. Die Ausführung von Anwendungen beginnt mit der `main()`-Methode

4. Die Ausführung von Applets beginnt mit der `main()`-Methode

5. Anwendungen können nicht im Internet ausgeführt werden

6. Ein Webbrowser kann eine Java-Anwendung sein und Java-Applets ausführen

Folgende Aussagen treffen zu: 1, 3 und 6.

F: Wozu braucht man einen Java-Compiler, wozu einen Java-Interpreter?

Der Java-Compiler übersetzt Ihren Quelltext in prozessorunspezifischen Bytecode. Dieser kann mithilfe eines passenden Java-Interpreters auf einem Computer ausgeführt werden. Den Compiler benötigt man also für die Erstellung, den Interpreter für die Ausführung von Java-Programmen.

F: Eine Frage für C++-Programmierer: Wo ist der Linker versteckt?

Im Interpreter.

2.7   Übungen

1. Schreiben Sie eine eigene Anwendung, die folgenden Text ausgibt: »Hallo Welt. Hier ist <Ihr Name>«.

2. Schreiben Sie ein eigenes Applet, das Sie als Leser einer HTML-Seite begrüßt.

3. Speichern Sie den Quelltext Ihres Applets unter einem Namen, der nicht wie der Name Ihrer Hauptklasse lautet. Versuchen Sie, das Applet zu kompilieren (speichern Sie danach den Quelltext wieder unter dem Namen der Hauptklasse).

4. Sofern Sie über eine eigene Homepage verfügen, kopieren Sie diese und laden Sie die Homepage in Ihren Texteditor. Fügen Sie in den HTML-Code der Homepage den Aufruf Ihres Applets ein und testen Sie die neue Homepage in Ihrem Browser aus.

KAPITEL 3

Von Daten, Operatoren und Objekten

Anscheinend haben Sie dieses Buch nach dem vorangehenden Kapitel doch nicht in den Altpapiercontainer geworfen, und das ist auch gut so. Denn der schwierigste, weil verwirrendste Teil liegt bereits hinter uns! Der erste Kontakt mit einer Programmiersprache ist nicht gerade leicht – und wenn dies schon für Sprachen wie Pascal und C gilt, so ist es erst recht wahr für Java mit seinem konsequent objektorientierten Aufbau. Viele unbekannte Konzepte, seltsame Schreibweisen und Begriffe prasseln da auf den Anfänger ein und die nagende Frage taucht auf: Soll ich mir das antun?

»Der Zweifel ist's, der Gutes böse macht!« (Goethe, Iphigenie auf Tauris)

Halten Sie also noch ein bisschen durch, ab diesem Kapitel wird alles leichter. Fortan werden wir systematisch an die Sache herangehen, wir werden die aufregende Welt der Java-Programmierung Stück um Stück für uns erobern und wir werden unserer eigenen Kreativität als Programmierer Tür und Tor öffnen.

Lernziele

Letztendlich dient jedes Programm der Verarbeitung von Daten. In diesem Kapitel erfahren Sie, wie Daten in Programmen durch Variablen und Konstanten repräsentiert werden und wie Sie Daten manipulieren können. Schließlich werfen wir noch einen ersten Blick auf die Bausteine der objektorientierten Programmierung, die Klassen. Sie lernen in diesem Kapitel

– was Variablen sind,

– warum jede Variable einem Datentyp angehört,

– wie man Variablen benutzt,

– wie man Operatoren auf Variablen anwendet,

– was Variablen von Konstanten unterscheidet,

– wie Datentypen umgewandelt werden,

– was objektorientierte Programmierung ausmacht,

– was Klassen sind,

– wie man mit Klassen programmiert,

– was Arrays sind,

– wie man die von Java vordefinierten Klassen verwendet.

3.1   Variablen und Anweisungen

Die Aufgabe eines jeden Computerprogramms ist die Verarbeitung von irgendwelchen Informationen, die im Computerjargon meist Daten genannt werden. Das können Zahlen sein, aber auch Buchstaben, ganze Texte oder Bilder und Zeichnungen. Dem Rechner ist diese Unterscheidung egal, da er letztlich alle Daten in Form von endlosen Zahlenkolonnen in Binärdarstellung (nur Nullen und Einsen) verarbeitet.

Zahlensysteme   Erinnern Sie sich noch, als in der Schule die verschiedenen Zahlensysteme durchgenommen wurden: Das uns so vertraute aus Indien stammende Zehnersystem, das babylonische Sexagesimalsystem und das künstlich anmutende Dual- oder *Binärsystem*? Ich für meinen Teil fand es ebenso interessant zu erfahren, dass die Einteilung unserer Stunden in 60 statt 100 Minuten auf die Babylonier zurückgeht. Ich erinnere mich daran, wie es mich langweilte, Zahlen ins Dualsystem umzurechnen und als Folge von Nullen und Einsen darzustellen. Wer ist denn so dumm, freiwillig mit Binärzahlen zu rechnen? Nun, ich wünschte, meine Lehrer hätten mich gewarnt, aber vermutlich wussten die Lehrer damals selbst noch nicht, was man alles mit Binärzahlen anfangen kann (vielleicht haben die Lehrer uns ja auch gewarnt und wir haben es nur verschlafen). Jedenfalls rechnen Computer nur im Binärsystem:

▨ zum einem weil die beiden einzigen möglichen Werte 0 und 1 sich gut mit elektronischen Signalen darstellen lassen (Strom an, Strom aus),

▨ zum anderen weil es sich im Binärsystem sehr leicht rechnen lässt, vorausgesetzt, man stößt sich nicht an der kryptischen Darstellung der Zahlen.

Damit wären wir wieder beim eigentlichen Thema. Für den Computer sind also sämtliche Daten (nicht nur die Zahlen) Folgen von Nullen und Einsen, weil er diese am schnellsten und einfachsten verarbeiten kann. Wie diese Daten und die Ergebnisse seiner Berechnungen zu interpretieren sind, ist dabei nicht sein Problem – es ist unser Problem.

Datentypen machen das Leben leichter

Stellen Sie sich vor, wir schreiben das Jahr 1960 und Sie sind stolzer Besitzer einer Rechenmaschine, die Zahlen und Text verarbeiten kann. Beides allerdings in Binärformat. Um Ihre Freunde zu beeindrucken, lassen Sie den »Computer« eine kleine Subtraktion berechnen, sagen wir:

8754 – 398 = ?

Zuerst rechnen Sie die beiden Zahlen durch fortgesetzte Division durch 2 ins Binärsystem um (wobei die nicht teilbaren Reste der aufeinander folgenden Divisionen, von rechts nach links geschrieben, die gewünschte Binärzahl ergeben).

10001000110010 – 110001110 = ?

Die Binärzahlen stanzen Sie sodann als Lochkarte und lassen diese von Ihrem Computer einlesen. Dann drücken Sie noch die Taste für Subtraktion und ohne Verzögerung erscheint das korrekte Ergebnis:

10000010100100

Zweifelsohne werden Ihre Freunde von dieser Maschine äußerst beeindruckt sein und ich selbst wünschte, ich hätte im Mathematikunterricht eine derartige praktische Hilfe gehabt. Trotzdem lässt sich nicht leugnen, dass die Interpretation der Binärzahlen etwas unhandlich ist, und zwar erst recht, wenn man neben einfachen ganzen Zahlen auch Fließkommazahlen, Texte und Bitmaps im Binärformat speichert.

Für die Anwender von Computern ist dies natürlich nicht zumutbar und die Computer-Revolution – die vierte der großen Revolutionen (nach der Glorious Revolution, England 1688, der französischen Revolution von 1789 und der Oktoberrevolution, 1917 in Russland) – hätte nicht stattgefunden, hätte man nicht einen Ausweg gefunden. Dieser bestand nun einfach darin, es der Software – dem laufenden Programm – zu überlassen, die vom Anwender eingegebenen Daten (seien es Zahlen, Text, Bitmaps etc.) in Binärformat umzuwandeln und umgekehrt die auszugebenden Daten wieder vom Binärformat in eine leicht lesbare Form zu verwandeln.

»Gemeinheit«, höre ich Sie aufbegehren, »da wurde das Problem ja nur vom Anwender auf den Programmierer abgewälzt.« Ganz so schlimm ist es nicht. Der Java-Compiler nimmt uns hier das Gröbste ab. Alles, was wir zu tun haben, ist, dem Compiler anzugeben, mit welchen Daten wir arbeiten möchten und welchem Datentyp diese Daten angehören (sprich, ob es sich um Zahlen, Text oder Sonstiges handelt).

53

Beispiel Schauen wir uns gleich mal ein Beispiel an:

```
public class CErstesBeispiel {
  public static void main(String[] args) {
    int ersteZahl;
    int zweiteZahl;
    int ergebnis;

    ersteZahl = 8754;
    zweiteZahl = 398;
    System.out.println("1. Zahl  = " + ersteZahl);
    System.out.println("2. Zahl  = " + zweiteZahl);
  }
}
```

Das Grundgerüst, das bereits in Abschnitt 2.2 vorgestellt wurde, übernehmen wir einfach wie gehabt. Wenden wir unsere Aufmerksamkeit gleich den Vorgängen in der main()-Funktion zu.

Dort werden zuerst die für die Berechnung benötigten Variablen deklariert.

Die Variablen eines Programms sind nicht mit den Variablen mathematischer Berechnungen gleichzusetzen. *Variablen* bezeichnen Speicherbereiche im RAM (Arbeitsspeicher), in denen ein Programm Werte ablegen kann. Um also mit Daten arbeiten zu können, müssen Sie zuerst eine Variable für diese Daten deklarieren. Der Compiler sorgt dann dafür, dass bei Ausführung des Programms Arbeitsspeicher für die Variable reserviert wird. Für den Compiler ist der Variablenname einfach ein Verweis auf den Anfang eines Speicherbereichs. Als Programmierer identifiziert man eine Variable mehr mit dem Wert, der gerade in dem zugehörigen Speicherbereich abgelegt ist.

Bei der *Deklaration* geben Sie nicht nur den Namen der Variablen an, sondern auch deren Datentyp. Dieser Datentyp gibt dem Compiler an, wie der Inhalt des Speicherbereichs der Variablen zu interpretieren ist. In obigem Beispiel benutzen wir nur den Datentyp int, der für einfache Ganzzahlen steht.

Zu jeder Variablendeklaration gehört auch die Angabe eines *Datentyps*. Dieser gibt dem Compiler an, wie der Speicherinhalt der Variablen zu interpretieren ist.

```
int ersteZahl;
```

Dank des Datentyps können wir der Variablen `ersteZahl` direkt eine Ganzzahl zuweisen und brauchen nicht wie im obigen Beispiel des Lochkartenrechners die Dezimalzahl in Binärcode umzurechnen:

```
ersteZahl = 8754;
```

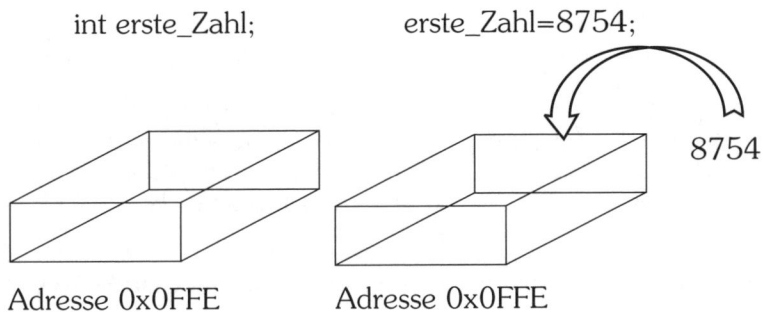

int erste_Zahl;   erste_Zahl=8754;

8754

Adresse 0x0FFE   Adresse 0x0FFE

Abb. 3.1:
Deklaration
und Zuweisung

Der »Wert« der Variablen

Wenn eine Variable einen Speicherbereich bezeichnet, dann ist der Wert einer Variablen der interpretierte Inhalt des Speicherbereichs. In obigem Beispiel wäre der Wert der Variablen `ersteZahl` nach der Anweisung

```
ersteZahl = 8754;
```

also 8754. Wenn Sie der Variablen danach einen anderen Wert zuweisen würden, beispielsweise

```
ersteZahl = 5;
```

wäre der Wert in der Folge gleich 5.

Was die Variablen für den Programmierer aber so wertvoll macht, ist, dass er sich nicht mehr um die Speicherverwaltung zu kümmern braucht. Es ist zwar von Vorteil, wenn man weiß, dass hinter einer Variablen ein Speicherbereich steht, für die tägliche Programmierarbeit ist es aber meist nicht erforderlich. Wir sprechen nicht davon, dass wir mithilfe des Variablennamens einen eindeutig bezeichneten Platz im Arbeitsspeicher referenzieren und in diesen einen Wert schreiben. Wir sagen einfach, dass wir der Variablen einen Wert zuweisen. Wir sprechen nicht davon, dass das interpretierte Bitmuster in dem Speicherbereich der `int`-Variable `ersteZahl` gleich 5 ist, wir sagen einfach, `ersteZahl` ist gleich 5. Wir sprechen nicht davon, dass wir mithilfe des Variablennamens einen eindeutig bezeichneten Platz im Arbeitsspeicher referenzieren und dessen Wert auslesen, wir sagen einfach, dass wir den Wert der Variablen auslesen.

Mit Variablen arbeiten

Fassen wir noch einmal die drei wichtigsten Schritte bei der Arbeit mit Variablen zusammen:

1. *Variablen müssen deklariert werden.* Die Deklaration teilt dem Compiler nicht nur mit, wie der Speicherbereich für die Variable eingerichtet werden soll, sie zeigt dem Compiler überhaupt erst an, dass es sich bei dem von Ihnen gewählten Namen um einen Variablennamen handelt.

2. *Variablen werden initialisiert.* Als Initialisierung bezeichnet man die anfängliche Zuweisung eines Werts an eine Variable. Die Initialisierung erfolgt meist im Zuge der Deklaration oder kurz danach, um zu verhindern, dass man den Wert einer Variablen ausliest, der zuvor kein vernünftiger Wert zugewiesen wurde.

3. *Variablen werden benutzt*, d.h., ihre Werte werden in Anweisungen ausgelesen oder neu gesetzt.

Listing 3.1:
CErstes-
Beispiel.java

```
public class CErstesBeispiel {
  public static void main(String[] args) {
    int ersteZahl;                        // Deklaration
    int zweiteZahl;
    int ergebnis;

    ersteZahl = 8754;                     // Initialisierung
    zweiteZahl = 398;

    ergebnis = ersteZahl - zweiteZahl;    // Verwendung
    System.out.println("8754 - 398  = " + ergebnis);
  }
}
```

Das Wunder der Deklaration

Zum Teufel mit diesen Wortspielen! Soll das jetzt bedeuten, dass die Deklaration einer Variablen ihrer Geburt gleichkommt?

Genau das!

C-Programmierer werden jetzt ins Grübeln kommen. Sollte man nicht zwischen *Deklaration und Definition* unterscheiden, und wenn ja, wäre dann nicht eher die Definition der Variablen mit ihrer Geburt zu vergleichen. Schon richtig, aber in Java wird nicht mehr zwischen Deklaration und Definition unterschieden.

In C bezeichnete man als Deklaration die Einführung des Variablennamens zusammen mit der Bekanntgabe des zugehörigen Datentyps. Die Reservierung des Speichers und die Verbindung des Speichers mit der Variablen erfolgte aber erst in einem zweiten Schritt, der so genannten Definition. Allerdings ist die Unterscheidung etwas verwischt, denn die Deklaration einfacher Variablen schließt meist deren Definition ein.

In Java schließlich ist die Variablendeklaration immer mit einer Speicherreservierung verbunden.

Jetzt wissen wir also, wozu Variablen deklariert werden, wir wissen, welche Vorgänge mit der Deklaration verbunden sind, und wir wissen, dass die Deklaration immer der Benutzung der Variablen vorangehen muss, da der Compiler ja sonst nichts mit dem Variablennamen anfangen kann. Was wir nicht wissen, ist, was es genau heißt, wenn wir so salopp sagen, »die Deklaration muss der Benutzung *vorangehen.*« Um nicht schon wieder vorgreifen zu müssen, verweisen wir diesmal auf die weiter unten folgenden Abschnitte 3.4, »Methoden von Klassen«, und 5.3, »Dreierlei Variablen«, wo wir diese Frage klären werden. Im Moment, da wir uns nur mit so genannten lokalen Variablen beschäftigen, die innerhalb einer Methode deklariert werden (die anderen Variablentypen hängen mit der Definition von Klassen zusammen und werden später beschrieben), begnügen wir uns mit dem Hinweis, dass die Deklaration der Variablen vor, d.h. im Quelltext über, der Benutzung der Variablen stehen muss. Am übersichtlichsten ist es, die Deklarationen gebündelt an den Anfang der Methode zu stellen.

Die einfachen Datentypen

Nun aber wieder zurück zu Variablen und Datentypen. Außer dem Datentyp int für Ganzzahlen kennt Java noch eine Reihe weiterer einfacher Datentypen:

Datentyp	Beschreibung	Wertebereich
boolean	boolescher Wert (wahr, falsch)	true, false
char	Zeichen, Buchstabe	Unicode-Werte
byte	ganze Zahl	-128 bis +127
short	ganze Zahl	-32768 bis 32767
int	ganze Zahl	-2.147.483.648 bis +2.147.483.647
long	ganze Zahl	-9.223.372.036.854.775.808 bis 9.223.372.036.854.775.807
float	Fließkommazahl	-3,40282347E+38 bis +3,40282347E+38
double	Fließkommazahl	-1,7976931348623157E+308 bis +1,7976931348623157E+308

Tabelle 3.1: Einfache Datentypen

Unicode In der Tabelle ist für char-Variablen der Unicode angegeben. Was sich recht unscheinbar anhört, ist eine bahnbrechende Neuerung! *Unicode* ist ein standardisierter Zeichensatz mit über 90.000 Zeichen, mit dem alle diversen Umlaute und Sonderzeichen aller gängigen Sprachen, ja sogar japanische und chinesische Schriftzeichen, dargestellt werden können!

Wie Sie sehen, gibt es verschiedene Datentypen mit unterschiedlichen Wertebereichen. Um z.B. eine ganze Zahl abzuspeichern, haben Sie die Wahl zwischen byte, short, int und long! Die größeren Wertebereiche erkauft man sich mit einem höheren Speicherverbrauch. Eine long-Variable benötigt beispielsweise doppelt so viel Speicher wie eine int-Variable. Glücklicherweise ist Arbeitsspeicher kein allzu großes Problem mehr und viele Programmierer verwenden standardmäßig long für ganzzahlige Werte und double für Fließkommazahlen.

Der *Datentyp* legt also nicht nur fest, wie der Wert der Variablen zu interpretieren ist, er gibt auch an, wie groß der für die Variable bereitzustellende Speicherbereich sein muss.

Schauen wir uns einige Beispiele an:

```
int ganzeZahl;
double krummeZahl;
boolean ja, nein, oder_doch;
boolean Antwort;
short klein = -4;
char buchstabe;
char Ziffer;

ganzeZahl = 3444;
krummeZahl = 47.11;
buchstabe = 'Ü';
Ziffer = '4';
Antwort = true;
```

Wie Sie an den Beispielen sehen, kann man auch mehrere Variablen des gleichen Typs durch Komma getrennt auf einmal deklarieren und es ist sogar erlaubt, eine Variable direkt im Zuge ihrer Deklaration zu initialisieren, d.h. ihr einen ersten Wert zuzuweisen (siehe klein).

Das hört sich ganz so an, als sei der Java-Compiler, der Ihren Quelltext in binären Bytecode übersetzt, recht großzügig, was die verwendete Syntax angeht. Nun, dem ist keineswegs so.

Java für Pedanten

Auch wenn Ihnen die Syntax von Java einerseits viele Möglichkeiten offen lässt, ist sie andererseits doch recht starr vorgegeben und der Compiler wacht penibel darüber, dass Sie sich an die korrekte Syntax halten.

Wenn Sie es sich also nicht mit dem pedantischen Compiler verderben wollen, sollten Sie insbesondere auf folgende Punkte achten:

- Alle *Anweisungen* (also Zuweisungen, Funktionsaufrufe und Deklarationen) müssen mit einem Semikolon abgeschlossen werden.

  ```
  krummeZahl = 47.11;
  ```

- Java unterscheidet streng zwischen *Groß- und Kleinschreibung*. Wenn Sie also eine Variable namens `krummeZahl` deklariert haben, dann müssen Sie auch `krummeZahl` schreiben, wenn Sie auf die Variable zugreifen wollen, und nicht `krummezahl`, `krummeZahl` oder `KRUMMEZAHL`.

Und natürlich gibt es auch spezielle Regeln für die Auswahl von Bezeichnern (Namen von Variablen, Methoden, Klassen):

- *Bezeichner* können beliebig lang sein, müssen mit einem Buchstaben[1], '_' oder '$' beginnen und dürfen nicht identisch zu einem Schlüsselwort der Sprache sein.

Sie dürfen Ihre Variable also nicht `class` nennen, da dies ein reserviertes Schlüsselwort der Sprache ist. Im Anhang finden Sie eine Liste der reservierten Wörter.

Nicht obligatorisch, aber allgemein üblich ist es, in Java Variablennamen grundsätzlich klein zu schreiben. In Namen, die aus mehreren Teilen zusammengesetzt sind, beginnt jeder Teil mit einem Großbuchstaben. Der erste Buchstabe ist aber immer klein:

```
eineVariable, zahl, nochEineZahl, alter
```

Variablen versus Konstanten

Muss man wirklich erst erwähnen, dass man den Wert einer Variablen ändern kann, indem man ihr einen neuen Wert zuweist (d.h. einen neuen Wert in ihren Speicherbereich schreibt), während der Wert einer Konstanten unverän-

---

1. Als »Buchstaben« gelten unter anderem auch die deutschen Umlaute. Wenn Sie also eine Variable begrüßung nennen wollen, brauchen Sie sie nicht wie in anderen Programmiersprachen als begruessung zu deklarieren, sondern können ruhig begrüßung schreiben. In Klassen- und Dateinamen sollten Sie allerdings keine Umlaute verwenden, da dies auf manchen Plattformen zu Schwierigkeiten bei der Kompilation führen kann.

dert bleibt? Wohl nicht. Interessanter ist es schon zu erfahren, wie man mit Konstanten arbeitet. Dazu gibt es zwei Möglichkeiten.

Erstens: Sie tippen die Konstante direkt als Wert ein, man spricht dann von so genannten *Literalen*.

```
krummeZahl = 47.11;                    // Zuweisung eines Literals
krummeZahl = ganzeZahl + 47.11;
```

Da mit einem Literal kein Datentyp verbunden ist, muss der Compiler den Datentyp aus der Syntax des Literals ablesen:

Tabelle 3.2: Literale

Datentyp	Literal	
boolean	true, false	
char	'c', 'Ü'	// einfaches Zeichen
	'\n', '\\',	// Sonderzeichen
	'\u1234'	// Unicode-Kodierung
String	"Dies ist ein String"	
int	12, -128	
	077	// oktal
	0xFF1F	// hexadezimal
long	12L, 1400000	
float	12.4f, 10e-2f	
double	47.11, 1e5	

Zweitens: Sie deklarieren eine Variable mit dem Schlüsselwort final.

```
final double KRUMMEZAHL = 47.11;
final double PI = 3.141592654;
```

Der Wert einer solchen »konstanten Variablen« kann nach der Initialisierung (ersten Wertzuweisung) nicht mehr verändert werden.

Konstante Variablen werden gemäß allgemeiner Konvention ganz in Großbuchstaben geschrieben.

3.2 Operatoren

Nachdem wir nun gesehen haben, was Variablen sind und wie man sie definiert und ihnen einen Wert zuweist, sollten wir nun endlich auch damit beginnen, etwas Sinnvolles mit ihnen zu machen. Dazu dienen bei den bisher vorgestellten einfachen Datentypen vor allem die so genannte Operatoren.

```
public class COperatoren {
  public static void main(String[] args) {
    int x,y,z;
    int ergebnis_1,ergebnis_2;

    x = 1;
    y = 2;
    z = 3;

    ergebnis_1 = x + y * z;              // = 7
    ergebnis_2 = (5 - 3) * z;            // = 6
    System.out.println(ergebnis_1);
    System.out.println(ergebnis_2);

    x = x + z;                           // = 4
    System.out.println(x);
    x += z;                              // = 7
    System.out.println(x);
    x += 1;                              // = 8
    System.out.println(x);
    x++;                                 // = 9
    System.out.println(x);
  }
}
```

Listing 3.2:
COperatoren.java

Das schaut doch ziemlich vertraut aus, oder? Eigentlich genau so, wie man es von algebraischen Gleichungen her kennt. Aber achten Sie bitte auf die letzten Zeilen des Beispiels. Hier sehen wir seltsame Konstruktionen, die wir nun erklären wollen:

x = x + z;

Diese Anweisung bewirkt, dass der Computer die aktuellen Werte von x und z zusammenaddiert und dann in x speichert, d.h., die Variable x enthält nach Ausführung dieser Zeile als neuen Wert die Summe aus ihrem alten Wert und z.

Da das Hinzuaddieren eines Werts zum Wert einer Variablen sehr häufig vorkommt, gibt es dafür eine Kurzschreibweise, nämlich:

x += z;

Dies teilt dem Rechner mit, dass er zum Wert von x den Inhalt von z hinzuaddieren und das Ergebnis wieder in x speichern soll.

Sehr oft möchte man eine Variable hochzählen (*inkrementieren*). Java kennt auch hierfür einen speziellen Operator: ++.

x++;

61

Diese Anweisung erhöht den Wert von x um 1. Äquivalente Anweisungen wären:

x = x + 1; oder x += 1;

Aber Programmierer sind schreibfaul und x++ sieht ja auch viel geheimnisvoller aus!

 Das oben Gesagte gilt gleichermaßen für die anderen Grundrechenarten (–, *, /) und das Dekrementieren von Variablen (--).

Die verschiedenen Operatoren

In Java gibt es natürlich noch andere Operatoren. Die wichtigsten sind:

Tabelle 3.3: Operatoren

Operator	Beschreibung	Beispiel
++, --	Inkrement, Dekrement	Erhöht oder erniedrigt den Wert einer Variablen um 1.
!	logisches NICHT	Negiert den Wahrheitswert einer Aussage (beispielsweise eines Vergleichs). Wird meist in Kontrollstrukturen (siehe Kapitel 4) verwendet.
*, /	Multiplikation, Division	Multiplikation und Division.
%	Modulo-Division	Liefert den Rest einer ganzzahligen Division. 4 % 3 liefert z.B. 1
–, +	Subtraktion, Addition	Subtraktion und Addition.
<=, <, >, >=	Vergleich	Zum Vergleich zweier Werte. Die Operatoren liefern true oder false zurück.
==, !=	Vergleich (gleich, ungleich)	Zum Vergleich auf Gleichheit oder Ungleichheit. Die Operatoren liefern true oder false zurück.
&&	logisches UND	Verknüpft zwei Aussagen. Liefert true, wenn beide Aussagen true sind. if ((x < 1) && (y > 1))
||	logisches ODER	Verknüpft zwei Aussagen. Liefert true, wenn eine der beiden Aussagen true ist. if ((x < 1) || (y > 1))
&	bitweises UND	UND-Verknüpfung der Binärpräsentation zweier Zahlen. var1 = 1; // ...0001 var2 = 5; // ...0101 var3 = var1 & var2; // ...0001

Operator	Beschreibung	Beispiel
|	bitweises ODER	ODER-Verknüpfung der Binärpräsentation zweier Zahlen.

```
var1 = 1;              // ...0001
var2 = 5;              // ...0101
var3 = var1 | var2;    // ...0101
```

Tabelle 3.3:
Operatoren
(Forts.)

Die Reihenfolge in der Tabelle deutet die *Priorität* der Operatoren bei der Auswertung von Ausdrücken an. Beispielsweise sind * und / höher eingestuft als + und –, was genau der altbekannten Schulregel entspricht »Punktrechnung vor Strichrechnung«.

> Ein *Ausdruck* ist eine Berechnung aus Variablen, Konstanten und Operatoren, die auf der rechten Seite einer Zuweisung steht.

Wenn man sich bei der Reihenfolge nicht ganz sicher ist oder eine bestimmte Reihenfolge der Auswertung erzwingen möchte, kann dies durch die Verwendung von Klammern erreicht werden. Aber auch wenn keine direkte Notwendigkeit zum Setzen von Klammern besteht, können Sie diese verwenden, um eine Berechnung besser lesbar zu machen.

```
z *= ((2*loop)/(2*loop-1)) * ((2*loop)/(2*loop+1));
```

3.3　Typumwandlung

Damit wissen Sie schon fast alles, was ein guter Java-Programmierer über Variablen, Operatoren und einfache Datentypen (nennt man manchmal auch elementare, primitive oder built-in Datentypen) wissen muss.

Aber ein wichtiger Aspekt fehlt noch: Was passiert, wenn Ausdrücke mit verschiedenen Datentypen auftreten? Darf man Datentypen mischen? Die Antwort kommt von Radio Eriwan: Ja, aber ...

Automatische Typumwandlung

Schauen wir zunächst ein Code-Beispiel an.

```
public class CDemo1 {
   public static void main(String[] args) {
      int x = 4711;
      double y;

      y = x;
      System.out.println(y);
   }
}
```

Beispiel

63

Die Variable y kann nur Fließkommazahlen (double) speichern, soll aber einen int-Wert zugewiesen bekommen. Ist diese Zuweisung erlaubt? Ja! Die Umformatierung des Integer-Wertes 4711 in den Fließkommawert 4711.0 bereitet dem Compiler keine Mühen.

Doch nicht immer geht alles so glatt!

Beispiel
```
public class CDemo2 {
   public static void main(String[] args)  {
      int x;
      double y = 3.14;

      x = y;
      System.out.println(x);
   }
}
```

In diesem Fall soll die Integer-Variable x einen Fließkommawert (double) aufnehmen. Ist diese Zuweisung erlaubt? Ja und nein! Wenn Sie obigen Code kompilieren, beschwert sich der Compiler, weil er eine Fließkommazahl in eine Integer-Variable quetschen soll und dies ist meist mit Datenverlusten verbunden.

Mithilfe einer expliziten Typumwandlung können wir den Compiler aber zwingen, die gewünschte Umformatierung vorzunehmen.

Explizite Typumwandlung (Casting)

Um eine Typumwandlung zu erzwingen, die der Compiler nicht automatisch unterstützt, stellt man einfach dem zu konvertierenden Wert den gewünschten Datentyp in Klammern voran. Im Beispiel Demo2 würden wir also schreiben:

```
x = (int) y;
```

Aber man muss auf der Hut sein. Hier soll eine Bruchzahl in einen ganzzahligen Wert umgewandelt werden. Der Compiler behilft sich in diesem Fall einfach damit, dass er den Nachkommateil wegwirft und x den Wert 3 zuweist. Es gehen also Daten verloren bei der Umwandlung (Neudeutsch *cast*) von double zu int.

Bereichsüberschreitung

Manchmal merkt man auch gar nicht, dass man den falschen Typ verwendet hat. Dann kann auch der Compiler nicht mehr helfen.

Beispiel
```
public class CDemo3 {
   public static void main(String[] args)  {
      int x,y;
      short z;

      x = 30000;
```

```
    y = 30000;

    z = (short) (x + y);
    System.out.println(z);
  }
}
```

Eine böse Falle! x + y ergibt 60000 und das ist außerhalb des Wertebereichs von short! Das Ergebnis lautet in diesem Fall -5536.

Wie kommt dieses merkwürdige Ergebnis zustande?

Als Integer-Wert wird 60000 als 32-Bit-Wert kodiert:

Kodierung von short

0000 0000 0000 0000 1110 1010 0110 0000

Eine short-Variable verfügt aber nur über 16 Bit Arbeitsspeicher. Der Compiler schneidet bei der Typumwandlung also erst einmal die obersten 16 Bit weg. Übrig bleibt:

1110 1010 0110 0000

Dieses Bitmuster wird nun als short-Wert interpretiert. Das bedeutet, dass das oberste Bit zur Kodierung des Vorzeichens und nur die fünfzehn unteren Bits zur Kodierung des Werts benutzt werden.

 110 1010 0110 0000 = 27232

Nun muss man noch wissen, dass der Compiler die negativen Zahlen von unten nach oben quasi rückwärts zählt, wobei die größte, nicht mehr darstellbare negative Zahl 32768 ist.

-32768 + 27232 = -5536. Voilà, da haben wir unseren Wert.

Division

Im nächsten Versuch soll ein einfacher Bruch berechnet werden. So einfach und doch ein Stolperstein für viele Programmierer.

```
public class CDemo4 {
  public static void main(String[] args) {
    int x,y;
    double z1,z2;

    x = 3;
    y = 4;
    z1 = x / y;
    z2 = 3/4;
    System.out.println(z1);
    System.out.println(z2);
  }
}
```

Beispiel

65

Was glauben Sie, welche Werte z1 und z2 haben? Bestimmt nicht 0,75, wie man leichtfertig annehmen könnte. Beide sind 0! Wie kommt denn das?

Nun, denken Sie an die pedantische Vorgehensweise des Compilers. Er wertet Schritt für Schritt und streng nach Vorschrift die Ausdrücke aus.

Bei z1 = 3/4; wird zunächst die Division 3/4 ausgeführt. Da beide beteiligten Operanden ganzzahlig sind, wird nach einer »internen Dienstanweisung« auch das Ergebnis 0.75 in einen ganzzahligen Wert konvertiert, d.h., der Nachkommateil fällt weg und es bleibt eine Null übrig. Nun erst erfolgt die Zuweisung an die double-Variable z1. Pflichtbewusst wird daher die int-0 in eine double-0.0 konvertiert und an z1 zugewiesen. Analoges passiert bei z2 = x/y.

Was kann man nun tun, um das gewünschte Ergebnis zu erhalten?

Eine weitere »interne Dienstvorschrift« sagt dem Compiler, dass alle Operanden eines Ausdrucks den gleichen Datentyp haben müssen, und zwar den »größten«, der auftaucht. Es reicht also, wenn wir einen Operanden explizit umwandeln lassen:

```
z1 = (double) x / y;
z2 = (double) 3/4;
```

Das Voranstellen des gewünschten Datentyps in Klammern veranlasst den Compiler, aus der ganzzahligen 3 eine double-3.0 zu machen. Dadurch greift beim nachfolgenden Auswerten der Division die besagte Regel, dass alle Operanden den größten auftretenden Typ haben müssen. Der Compiler castet daher auch die 4 zu 4.0 und wir haben eine reine double-Division 3.0 / 4.0 vorliegen. Das Ergebnis ist daher auch ein double-Wert und z1 und z2 erhalten beide den korrekten Wert 0.75.

> Bei Zahlenkonstanten wie 3/4 kann man auch gleich eine double-Zahl schreiben, also z1 = 3.0/4.0;.

Sie haben aber wohl schon gemerkt, dass man sehr leicht Fehler einbauen kann, besonders bei etwas größeren Programmen oder langen Formeln, die berechnet werden sollen. Daher unser Tipp:

Verwenden Sie nach Möglichkeit bei Berechnungen immer nur einen einzigen Datentyp, vorzugsweise double. Alle beteiligten Variablen sollten diesen Typ haben und auftretende Zahlenkonstanten immer in Dezimalschreibweise (also 47.0, 1.0 usw.) schreiben. Sie werden sich dadurch manche Fehlersuche ersparen! Wenn Sie viele Berechnungen durchführen, kann allerdings unter Umständen der Datentyp float zur schnelleren Abarbeitung führen (da dieser Datentyp am besten zu den üblichen 32-Bit-Prozessoren passt).

3.4   Objekte und Klassen

Wie schon mehrfach angeklungen ist, existieren neben den beschriebenen elementaren Datentypen noch komplexere und das sind diese seltsamen Teile, die wir nun schon mehrere Male angetroffen, aber meist mehr oder weniger ignoriert haben: die Klassen.

Java für Philosophen

Bevor wir uns konkret anschauen, wie man eigene Klassen erstellt und bereits vordefinierte Klassen in seinen Programmen verwendet, wollen wir einen kurzen Blick auf die Philosophie werfen, die hinter dem Schlagwort *Objektorientierung* steckt, denn OOP (objektorientierte Programmierung) steht mehr für eine spezielle Sichtweise als eine ganz neue Programmiertechnik.

Zäumen wir das Pferd von hinten auf und stellen wir uns zunächst die Frage: Wie sieht denn die nicht objektorientierte Programmierung aus?

Nun, man definiert die notwendigen Variablen ähnlich wie in den kleinen Beispielen von vorhin, und dann setzt man die Anweisungen auf, die mit diesen Variablen arbeiten. Fast alle Programmiersprachen bieten dabei die Möglichkeit, Anweisungen in so genannten Funktionen zu bündeln und auszulagern. Der Programmierer hat dann die Möglichkeit, seinen Code in mehrere Funktionen aufzuteilen, die jede eine bestimmte Aufgabe erfüllen (beispielsweise das Einlesen von Daten aus einer Datei, die Berechnung einer mathematischen Funktion, die Ausgabe des Ergebnisses auf dem Bildschirm). Damit diese Funktionen zusammenarbeiten können, tauschen sie auf verschiedenen Wegen Variablen und Variablenwerte aus.

Bei diesem Modell haben wir auf der einen Seite die Daten (abgespeichert in Variablen) und auf der anderen Seite die Funktionen, die mit Daten arbeiten. Dabei sind beide Seiten prinzipiell vollkommen unabhängig voneinander. Welche Beziehung zwischen den einzelnen Funktionen einerseits und den Funktionen und den Daten andererseits besteht, wird erst klar, wenn man versucht nachzuvollziehen, wie die Funktionen bei Ausführung des Programms Daten austauschen.

Die Erfahrungen mit diesem Modell haben gezeigt, dass bei Programmprojekten, die etwas größer werden, sich sehr leicht Fehler einschleichen: Da verändert eine Funktion A nebenbei eine Variable, die später eine Funktion B an ganz anderer Stelle im Programm zum Absturz bringt. Die Fehlersuche dauert dann entsprechend lange, weil die Zusammenarbeit von Daten und Funktionen kaum nachzuvollziehen ist! Ferner tendieren solche Programme dazu, sehr chaotisch zu sein. Eine Wartung (Modifizierung, Erweiterung) zu einem späteren Zeitpunkt ist oft ein kühnes Unterfangen, vor allem, wenn es nicht mehr derselbe Programmierer ist, der nun verzweifelt zwischen Hunderten von Funktionen herumirrt und versucht, die Zusammenhänge und Wirkungsweise zu verstehen.

Schlaue Köpfe kamen daher auf die Idee, eine ganz andere Sichtweise anzunehmen und diese in der Programmiersprache umzusetzen. Ausgangspunkt war dabei die Vorstellung, dass bestimmte Daten und die Funktionen, die mit diesen Daten arbeiten, untrennbar zusammengehören. Eine solche Einheit von logisch zusammengehörigen Daten und Funktionen bildet ein Objekt. Abstrakt formuliert beschreiben die Daten (Variablen) dabei die Eigenschaften des Objekts und die Funktionen (die dann meist Methoden heißen) legen sein Verhalten fest. Der Datentyp, der die gleichzeitige Deklaration von Datenelementen und Methoden erlaubt, ist die Klasse, angezeigt durch das Schlüsselwort `class`.

Objekte und alte Datentypen

Im Grunde ist dies gar nicht so neu. Denken Sie nur an die einfachen Datentypen und die Operatoren. Stellen Sie sich eine `int`-Variable einfach als ein Objekt mit einem einzigen Datenelement, eben der `int`-Variable, vor. Die Funktionen, die mit diesem Objekt verbunden sind, sind dann die Operatoren, die auf `int`-Variablen angewendet werden können (Addition, Subtraktion, Vergleiche etc.). Der Vorteil der Klassen liegt allerdings darin, dass in einem Datentyp mehrere Datenelemente vereinigt werden können und dass Sie in Form der Methoden der Klasse selbst festlegen können, welche Operationen auf den Variablen der Klasse erlaubt sind.

Klassen deklarieren

Der erste Schritt bei der objektorientierten Programmerstellung ist die Zerlegung des Problems in geeignete Objekte und die Festlegung der Eigenschaften und Verhaltensweisen, sprich der Datenelemente und der Methoden, die diese Objekte haben sollten. Dies ist z.T. sehr schwierig und braucht oft viel Erfahrung, damit durch sinnvolles Bestimmen der Programmobjekte auch die Vorteile der Objektorientiertheit zum Tragen kommen können!

Beispiel

Überlegen wir uns gleich mal eine kleine Aufgabe. Angenommen, Sie sollen für Ihre Firma ein Programm zur Verwaltung der Mitarbeiter schreiben. Wie könnte eine Aufteilung in Objekte aussehen? Welche Eigenschaften und Methoden sind erforderlich?

Das Schlüsselwort class

Eine naheliegende Lösung ist, die Mitarbeiter als die Objekte anzusehen. Schaffen wir uns also den Prototyp eines Mitarbeiters und implementieren wir diesen in Form der Klasse `CMitarbeiter`.

```
class CMitarbeiter {
}
```

Unter Java-Programmierern ist es üblich, Klassennamen mit einem Großbuchstaben beginnen zu lassen, danach wird klein weiter geschrieben. In zu-
sammengesetzten Namen beginnt jeder Teil mit einem Großbuchstaben.
Eine von uns in diesem Buch verwendete Konvention ist, alle selbst definierten Klassen mit einem C (für class) beginnen zu lassen. Dadurch lassen sich
eigene Klassen direkt von den Java-Klassen aus den Standardbibliotheken
unterscheiden.

Wir haben gerade eine Klasse kreiert! War doch gar nicht schwer, oder? Nun
müssen wir unserer Klasse noch Eigenschaften und Methoden zuweisen.

Eigenschaften von Klassen

Was brauchen wir, um einen Mitarbeiter zu beschreiben? Na klar, einen Namen und Vornamen wird er wohl haben. Und ein Gehalt kriegt er fürs fleißige
Werkeln. Erweitern wir also die Klasse um diese Eigenschaften in Form von
geeigneten Variablen:

```
class CMitarbeiter {
  String m_name;
  String m_vorname;
  int    m_gehalt;
}
```

Langsam nimmt unser Objekt konkrete Formen an! Den Datentyp `int`
kennen Sie ja schon. `String` ist kein einfacher Datentyp (daher haben wir ihn
im vorigen Abschnitt auch nicht kennen gelernt), sondern ebenfalls ein
Objekt, eine Klasse also, genau wie unser `CMitarbeiter`. Im Gegensatz zu
unserer Klasse ist `String` schon von anderen Leuten erstellt worden (genauer
gesagt von den Programmierern der Firma Sun) und wird jedem Java-Ent-
wicklungspaket zusammen mit Hunderten anderer nützlicher Klassen mitgegeben.

Aber auf diesen Punkt kommen wir in Kürze ausführlicher zu sprechen. Merken Sie sich im Moment, dass `String` eine Klasse ist und dazu dient, Zeichenketten (englisch Strings) aufzunehmen und zu verarbeiten.

Diese Variablen, die innerhalb einer Klasse, aber außerhalb aller Methoden   *Felder*
der Klasse deklariert werden, nennt man *Felder* oder *Membervariablen*. Alle
Methoden der Klasse können auf diese Variablen zugreifen.

Damit Sie schnell und sicher erkennen können, ob es sich bei einem Bezeichner um ein Feld oder eine lokal in einer Methode definierte Variable handelt, werden wir für alle Felder Namen verwenden, die mit m (für Membervariable[1]) beginnen. Später, wenn Sie etwas erfahrener in der objektorientierten Programmierung sind und eigene Programme schreiben, werden Sie auf dieses Präfix vermutlich verzichten.

Machen wir nun weiter mit dem Ausbau unserer eigenen Klasse. Nehmen wir an, dass Ihr Chef von Ihrem Programm erwartet, dass es folgende Dinge kann:

- die persönlichen Daten eines Mitarbeiters ausgeben

- sein Gehalt erhöhen

Sie scheinen einen netten Chef zu haben! Auf den Gedanken, das Gehalt zu senken, kommt er gar nicht. Lassen wir ihm keine Chance, es sich anders zu überlegen, und versuchen wir, seinen Anforderungen zu entsprechen.

Methoden von Klassen

Beachten Sie bitte, dass *persönliche Daten ausgeben* und *Gehalt erhöhen* Aktionen sind, die auf den Daten des Mitarbeiters operieren. Folglich werden diese als Methoden der Klasse CMitarbeiter implementiert:

Beispiel
```
class CMitarbeiter {
    String m_name;
    String m_vorname;
    int m_gehalt;

    CMitarbeiter(String name, String vorname,
                 int gehalt) {
      m_name = name;
      m_vorname = vorname;
      m_gehalt = gehalt;
    }

    void datenAusgeben() {
      System.out.println("\n");
      System.out.println("Name     : " + m_name);
      System.out.println("Vorname : " + m_vorname);
      System.out.println("Gehalt  : " + m_gehalt + " Euro");
    }
```

---

1. Wir haben uns für das m als Präfix entschlossen, weil es im Schriftbild etwas unaufdringlicher ist als das f für Feld.

```
void gehaltErhoehen(int erhoehung) {
  m_gehalt += erhoehung;
}
} //Ende der Klassendeklaration
```

Die Klasse CMitarbeiter besitzt nun drei Methoden mit den Namen CMitar-beiter, datenAusgeben und gehaltErhoehen.

Übung

Bevor wir uns diese drei Methoden im Einzelnen anschauen wollen, sollten wir uns überlegen, wie eine Methodendeklaration im Allgemeinen aussehen sollte. Stellen Sie sich vor, dass Sie selbst gerade dabei sind, eine Programmiersprache wie Java zu entwickeln, und stellen Sie zusammen, was für die Deklaration einer Methode erforderlich ist:

Lösung

1. Zuerst braucht die Methode einen Namen, damit sie später aufgerufen werden kann. Wie bei den Variablennamen verbirgt sich hinter dem Methodennamen eine Adresse. Diese weist bei den Methoden allerdings nicht auf einen Speicherbereich, in dem ein Wert abgelegt ist, sondern auf den Code der Methode. (Tatsächlich werden beim Aufruf eines Programms ja nicht nur die Daten in den Arbeitsspeicher kopiert, auch der Programmcode, die auszuführenden Maschinenbefehle, wird in den Speicher geladen.)

   Wird eine Methode aufgerufen, sorgt der Compiler dafür, dass der Code der Methode ausgeführt wird. Nach der Abarbeitung der Anweisungen der Methode wird das Programm hinter dem Aufruf der Methode weitergeführt. Damit hätten wir auch schon den zweiten wichtigen Bestandteil unserer Methodendeklaration:

2. Die Anweisungen, die bei Aufruf der Methode ausgeführt werden sollen. Denken Sie dabei daran, dass zusammengehörende Anweisungsblöcke in geschweifte Klammern gefasst werden.

3. Letztlich sollte der Compiler schnell erkennen können, dass ein Name eine Methode bezeichnet. Vereinbaren wir daher einfach, dass auf den Methodennamen zwei Klammern folgen sollen.

Unsere Methodendeklaration sieht damit folgendermaßen aus:

```
methodenName(){
    Anweisungen;
}
```

Mittlerweile haben wir die dritte Art von *Bezeichnern* (Namen, die der Programmierer einführt und per Deklaration dem Compiler bekannt gibt) kennen gelernt. Die erste Art von Bezeichnern waren die Variablennamen, die zweite Art von Bezeichnern stellen die Namen dar, die wir den selbst definierten Klassen geben, und die dritte Art sind die Methodennamen.

Woher nimmt die Methode die Daten, mit denen sie arbeitet?

▨ Nun, zum einem ist eine Methode ja Bestandteil einer Klassendeklaration. Für die Methode bedeutet dies, dass sie auf alle *Felder* ihrer Klasse zugreifen kann. (Zur Erinnerung: Dies sind die Variablen, die innerhalb der Klasse, aber außerhalb jeder Methode deklariert sind.)

▨ Zum anderen kann eine Methode natürlich auch eigene, so genannte *lokale Variablen* definieren. Von diesen haben wir in den vorangegangenen Abschnitten bereits eifrig Gebrauch gemacht. Alle dort deklarierten Variablen waren lokale Variablen der Methode main(). Diese lokalen Variablen sind keine Klassenelemente, folglich können sie nicht in jeder beliebigen Methode der Klasse benutzt werden, sondern nur innerhalb der Methode, in der sie deklariert sind.

Wie aber, wenn zwei Methoden unterschiedlicher Klassen Daten austauschen sollen?

4. Für den Austausch über Klassengrenzen hinweg sehen wir so genannte Parameter vor. Dies sind Variablen, die innerhalb der Klammern der Methodendeklaration deklariert werden. Bei Aufruf der Methode werden diesen Parametern Werte übergeben (die so genannten Argumente), die dann innerhalb der Methode wie lokale Variablen benutzt werden können.

5. Schließlich soll die Methode auch noch Daten nach außen exportieren. Zu diesem Zweck definiert jede Methode einen Rückgabewert, dessen Datentyp vor den Methodennamen gestellt wird. Später in Abschnitt 5.2 werden wir dann noch sehen, wie mithilfe des Schlüsselworts return dieser Rückgabewert an den Aufrufer der Methode zurückgeliefert wird.

Eine vollständige Methodendeklaration würde jetzt folgendem Schema folgen:

```
Rückgabetyp methodenName(Deklarationen_der_Parameter)  {
   lokaleVariablen;
   Anweisungen;
}
```

Schauen wir uns jetzt die beiden Methoden datenAusgeben und gehaltErhoehen aus unserem Beispiel an.

```
void datenAusgeben() {
   System.out.println("\n");
   System.out.println("Name    : " + m_name);
   System.out.println("Vorname : " + m_vorname);
   System.out.println("Gehalt  : " + m_gehalt + " Euro");
}
```

Die leeren Klammern () besagen, dass keine Parameter übergeben werden. Das void zeigt an, dass auch kein Wert zurückgegeben wird. Die Methode datenAusgeben() erwartet also weder irgendwelche Parameter noch gibt sie beim Ausführen einen Wert zurück. Schauen wir nun in das Innere der Methode (also was zwischen dem Klammernpaar { } steht).

Dort finden wir wieder die Methode System.out.println(), die wir schon die ganze Zeit zur Ausgabe benutzen. Ihr können Sie als Parameter einen auszugebenden Text (eingeschlossen in Hochkommata) oder Variablen der einfachen Datentypen und der Klasse String übergeben, deren Inhalt ausgegeben werden soll.

println()

Mehrere in einer Zeile auszugebende Texte und Variablen können Sie mithilfe des +-Operators verbinden.

Das Zeichen \n bewirkt bei der Ausgabe einen zusätzlichen Zeilenumbruch und dient hier nur zur optischen Verschönerung.

Gehen wir weiter zur Methode gehaltErhoehen.

```
void gehaltErhoehen(int erhoehung)  {
    m_gehalt += erhoehung;
}
```

Das Schlüsselwort void gibt wiederum an, dass die Methode keinen Wert an die aufrufende Stelle zurückgibt. In den Klammern finden wir als Parameter eine int-Variable namens Erhöhung, die im Anweisungsteil zum aktuellen Gehalt addiert wird.

Konstruktoren von Klassen

Nun zu der Methode, die den gleichen Namen trägt wie die ganze Klasse:

```
CMitarbeiter(String name, String vorname, int gehalt) {
    m_name = name;
    m_vorname = vorname;
    m_gehalt = gehalt;
}
```

Dies ist eine ganz besondere Klassenfunktion, nämlich ein *Konstruktor*. Jede Klasse braucht einen oder sogar mehrere Konstruktoren, die beim Initialisieren der Variablen der Klasse behilflich sind. In unserem Fall übergeben wir die persönlichen Daten des Mitarbeiters an den Konstruktor, der sie den richtigen Variablen zuweist. Bitte beachten Sie, dass die Parameter anders heißen als die Felder (schließlich stellen die Parameter eigenständige Variablen dar und müssen daher auch eigene Namen haben).

Jede Klasse braucht zumindest einen Konstruktor zur Initialisierung ihrer Felder. Wenn Sie selbst keinen solchen Konstruktor vorsehen, weist der Compiler der Klasse einen Standardkonstruktor zu.

Damit ist die Mitarbeiter-Klasse fürs Erste vollendet! Das war doch nicht allzu schwer?! Nun wollen wir diese Klasse auch benutzen. Wir nehmen das Grundgerüst für ein Java-Programm, fügen die Klassendefinition von `CMitarbeiter` hinzu und erzeugen dann in der `main()`-Methode einige Instanzen unserer neuen Klassen.

Bei der Namensgebung von Methoden[1] hat es sich eingebürgert, aktive Namen (mit Verben) zu wählen und sie mit Kleinbuchstaben beginnen zu lassen. Zusätzlich lässt man sinnvolle Teilworte mit Großbuchstaben beginnen, z.B. `leseKonfigurationsDaten()`.

Instanzen

Moment mal, Instanzen? Was soll denn das sein? Denken Sie am besten an den Mitarbeiter aus der realen Welt, nachdem wir die Klasse `CMitarbeiter` modelliert haben. Die Klasse `CMitarbeiter` ist völlig abstrakt; eine Idee, eine Beschreibung, einfach nicht existent! Hugo Piepenbrink oder Erna Mustermann oder so ähnlich heißen die Menschen, die mit Ihnen zusammen in der Firma arbeiten! Sie sind die *Instanzen* des abstrakten Begriffs `CMitarbeiter`!

Anders ausgedrückt: Unsere Klasse `CMitarbeiter` stellt einen neuen Datentyp dar. Die »Werte« dieses Datentyps sind die Instanzen oder Objekte, die wir aus der Klasse erzeugen. Wie das geht, zeigt das folgende Beispiel.

Instanzen, Felder, Variablen ... die objektorientierte Terminologie kann schon recht verwirrend sein. Im Abschnitt 5.3, »Dreierlei Variablen« werden wir daher die wichtigsten Begriffe noch einmal zusammenfassen und gegenüber stellen.

Mit Klassen programmieren

Kommen wir zurück zu unserer Klasse `CMitarbeiter` und schauen wir uns an, wie wir Instanzen dieser Klasse bilden und verwenden können.

Listing 3.3:
CMitarbeiter-
Beispiel.java

```
class CMitarbeiter {
   String m_name;
   String m_vorname;
   int m_gehalt;

   CMitarbeiter(String name, String vorname,
                int gehalt) {
     m_name = name;
```

---

1. Für Konstruktoren hat man natürlich keine Wahl bei der Namensgebung, da hier der Klassenname genommen werden muss.

74

```
    m_vorname = vorname;
    m_gehalt = gehalt;
  }

  void datenAusgeben() {
    System.out.println("\n");
    System.out.println("Name    : " + m_name);
    System.out.println("Vorname : " + m_vorname);
    System.out.println("Gehalt  : " + m_gehalt + " Euro");
  }

  void gehaltErhoehen(int erhoehung) {
    m_gehalt += erhoehung;
  }
}

public class CMitarbeiterBeispiel {
  public static void main(String[] args) {
    // 2 neue Mitarbeiter instanziieren
    CMitarbeiter billy  = new CMitarbeiter("Gates","Bill",3000);
    CMitarbeiter stevie = new CMitarbeiter("Jobs","Steve",3500);

    // Daten ausgeben
    billy.datenAusgeben();
    stevie.datenAusgeben();

    // Gehalt von a erhöhen
    billy.gehaltErhoehen(500);

    // Kontrolle
    billy.datenAusgeben();
    stevie.datenAusgeben();
  }
}
```

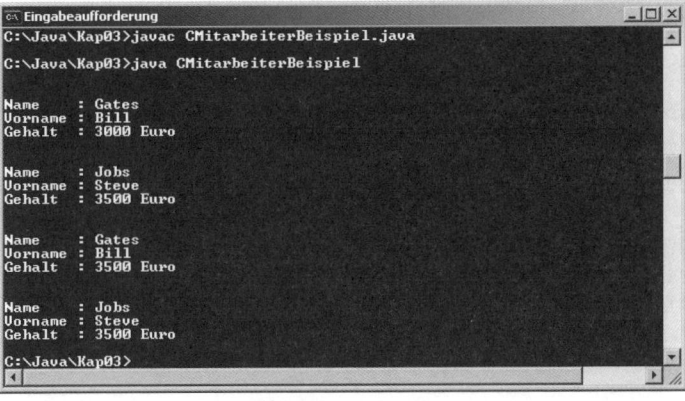

Abb. 3.2: Ausgabe des Programms CMitarbeiter-Beispiel

Sie sollten das Beispiel in den Editor eingeben, kompilieren und ausführen. Denken Sie daran, dass die Datei den gleichen Namen wie die Hauptklasse tragen muss, also in diesem Fall *CMitarbeiterBeispiel.java*. Wenn die erste Begeisterung über das funktionierende Programm vorüber ist, können Sie sich wieder setzen und die nachfolgenden Erläuterungen lesen.

Instanzen werden mit new gebildet

Das meiste sollte Ihnen mittlerweile schon vertraut vorkommen. Spannend wird es in der `main()`-Funktion der Hauptklasse. Dort werden Instanzen der Klasse `CMitarbeiter` angelegt:

```
CMitarbeiter billy = new CMitarbeiter("Gates","Bill",3000);
```

Was macht der Compiler, wenn er diese Zeile antrifft? Nun, er legt eine neue Variable mit Namen `billy` an! Das sagt ihm die Seite links von dem Gleichheitszeichen. Die rechte Seite teilt ihm mit, dass er eine neue Instanz der Klasse `CMitarbeiter` erzeugen soll. Dazu wird mithilfe des Schlüsselworts `new` der Konstruktor der Klasse aufgerufen, der drei Parameter erwartet, die wir ihm ordnungsgemäß übergeben.

 Instanzen von Klassen müssen mit dem Operator `new` gebildet werden.

Instanzen sind Referenzen

Damit Sie später nicht den Durchblick verlieren, wollen wir an dieser Stelle etwas technischer werden, denn es besteht ein fundamentaler Unterschied zwischen den Variablenvereinbarungen

```
int billy = 4;
```

und

```
CMitarbeiter billy = new CMitarbeiter("Gates","Bill",3000);
```

int billy   Im ersten Fall wird eine `int`-Variable angelegt, d.h., der Compiler ordnet dem Namen `billy` einen bestimmten Speicherbereich zu. Gleichzeitig initialisieren wir die Variable mit dem Wert 4, wobei der Wert 4 direkt in dem Speicherbereich der Variable abgelegt wird (siehe Abbildung 3.3).

CMitarbeiter billy   Im zweiten Fall wird zwar ebenfalls eine Variable `billy` angelegt, aber in ihr wird nicht einfach ein Wert abgelegt. Stattdessen wird mithilfe des `new`-Operators der Konstruktor der Klasse `CMitarbeiter` aufgerufen. Dieser bildet eine Instanz der Klasse, die im Speicher angelegt wird – aber nicht in dem Speicherbereich, der für die Variable `billy` eingerichtet wurde. Tatsächlich existiert die Instanz ganz unabhängig irgendwo im Speicher. Bei der Zuweisung der Instanz an die Variable `billy` wird dann nicht etwa der Inhalt aus der

Instanz in den Speicherbereich der Variable `billy` kopiert. Nein, stattdessen wird in der Variablen `billy` die *Adresse* des Speicherbereichs der Instanz abgespeichert. Ist dies erst einmal geschehen, sprechen wir wieder einfach von der Instanz `billy` und sehen großzügig darüber hinweg, dass `billy` eigentlich nur eine Variable ist, die eine Speicherzelle bezeichnet, in der ein Verweis (eine *Referenz*) auf die eigentliche Instanz abgespeichert ist.

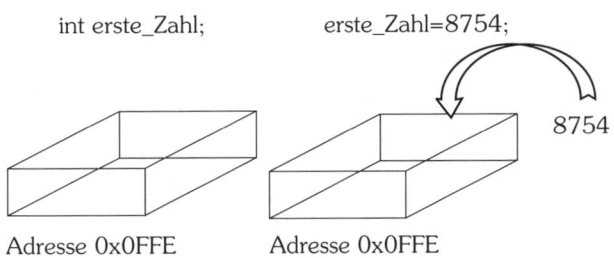

Abb. 3.3: Instanzbildung

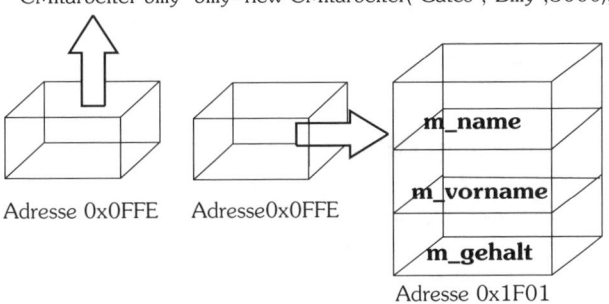

Noch deutlicher werden die Vorgänge, wenn wir die Instanzbildung in zwei Schritte zerlegen:

```
CMitarbeiter billy;

billy = new CMitarbeiter("Gates","Bill",3000);
```

Zuerst wird eine Variable vom Typ `CMitarbeiter` deklariert, die zu diesem Zeitpunkt noch keinen gültigen Wert besitzt. In der zweiten Zeile wird mit dem new-Operator eine neue Instanz kreiert und `billy` erhält dann den Verweis auf die Speicherzellen, wo die Instanz der Klasse zu finden ist.

Dies ist eine äquivalente Möglichkeit. Meistens werden Sie in Programmen die kompakte Variante sehen. Sie wissen ja, Programmierer sind schreibfaul und lieben das Kryptische ...

77

Alle Variablen von Klassen sind Referenzen.

Gewöhnen Sie es sich an, Referenzen direkt mit einer Instanz zu verbinden (beispielsweise durch Aufruf des new-Operators oder durch Zuweisung eines Werts). Ansonsten kann es zu Fehlern kommen, wenn Sie Referenzen verwenden, die wahllos auf irgendeinen Speicherbereich und nicht auf eine konkrete Instanz verweisen.

Zugriff auf Instanzen

Wie erfolgt nun der Zugriff auf die Instanzen billy und stevie? Nehmen wir beispielsweise die Anweisung billy.datenAusgeben(). Man gibt einfach den Namen der Instanz an und den Namen der gewünschten Methode, verbunden durch einen besonderen Operator, den Punkt-Operator ».«.

Verfügt die Methode über Parameter, werden diesen in der Klammer Argumente übergeben. Wichtig bei der Parameterübergabe ist vor allem die Reihenfolge. Sie muss identisch sein mit der Reihenfolge in der Definition der Methode. Der Konstruktor der Klasse CMitarbeiter muss also immer zuerst zwei Zeichenketten für die Namen erhalten und dann eine Zahl für das Gehalt.

3.5   Arrays

Nun wäre es recht unpraktisch, wenn wir uns in dem Beispiel für jeden neuen Mitarbeiter, für den wir eine Instanz der Klasse CMitarbeiter anlegen, auch einen neuen Variablennamen ausdenken müssten. Wenn die Firma etwas größer ist, dann kommen wir schon in arge Bedrängnis. Aber glücklicherweise gibt es dafür eine Konstruktion, die sich Array nennt. Am besten schauen wir uns gleich ein Beispiel für die Definition eines Arrays an:

```
int[] werte = new int[100];
```

Obige Deklaration erzeugt ein Array mit dem Namen werte und 100 Elementen, wobei als Elemente nur Integer-Werte erlaubt sind. Möchte man andere Werte in dem Array ablegen, tauscht man einfach den Datentyp int in der Deklaration gegen einen beliebigen anderen Datentyp oder eine Klasse aus:

```
int[] vektor = new int[3];
boolean[] optionen = new boolean[3400];
CMitarbeiter[] personalListe = new CMitarbeiter[4000];
double[][] matrix = new double[3][3];
```

Sicherlich ist Ihnen aufgefallen, dass der Operator [] bei der Array-Definition die entscheidende Rolle spielt; er gibt an, wie viele Elemente in das Array aufgenommen werden können. Mit seiner Hilfe können auch mehrdimensionale Arrays angelegt werden, die man sich als eindimensionale Arrays vorstellen kann, deren Elemente wiederum aus Arrays bestehen.

Der []-Operator wird aber nicht nur bei der Definition der Arrays, sondern auch zum Zugriff auf einzelne Elemente der Arrays verwendet: Man braucht lediglich in den eckigen Klammern anzugeben, auf das wievielte Element zugegriffen werden soll. Die Zahl in den Klammern nennt man daher auch Index und die Art des Zugriffs »indizierten Zugriff«.

Wenn Sie ein Array von zehn Elementen eines elementaren Datentyps deklarieren, beispielsweise int-Werte, dann sind in dem Array direkt zehn int-Werte enthalten (allerdings alle 0). Wenn Sie ein Array von zehn Objekten einer Klasse definieren, dann enthält das Array nur Null-Verweise (null Referenzen). Sie müssen den einzelnen Array-Elementen erst Objekte der Klasse zuweisen.

```
vektor[0] = 4;
feld_3[4] = false;
matrix[0][10] = 1.72;

// Objekte in Array ablegen
personalListe[0] = new CMitarbeiter("Schramm", "Herbert",3500);
personalListe[1] = billy; // billy sei eine CMitarbeiter-Instanz

// Objekte in Array verwenden
personalListe[0].datenAusgeben();
personalListe[1].datenAusgeben();
```

Sie sehen, Arrays sind ganz einfach zu verwenden. Aber eine Regel müssen Sie sich besonders nachhaltig einprägen:

Das erste Element eines Arrays hat den Index 0 (in Worten NULL!). Diese seltsame Eigenschaft hat Java von der Programmiersprache C geerbt, wo sie schon Tausenden von Programmierern zahllose Stunden an Fehlersuche eingebracht hat.

Wieso? Der Grund liegt wohl in der menschlichen Psyche. Wenn Sie wie oben das Array personalListe mit 4000 Einträgen definiert haben, erfordert es geradezu übermenschliche Kräfte, um Ihrem Gehirn die fixe Idee auszutreiben, dass der Eintrag personalListe[4000] existiert. Da bei der Definition des Arrays aber die Anzahl an Elementen angegeben wird und der erste Eintrag bei 0 beginnt, ist das **falsch**. Das letzte gültige Element ist personalListe[3999].

Im Gegensatz zu anderen Programmiersprachen werden Sie bei Java immerhin während der Programmausführung darauf hingewiesen, dass ein Zugriff auf nicht legale Elemente eines Arrays stattfindet und der Java-Interpreter bricht ab mit der Fehlermeldung `ArrayIndexOutOfBoundsException`.

Das erste Element eines Arrays hat immer den Index 0.

Nun sind Sie auch gerüstet, um die `main()`-Funktion, die in jedem Programmbeispiel auftaucht, etwas besser zu verstehen:

```
public static void main(String[] args)
```

Wie Sie mittlerweile wissen, stehen in den runden Klammern die Parameter, die diese Funktion erwartet. `String[] args` bedeutet, dass `main()` ein Array von String-Objekten als Parameter erwartet. In Kapitel 6.6 werden wir noch ein kleines Beispiel dazu sehen, das zeigt, wie man mithilfe von `args` Kommandozeilenargumente einliest und innerhalb des Programms verarbeitet.

Arrays sind Klasseninstanzen

Noch eine letzte Bemerkung zu Arrays: Jedes Array, das Sie anlegen, ist selbst automatisch eine Instanz der Klasse `Array` (auch so eine von den vielen schon mitgelieferten Klassen in Java, allerdings eine ganz besondere). Es gibt daher auch Methoden und Felder, auf die Sie zugreifen können (wenn man sie kennt!). Ein sehr nützliches Feld ist beispielsweise `length`, es liefert die Größe des Arrays zurück:

```
CMitarbeiter[] personalListe = new CMitarbeiter[100];
int anzahlElemente;
// ....

anzahlElemente = personalListe.length;

// Gibt die Größe aus, also 100
System.out.println("Array Größe ist " + anzahlElemente);
```

Nach diesem ersten intensiven Kontakt mit Klassen wenden wir uns im nächsten Kapitel wieder anderen Grundbestandteilen von Java zu (obwohl Klassen uns auch da begegnen werden), bevor Sie in Kapitel 5 in die Tiefen der objektorientierten Programmierung eintauchen!

3.6   Vordefinierte Klassen und Pakete

Zum Schluss aber noch einige wichtige Informationen über die Klassen, die schon fix und fertig in Java integriert sind wie die `String`-Klasse. Diese Klassen sind in logische Gruppen sortiert, die sich *Pakete* nennen. Im neuen Java Standard 2 (den dieses Buch behandelt) gibt es Dutzende von Paketen mit weit über 1000 Klassen! Eine immense Zahl, nicht wahr? Alle werden wir im Laufe des Buchs nicht kennen lernen, aber die wichtigsten und nützlichsten. Danach werden Sie als alter Java-Hase kein Problem mehr haben, in der Java-API-Dokumentation herumzustöbern und hilfreiche Klassen zu entdecken und in Ihre Programme einzubauen, eventuell sogar zu modifizieren. Ja, auch das geht (meistens jedenfalls)!

Was muss man tun, um solche fertigen Klassen in eigenen Programmen zu verwenden? Ganz einfach: Entweder man stellt überall im Quellcode dem Klassennamen den Paketpfad voran oder man *importiert* den Klassennamen und verwendet die Klasse danach einfach so, als hätte man sie selbst definiert.

Die `String`-Klasse befindet sich beispielsweise im Paket *java.lang*. In unser Programm importieren wir sie mithilfe der Anweisung:

```
import java.lang.String;
```

Meistens braucht man mehrere Klassen aus einem Paket. Anstatt nun jede einzelne Klasse explizit zu importieren, kann man auch alle Klassennamen aus dem Paket mithilfe des *-Symbols importieren:

```
import java.lang.*;
```

Bestimmt nagen im Moment an Ihnen die Zweifel, ob Sie das richtige Buch lesen. Wieso hat denn das Beispiel von vorhin geklappt? Da war weit und breit kein Import-Schnickschnack. Es geht wohl doch ohne! Was also soll das alles? Nun ja, es gibt ein Paket, das automatisch vom Compiler importiert wird, weil in ihm so viele wichtige und immer wieder benötigte Klassen sind, dass praktisch kein Programm ohne es auskäme. Und jetzt raten Sie mal, wie dieses Paket heißt! Genau. Aber für die anderen Pakete gilt das oben Gesagte. Sie müssen die Klassennamen explizit importieren oder sich die Mühe machen, die Klassennamen mit Paketpfad zu schreiben

---

Eine Frage der Eindeutigkeit

Welcher Sinn liegt darin, die Klasse in Pakete aufzuteilen? Stellen Sie sich vor, Sie arbeiten mit anderen Programmierern zusammen an einem größeren Objekt. Jeder bearbeitet einen kleinen Teilaspekt der Anwendung und definiert dafür seine eigenen Klassen, die später zur Gesamtanwendung zusammengefasst werden. Gut möglich, dass dabei zwei Programmierer Klassen gleichen Namens, beispielsweise `Vektor`, definiert haben. Wie aber soll der Compiler beim Übersetzen des Gesamtprogramms dann wissen, welche `Vektor`-Klasse wann gemeint ist.

Sind die beiden `Vektor`-Klassen in unterschiedlichen Paketen definiert, können sie dagegen problemlos beide verwendet und durch die Paketpfade voneinander unterschieden werden:

```
projekt.jim.Vektor v = new projekt.jim.Vektor();    // Vektor-Klasse
                                                    // des einen
                                                    // Programmierers

projekt.kurt.Vektor v = new projekt.kurt.Vektor(); // Vektor-Klasse
                                                    // des anderen
                                                    // Programmierers
```

Oder es wird eine Vektor-Klasse importiert und die andere bei Bedarf über den Paketpfad referenziert:

```
import projekt.jim.Vektor;
...
Vektor v = Vektor();
projekt.kurt.Vektor v = new projekt.kurt.Vektor();
```

Das Einzige, was man nicht tun darf, ist beide Klassennamen in ein gemeinsames Paket zu importieren (und dadurch die eindeutige Zuordnung wieder aufzuheben).

3.7   Zusammenfassung

Daten werden in Programmen durch Variablen repräsentiert. Jeder Variablen entspricht ein Speicherbereich, in dem der aktuelle Wert der Variablen abgelegt wird. Variablen müssen deklariert werden, um dem Compiler den Namen der Variable bekannt zu machen. Bei der Deklaration der Variablen wird auch der Datentyp der Variable angegeben, der festlegt, welche Werte die Variable aufnehmen kann und welche Operationen auf der Variable durchgeführt werden können.

Klassen definieren Eigenschaften (Felder) und Verhaltensweisen (Methoden). Instanzen von Klassen werden mit dem Operator new und durch Aufruf des Konstruktors der Klasse gebildet.

Java-Programme sind Ansammlungen von Klassendefinitionen.

3.8   Fragen und Antworten

F: Datentypen sind das A und O der Variablendeklaration. Zählen Sie die Schlüsselwörter auf, mit denen die verschiedenen Datentypen bei der Variablendeklaration spezifiziert werden.

int, short, byte, long, char, boolean, float, double

F: Welche der folgenden Variablennamen sind nicht zulässig?

```
123
zähler
JW_Goethe
JR.Ewing
_intern
double
Liebe ist
```

Die folgenden Bezeichner sind nicht zulässig:

```
123          // Ziffer als erstes Zeichen
JR.Ewing     // Punkt in Namen
double       // reserviertes Schlüsselwort
Liebe ist    // Leerzeichen in Namen
```

F: Welche der folgenden Variablendeklarationen sind nicht zulässig?

```
int 123;
char c;
boolean option1, option2;
boolean option1 option2;
short y = 5;
short x = 5+1;
short x = y; // y wie oben
```

Die folgenden Deklarationen sind nicht zulässig:

```
int 123;                 // ungültiger Name
boolean option1 option2; // fehlendes Komma
short x = y;             // x zuvor deklariert
```

F: Warum führt der folgende Code zu einem Compiler-Fehler?

```
long x;
x = 5;
long x;
x = 4;
```

Die Variable x wird zweimal definiert. Würde der Compiler diesen Anweisungen folgen, würde er für jede Definition einen Speicherbereich reservieren und mit dem Namen x verbinden. Die Variable x wäre dann mit zwei Speicherbereichen verbunden. Dies darf aber nicht sein – zwischen einer Variablen und ihrem Speicherbereich muss immer eine eindeutige Beziehung bestehen.

F: Die Division haben Sie in Abschnitt 3.3 kennen gelernt. Erinnern Sie sich noch an den Unterschied zwischen 250/4 und 250.0/4?

250/4 ist eine Division von Ganzzahlen. Der Compiler liefert daher auch ein ganzzahliges Ergebnis zurück: 62. Im Falle von 250.0/4 wandelt der Compiler alle Werte in `double`-Fließkommazahlen um. Das Ergebnis lautet daher 62.5.

F: Warum rechnet der Computer mit Binärzahlen?

Computer sind elektronische Rechner, in denen Daten in Form von Spannungswerten verarbeitet werden. Einfacher als die Unterscheidung verschiedener Spannungswerte ist die Entscheidung, ob überhaupt Spannung vorhanden ist oder nicht. Ja oder Nein, Null oder Eins. Darum werden alle Daten binärkodiert.

F: Was sind Klassen?

Klassen sind spezielle Datentypen, in denen verschiedene Variablen und Methoden zusammen deklariert werden können. In Java bestehen Programme praktisch nur aus der Definition von Klassen.

F: Welche Beziehung besteht zwischen einer Klasse und ihren Instanzen?

Klassen sind Datentypen, Instanzen sind »Werte« von Klassen.

F: Welches Paket muss nicht explizit importiert werden?

Das Paket `java.lang` braucht nicht explizit zu werden.

3.9 Übungen

1. Angenommen, Sie wollten einen Flugsimulator schreiben. Ihre Szenerie ist ganz einfach aufgebaut und besteht praktisch nur aus einem Untergrund und drei Wassertürmen, die umflogen werden sollen. Überlegen Sie sich, welche Klassen Sie für diesen Flugsimulator definieren müssen, welche Felder und Methoden benötigt werden und welche Instanzen Sie erzeugen müssen.

2. Angenommen, Sie haben von einem anderen Programmierer eine Klasse `CAuto` mit den Eigenschaften `m_geschwindigkeit` und `m_benzinverbrauch` sowie den Methoden `anlassen()`, `beschleunigen()` und `bremsen()`. Sie wissen sonst nichts über die Implementierung der Klasse. Wie rufen Sie die Methode `anlassen()` auf?

3. Was passiert in obiger Aufgabe, wenn Sie die Methode `bremsen()` aufrufen, bevor Sie die Methoden `anlassen()` und `beschleunigen()` aufgerufen haben?

KAPITEL 4

Programmfluss und Fehler-
erkennung mit Exceptions

In diesem Kapitel werden wir ein Thema aufgreifen, das im letzten Kapitel schon unterschwellig mit angeklungen ist, ohne dass wir jedoch etwas wirklich Konkretes dazu angemerkt hätten. Es geht um die Steuerung des Programm-flusses. Hier kommen eine Reihe unterschiedlicher Konzepte zum Tragen, deren korrekter und sinnvoller Einsatz oftmals den Unterschied zwischen einem guten und einem schlechten Programm ausmacht.

In diesem Kapitel lernen Sie

- warum Programme durch Klassen und Methoden modularisiert werden,

- wie man eigene Pakete definiert,

- wie man auf Klassen aus anderen Dateien zugreift,

- wie Verzweigungen implementiert und eingesetzt werden,

- wie Schleifen implementiert und eingesetzt werden,

- wie man eine Exception-Behandlung implementiert.

4.1 Die Axiomatik des Programmablaufs

Tragen wir zuerst einmal zusammen, was Sie schon über den Programmfluss wissen (oder zu wissen glauben).

1. Die Ausführung einer Anwendung beginnt mit der Methode `main()`.

2. Die Anweisungen in der `main()`-Methode werden der Reihe nach von oben nach unten ausgeführt.

3. Trifft der Compiler dabei auf einen Methodenaufruf, springt die Ausführung in die erste Zeile dieser Methode. Sind alle Anweisungen der Methode abgearbeitet, kehrt die Programmausführung in die aufrufende Methode zurück und wird mit der auf den Methodenaufruf folgenden Zeile fortgesetzt.

4. Mit der letzten Anweisung der `main()`-Methode endet das Programm.

Sie denken jetzt, ein Programm besteht aus Anweisungen. Falsch gedacht! Ein Java-Programm besteht nicht aus Anweisungen, sondern aus Deklarationen – um genau zu sein, aus Klassendeklarationen. Jede Klasse kann Felder und Methoden definieren und nur in diesen Methoden findet man die Anweisungen eines Programms (siehe Kapitel 2.2 und 3.4).

4.2 Modularisierung durch Klassen und Methoden

Gäbe es nicht die Möglichkeit, dass eine Methode eine andere Methode aufruft, müssten Sie alle Anweisungen des Programms untereinander in die `main()`-Methode schreiben. Das klingt nicht so problematisch, solange die Programme klein sind, aber es wird zum Horror, wenn Sie beginnen, größere Programme zu schreiben.

Beispiel Beginnen wir mit einem ganz einfachen Beispiel. Sie haben ein Sparkonto mit 15.000 Euro angelegt, die Ihnen die Bank mit 3,5% verzinst. Jetzt brennen Sie natürlich darauf zu wissen, wie sich Ihr Geld in Windeseile von Jahr zu Jahr vermehrt. Gehen wir davon aus, dass Sie die jedes Jahr hinzukommenden Zinsen nicht abheben, sondern weiter verzinsen lassen, dann berechnet sich Ihr Guthaben nach n Jahren zu:

Endkapital =

Lassen Sie uns also einmal ausrechnen, welcher Geldsegen sich in den folgenden sieben Jahren über Sie ergießt. Das zugehörige Programm sieht folgendermaßen aus:

```
public class CZinsen {
 public static void main(String[] args) {
   double startkapital = 15000;
   double zinssatz = 3.5;
   double laufzeit;
   double endkapital;

   //Berechnung des Endkapitals
   endkapital = startkapital * Math.pow((1 + zinssatz/100),1);
   System.out.println("Nach 1. Jahr: " + (int) endkapital + " EUR");

   endkapital = startkapital * Math.pow((1 + zinssatz/100),2);
   System.out.println("Nach 2. Jahr: " + (int) endkapital + " EUR");

   endkapital = startkapital * Math.pow((1 + zinssatz/100),3);
   System.out.println("Nach 3. Jahr: " + (int) endkapital + " EUR");

   endkapital = startkapital * Math.pow((1 + zinssatz/100),4);
   System.out.println("Nach 4. Jahr: " + (int) endkapital + " EUR");

   endkapital = startkapital * Math.pow((1 + zinssatz/100),5);
   System.out.println("Nach 5. Jahr: " + (int) endkapital + " EUR");

   endkapital = startkapital * Math.pow((1 + zinssatz/100),6);
   System.out.println("Nach 6. Jahr: " + (int) endkapital + " EUR");

   endkapital = startkapital * Math.pow((1 + zinssatz/100),7);
   System.out.println("Nach 7. Jahr: " + (int) endkapital + " EUR");
   }
}
```

Listing 4.1:
CZinsen.java

Abb. 4.1:
Ausgabe des Zinsen-Programms

Führen Sie das Programm zum Test einmal aus.

Das Programm arbeitet ordnungsgemäß und doch stimmt etwas nicht damit. (Nein, es liegt nicht an der Formel, dass die Zinserträge so niedrig sind; dafür müssen Sie schon Ihre Bank verantwortlich machen.)

87

Das Problem ist der Quelltext. Jedem Programmierer, der etwas auf sich hält, wird beim Anblick dieses Programms das Herz stocken. Hier wird eine wiederkehrende Aufgabe (die Zinsberechnung) jedes Mal neu implementiert. Das macht das Programm äußerst unübersichtlich und erschwert das Debuggen, sprich das Ausmerzen von Fehlern. Wenn sich jetzt ein Fehler in die Formel eingeschlichen hätte, müssten Sie diesen sieben Mal korrigieren. In größeren Programmen hätten Sie vielleicht sogar noch das Problem, dass Sie gar nicht mehr wissen, wo überall in Ihrem Quelltext diese Formel auftaucht.

Teilprobleme in Methoden implementieren I

Die Lösung dieses Problems liegt aber auf der Hand. Öfter wiederkehrende Aufgaben werden in Form von Methoden implementiert. Und dies soll nun Ihre Übung sein.

Übung Schreiben Sie das obige Programm neu, wobei Sie die Zinsberechnung als eigene Methode implementieren und diese in der main()-Methode für die ersten sieben Jahre aufrufen. Große Schwierigkeiten sollte Ihnen dies nicht bereiten, da Sie die Berechnung fast unverändert übernehmen können. Lediglich die Laufzeit ändert sich bei jedem Aufruf der Methode und muss dieser daher als Parameter übergeben werden.

Lösung Wenn alles geklappt hat, könnte Ihr Programm jetzt ungefähr folgendermaßen aussehen.

Listing 4.2: CZinsberechnung.java

```
public class CZinsberechnung {
    public static void zinsBerechnen(double laufzeit) {
        double startkapital = 15000;
        double zinssatz = 3.5;
        double endkapital;

        // Berechnung des Endkapitals
        endkapital = startkapital *
                 Math.pow((1 + zinssatz/100),laufzeit);
        System.out.println("Nach " + (int) laufzeit +
                      ". Jahr: " + (int) endkapital + " EUR");
    }

    public static void main(String[] args) {
        zinsBerechnen(1);
        zinsBerechnen(2);
        zinsBerechnen(3);
        zinsBerechnen(4);
        zinsBerechnen(5);
        zinsBerechnen(6);
        zinsBerechnen(7);
    }
}
```

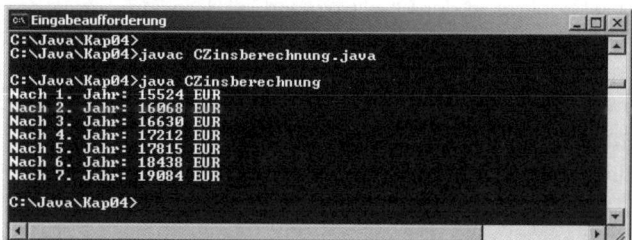

Abb. 4.2:
Ausgabe des
Programms
CZinsberech-
nung

Die Aufnahme der `println()`-Anweisung in die Methode ist eher ungewöhn-
lich, führt den Effekt der Auslagerung in eine Methode aber noch stärker vor
Augen.

Was hier vorgeführt wurde, ist die Modularisierung des Codes. Programme,
die Teilprobleme in Form von Methoden lösen, sind besser lesbar, besser
wartbar, leichter zu debuggen und der modulare Code ist leichter wiederzuver-
werten und besser zwischen Programmen auszutauschen (bestes Beispiel
hierfür sind die Klassenbibliotheken von Java, in deren Klassen und Methoden bereits viele Standardprobleme für Sie gelöst sind und die Sie in Ihren
Programmen verwenden können (siehe 3.6 und den letzten Abschnitt dieses
Unterkapitels).

Teilprobleme in Methoden implementieren II

Wenn Sie Teilprobleme in Methoden isolieren, sollten Sie versuchen, die Methode so allgemein wie nur möglich und sinnvoll zu halten. Was bedeutet das?
Bleiben wir einfach bei obigem Beispiel. Wir haben jetzt zwar eine Methode
zur Zinsberechnung, doch ihr Einsatzbereich ist recht beschränkt. Wenn Sie
im weiteren Verlauf des Programms *Zinsberechnungen* durchführen wollen,
ohne das Ergebnis gleich auszugeben, oder Berechnungen ausführen, bei
denen Sie den Zinssatz und die Laufzeit variieren wollen, können Sie obige
Methode nicht verwenden. Welche Grundsätze lassen sich daraus für eine
brauchbarere Implementierung der Methode ableiten?

Modularisierung durch Methoden:

▨ Die Methode sollte sich streng darauf beschränken, nur die von ihr gefor-
derte Aufgabe zu erledigen (also nur die Zinsberechnung und nicht schon
die Weiterverarbeitung des Ergebnisses).

▨ Soll die Methode Ergebnisse zurückliefern, sollte sie dazu einen Rückgabewert definieren.

▨ Schließlich sollten alle wichtigen Optionen, über die man die Arbeitsweise
der Methode vielleicht anpassen möchte, als Parameter an die Methode

89

übergeben werden (im Falle unserer Zinsberechnung wären dies die Variablen startkapital, zinssatz und laufzeit).

Beispiel Unsere neue, allgemein verwendbare Methode sähe dann folgendermaßen aus:

Listing 4.3:
CZinsberech-
nung2.java

```
public class CZinsberechnung2 {
    public static double zinsBerechnen(double startkapital,
                                       double zinssatz,
                                       double laufzeit) {
        double endkapital;

        // Berechnung des Endkapitals
        endkapital = startkapital *
                Math.pow((1 + zinssatz/100),laufzeit);

        return endkapital;
    }
...
```

Startkapital, Zinssatz und Laufzeit werden jetzt als Parameter an die Methode übergeben. Das Ergebnis der Berechnung wird am Ende der Methode mithilfe des Schlüsselworts return zurückgeliefert. Ein Aufruf dieser Methode könnte nun folgendermaßen aussehen:

```
...
public static void main(String[] args) {
    double endkapital;

    endkapital = zinsBerechnen(15000,3.5,7);
    System.out.println("Der Endbetrag nach 7 Jahren: "
                    + (int) endkapital);
}
```

Teilprobleme in Klassen implementieren

Methoden sind Teile von Klassen. Wenn Sie also eine Methode in mehreren Programmen verwenden wollen, müssen Sie die Methode mit der Klasse, in der sie definiert ist, importieren. Bevor wir uns dies im folgenden Abschnitt noch einmal genauer ansehen, wollen wir uns überlegen, wie wir diesen Umstand (und damit die Möglichkeiten der objektorientierten Programmierung) nutzen können.

Im Abschnitt 3.4 ist angeklungen, dass Klassen in der objektorientierten Programmierung Objekte der realen Welt repräsentieren (beispielsweise die Mitarbeiter einer Firma, das Flugzeug eines Flugzeugsimulators, die verschiedenen geometrischen Formen eines Grafikprogramms oder auch Zeichenketten, die so genannten Strings). In diesem Kapitel sind wir auf eine weitere

Verwendung gestoßen, nämlich Klassen als Sammlungen von Methoden. Dabei steht es Ihnen durchaus frei, ein Sammelsurium an verschiedensten, aber häufig benötigten Methoden in einer Klasse zu vereinen (geschehen beispielsweise in der Klasse `java.lang.System`). Sinnvoller ist es jedoch, solche Sammelklassen einem bestimmten Thema zu widmen und nur solche Methoden in die Klasse aufzunehmen, die mit diesem Thema zu tun haben. Die Klasse repräsentiert dann zwar immer noch kein echtes Objekt, aber immerhin ein definiertes Thema (wie z.B. bei der Java-Klasse `java.lang.Math`).

Das Thema für unsere Sammelklasse liegt auf der Hand, es lautet »Zinsbe-   *Übung*
rechnung«. Als weise objektorientierte Programmierer tippen wir nicht gleich sinnlos drauf los, sondern überlegen uns zuerst, wie man die Klasse sinnvoll aufbauen könnte.

Zuerst einmal brauchen wir einen passenden, aussagekräftigen, aber nicht zu   *Lösung*
langen Namen, wie zum Beispiel `CZins`.

Dann wollen wir den Leistungsumfang der Klasse erhöhen, indem wir eine zweite Methode in die Klasse aufnehmen, die das Endkapital ohne Zinseszins berechnet (also für den Fall, dass die Zinserträge nicht auf dem Sparbuch, sondern einem anderen Konto gutgeschrieben werden). Unsere Klasse sähe jetzt folgendermaßen aus:

```
class CZins {
  public static double ertragZ(double startkapital,
                               double zinssatz,
                               double laufzeit) {
    //Berechnung mit Zinseszins
    return startkapital * Math.pow((1 + zinssatz/100),laufzeit);
  }

  public static double ertrag(double startkapital,
                              double zinssatz,
                              double laufzeit) {
    //Berechnung ohne Zinseszins
    return startkapital * (1 + zinssatz/100 * laufzeit);
  }
}
```

Wir haben diesmal das Ergebnis der Berechnungen nicht mehr in einer eigenen lokalen Variable (`endkapital`) abgespeichert, sondern direkt über die return-Anweisung an den Aufrufer der Methode zurückgeliefert.

Wie könnte man aus dieser Sammelklasse eine »echt« objektorientierte Klasse machen?

Beachten Sie, dass die von uns getroffene Unterscheidung in Sammelklasse und »echt« objektorientierte Klasse sich rein auf die Art der Verwendung der Klasse bezieht. Rein programmiertechnisch sind beides echte objektorientierte Klassen. Nur dass wir die Instanz einer Sammelklasse nicht benutzen, um ein Objekt zu repräsentieren, sondern bloß, um auf die Methoden der Klasse zugreifen zu können.

Die Instanzen unserer »echt« objektorientierten Klasse sollen reelle Objekte repräsentieren. Was böte sich da an? Sparbücher! Ein Sparbuch ist charakterisiert durch seine Einlage und seine Verzinsung. Für beide muss die Klasse `CSparbuch` also Felder vorsehen. Des Weiteren braucht die Klasse einen Konstruktor, der für jede Instanz der Klasse (also für jedes einzelne Sparbuch) Einlage und Verzinsung festlegt. Schließlich wollen wir fünf Methoden vorsehen:

▨ `einzahlen()`: Die Einlage wird um einen bestimmten Betrag erhöht.

▨ `abheben()`: Die Einlage wird um einen bestimmten Betrag vermindert.

▨ `ertragZ()`: Berechnet den voraussichtlichen Ertrag nach n Jahren mit Zinseszins.

▨ `ertrag()`: Berechnet den voraussichtlichen Ertrag nach n Jahren ohne Zinseszins.

Die Klasse `CSparbuch` und eine passende Hauptklasse, die `CSparbuch` verwendet, sähe dann folgendermaßen aus:

Listing 4.4:
CSparbuch-
Nutzen1.java

```
class CSparbuch {
    double kapital;
    double zinssatz;

    CSparbuch(double kap, double zins)  {
        kapital = kap;
        zinssatz = zins;
    }

    void einzahlen(double betrag)  {
        kapital += betrag;
    }

    void abheben(double betrag)  {
        kapital -= betrag;
    }

    double ertragZ(double laufzeit)  {
        return kapital *
                Math.pow((1 + zinssatz/100),laufzeit);
    }
```

```
  double ertrag(double laufzeit)  {
    return kapital * (1 + zinssatz/100 * laufzeit);
  }
}

//Hauptklasse des Programms
class CSparbuchNutzen1 {
  public static void main(String[] args) {
    CSparbuch meinSparbuch = new CSparbuch(0,3);
    meinSparbuch.einzahlen(10000);

    System.out.println("Ertrag nach 5 Jahren :");
    System.out.println("\t ohne Zinseszins: " +
                    (int) meinSparbuch.ertrag(5));
    System.out.println("\t mit  Zinseszins: " +
                    (int) meinSparbuch.ertragZ(5));
  }
}
```

Die Klasse ist für einen professionellen Einsatz noch nicht ausgereift genug. Dies liegt daran, dass bei der Verzinsung davon ausgegangen wird, dass sich der in dem Feld `kapital` festgehaltene Betrag schon das ganze Jahr auf dem Sparbuch befindet. Tatsächlich müsste man Buch darüber führen, wie sich die Einlage des Sparbuchs übers Jahr verändert hat, und jeden Betrag für sich verzinsen.

Bestehende Klassen wiederverwenden

Bisher hatten wir es vorwiegend mit ganz einfach gestrickten Programmen zu tun, die lediglich aus einer einzigen Klassendefinition bestanden. Die Quelltextdatei dieser Programme haben wir mit der Extension .java abgespeichert und kompiliert. Der Compiler hat dann eine zugehörige, binäre .class-Datei erzeugt, die wir mithilfe des Interpreters ausführen konnten.

Mehrere Klassen in einer Datei

Nun haben wir aber zwei Klassen, die wir verwenden möchten. Die Klasse `CSparbuch` und die Hauptklasse eines Programms, das die Klasse `CSparbuch` verwendet.

Im einfachsten Fall schreiben wir alle Klassen, die wir nutzen, in eine Quelltextdatei (siehe obiges Beispiel *CSparbuchNutzen1*). Der Compiler erzeugt dann für jede in der .java-Quelldatei definierte Klasse eine eigene binäre .class-Datei. Zur Ausführung des Programms wird die .class-Datei der Hauptklasse mit dem Interpreter aufgerufen.

In diesem Fall gibt es kaum Probleme:

- Der Compiler kennt alle Klassen, die im Programm benutzt werden; die Hauptklasse des Programms erkennt der Compiler daran, dass sie den gleichen Namen wie die Quelltextdatei trägt.

- Der Interpreter weiß, wo er die .class-Dateien der verwendeten Klassen finden kann (stehen alle im Verzeichnis des Programms).

- Der Zugriff auf die Klassen und deren Elemente ist wie in den bisherigen Beispielen uneingeschränkt möglich – wir können uns sogar das Schlüsselwort `public` in den Deklarationen sparen.

Klassen aus .class-Dateien wiederverwenden

Nun wäre es aber unschön, wenn man die Definition jeder benutzten Klasse in den Quelltext des Programms kopieren müsste, obwohl eine binäre .class-Datei für die Klasse schon längst vorliegt.

Nun, solange die binäre .class-Datei der zu verwendenden Klasse in dem gleichen Verzeichnis wie das aktuelle Programm (sprich die zu kompilierende Java-Datei) steht, ist dies kein Problem.

Das Programm *CSparbuchNutzen2* verwendet die Klasse `CSparbuch`. Das Besondere daran ist, dass `CSparbuch` nicht in dem Quelltext der Datei *CSparbuchNutzen2.java* definiert ist. Damit Sie *CSparbuchNutzen2* kompilieren können, muss in dem aktuellen Verzeichnis neben *CSparbuchNutzen2.java* auch *CSparbuch.class* zu finden sein. (Die .class-Datei können Sie beispielsweise durch Kompilierung der Datei *CSparbuchNutzen1.java* erstellen und dann gegebenenfalls kopieren.)

Listing 4.5: CSparbuchNutzen2.java

```
// wird nur kompiliert, wenn im aktuellen
// Verzeichnis CSparbuch.class zu finden ist

//Hauptklasse des Programms
public class CSparbuchNutzen2 {
  public static void main(String[] args)  {
    CSparbuch meinSparbuch = new CSparbuch(0,3);
    meinSparbuch.einzahlen(10000);

    System.out.println("Ertrag nach 5 Jahren :");
    System.out.println("\t ohne Zinseszins: " +
            (int) meinSparbuch.ertrag(5));
    System.out.println("\t mit  Zinseszins: " +
            (int) meinSparbuch.ertragZ(5));
  }
}
```

Eigene Klassen in Paketen verwalten

Im Laufe Ihrer Tätigkeit als Java-Entwickler werden Sie immer mehr eigene Klassen implementieren und erstellen und irgendwann entsteht die Notwendigkeit, diese Klassen zu ordnen. Dazu dient das Konzept der Pakete, auf das wir schon in Abschnitt 3.6 kurz eingegangen sind.

Im Grunde ist es ganz einfach:

▓ Pakete verwalten zwar Klassen, werden aber aus Quelltextdateien aufgebaut. Indem Sie an den Anfang einer Quelltextdatei (Extension .java) folgende Anweisung stellen:

```
package paketname;
```

legen Sie fest, dass alle Klassen, die in dieser Datei definiert werden, dem Paket `paketname` zugeordnet werden.

> Nicht obligatorisch, aber allgemein üblich ist es, in Java Paketnamen grundsätzlich klein zu schreiben und keine allzu langen Namen zu verwenden.

▓ Wenn Sie umgekehrt Klassen aus einem Paket verwenden wollen, stellen Sie dem Klassennamen den Paketnamen voran:

```
paketname.KlasseSowieso
```

Wenn Sie möchten, können Sie die zu verwendende(n) Klasse(n) auch »importieren«. In diesem Fall fügen Sie zu Beginn Ihres Quelltexts eine `import`-Anweisung ein, in der Sie den vollständigen Klassennamen (samt Paketnamen) angeben. Danach können Sie die Klasse allein über ihren Klassennamen ansprechen:

```
import paketname.KlasseSowieso;
KlasseSowieso obj = new KlasseSowieso();
```

Gibt es in einem Paket mehrere Klassen, die Sie verwenden möchten, können Sie den Platzhalter * zur Auswahl aller Klassen des Pakets einsetzen:

```
import paketname.*;
```

Um also die Klasse `CSparbuch` in einem eigenen Paket namens `zinsrechnung`   *Beispiel*
abzulegen, brauchen Sie nur die Klassendefinition in eine eigene Quelltextdatei zu kopieren und dieser die Anweisung

```
package zinsrechnung;
```

voranzustellen (die `package`-Anweisung muss die erste Quelltextzeile in der Datei sein). Um dann in dem Programm *CSparbuchNutzen2* wie gehabt auf die Klasse `CSparbuch` zugreifen zu können, müssen wir nur die folgende import-Anweisung einfügen:

```
import zinsrechnung.CSparbuch;
```

Richtig?

Leider nein! Ganz so einfach ist es dann doch nicht. Es gibt da noch zwei Besonderheiten der Pakete zu beachten.

■ Pakete müssen sich auf Ihrem Computer in einer gleich aufgebauten Verzeichnisstruktur widerspiegeln. Für jedes Paket müssen Sie ein eigenes Verzeichnis anlegen und in dieses die .class-Dateien der Java-Klassen des Pakets kopieren. Wenn Sie Pakete mithilfe des .-Operators hierarchisch gliedern, müssen auch die entsprechenden Verzeichnisse in gleicher Weise hierarchisch gegliedert werden.

■ Pakete dienen nicht nur der Gruppierung von Klassen, sie regeln auch den Zugriff auf Klassen. So kann eine Klasse, die einem Paket angehört, ohne Probleme auf alle anderen Klassen des Pakets zugreifen. Dagegen ist der Zugriff auf eine Klasse eines anderen Pakets nur dann möglich, wenn die Klasse, auf die zugegriffen werden soll, als `public` deklariert wurde (Gleiches gilt für Methoden und Felder von Klassen).

Im Übrigen arbeiten Sie auch dann mit Paketen, wenn Sie Ihre Quelltextdateien nicht explizit einem bestimmten Paket zuordnen. Ihre Klassen gehören dann dem »unnamed«-Paket an.

Übung   Setzen wir jetzt ein Programm *CSparbuchNutzen3* auf, das eine Instanz der Klasse `CSparbuch` aus dem Paket `zinsrechnung` benutzt.

Lösung   Wir beginnen mit der Einrichtung der Verzeichnisstruktur:

1. Legen Sie ein Verzeichnis *SparbuchNutzen3* für das Programm an und dazu ein Unterverzeichnis, das den gleichen Namen wie das Paket trägt: *zinsrechnung*.

Als Nächstes wird die Klasse `CSparbuch` erzeugt:

2. Öffnen Sie eine neue Datei für die Klasse `CSparbuch`.

3. Übernehmen Sie den Quelltext der Klasse `CSparbuch` aus der Datei *CSparbuchNutzen1.java*, aber deklarieren Sie die Klasse `CSparbuch` und alle ihre Methoden als `public`.

4. Setzen Sie an den Anfang der Datei die Anweisung `package zinsrechnung;`.

5. Speichern Sie die Datei als *CSparbuch.java* in dem Unterverzeichnis *zinsrechnung*.

6. Kompilieren Sie die Datei.

Jetzt noch das eigentliche Programm:

7. Öffnen Sie eine neue Datei.

8. Übernehmen Sie den Quelltext der Klasse `CSparbuchNutzen2`, aber benennen Sie Klasse und Datei in *CSparbuchNutzen3* um und fügen Sie unter den einleitenden Kommentarzeilen die folgende `import`-Anweisung ein:

```
import zinsrechnung.CSparbuch;
```

9. Speichern Sie die Datei im Programmverzeichnis *SparbuchNutzen3*.

10. Kompilieren Sie die Datei.

11. Führen Sie das Programm aus.

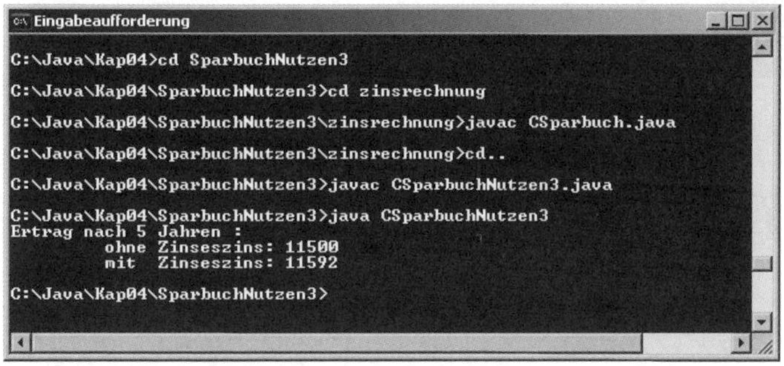

```
C:\Java\Kap04>cd SparbuchNutzen3

C:\Java\Kap04\SparbuchNutzen3>cd zinsrechnung

C:\Java\Kap04\SparbuchNutzen3\zinsrechnung>javac CSparbuch.java

C:\Java\Kap04\SparbuchNutzen3\zinsrechnung>cd..

C:\Java\Kap04\SparbuchNutzen3>javac CSparbuchNutzen3.java

C:\Java\Kap04\SparbuchNutzen3>java CSparbuchNutzen3
Ertrag nach 5 Jahren :
        ohne Zinseszins: 11500
        mit  Zinseszins: 11592

C:\Java\Kap04\SparbuchNutzen3>
```

Abb. 4.3: Ausgabe des Programms CSparbuch-Nutzen3

4.3   Kontrollstrukturen

Nachdem wir im obigen Abschnitt gesehen haben, wie man den Programmablauf in Methoden aufteilt, wollen wir uns jetzt ansehen, wie der Programmablauf innerhalb einer Methode gesteuert werden kann.

Dabei hat es der Programmierer mit zwei typischen Problemstellungen zu tun, die ständig wiederkehren:

▦ das Testen von Bedingungen (wenn Bedingung erfüllt, dann tue dies und das, sonst etwas anderes) und

▦ das unzählige Wiederholen von bestimmten Anweisungen.

Für beide Aufgaben gibt es in Java spezielle Konstrukte, die wir nun kennen lernen werden.

97

Bedingungen if-else

Für Bedingungen verwendet man die folgende Konstruktion:

```
if (Bedingung) {
    // Bedingung ist wahr
    Anweisungen;
} else {
    // Bedingung ist falsch
    Anweisungen;
}
```

Beispiel   Machen wir uns das am besten mit Beispielen klar:

```
boolean esRegnet;

// irgendwo wird esRegnet auf true oder false gesetzt

// hier testen wir nun diese Variable
if(esRegnet == true) {
    System.out.println("Heute regnet es!");
} else {
    System.out.println("Heute regnet es nicht!");
}
```

Wenn es alternativ nichts Besonderes zu tun gibt, kann der else-Teil auch wegfallen. Außerdem dürfen die Klammernpaare {} weggelassen werden, wenn nach if bzw. else jeweils nur eine einzige Anweisung (wie im Beispiel oben) steht.

Bedingungen und boolesche Ausdrücke

Die auszuwertende Bedingung muss einen Wahrheitswert liefern, also wahr (true) oder falsch (false) sein. Daher war auch die zu testende Variable bisher vom Typ boolean. In der Klammer dürfen aber auch logische Ausdrücke stehen, deren Auswertung durch den Compiler einen Wahrheitswert zurückgibt:

```
int a, b, c;

// ... a, b, c erhalten irgendwo Werte zugewiesen

// Auf Gleichheit testen
if( a == b && a == c)
    System.out.println("a, b und c sind identisch.");
```

Bitte beachten Sie, dass ein Vergleich auf Gleichheit mit dem Operator == erfolgen muss. Wenn Sie nur *ein* Gleichheitszeichen tippen (ein sehr beliebter Fehler!), wird sich der Compiler beschweren.

Weitere Vergleichsoperatoren sind:

`<, <=`	Vergleich kleiner/kleiner gleich
`>, >=`	Vergleich größer/größer gleich
`==, !=`	Vergleich gleich/ungleich

Schauen wir uns noch ein weiteres Beispiel an, das uns gleichzeitig noch etwas über objektorientierte Programmierung lehrt.

Wenn Sie eine Klasse benutzen, die von einem anderen Programmierer implementiert wurde, informieren Sie sich meist nur über die zur Verfügung stehenden Felder und Methoden. Wie diese Methoden implementiert sind, interessiert Sie nicht und soll Sie auch nicht interessieren. Man bezeichnet dieses Konzept als *Kapselung* oder *Information Hiding*. Die konkrete Implementierung einer Klasse ist für den Benutzer der Klasse unwichtig, er braucht für den korrekten Umgang mit der Klasse nur zu wissen, auf welche Felder und Methoden er zugreifen kann. Damit geht aber eine besondere Verantwortung bei der Implementierung der Klasse einher. Dazu gehört auch, dass jede Methode darauf achtet, dass sie korrekt eingesetzt wird. Schauen wir uns dazu die beiden folgenden Methoden an, die Sie bereits aus Abschnitt 4.2 kennen und die Kapitalflüsse von Sparbüchern regeln.

Kapselung

```
public void einzahlen(double betrag) {
  kapital += betrag;
}
public void abheben(double betrag) {
  kapital -= betrag;
}
```

In diesem einfachen Beispiel hätte prinzipiell eine Methode gereicht, der man dann einen positiven oder negativen Betrag übergibt – je nachdem, ob man einzahlen oder abheben möchte. Übersichtlicher und für den Benutzer der Klasse intuitiv leichter umzusetzen, ist aber die Vorgabe zweier Methoden mit entsprechenden Namen. Vielleicht möchte man mit dem Abheben von Geldern auch noch weitere Bearbeitungsschritte verbinden (beispielsweise wenn nur ein bestimmter Betrag abgehoben werden darf), die beim Einzahlen nicht anfallen. Auch in solchen Fällen ist die Implementierung zweier Methoden vorteilhaft.

Allerdings müssen Sie dann darauf achten, dass die Methode `einzahlen()` nicht durch Übergabe eines negativen Betrags zum Vermindern des Einlagekapitals führt bzw. umgekehrt das Kapital beim Abheben erhöht wird. Wir fügen daher `if`-Bedingungen in die Methoden ein, die sicherstellen, dass nur positive Beträge bearbeitet werden.

```
public void einzahlen(double betrag) {
  if(betrag < 0)
    System.out.println("Nur positive Beträge erlaubt");
  else
    kapital += betrag;
}
public void abheben(double betrag) {
  if(betrag < 0)
    System.out.println("Nur positive Beträge erlaubt");
  else
    kapital -= betrag;
}
```

Übung Wenn Sie möchten, können Sie jetzt als Übung auch vorsehen, dass ab einer Einlage von 50.000 Euro der Zinssatz um 0,5% erhöht wird und dass nicht mehr als 3000 Euro abgehoben werden können.

Lösung
```
public void einzahlen(double betrag) {
  if(betrag<0)
    System.out.println("Nur positive Beträge erlaubt");
  else {
    kapital += betrag;
    if(kapital >= 50000 && kapital-betrag < 50000)
      zinssatz += 0.5;
  }
}
public void abheben(double betrag) {
  if(betrag<0)
    System.out.println("Nur positive Beträge erlaubt");
  else if(betrag > 3000)
      System.out.println("Limit sind 3000 EUR");
      else
        kapital -= betrag;

  if(kapitel < 50000 && kapital+betrag >= 50000)
    zinssatz -= 0.5;
}
```

Mehrfachbedingungen – switch

Oft ergibt sich die Situation, dass eine Variable auf mehrere Werte getestet werden soll, damit dann entsprechende Anweisungen abgearbeitet werden.

```
char option;
option = 'S';

if(option == 'A') {
  System.out.println("Gewählte Option Abbrechen");
}
```

```
if(option == 'S') {
  System.out.println("Gewählte Option Speichern");
}
if(option == 'L') {
  System.out.println("Gewählte Option Laden");
}
```

Eine elegantere Formulierung erlaubt in solchen Fällen die switch-Anweisung:

```
switch(option) {
  case 'A': System.out.println("Gewählte Option Abbrechen");
            break;
  case 'S': System.out.println("Gewählte Option Speichern");
            break;
  case 'L': System.out.println("Gewählte Option Laden");
            break;
  default : System.out.println("Ungültige Option");
            break;
}
```

Der switch-Befehl erhält als Argument die zu testende Variable, die dann mit den case-Werten verglichen wird. Wird eine Übereinstimmung gefunden, werden die entsprechenden Anweisungen abgearbeitet.

Natürlich kann es auch einmal passieren, dass der Ausdruck in der switch-Bedingung mit keinem der case-Werte übereinstimmt. Wenn Sie möchten, können Sie solche Fälle mit dem default-Label abfangen.

case-Werte müssen Konstanten von Ganzzahlen oder Zeichen sein. (Seit Java 1.5 sind auch Aufzählungsobjekte (Typ enum) erlaubt. Aufzählungen werden in diesem Buch nicht weiter behandelt. Wir haben Ihnen aber das entsprechende Unterkapitel aus dem Java-Kompendium auf die Buch-CD gepackt: *PDFs/Aufzaehlungen.pdf*.)

Wie sieht nun die Abarbeitung der switch-Anweisung aus?

Das Programm geht der Reihe nach alle case-Konstanten durch. Trifft es auf eine case-Konstante, die mit dem Wert der switch-Bedingung übereinstimmt, führt es die zugehörigen Anweisungen und die Anweisungen aller folgenden case-Blöcke aus – so lange, bis es auf eine break-Anweisung trifft. Wenn Sie dies unterbinden wollen (und meist werden Sie es unterbinden wollen), beenden Sie die case-Blöcke mit break-Anweisungen, die die Ausführung der switch-Anweisung beenden. Das Programm wird dann direkt hinter der switch-Anweisung fortgesetzt.

Übung   Nehmen wir an, in obiger `switch`-Anweisung wäre die Variable `option` gleich `'S'`. Denken Sie sich weiterhin die `break`-Anweisungen aus der `switch`-Anweisung weg. Welche Ausgaben würde die `switch`-Anweisung dann erzeugen? Wenn Sie sich nicht ganz sicher sind, probieren Sie es doch einfach in einem kleinen Programm aus.

Lösung   Beim Vergleich der Variablen `option` mit `case 'A'` erkennt das Programm, dass keine Übereinstimmung vorliegt. Das Programm springt direkt zur nächsten `case`-Marke: `'S'`. Hier liegt eine Übereinstimmung vor, der Anweisungsblock der `case`-Marke wird ausgeführt. Da der Anweisungsblock nicht mit einer `break`-Anweisung endet, werden auch noch die Anweisungen der Label `'L'` und `default` ausgeführt. Die gesamte Ausgabe sieht unerfreulicherweise daher folgendermaßen aus:

```
Gewählte Option Speichern

Gewählte Option Laden

Ungültige Option
```

Viel mehr gibt es über Vergleiche nicht zu berichten und wir machen gleich weiter mit den Schleifen. Hier stehen uns zwei Konstrukte zur Verfügung: die so genannte `for`-Schleife und die `while`-Schleife.

Die Schleifen for und while

Wenn Sie bestimmte Anweisungen mehrmals hintereinander ausführen müssen, wobei sich lediglich einzelne Parameter nach einem bestimmten Muster verändern, bietet sich eine `for`-Schleife oder eine `while`-Schleife an.

Obige Beschreibung klingt furchtbar, dabei ist es im Grunde ganz einfach. Schauen wir uns am besten wieder ein Beispiel an.

Beispiel
```
int i;

// for Schleife
for(i = 1; i <= 100; i++) {
  System.out.println("i hat den Wert " + i + "\n");
}

// das Gleiche als while Schleife
i = 1;
while(i <= 100) {
  System.out.println("i hat den Wert " + i + "\n");
  i++;
}
```

Bei der for-Schleife weisen Sie im *Schleifenkopf* einer oder mehreren Zähl-
variablen (auch *Schleifenvariablen* genannt) einen Anfangswert zu und geben durch Semikolon getrennt die *Abbruchbedingung*[1] und die Hochzählan-
weisung an. In geschweiften Klammern folgt dann der *Schleifenrumpf* mit
den Anweisungen (wie bei der if-Anweisung braucht man keine Klammern,
wenn der Rumpf nur aus einer Anweisung besteht).

Die while-Schleife hat die gleiche Funktionalität, aber Sie sehen schon, dass
das Initialisieren der Variablen, die Abbruchbedingung und die Inkrementanweisung etwas in der Landschaft verstreut sind. Suchen Sie sich aus, was Ihnen mehr zusagt, und wählen Sie Ihre Lieblingsschleife. Handlicher ist meist
die for-Schleife, während die while-Schleife universeller einsetzbar ist (so lässt
sich zum Beispiel jede for-Schleife auch als while-Schleife schreiben).

Wir möchten Sie noch auf eine geradezu klassische Fehlerquelle hinweisen,
die bei if-Anweisungen und Schleifen auf den Programmierer (also Sie!) lauert: Nach der runden Klammer mit der Bedingung bzw. dem Schleifenkopf
darf *kein* Semikolon stehen! Das interpretiert der Compiler ansonsten als
eine "leere" Anweisung, für die nichts zu tun ist. Diese führt das Programm
dann so oft aus, wie es die Schleife verlangt, und Sie fragen sich verzweifelt,
was schief läuft. Und Sie haben nach dutzendfachem Lesen des Quellcodes
längst nicht mehr den Durchblick, um das unscheinbare, kleine Semikolon
zu sehen ...

Schleifenvariablen und Abbruchbedingungen

Die Inkrementanweisung kann auch eine Dekrementanweisung sein! Und es
muss auch nicht im Einerschritt gezählt werden, z.B.:

```
public class CGeradeZahlen {
  public static void main(String[] args) {
    int i;

    for ( i= 100; i != 0; i -= 2) {
      // von 100 bis 2 alle geraden Zahlen ausgeben
      System.out.println("i hat den Wert "+ i +"\n");
    }
  }
}
```

Wichtig ist aber, dass die Abbruchbedingung der Schleife irgendwann erfüllt
oder die Schleife auf sonstigem Wege (siehe unten, Abschnitt »Unterbrechung
des Programmflusses«) verlassen wird.

---

1. Ist die angegebene Bedingung nicht mehr erfüllt, wird die Schleifenausführung beendet.

Betrachten Sie beispielsweise folgende Schleife:

```
for ( i= 99; i != 0; i -= 2) {
  // von 99 bis 1 alle ungeraden Zahlen ausgeben
  System.out.println("i hat den Wert " + i + "\n");
}
```

Diese Schleife wird endlos fortgesetzt, da die Schleifenvariable i nie den Wert 0 annimmt. Stattdessen zählt sie bis zum Sankt-Nimmerleins-Tag (oder zumindest bis zum Programmabbruch durch Bereichsüberschreitung) die negativen Zahlen runter.

Auch der Urheber der folgenden Schleife wurde ein Opfer seiner Schusseligkeit:

```
for ( i= 99; i > 0; i += 2) {
  // von 99 bis 1 alle ungeraden Zahlen ausgeben
  System.out.println("i hat den Wert " + i + "\n");
}
```

Hier würde die Abbruchbedingung zwar im geeigneten Moment abgebrochen, doch leider wird i inkrementiert, statt dekrementiert zu werden.

Noch teuflischer wird es freilich, wenn Sie den Wert der Schleifenvariable auch noch innerhalb der Schleife verändern. Dies ist zwar durchaus erlaubt und kann auch sinnvoll eingesetzt werden, doch achten Sie dann ganz besonders darauf, dass die Abbruchbedingung irgendwann erfüllt wird.

Wenn Sie Schleifen implementieren, achten Sie darauf, dass die Schleifen auch korrekt wieder verlassen werden.

Schleifen und Arrays

Sie erinnern sich hoffentlich noch an die CMitarbeiter-Klasse aus dem Kapitel 3.5?! Dort hatten wir unter anderem ein Array von 100 Mitarbeitern angelegt. Mit den Schleifen haben wir nun die ideale Waffe, um dieses Feld zu durchlaufen und alle Mitarbeiter zu bearbeiten:

Listing 4.6:
CMitarbeiter-
Verwaltung.java

```
// class-Datei CMitarbeiter.class aus Kapitel 3 muss im gleichen
// Verzeichnis stehen

public class CMitarbeiterVerwaltung {
  public static void main(String[] args) {
    CMitarbeiter[] personalliste = new CMitarbeiter[4];
    int mitarbeiterzahl;

    personalliste[0] = new CMitarbeiter("Marx","Groucho",8000);
    personalliste[1] = new CMitarbeiter("Marx","Chico",7000);
```

```
personalliste[2] = new CMitarbeiter("Marx","Harpo",7000);
personalliste[3] = new CMitarbeiter("Marx","Zeppo",7000);
mitarbeiterzahl = 4;

// alle Mitarbeiter ausgeben
for(int i = 0; i < personalliste.length; i++)
  personalliste[i].datenAusgeben();
}
}
```

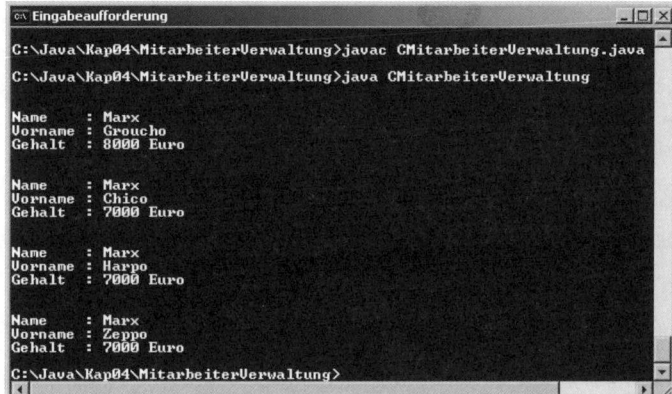

Abb. 4.4:
Ausgabe des
Programms
CMitarbeiter-
Verwaltung

Da die for-Schleife häufig zum Durchlaufen von Arrays verwendet wird und man sich dabei für die Schleifenvariable selbst meist nicht interessiert, hat man sich bei Sun dazu entschlossen, für solche Fälle eine besondere Variante der for-Schleife einzuführen. Die obige Schleife zum Durchlaufen des Arrays personalliste sieht dann folgendermaßen aus:

```
// lies: "für m in personalliste"
for(CMitarbeiter m : personalliste)
    m.datenAusgeben();
```

Als Laufvariable dient nunmehr nicht mehr eine Indexvariable, sondern eine Variable vom Typ der Array-Elemente, im Beispiel also von der Klasse CMitarbeiter. Die Schleifenvariable wird dabei vom zu durchlaufenden Array durch einen Doppelpunkt, den man gedanklich als "in" lesen könnte, getrennt. Diese Art der for-Schleife funktioniert übrigens auch mit Arrays von elementaren Datentypen, z.B.

```
int[] zahlen = new zahlen[100];
...
for(m : zahlen)
   System.out.println(m);
```

105

Zauber mit Schleifen, Zahlen und Kaninchen

Kürzlich haben mich meine Kinder darauf angesprochen, ob sie nicht zwei Kaninchen haben könnten. Nun wäre es natürlich nett, ein Kaninchenpärchen zu halten, doch ist die Vermehrung dieser Tierchen ja geradezu sprichwörtlich. Vielleicht sollte man daher vor dem Kauf abschätzen, mit wie viel Kaninchen man nach zehn Jahren zu rechnen hat.

Ein Kaninchenweibchen kann direkt nach einer Geburt wieder trächtig werden. Bei einer Tragzeit von ziemlich genau einem Monat bestehen daher gute Chancen, dass ein Kaninchenweibchen im Jahr sieben Würfe zu durchschnittlich (hier schwanken die Voraussagen etwas) vier Jungen austrägt. Die in einem Jahr geborenen Jungen erzeugen meist erst im darauffolgenden Jahr eigenen Nachwuchs. Ein Kaninchenpärchen erzeugt nach dieser Rechnung also jedes Jahr 28 Nachkommen. Wie sieht die Population dann nach 20 Jahren aus?

Solch ungehinderte Wachstumsvorgänge folgen meist der Formel:

Da wir wissen, dass im ersten Jahr aus 2 Kaninchen insgesamt 30 Kaninchen werden, lässt sich die Wachstumsrate k (pro Jahr) leicht bestimmen:

k = ln(30/2) = ln15

Das folgende Programm errechnet uns daraus die Populationsgröße für die ersten zehn Jahre:

Listing 4.7:
CKanin-
chen.java

```java
import java.lang.Math;

public class CKaninchen {
    public static void main(String[] args) {
        double pop = 2;
        for(int jahr = 1; jahr <= 10; jahr++) {
            pop = 2*Math.exp(Math.log(15)*jahr);
            System.out.println("Nach " + jahr + ". Jahr: "
                                + (long) pop + " Tiere");
        }
    }
}
```

Wir überlassen es Ihnen, dieses kleine Programm nachzuprogrammieren und diese wundersame Kaninchenvermehrung zu bestaunen.

Übung Zur Übung sollten Sie noch einmal das Programm *CZinsberechnung* aus Abschnitt 4.2 hervorkramen und die Berechnung der Zinsen in der main()-Methode in Form einer for-Schleife implementieren.

```
public class CZinsberechnung3 {
  public static double zinsBerechnen(double startkapital,
                                     double zinssatz,
                                     double laufzeit) {
    double endkapital;

    //Berechnung des Endkapitals
    endkapital = startkapital *
             Math.pow((1 + zinssatz/100),laufzeit);

    return endkapital;
  }

  public static void main(String[] args) {
    for(int laufzeit = 1; laufzeit < 8; laufzeit++)
      System.out.println("Nach " + laufzeit + ". Jahr: "
              + (long) zinsBerechnen(15000,3.5,laufzeit)
              + " EUR");
  }
}
```

Listing 4.8:
CZinsberech-
nung3.java

Unterbrechung des Programmflusses

Darunter versteht man bei Programmiersprachen die plötzliche Änderung der Reihenfolge, in der der Computer die Anweisungen abarbeitet: normalerweise eine nach der anderen, also sequentiell. Durch bestimmte Anweisungen kann man jedoch veranlassen, dass bestimmte Code-Sequenzen übersprungen werden.

Ein Beispiel hierfür ist die break-Anweisung, die wir bereits im Zusammenhang mit dem switch-Konstrukt kennen gelernt haben. Stößt das Programm bei der Abarbeitung eines switch-Blockes auf eine break-Anweisung wird die gesamte switch-Anweisung verlassen und mit der Ausführung der Befehle nach dem switch-Block fortgefahren.

Die break-Anweisung kann aber auch zum Verlassen von Schleifen verwendet werden:

```
int i;

for(i = 0; i < 1000; i++) {
  // wenn i den Wert 500 hat, die Schleife verlassen
  if(i == 500)
    break;
}
```

Diese Schleife wird nicht 1000 Mal, sondern nur 500 Mal durchlaufen.

Eine andere nützliche Anweisung ist `continue`. Sie bewirkt, dass die aktuelle Iteration beendet wird und mit dem nächsten Durchlauf begonnen wird:

Listing 4.9:
CContinue.java

```
public class CContinue {
   public static void main(String[] args) {
      int i;

      for(i = 0 ; i< 1000; i++) {
        if ( i != 500)
          continue;

        System.out.println("i hat den Wert 500!");
      }
   }
}
```

Abb. 4.5:
Ausgabe des
Programms
CContinue

```
Eingabeaufforderung                                 _ □ ×

C:\Java\Kap04>javac CContinue.java

C:\Java\Kap04>java CContinue
i hat den Wert 500!

C:\Java\Kap04>_
```

Im Schleifenrumpf wird getestet, ob i den Wert 500 hat. Ist dem nicht so, beendet `continue` den aktuellen Schleifendurchgang, i wird im Schleifenkopf um 1 erhöht und die nächste Iteration beginnt. Nur bei 500 wird diese Sperre passiert und die Druckanweisung kommt zum Zuge.

Gefährlich ist der Einsatz der `continue`-Anweisung in `while`-Schleifen. Da in einer `while`-Schleife die Schleifenvariable innerhalb der Schleife inkrementiert oder dekrementiert wird, kann es Ihnen passieren, dass Sie die `continue`-Anweisung vor die Bearbeitung der Schleifenvariable setzen. Unter Umständen führt dies dann dazu, dass sich die Schleifenvariable nicht mehr ändert und die Abbruchbedingung der Schleife nie erfüllt wird.

4.4   Fehlerbehandlung durch Exceptions

Eine weitere Möglichkeit, den Programmfluss zu beeinflussen, sind Exceptions. Lassen Sie sich wegen des Ausdrucks nichts anmerken und lesen Sie einfach lässig weiter!

Leider sind Computerprogramme nie ganz fehlerfrei, man sagt dafür meistens neudeutsch »sie haben Bugs«. Die Entwicklung von Programmiersprachen war und ist geprägt von der Sehnsucht nach dem Bug-freien Programm. Ein Weg in diese Richtung war die Verbesserung der Compiler, die viele Fehler schon beim Übersetzen entdecken.

Auch bei der Programmausführung bieten moderne Sprachen wie Java viel mehr Unterstützung als es früher möglich war.

Denken Sie z.B. an die Arrays. Wenn während der Programmausführung auf einen nicht legalen Eintrag des Arrays zugegriffen wird, stoppt der Java-Interpreter mit `ArrayOutOfBoundsException` Ihr Programm mit der Angabe der Zeilennummer, wo der Fehler auftrat. Wenn Sie in einer anderen Sprache programmiert hätten (z.B. C), wäre das Programm einfach sang- und klanglos abgestürzt oder zumindest mit fehlerhaften Daten weitergelaufen. Sie können sich vorstellen, wie aufwendig in solchen Fällen die Fehlersuche sein kann!

So schön es auch ist, einen kontrollierten Abbruch zu haben: In vielen Fällen möchte man, dass das Programm solche Fehlermeldungen des Java-Interpreters abfängt und sich kontrolliert selbst beendet oder unter anderen Bedingungen weiterläuft. Dies leisten die schon erwähnten Exceptions.

Was sind Exceptions?

Im Prinzip sind Exceptions Objekte, d.h. Instanzen von Klassen. Dabei gibt es für die verschiedenen Typen von Fehlern jeweils eigene Exception-Klassen, beispielsweise die Klasse `ArrayIndexOutOfBoundsException` für Fehler beim indizierten Zugriff auf Arrays. Wenn Sie versuchen, auf das elfte Element eines Arrays von nur fünf Elementen zuzugreifen, erzeugt die interne Implementierung der Array-Klasse ein Objekt der Klasse `ArrayIndexOutOfBoundsException` und wirft dieses Objekt als Exception aus.

Wenn man nun bestimmte Code-Sequenzen vor dem Auftreten von gewissen Fehlern sichern möchte, gibt man an, welche Exceptions abgefangen werden sollen und wie im Falle einer aufgetretenen Exception weiter vorgegangen werden soll. Tritt dann während der Ausführung der so gesicherten Code-Abschnitte eine Exception auf, wird der Kontrollfluss geändert, indem der Computer zu dem Anweisungsblock springt, der zur Fehlerbehandlung vom Programmierer vorgesehen wurde.

Vordefinierte Exceptions auffangen

Soviel zur Theorie der Exceptions. Schauen wir uns nun ein konkretes Beispiel an.

Angenommen, wir durchlaufen ein Array und trauen uns selbst nicht so ganz bei der Programmierung. Daher sichern wir den Anweisungsteil vor einem `ArrayOutOfBounds`-Fehler, also dem Zugriff auf nicht legale Array-Einträge.

Beispiel

```
public class CExceptionTest {
  public static void main(String[] args) {
    int i;
    int[] feld = new int[100];
```

Listing 4.10: CException-Test.java

109

```
// hier kann der Fehler auftreten, also
// absichern
try {
  for( i = 0; i<= 100; i++) {
    System.out.println("i hat den Wert " + i +"\n");
    feld[i] = i;
  }
}

// hier ist die Fehlerbehandlung
catch(ArrayIndexOutOfBoundsException e) {
  System.out.println("Ein illegaler Zugriff!\n");
}
}
}
```

Abb. 4.6:
Ausgabe des
Programms
CException-
Test

Welche Zutaten brauchen wir zum Abfangen von Exceptions?

1. Methoden, die Exceptions auslösen. Um eine Exception auszulösen, erzeugt man eine Instanz der entsprechenden Exception-Klasse und schickt diese mit dem Schlüsselwort throw ab:

```
throw ExceptionInstanz;
```

Wird die Exception nicht direkt in der Methode abgefangen, in der sie ausgelöst wird, soll sie an die Aufrufer der Methode weitergereicht werden. Dazu muss die Methode den Klassentyp der Exception in ihrer Deklaration bekannt machen. Nach der Klammer mit den Parametern der Methode folgt dann das Schlüsselwort throws und die Liste der Exception-Klassen, die nach außen weitergereicht werden sollen.

```
methodenName(Parameter) throws e1, e2;
```

In den Java-Bibliotheken gibt es eine ganze Menge von Methoden, die Exceptions auslösen und nach außen weiterreichen. Hierzu gehören auch die Exceptions der Klasse ArrayIndexOutOfBoundsException, die wir in obigem Beispiel abfangen. Das Auslösen der Exceptions geschieht also innerhalb der Array-Klasse, so dass wir davon in dem Quelltext unseres Programms nichts sehen.

2. Der zu sichernde Code-Abschnitt. Alle Anweisungen, für die Sie bestimmte Exceptions abfangen wollen, werden in einen try-Block geklammert.

3. Die Fehlerbehandlung. Direkt an den try-Block schließen sich die catch-Blöcke an. Für jede Exception-Klasse, deren Exception Sie abfangen wollen, definieren Sie einen catch-Block. In den Klammern wird die Klasse der abzufangenden Exceptions spezifiziert und einkommende Exceptions werden an den zugehörigen Parameter übergeben.

Das war schon alles! O.k., fast. Zwei Punkte sollten Sie noch beachten:

▨ Eine Methode, in der eine Exception aufgetreten ist, muss die Exception entweder abfangen und behandeln (in einem catch-Block) oder die Exception weiterleiten – wozu der Klassentyp der Exception im throws-Abschnitt der Methodendeklaration aufgeführt sein muss. (Exceptions, die von der Klasse java.lang.RuntimeException abgeleitet sind, brauchen nicht explizit im throws-Abschnitt aufgeführt zu werden.)

▨ Wenn eine Methode eine aufgetretene Exception weiterleitet, bedeutet dies meist, dass die Methode vorzeitig verlassen wird. Dies kann dazu führen, dass wichtige Aufräumarbeiten am Ende der Methode (Schließen von Dateien beispielsweise) nicht ausgeführt werden. Um dies zu verhindern, kann man wichtige Aufräumarbeiten in einen finally-Block am Ende der Methode stellen. Der finally-Block wird stets bei Verlassen der Methode ausgeführt – selbst wenn diese durch eine Exception vorzeitig verlassen wird.

So, mehr brauchen Sie zum Einstieg über Exceptions nicht zu wissen.

Bevor Sie nun aber losstürzen und alle bisherigen und zukünftigen Programme absichern nach dem Motto »Exceptions schützen«, bedenken Sie bitte folgende Hinweise:

▨ Exception-Handling kann Ihre Programme drastisch verlangsamen!

▨ Das Beispiel oben ist nicht zur Nachahmung empfohlen! Diesen Fehler hätten Sie schon durch aufmerksame Programmierung beheben können. Exceptions sollten nicht dazu verleiten, sorglos drauflos zu programmieren mit dem Hintergedanken, dass nichts passieren kann, da ja das praktische Exception-Handling alles abfängt!

▨ Exceptions dienen meist zur Behandlung schwerwiegender Fehler im Programmablauf. Ihr Vorteil liegt darin, dass das Auftreten des Fehlers und die Auslösung der Exception von der Behandlung der Exception getrennt werden. Ist das ein Vorteil? Wenn man richtig damit arbeitet schon. So

111

werden in den von Ihnen verwendeten Java-Klassen in allen kritischen Code-Abschnitten notfalls Exceptions ausgelöst. Die Behandlung dieser Exceptions bleibt aber Ihnen überlassen. Sie brauchen lediglich die Anweisungen Ihrer `main()`-Methode in einen `try`-Block einzuschließen und einen `catch`-Block für die abzufangenden Exceptions einzurichten. Fazit: Klassen-Bibliotheken werden durch die Auslösung von Exceptions gesichert – die Behandlung der Exceptions übernimmt das aufrufende Programm, das mit den Klassen arbeitet.

Eigene Exceptions

Exceptions sind Objekte. Das heißt, Sie haben die Möglichkeit, eigene Exception-Klassen zu kreieren. Wenn Sie eine eigene Exception-Klasse deklarieren wollen, müssen Sie diese von der Java-Klasse `Throwable` oder einer anderen bestehenden Exception-Klasse ableiten. Um nun eine solche Exception auszulösen, erzeugen Sie nach aufgetretenem Fehler eine Instanz Ihrer Exception-Klasse und lösen diese mithilfe des Schlüsselworts `throw` aus. Danach sucht das Programm direkt nach der zugehörigen `catch`-Anweisung.

> Wenn Sie eigene Exception-Klassen definieren, sollten Sie Felder vorsehen, in denen Sie Informationen zu den aufgetretenen Fehlern speichern können. Wenn dann ein Fehler auftritt und eine Exception ausgelöst werden soll, bilden Sie eine Instanz Ihrer Exception-Klasse, füllen deren Felder mit den Informationen zu dem aktuell aufgetretenen Fehler und schicken die Exception dann mit dem Schlüsselwort `throw` ab. Irgendwo in einem umliegenden Block kann die Exception dann abgefangen und die genaue Fehlerursache anhand der Daten rekonstruiert werden.

Das Exception-Handling ist ein sehr komplexes Thema, so dass wir es im Rahmen eines Einsteigerbuchs nicht weiter vertiefen können. (Interessierte Leser seien diesbezüglich an die entsprechende weiterführende Literatur, beispielsweise unser Java-Kompendium, verwiesen.) Allerdings werden im Laufe der folgenden Kapitel gelegentlich Beispiele für Situationen angegeben, wo Exceptions sinnvoll sind. Ein typischer Fall ist die Dateiein- und -ausgabe, bei der wir noch einige Beispiele zur Exceptionbehandlung sehen werden

4.5　Zusammenfassung

Übersichtliche Programme zeichnen sich durch Strukturierung und Modularisierung aus.

▓ Modularität erreicht man durch die Identifizierung von Teilproblemen und deren Implementierung in Methoden bzw. durch die Identifizierung von Objekten und deren Implementierung in Klassen (Divide-and-conquer).

▓ Strukturierung erreicht man durch Bedingungen (`if`, `if-else`, `switch`) und Schleifen (`for`, `while`).

Mithilfe der `if`-Bedingung können Sie den Wahrheitswert eines booleschen Ausdrucks überprüfen und je nach Ergebnis einen Anweisungsblock ausführen oder überspringen.

Mithilfe der `if/else`-Bedingung können Sie den Wahrheitswert eines booleschen Ausdrucks überprüfen und je nach Ergebnis unterschiedliche Anweisungsblöcke ausführen lassen.

Mithilfe der `switch`-Bedingung können Sie den Wert eines Ausdrucks überprüfen und je nach Ergebnis unterschiedliche Anweisungsblöcke ausführen lassen.

Schleifen dienen dazu, sich wiederholende Anweisungen mehrmals hintereinander ausführen zu lassen. Mit dem Schlüsselwort `continue` kann die aktuelle Schleifeniteration abgebrochen werden. Mit dem Schlüsselwort `break` wird die ganze Schleife verlassen.

Exceptions sind eine spezielle, objektorientierte Form der Fehlerbehandlung. Der Vorteil der Exceptions ist vor allem die Trennung von Fehlerauslösung und Fehlerbehandlung. Ausgelöst werden Exceptions mit dem Schlüsselwort `throw`. Abgefangen werden Exceptions nur für Code-Anweisungen, die in einen `try`-Block gefasst sind, und nur dann, wenn sich an den `try`-Block ein `catch`-Block für die betreffende Exception-Klasse anschließt.

4.6   Fragen und Antworten

F: In welchen drei Stufen werden Programme modularisiert?

Methoden – Klassen – Pakete.

F: Ist die folgende if-Bedingung korrekt?

```
int i;

i = 3;
if(i) {
  // tue irgendetwas
}
```

Integer-Werte oder -Variablen sind als boolesche Ausdrücke in if-Bedingungen nicht erlaubt (was unter anderem daran liegt, dass Integer-Werte nicht vom Compiler in boolesche Werte umgewandelt werden können; hier ist Java etwas strikter und konsequenter als C). Erlaubt wäre aber folgende Formulierung:

```
boolean i;

i = true;
if(i) {
  // tue irgendetwas
}
```

F: Wann wird die folgende Bedingung zu true ausgewertet? (Hilfe: Betrachten Sie x und y als Koordinaten in der Ebene.)

```
if (   (x < 35 && x > 20) && (y < 100 && y > 80)
    || (x < 150 && x > 120) && (y < 95 && y > 75))
```

Die if-Bedingung überwacht zwei Rechtecke in der Ebene und wird zu true ausgewertet, wenn die Koordinaten von x und y in einem der beiden Rechtecke liegen. Auf diese Weise kann man beispielsweise überwachen, ob der Anwender in einen bestimmten Bereich eines Fensters einer GUI-Anwendung oder eines Bilds geklickt hat.

F: Worin besteht der Fehler in der folgenden Schleife?

```
int i,j,k;

i = 1;
System.out.println("i \t j \t k");
while (i < 10)  {
    j = i*i - 1;
    k = j*j - 1;
    System.out.println(i + " \t" + j + " \t" +k);
}
```

Der Fehler liegt darin, dass die Schleifenvariable i nicht verändert und die Schleife folglich nicht beendet wird.

F: Die folgende Schleife definiert zwei Schleifenvariablen. Wie sieht die Ausgabe der Schleife aus?

```
int n,m;

for(n = 0, m = 0; n < 10 && m <3; n++, m += 2) {
  System.out.println("n * m = " + n*m);
}
```

Die Ausgabe der Schleife lautet:

```
n * m = 0
n * m = 2
```

F: Wissen Sie, was eine Modulo-Operation ist? Wenn ja, benutzen Sie den Modulo-Operator, um zu überprüfen, ob eine Zahl gerade ist.

Wenn Sie zwei Zahlen mit dem Modulo-Operator % dividieren, errechnet der Compiler, wie oft der Divisor in den Dividenden passt. Die Differenz zwischen diesem Wert und dem Dividend wird zurückgeliefert. Für 250%4 würde also 2 zurückgeliefert. Um zu prüfen, ob eine Zahl gerade ist, dividiert man sie modulo 2 und prüft, ob das Ergebnis gleich 0 ist:

```
for(int i = 0; i < 10; i++)
  if( (i % 2) == 0)
    System.out.println(i + " ist gerade");
```

4.7   Übungen

1. In der ersten Übung aus Kapitel 3 haben Sie zwei Klassen für einen Flugsimulator aufgesetzt. Überlegen Sie sich jetzt, wie Sie feststellen können, wann das Flugzeug auf den Boden gestürzt oder in einen Wasserturm hineingeflogen ist.

2. Setzen Sie eine for-Schleife zur Berechnung der ersten hundert Quadratzahlen auf.

3. Wandeln Sie die obige for-Schleife in eine while-Schleife um.

4. Nutzen Sie die Binärkodierung des Computers, um zu entscheiden, ob eine Zahl gerade ist.

115

Objektorientierte Programmierung mit Java

Wenn Sie alle Kapitel bis hierher aufmerksam gelesen haben, sind Sie nun bestens vorbereitet, in die Tiefen der objektorientierten Programmierung einzutauchen. Die wichtigste Neuerung, die Sie nun kennen lernen werden, ist das Konzept der *Vererbung*. Daneben werden wir uns aber auch die Implementierung und Programmierung mit Methoden noch einmal etwas näher anschauen und ein paar Worte zu Gültigkeitsbereichen und Sichtbarkeit verlieren.

Sie lernen in diesem Kapitel

- alles Wichtige zur Vererbung von Klassen,

- weiteres zur Parameterübergabe an Methoden,

- wie Methoden überladen werden,

- wie Pakete und Zugriffsmodifizierer die Sichtbarkeit von Klassen bestimmen,

- was Instanz- und was Klassenvariablen sind,

- wie man Klassen verschachtelt,

- was Interfaces sind.

5.1 Vererbung

Vererbung? Kommen jetzt nach den genmanipulierten Tomaten die genmanipulierenden Programmierer? Keine Sorge, im Vergleich zu manchen Genetikern sind wir noch ganz harmlos. Aber Klassen können ihre Eigenschaften (also ihre Felder) und Methoden an andere Klassen weitervererben. Man spricht dann auch von *Vererbung* oder *Ableitung* und bezeichnet die Klasse, die ihre Elemente vererbt, als Basisklasse. Die Klasse, die die Elemente der Basisklasse erbt, bezeichnet man als abgeleitete Klasse.

Erinnern wir uns an die Klasse CMitarbeiter aus Abschnitt 3.4. In jeder Firma gibt es verschiedene Arten von Mitarbeitern, z.B. den Chef, die Angestellten und die Lehrlinge. Nehmen wir an, dass ihr Chef mit der zusätzlichen Anforderung an das Programm kommt, dass Beförderungen durchführbar sein sollen. Wenn wir weiter annehmen, dass Lehrlinge und der Chef selbst nicht befördert werden können, bleiben dafür nur die normalen Angestellten. Allerdings sollen die Lehrlinge eine Prüfung ablegen. Nun wäre es umständlich, für Lehrlinge, Angestellte und den Chef jeweils eine komplett neue Klasse anzulegen, denn bis auf die Beförderungen und Prüfungen sind die Klassen ja identisch! Hier kommt der Vorteil der Vererbung ins Spiel: Wir nehmen die CMitarbeiter-Klasse als Basisklasse, leiten von ihr Klassen für Lehrlinge, Angestellte und den Chef ab und erweitern die abgeleiteten Klassen um zusätzliche Fähigkeiten (in unserem Fall z.B. die Beförderungsmöglichkeit).

Beispiel Wie sieht das als Java-Programm aus?

Listing 5.1:
aus CMitarbei-
terBeispiel.java

```
class CMitarbeiter {
    String m_name;
    String m_vorname;
    int m_gehalt;

    CMitarbeiter(String name, String vorname, int gehalt) {
        m_name = name;
        m_vorname = vorname;
        m_gehalt = gehalt;
    }

    void datenAusgeben() {
        System.out.println("\n");
        System.out.println("Name     : " + m_name);
        System.out.println("Vorname : " + m_vorname);
        System.out.println("Gehalt   : " + m_gehalt + " Euro");
    }

    void gehaltErhoehen(int erhoehung) {
        m_gehalt += erhoehung;
    }
}
```

118

```
// Die abgeleitete Klassen
class CLehrling extends CMitarbeiter {
  int abgelegtePruefungen;

  //Konstruktor setzt die Anzahl der Prüfungen auf 0
  CLehrling(String name, String vorname, int gehalt)  {
    // den Konstruktor der Basisklasse aufrufen
    super(name, vorname, gehalt);

    // Initialisierung der eigenen Felder
    abgelegtePruefungen = 0;
  }
}

class CAngestellter extends CMitarbeiter {
  int hierarchiestufe;
  final int MAX_HIERARCHIE = 5;

  // Konstruktor
  CAngestellter(String name, String vorname, int gehalt) {
    // den Konstruktor der Basisklasse aufrufen
    super(name,vorname,gehalt);

    // Initialisierung der eigenen Felder
    hierarchiestufe = 0;
  }

  void befoerdern() {
    // falls noch möglich, befördern
    if(hierarchiestufe < MAX_HIERARCHIE)
      hierarchiestufe++;
  }
}

class CChef extends CMitarbeiter {
  // keine Erweiterungen

  // Konstruktor von Chef ruft nur den Konstruktor
  // der Basisklasse auf
  CChef(String name, String vorname,int gehalt)  {
    super(name,vorname,gehalt);
  }

  // beim Gehalt erhält der Chef mehr
  void gehaltErhoehen(int erhoehung) {
    m_gehalt += 2*erhoehung;
  }
}
```

119

Analyse   Gehen wir das Beispiel durch, das die vier wichtigsten Punkte bei der Vererbung illustriert:

▪ Die Ableitung an sich – das heißt die Deklaration der abgeleiteten Klasse und der Angabe der Basisklasse (siehe nachfolgender Abschnitt).

▪ Die Definition eigener Felder und Methoden in der abgeleiteten Klasse. Hierfür gelten haargenau die gleichen Regeln wie bei einfachen Klassen, so dass es eigentlich nichts mehr dazu zu sagen gibt.

▪ Die Überschreibung geerbter Methoden – das wichtigste Werkzeug, um das geerbte Verhalten anzupassen (siehe Abschnitt »Geerbte Methoden überschreiben«).

▪ Der Aufruf überschriebener Methoden – denn auch wenn wir eine geerbte Methode überschreiben, ist der Zugriff auf die überschriebene Methode immer noch möglich und oft auch notwendig, beispielsweise bei Konstruktoraufrufen (siehe Abschnitt »Überschriebene Basisklassenmethoden aufrufen – super«).

Basisklasse festlegen – extends

Wir haben drei neue Klassen `CLehrling`, `CAngestellter`, `CChef` deklariert. Alle drei Klassen wurden von unserer Basisklasse `CMitarbeiter` abgeleitet. Dem Compiler teilen wir die gewünschte Ableitung durch das Schlüsselwort extends mit:

```
class CAngestellter extends CMitarbeiter {
    ...
```

Danach stehen in `CAngestellter` automatisch alle Felder und Methoden der Klasse `CMitarbeiter` zur Verfügung.

Wenn Sie jetzt also eine Instanz der Klasse `Angestellter` bilden, können Sie für diese ohne Probleme die Methode `datenAusgeben()` aufrufen:

```
CAngestellter billy = new CAngestellter("Gates","Billy",4000);

billy.datenAusgeben();
```

Aber natürlich wäre nichts gewonnen, wenn `CAngestellter` eine billige »Kopie« der Klasse `CMitarbeiter` bliebe. Sie haben daher die Möglichkeit:

▪ die abgeleitete Klasse um neue Felder und Methoden zu erweitern und/oder

▪ geerbte Methoden zu überschreiben.

Allerdings können Sie nicht geerbte Elemente aus der abgeleiteten Klasse löschen.

Versuchen Sie, sich beim Entwurf von Basisklassen auf die wichtigsten Elemente zu beschränken, damit die abgeleiteten Klassen nicht zu sehr mit nutzlosem Schrott aus der Basisklasse belastet werden.

Die Art, in der Sie auf die geerbten Elemente zugreifen können, hängt allerdings von den in der Basisklasse verwendeten Zugriffsmodifizierern ab (siehe 5.3, Abschnitt »Die Zugriffsmodifizierer«).

Geerbte Methoden überschreiben

Um eine geerbte Methode in der abgeleiteten Klasse zu überschreiben, brauchen Sie die Methode lediglich in der abgeleiteten Klasse neu zu definieren. Im Grunde genau so, als ob es sich um eine neue Methode handelte, nur dass Sie darauf achten müssen, dass die Signatur der Methode (Rückgabewert, Name, Parameter) absolut identisch zur Signatur der Methode aus der Basisklasse ist – so geschehen bei der Methode gehaltErhoehen() der Klasse CChef.

Ganz wichtig! Was bedeutet es für die Basisklasse, wenn eine ihrer Methoden in einer abgeleiteten Klasse überschrieben wird? Nichts. Vererbung wirkt halt nur in eine Richtung. Was im Grunde passiert ist, dass der Compiler für die abgeleitete Klasse Kopien der geerbten Felder anlegt und die Aufrufe der geerbten Methoden in Aufrufe der Methoden aus der Basisklasse umwandelt.

Und was geschieht, wenn eine Methode überschrieben wird? Dann lädt der Compiler bei einem Aufruf der Methode natürlich nicht mehr die Version aus der Basisklasse, sondern die neue Version der abgeleiteten Klasse. Die geerbte Methode der Basisklasse ist danach allerdings immer noch vorhanden – sie ist nur nicht mehr mit dem Methodennamen verbunden. Wie Sie die überschriebene Basisklassenversion aufrufen können, erfahren Sie im nächsten Abschnitt.

Worin liegt der Vorteil, eine Methode der Basisklasse zu überschreiben, statt einfach eine neue Methode zu definieren?

Denken Sie objektorientiert! Die Klasse CChef ist von der Klasse CMitarbeiter abgeleitet, folglich ist ein CChef-Objekt auch ein CMitarbeiter-Objekt. Dann macht es auch Sinn, dass ein CChef-Objekt über die gleichen Eigenschaften (Felder) und Verhaltensweisen (Methoden) wie ein CMitarbeiter-Objekt verfügt. Es wäre eher verwirrend, wenn die Verhaltensweise des gehaltErhoehen() plötzlich einen anderen Namen hätte.

Denken Sie an Autos. Diese verfügen über vier Räder und die Methoden anlassen(), beschleunigen(), bremsen(). Eine Ableitung der allgemeinen Autos sind die PKWs. Von diesen sind wieder die Sportwagen abgeleitet. Wenn Sie

121

jetzt die Instanz eines Sportwagen bilden, beispielsweise einen Ferrari Dino – in Rot natürlich –, sagen Sie dann nicht, dass der Ferrari wie jedes Auto vier Räder hat, und sprechen Sie nicht auch vom Anlassen, vom Beschleunigen und vom Bremsen (auch wenn ein Ferrari natürlich viel schneller beschleunigen kann als ein Volvo).

Sie sehen, die objektorientierte Programmierung hat viel damit zu tun, wie wir selbst die Objekte der realen Welt klassifizieren und hierarchisch ordnen. Innerhalb dieser Hierarchien akzeptieren wir, dass sich von oben nach unten weitergereichte Verhaltensweisen und Charakteristika in ihrer Ausprägung wandeln, aber wir benutzen weiterhin die gleichen Begriffe, um auf sie zu verweisen. Aus diesem Grunde:

Wenn Sie die von einer Basisklasse übernommenen Verhaltensweisen abwandeln wollen, überschreiben Sie die entsprechenden Methoden, definieren Sie keine neuen Methoden.

Polymorphismus

Die Anpassung abgeleiteter Klassen durch Überschreibung geerbter Methoden bezeichnet man auch als Polymorphismus – ein äußerst interessantes Konzept der objektorientierten Programmierung, hinter dem sich natürlich noch etwas mehr verbirgt als die bloßen Vorteile einer verbesserten, in sich konsistenten Namensgebung.

Angenommen, Sie wollten alle Mitarbeiter – Lehrlinge ebenso wie Angestellte und Top-Manager – in einem einzigen Array verwalten. Dann haben Sie das Problem, dass ein Array nur Elemente eines einzigen Datentyps akzeptiert. Nun kann aber jedes Objekt einer abgeleiteten Klasse auch als Objekt seiner Basisklasse angesehen werden (logisch, ein Lehrling ist schließlich auch ein Mitarbeiter – ebenso wie Angestellte und Chefs). Sie können also alle Mitarbeiter in einem Array mit Elementen des Datentyps CMitarbeiter speichern. Wenn Sie jetzt dieses Array durchlaufen, beispielsweise um die Gehälter zu erhöhen oder die persönlichen Daten der Mitarbeiter auszugeben – auf welche Methoden und Daten können Sie dann zugreifen? Nun, da die Array-Elemente alle vom Datentyp CMitarbeiter sind, können Sie auch nur auf die Variablen und Methoden zugreifen, die in der Klasse CMitarbeiter definiert sind – auch wenn die Instanzen, die Sie den Array-Elementen zugewiesen haben, von abgeleiteten Klassen abstammen (um auf Erweiterungen der abgeleiteten Klassen zuzugreifen, bedarf es einer expliziten Typumwandlung). Wenn Sie dabei jedoch eine Methode aufrufen, die in der abgeleiteten Klasse, von der das Array-Element ursprünglich herstammt, überschrieben wurde, dann merkt der Compiler doch, dass er es mit einem Objekt einer abgeleiteten Klasse zu tun hat, und ruft die überschriebene Version auf!

In einem Array von Elementen der Klasse B kann man nicht nur Objekte der   *Fazit*
Klasse B, sondern auch Objekte von abgeleiteten Klassen ablegen. Für alle
Elemente im Array kann man die Methoden aufrufen, die in der Klasse B sind
(wobei für Elemente abgeleiteter Klassen automatisch die überschriebenen
Versionen aufgerufen werden). Um für ein Array-Element, das von einer abgeleiteten Klasse stammt, eine Methode aufzurufen, die nur in der abgeleiteten Klasse existiert (und nicht eine Basisklassenmethode überschreibt), ist eine
explizite Typumwandlung erforderlich. (Im nächsten Abschnitt finden Sie
hierzu ein Beispiel mit Kreisen, Rechtecken und Linien.)

Sie sehen also: Polymorphismus erlaubt die gleichartige Behandlung verschiedener Objekte unter gleichzeitiger Berücksichtigung der speziellen Eigenheiten der einzelnen abgeleiteten Objekte.

Überschriebene Basisklassenmethoden aufrufen – super

Manchmal wird es Ihnen passieren, dass Sie eine Basisklasse überschrieben
haben und Sie stellen dann fest, dass Sie die Methode der Basisklasse aber
auch gerne aus der abgeleiteten Klasse heraus aufrufen würden.

Kein Problem!

Natürlich reicht es nicht, wie üblich die Methode mit ihrem Namen aufzurufen
(denn in diesem Fall würde ja die Version aus der abgeleiteten Klasse aufgerufen, mit der die Methode der Basisklasse überschrieben wurde). Stellen Sie
dem Methodennamen daher das Schlüsselwort super voran (vom Methodennamen durch den Punkt-Operator getrennt).

Das Schlüsselwort super steht für die Basisklasse.

Ein wichtiger Einsatz für das Schlüsselwort super ist der Aufruf des Konstruktors der Basisklasse. Jede abgeleitete Klasse definiert natürlich einen Konstruktor, der notwendige Initialisierungen durchführt. Wichtig ist dabei der
Aufruf des Konstruktors der Basisklasse, damit auch die geerbten Elemente
korrekt initialisiert werden.

Als Beispiel schauen Sie sich den Konstruktor der Klasse CLehrling an: *Beispiel*

```
CLehrling(String name,String vorname,int gehalt) {
    // den Konstruktor der Basisklasse aufrufen
    super(name,vorname,gehalt);

    // Initialisierung der eigenen Felder
    abgelegtePrüfungen = 0;
}
```

123

Konstante Klassen – final

Das Schlüsselwort `final` (vgl. Abschnitt 3.1, »Variablen versus Konstanten«) darf übrigens auch vor einer Klasse stehen. In diesem Fall bedeutet es, dass man von dieser Klasse nicht ableiten darf. Wenn wir also die `CMitarbeiter`-Klasse mit

```
final class CMitarbeiter { ....}
```

definieren würden, dann kämen vom Compiler bittere Beschwerden wegen der versuchten Ableitung von `CLehrling`, `CAngestellter` und `CChef`.

Worin liegt dann der Vorteil einer `final`-Klasse?

Klare Antwort: Geschwindigkeit. Wenn der Compiler voraussetzen darf, dass von einer Klasse keine anderen Klassen abgeleitet werden, kann er besseren und schneller ausführbaren Bytecode generieren. Ein weiterer Grund ist die Sicherheit. Mit gewissen Tricks könnten Hacker versuchen, durch Vererbung das Java-Sicherheitssystem zu unterlaufen. Daher sind viele wichtige vordefinierte Klassen (z.B. die `String`-Klasse) nicht ableitbar.

final-Methoden   Nun wissen wir, was das Schlüsselwort `final` bewirkt, wenn man es einer Variablendeklaration oder einer Klassendeklaration voranstellt. Was könnte es dann vor einer Methodendefinition bewirken? Natürlich, dass sich die Methode nicht ändern darf, und das bedeutet, dass `final`-Methoden nicht in abgeleiteten Klassen überschrieben werden können.

Wenn Sie also verhindern wollen, dass eine Methode Ihrer Klasse in abgeleiteten Klassen überschrieben wird, deklarieren Sie die Methode als `final`. Umgekehrt könnte es aber auch interessant sein, die Überschreibung einer Methode zu erzwingen. In diesem Fall deklarieren Sie abstrakte Methoden in einer abstrakten Basisklasse.

Abstrakte Klassen – abstract

Rufen Sie sich noch einmal das Beispiel aus dem Abschnitt »Polymorphismus« ins Gedächtnis, wo wir davon sprachen, dass es sinnvoll sein kann, eine Instanz einer abgeleiteten Klasse als Objekt ihrer Basisklasse zu behandeln – mit der Einschränkung, dass man dann nur auf die Felder und Methoden der Basisklasse zugreifen kann (unter Berücksichtigung überschriebener Methoden). Es lohnt sich also tatsächlich, alle Methoden, die den abgeleiteten Klassen gemeinsam sind, bereits in der gemeinsamen Basisklasse zu deklarieren. Was sich nicht immer lohnt, ist, für alle diese Methoden Implementierungen vorzugeben. Unter Umständen kann es sogar zu schweren Programmfehlern führen, wenn die Methode in einer abgeleiteten Klasse nicht überschrieben wird, obwohl die Implementierung der Basisklasse für die abgeleitete Klasse vollkommen ungeeignet ist (beispielsweise, wenn der Chef die gleiche Gehaltserhöhung bekommt wie der Lehrling).

Als Beispiel betrachten wir diesmal eine einfache Klassenhierarchie zur Verwaltung verschiedener Zeichenobjekte. Wir haben eine Basisklasse CFigur und drei abgeleitete Klassen CKreis, CRechteck, CLinie.

Beispiel

```
// Die Basisklasse
abstract class CFigur {
  int m_xKoord, m_yKoord; //xy.Koordinate der Figur

  CFigur(int x, int y) {
    m_xKoord = x;
    m_yKoord = y;
  }

  abstract void zeichnen();
}
```

Listing 5.2:
Aus CZeich-
nen.java

Später bei der Implementierung der abgeleiteten Klassen werden wir jeweils spezielle Definitionen der Methode zeichnen() vorsehen (was auch notwendig ist, da Kreise, Rechtecke und Linien ganz unterschiedlich gezeichnet werden). Um die Methode zeichnen() aber auch dann aufrufen zu können, wenn wir über eine CFigur-Variable auf die einzelnen Objekte zugreifen, muss die Methode zeichnen() bereits in der Basisklasse CFigur deklariert werden. Dort sehen wir aber keine Implementierung vor und deklarieren die Methode zeichnen() wie auch die ganze Klasse CFigur als abstract. Damit erreichen wir,

- dass von der abstrakten Klasse CFigur keine Instanzen gebildet werden können und

- dass die Methode zeichnen() in abgeleiteten Klassen überschrieben werden muss. Sonst wird die abgeleitete Klasse automatisch selbst zu einer abstrakten Klasse.

```
// Abgeleitete Klasse
class CKreis extends CFigur {
  int m_radius;

  CKreis(int x, int y, int r) {
    super(x,y);
    m_radius = r;
  }

  void zeichnen() {
    System.out.println("Zeichen-Methode fuer Kreise");
  }
}
```

Listing 5.3:
Aus CZeich-
nen.java

```
// Abgeleitete Klasse
class CRechteck extends CFigur {
  int m_breite, m_laenge;

  CRechteck(int x, int y, int l, int b) {
    super(x,y);
    m_laenge = l;
    m_breite = b;
  }

  void zeichnen() {
    System.out.println("Zeichen-Methode fuer Rechtecke");
  }
}

// Abgeleitete Klasse
class CLinie extends CFigur {
  int m_endpX, m_endpY;

  CLinie(int ax, int ay, int ex, int ey) {
    super(ax,ay);
    m_endpX = ex;
    m_endpY = ey;
    }

  void zeichnen() {
    System.out.println("Zeichen-Methode fuer Linien");
  }
}
```

Im Hauptprogramm bilden wir mithilfe des new-Operators Instanzen der Klassen CKreis, CRechteck und CLinie und speichern diese in einem Array als Elemente der Basisklasse CFigur. Um die vollständige Grafik auszugeben, durchlaufen wir dann einfach das Feld und rufen für jedes Array-Element die Methode zeichnen() auf, die die jeweilige geometrische Figur ausgibt.

Listing 5.4:
Aus CZeich-
nen.java

```
//... oben definierte Klassen

public class CZeichnen {
  static CFigur[] zeichenobjekte = new CFigur[5];

  public static void main(String[] args) {
    zeichenobjekte[0] = new CKreis(20,30,10);
    zeichenobjekte[1] = new CRechteck(2,78,50,50);
    zeichenobjekte[2] = new CKreis(99,30,10);
    zeichenobjekte[3] = new CLinie(201,44,201,66);
    zeichenobjekte[4] = new CLinie(10,50,50,50);
```

```
    for(int loop=0;loop<zeichenobjekte.length;loop++)
      zeichenobjekte[loop].zeichnen();
  }
}
```

5.2   Methoden (Klassenfunktionen)

Es ist an der Zeit, etwas genauer auf die Elemente der Klassen einzugehen, in denen die eigentliche »Action« stattfindet: die Methoden.

Damit Ihnen nichts entgeht, beginnen wir diesen Abschnitt mit einer kleinen Wiederholung und versuchen, unser bisheriges Wissen zu konsolidieren und zu vertiefen.

Definition von Methoden

Die Definition einer Methode setzt sich aus zwei Teilen zusammen:

▨ der Signatur, die Angaben über Rückgabetyp, Name der Methode und Parameter macht, und

▨ dem Methodenrumpf (oder -körper), in dem die Deklarationen der lokalen Variablen und die eigentlichen Anweisungen stehen.

```
Rückgabewert Methodenname (Datentyp1 Name1, Datentyp2 Name2 ...) {
      lokale Variablen und Anweisungen
}
```

```
class CDummy {                                                    Beispiel
    int wert;
}


class CBeispiel  {
    int wert;

    int machWas(double para1, CDummy para2) {
      // ...Anweisungen ...
      para1 = 0;
      para2.wert = 50;

      // ein Rückgabewert
      return 0;
    }
}
```

Die Methode `machWas` erwartet einen `double`-Wert und ein Objekt der Klasse `CDummy` als Parameter und liefert einen ganzzahligen Wert zurück.

127

Rückgabewerte von Methoden – return

Die Rückgabe eines Werts an die aufrufende Methode erfolgt durch die so genannte return-Anweisung, deren Syntax

```
return Wert; //bei Rückgabe eines Wertes
```

oder einfach nur

```
return; //wenn kein Ergebnis zurückgegeben wird
```

lautet.

Der Datentyp des zurückgelieferten Werts muss dem Rückgabetyp der Signatur entsprechen. Wird kein Wert zurückgeliefert, wird dies in der Signatur durch den Datentyp void angezeigt.

Liefert eine Methode keinen Wert zurück, wird auch keine return-Anweisung benötigt. Sie können sie aber trotzdem einsetzen, um eine Methode vorzeitig (vor der Abarbeitung der letzten Zeile) zu beenden.

Parameterübergabe

Schauen wir uns jetzt einmal die Parameterübergabe näher an. Was passiert da eigentlich?

Beispiel Die Klassen CBeispiel und CDummy seien wie oben definiert.

```
CBeispiel hugo = new CBeispiel();
CDummy uebergabe = new CDummy();
int ergebnis;
double wert = 10.5;

uebergabe.wert = 100;
System.out.println("Parameter vor Aufruf:\t"
                + wert + "\t" + uebergabe.wert);
ergebnis = hugo.machWas(wert,uebergabe);
System.out.println("Parameter nach Aufruf: \t"
                + wert + "\t" + uebergabe.wert);
```

Beim Aufruf der Methode passiert nun Folgendes: Die Ausdrücke oder Variablen, die übergeben wurden, werden ausgewertet und die Werte in die entsprechenden Parametervariablen *kopiert*. Dies nennt man im Fach-Chinesisch *call by value*. Da die Parametervariablen Kopien der übergebenen Werte enthalten, kann die Methode mit diesen Werten machen, was sie will: Es hat absolut keine Auswirkungen auf die Variablen, die beim Aufruf übergeben worden sind. Die Anweisung para1 = 0 in unserer Beispielfunktion ändert daher nicht den Wert der Variable Wert im Hauptprogramm!

Variablen einfacher Datentypen werden als kopierte Werte an Methoden übergeben. Die aufgerufene Methode kann daher die eigene Kopie, nicht aber das Original aus der aufrufenden Methode ändern.

Die beschriebene Art der Parameterübergabe gilt allerdings nur für die elementaren Datentypen wie z.B. double. Sie werden es schon ahnen: Nicht zufällig ist im Beispiel der zweite Parameter kein einfacher Datentyp, sondern ein Objekt. Bei diesen Datentypen wird zwar auch eine Kopie des Variablenwerts übergeben, dennoch ist die Wirkung eine ganz andere. Sie erinnern sich doch noch daran, dass Variablen von Klassen nicht die Instanz selbst enthalten?! Falls nicht, sollten Sie einen Blick in das Kapitel 3.4 über Variablen und Referenzen werfen.

Objektvariablen enthalten lediglich einen Verweis auf die Stelle im Hauptspeicher, wo das jeweilige Objekt (die Instanz der Klasse) gespeichert ist. Bei der Parameterübergabe wird also lediglich eine Kopie dieser Referenz angelegt, d.h. **keine Kopie** des eigentlichen Objekts (*call by reference*)!

Und dies bedeutet: Wenn Referenzen an Methoden übergeben werden, kann die Instanz, auf die die Referenz verweist, aus der Methode heraus verändert werden! Die Anweisung para2.wert = 50 verändert daher direkt das übergebene Objekt!

Variablen von Klassen werden als Referenzen an Methoden übergeben. Die aufgerufene Methode arbeitet daher mit dem gleichen Objekt wie die aufrufende Methode. Wenn Sie nicht möchten, dass die aufgerufene Methode den Inhalt einer übergebenen Referenz verändert, deklarieren Sie den zugehörigen Parameter als final.

Erweitern Sie das Beispiel zu einem lauffähigen Programm und überprüfen Sie die Ausgabe!

Übung

```
class CDummy {
    int wert;
}

class CBeispiel {
  int wert;

  int machWas(double para1, CDummy para2) {
    para1 = 0;
    para2.wert = 50;
```

Listing 5.5: CPara-meter.java

129

```
        return 0;
    }
}


public class CParameter {
    public static void main(String[] args) {
        CBeispiel hugo = new CBeispiel();
        CDummy uebergabe = new CDummy();
        int ergebnis;
        double wert = 10.5;

        uebergabe.wert = 100;
        System.out.println("Parameter vor Aufruf:\t"
                        + wert + "\t" + uebergabe.wert);
        ergebnis = hugo.machWas(wert,uebergabe);
        System.out.println("Parameter nach Aufruf: \t"
                        + wert + "\t" + uebergabe.wert);
    }
}
```

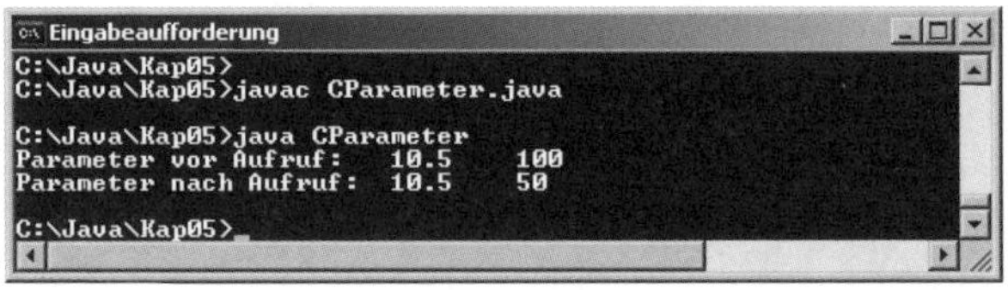

Abb. 5.1:
Ausgabe des
Programms
Parameter

Arrays als Parameter

Es wurde schon darauf hingewiesen, dass Arrays ebenfalls Objekte sind, auch wenn die einzelnen Elemente int oder einem anderen Datentyp angehören. Daher wird bei der Übergabe eines Arrays keine Kopie angelegt und übergeben, sondern nur eine Referenz auf das Feld. Änderungen durch die aufgerufene Methode sind daher auch im aufrufenden Programmcode wirksam! Überprüfen Sie dies doch einmal mit dem folgenden Beispiel.

Listing 5.6:
CTauschpro-
gramm.java

```
class CPunkt {
    double x,y,z;
}


class CTauscher {
    void koordinatenTausch(CPunkt[] pliste) {
        int i = 0;
        double tmp;
```

130

```
    for(i = 0; i < pliste.length; i++)  {
      // x und y vertauschen
      tmp = pliste[i].x;
      pliste[i].x = pliste[i].y;
      pliste[i].y = tmp;
    }
  }
}

public class CTauschprogramm {
  public static void main(String[] args) {
    int i;
    CTauscher tausche = new CTauscher();

    // Array von 3 Punkten anlegen
    CPunkt[] liste = new CPunkt[3];  // zuerst das
                                     // Array mit den
                                     // Referenzen

    // Nun Liste mit CPunkt-Objekten initialisieren
    for(i = 0; i< liste.length; i++)
      liste[i] = new CPunkt();

    // Koordinaten initialisieren
    liste[0].x = 0.0;
    liste[0].y = 1.0;
    liste[1].x = 2.0;
    liste[1].y = 3.0;
    liste[2].x = 4.0;
    liste[2].y = 5.0;

    System.out.println("\nNach Initialisierung");
    for( i = 0; i < liste.length; i++) {
      System.out.println("Liste[" + i + "] : x = " +
                liste[i].x + "  y = " + liste[i].y);
    }

    tausche.koordinatenTausch(liste);

    System.out.println("\nNach Tauschen");
    for( i = 0; i < liste.length; i++) {
      System.out.println("Liste[" + i + "] : x = " +
                liste[i].x + "  y = " + liste[i].y);
    }
  }
}
```

Abb. 5.2:
Ausgabe des
Programms
Tausch-
programm

```
Eingabeaufforderung                                      _□×
C:\Java\Kap05>java CTauschprogramm

Nach Initialisierung
Liste[0] : x = 0.0  y = 1.0
Liste[1] : x = 2.0  y = 3.0
Liste[2] : x = 4.0  y = 5.0

Nach Tauschen
Liste[0] : x = 1.0  y = 0.0
Liste[1] : x = 3.0  y = 2.0
Liste[2] : x = 5.0  y = 4.0

C:\Java\Kap05>
```

5.3   Variablen- und Methodensichtbarkeit

Bis jetzt hatten wir eigentlich nie große Probleme, wenn es darum ging, auf
eine deklarierte Variable oder Methode zuzugreifen. Doch nun heißt es:

Aufwachen Dornröschen! Let's face reality! Das Leben ist nicht immer leicht,
und erst recht dann nicht, wenn es um die Sichtbarkeit von Variablen und Methoden geht.

Aber wir wollen nicht ungerecht sein. Sie haben bis hierher prima mitgehalten
und eigentlich eine Belohnung verdient. Wenn Sie im Moment die Nase voll
haben von drögen Textbildschirmanwendungen und objektorientierten Konzepten, wenden Sie diesem Kapitel einfach den Rücken zu und springen Sie
zu Kapitel 8, wo wir in die Erstellung von GUI-Anwendungen einsteigen. Das
Rüstzeug dazu haben Sie mittlerweile allemal.

Wenn Sie aber mit der Zeit tiefer in die Java-Programmierung vordringen,
wird Ihnen auffallen, dass Ihnen zu einem gründlichen Verständnis der objektorientierten Programmierung doch noch einiges zu fehlen scheint. Kommen
Sie dann auf dieses Kapitel zurück und schließen Sie Ihre Wissenslücken.

Dreierlei Variablen

Bisher haben wir innerhalb einer Klasse nur zwischen lokalen Variablen und
Feldern unterschieden. Felder gibt es aber in zwei Varianten: als Instanzvariablen (die Version, mit der wir bisher ausschließlich zu tun hatten) und als Klassenvariablen.

Schauen wir uns dazu ein kleines Beispiel an:

Listing 5.7:
CInstanzen-
zaehler.java

```java
class CIchZaehlMich {
    int         m_instanzvariable = 0;
    static int m_klassenvariable = 0;

    CIchZaehlMich() {
        m_instanzvariable++;
        m_klassenvariable++;
        System.out.print("Inst.variable = " + m_instanzvariable);
```

```
      System.out.println("\t Klas.variable = " + m_klassenvariable);
  }

  protected void finalize() {
    m_klassenvariable--;
    System.err.println("Klas.variable = " +  m_klassenvariable);
  }
}

public class CInstanzenzaehler  {
  static void erzeugeInstanzen() {
    CIchZaehlMich instanz_1 = new CIchZaehlMich();
    CIchZaehlMich instanz_2 = new CIchZaehlMich();
    CIchZaehlMich instanz_3 = new CIchZaehlMich();
    System.out.println();
  }

  public static void main(String[] args)
                    throws InterruptedException  {
    erzeugeInstanzen();
    System.gc();
    System.runFinalization();
  }
}
```

Abb. 5.3:
Ausgabe des
Programms
CInstanzen-
zaehler

Die Klasse CIchZaehlMich definiert zu Beginn zwei Variablen. Die erste ist eine   *Analyse*
so genannte *Instanzvariable*. Diese besagt, dass jede kreierte Instanz der
Klasse eine eigene separate Kopie dieser Variable besitzt. Nach der Bildung
der drei Instanzen:

```
CIchZaehlMich Instanz_1 = new CIchZaehlMich();
CIchZaehlMich Instanz_2 = new CIchZaehlMich();
CIchZaehlMich Instanz_3 = new CIchZaehlMich();
```

In der Methode CInstanzenzaehler.erzeugeInstanzen() gibt es also drei Variablen:

```
instanz_1.m_instanzvariable
instanz_2.m_instanzvariable
instanz_3.m_instanzvariable
```

133

Die Werte dieser Instanzvariablen haben nichts miteinander zu tun! Jede dieser Instanzvariablen wurde von ihrem Konstruktor von 0 auf 1 gesetzt.

Anders hingegen die Variable `m_klassenvariable`, die wir mit dem Schlüsselwort `static` definiert haben und schon entsprechend getauft haben: Bei ihr handelt es sich um eine *Klassenvariable*. Sie existiert nur *einmal!* Und das unabhängig davon, wie viele Instanzen von der Klasse `CIchZaehlMich` gebildet wurden. In unserem Beispiel wird bei jeder Instanzbildung der Wert dieser Klassenvariable durch den Konstruktor der Klasse `CIchZaehlMich` um Eins erhöht. Bei Auflösung einer Instanz der Klasse lassen wir die Variable dekrementieren. Die Klassenvariable fungiert hier also als eine Art Instanzenzähler.

Da Klassenvariablen nicht an irgendwelche Instanzen gebunden sind, benötigt man auch keinen Instanznamen, um auf sie zuzugreifen. Der Zugriff erfolgt über den Namen der Klasse oder direkt.

Damit haben wir nun drei verschiedene Kategorien von Variablen kennen gelernt.

Tabelle 5.1:
Variablen-
kategorien

Variable		Beschreibung
lokale Variablen		Variablen, die innerhalb einer Methode deklariert werden.
Felder	Instanzvariablen	Variablen, die außerhalb jeder Methode deklariert werden und von denen jede Instanz der zugehörigen Klasse eine eigene Kopie erhält.
	Klassenvariablen	Variablen, die außerhalb jeder Methode deklariert werden und von denen es stets nur eine Kopie gibt.

Statische Methoden – static

Etwas Vergleichbares zu den Klassenvariablen gibt es auch bei den Methoden. Wenn eine Methode als `static` vereinbart wurde, kann auf sie zugegriffen werden, ohne dass eine Instanz der Klasse überhaupt existieren muss. Aus diesem Grund muss beispielsweise die `main()`-Funktion immer als `static` definiert werden: Wenn das Programm gestartet wird, können logischerweise noch gar keine Instanzen von irgendwelchen Klassen existieren. Um die `main()`-Funktion überhaupt ausführen zu können und somit das Programm zu beginnen, muss sie also schon existieren und daher `static` sein!

Wenn Sie mit statischen Methoden arbeiten, beachten Sie, dass diese im Grunde genommen wie eigenständige Funktionen außerhalb aller Klassen zu benutzen sind. Eine statische Methode kann daher auch nicht so ohne weiteres auf Instanzvariablen und andere Methoden der Klasse, in der sie definiert ist, zugreifen (es sei denn diese sind ebenfalls als `static` deklariert). Ist ein Zugriff erforderlich, muss dieser über eine Instanz der Klasse erfolgen.

Instanzen auflösen – finalize

Wir sind mit der Besprechung des Beispielprogramms *Instanzenzaehler* noch nicht ganz fertig. Jedes Mal, wenn mit `new` eine neue Instanz der Klasse `CIchZaehlMich` gebildet wird, wird der Wert der Klassenvariable `m_klassen-variable` inkrementiert. Instanzen können aber auch wieder aufgelöst, das heißt aus dem Speicher entfernt werden. Dies geschieht automatisch durch den Speicherbereiniger (englisch Garbage Collector) von Java. Wann dies geschieht, hängt vom Speicherbereiniger und von der Lebensdauer der Variablen ab. Lokale Variablen, die nur innerhalb einer bestimmten Methode gültig sind, existieren auch nur während der Abarbeitung dieser Methode. Ist die Abarbeitung der Methode beendet, werden die lokalen Variablen nicht mehr weiter benötigt (sofern sie nicht als `static` deklariert sind). Bei der nächsten Gelegenheit werden sie dann vom Speicherbereiniger aus dem Speicher gelöscht. Handelt es sich bei den aufzulösenden lokalen Variablen um Instanzen wird zuvor noch deren Methode `finalize()` aufgerufen, die automatisch allen Klassen zu eigen ist. Standardmäßig tut diese Methode gar nichts, Sie können sie aber überschreiben, um auf die Auflösung der Instanzen Einfluss zu nehmen. In unserem Beispiel nutzen wir diese Methode zum Dekrementieren der Klassenvariable `m_klassenvariable`.

```
public class CInstanzenzaehler {
  static void erzeugeInstanzen() {
    CIchZaehlMich instanz_1 = new CIchZaehlMich();
    CIchZaehlMich instanz_2 = new CIchZaehlMich();
    CIchZaehlMich instanz_3 = new CIchZaehlMich();
    System.out.println();
  }

  public static void main(String[] args)
                    throws InterruptedException {
    erzeugeInstanzen();
    System.gc();
    System.runFinalization();
  }
}
```

Analyse Als Erstes rufen wir in der Hauptfunktion `main()` die Methode `erzeugeInstanzen()` auf, in der drei Instanzen der Klasse `CIchZaehlMich` (siehe oben) gebildet werden. Als Folge der Instanzbildungen wird die statische Klassenvariable `m_klassenvariable` bis 3 hochgezählt. Nach Ausführung der Methode werden die Instanzen nicht mehr benötigt und demnächst vom Speicherbereiniger entsorgt. Wir können dies aber noch beschleunigen, indem wir den Speicherbereiniger direkt zur Arbeit rufen – und zwar durch Aufruf der Methode `System.gc()`.

Der Speicherbereiniger löst dann die Instanzen zu den drei ehemaligen lokalen Variablen auf, wobei jeweils die `finalize()`-Methoden der Instanzen aufgerufen werden (deren Implementierung ist im vollständigen Abdruck des Programms *Instanzenzaehler* zu sehen).

Nun gibt es nur noch ein kleines Problem. Wenn nach Aufruf des Speicherbereinigers das Programm direkt beendet wird, kann es passieren, dass die Verbindung unseres Programms zum Monitor unterbrochen wird, bevor die Ausgaben der `finalize()`-Aufrufe sichtbar werden. Wir rufen daher die statische Methode `runFinalization()` der Klasse `System` (aus dem Paket *java.lang*) auf, die die Java Virtual Machine auffordert, ihr Bestes zu geben und für alle aufzulösenden Objekte die `finalize()`-Methode auszuführen.

Sofern bei der Auflösung der Klasseninstanzen keine besonderen Arbeiten zu erledigen sind, brauchen Sie die Methode `finalize()` nicht zu definieren.

Lokale Variablen und Verdeckung

Kommen wir noch einmal zurück auf Instanzvariablen und lokale Variablen. Wie Sie wissen, können alle Methoden einer Klasse auf die Instanzvariablen der Klasse zugreifen, während die lokalen Variablen einer Methode nur in ihrer Methode sichtbar sind. Was aber passiert, wenn eine lokale Variable den gleichen Namen hat wie eine Instanzvariable der Klasse?

Beispiel
```
class CBeispiel  {
    int wasBinIch = 4;

    void eineMethode() {
      int wasBinIch = 10;

      System.out.println("wasBinIch = " + wasBinIch);      // 10
    }

    void nochEineMethode() {
      System.out.println("wasBinIch = " + wasBinIch);      // 4
    }
}
```

Im obigen Beispiel wird die Instanzvariable `wasBinIch` in der Methode `eineMe-thode` durch die gleichnamige lokale Variable `wasBinIch` verdeckt, während sie in der Methode `nochEineMethode` wie üblich sichtbar ist.

Was macht man nun, wenn man den Wert der verdeckten Instanzvariable und der lokalen Variable benötigt?

Die einfachste Antwort darauf wäre: selbst schuld! Wer so dumm ist, dass er Variablen den gleichen Namen gibt, muss bestraft werden! In der Tat sollten Sie es nach Möglichkeit vermeiden, Instanzvariablen zu verdecken, da dies meist zu verwirrenden, schlecht lesbaren Programmen führt. Wenn es aber unbedingt sein muss, können Sie Folgendes machen:

Bei Klassenvariablen:	den vollen Klassennamen angeben, also z.B.:
	`CBeispiel.m_klassenvariable.`
Bei Instanzvariablen:	den vollen Instanznamen angeben, wie:
	`instanz_1.wasBinIch`
	oder
	`this.wasBinIch`

Sie werden sich eventuell fragen, was das alles soll. Warum gibt es diese ver-wirrenden Unterschiede? Seien Sie froh und dankbar dafür! Stellen Sie sich einmal vor, wie es wäre, wenn jede Variable, die Sie definieren, überall sicht-bar wäre? Irgendwann kommt bestimmt der Zeitpunkt, wo Sie frisch und munter eine Variable definieren und die quälende Frage keimt in Ihnen auf: »Hm, die hatte ich doch schon mal irgendwo?!« Sie fangen an zu suchen und entdecken gleich noch drei andere Variablen mit dem gleichen Namen und schon haben Sie etliche Probleme am Hals. Lokale Variablen erlauben Ihnen modulares Programmieren: Sie müssen sich nur um den aktuellen Block kümmern, der Rest ist im Moment relativ egal. Das erleichtert die Program-merstellung und Wartbarkeit enorm!

this

`this` ist eine spezielle Instanzvariable, die der Compiler automatisch anlegt und die immer auf die aktuelle Instanz der Klasse, in der Sie sich gerade be-finden, verweist. Wenn die Klasse von einer anderen Klasse abgeleitet ist, gibt es noch eine analoge Variable, nämlich `super`, die auf die übergeordnete Klas-se zeigt.

Die Zugriffsmodifizierer

Wie schon erwähnt, stellt das Prinzip der Datenkapselung einen Grundpfeiler der objektorientierten Programmierung dar. Dazu gehört das Streben, Klassen möglichst autark zu machen, damit möglichst wenig von der Implementierung der Klasse nach außen sichtbar wird. Denn Sie wissen ja: Was man nicht weiß, macht einen nicht heiß. Wenn Sie als Programmierer nicht wissen müssen, wie eine bestimmte Klasse intern aufgebaut ist, erleichtert Ihnen dies den Umgang mit der Klasse und Sie werden nicht in Versuchung gebracht, eventuell irgendwelche Besonderheiten der Klasse auszunutzen, die sich vielleicht bei einer späteren (neueren) Version geändert haben und die dann plötzlich zu einem ganz anderen Programmverhalten oder gar Absturz führen.

Veranschaulichen wir uns dies wieder an einem kleinen Beispiel:

```
class CNuetzlich {
  int m_wichtigeVariable;

  int leseStatus()  {
    return m_wichtigeVariable;
  }

  // viele weitere Methoden
  // ...
}
```

Nehmen wir an, dass Sie die Klasse CNuetzlich in Ihrem Programm verwenden und Sie benötigen von einer Instanz dieser Klasse einen bestimmten Statuswert. Der Programmierer (Sie oder jemand anderes, wenn es eine »fremde« Klasse ist) hat zum Abgreifen des Werts extra eine Methode leseStatus() zur Verfügung gestellt. Sie kennen jedoch den Quellcode und sehen, dass diese Funktion den Wert der Instanzvariablen m_wichtigeVariable zurückliefert. Der Zugriff über die Methode ist Ihnen zu umständlich und zu langsam (Methodenaufrufe sind immer langsamer als direkte Zugriffe) und Sie greifen daher direkt auf diese Variable zu:

```
class CDummy = new CNuetzlich();
int status;
....
status = CDummy.m_wichtigeVariable;
```

So weit, so gut. Nehmen wir an, dass Sie die Klasse von einem Freund erhalten haben, der Ihnen zwei Monate später den Quellcode einer immens verbesserten Version gibt, die um den Faktor 50 schnellere Programme garantiert! Freudig erregt greifen Sie natürlich zu und wechseln die Klassendefinition gegen die neue Version aus, Sie kompilieren und lassen das Programm laufen, um den Geschwindigkeitsrausch zu genießen ... und was passiert? Das Programm ist nicht nur 50 Mal schneller, es ist sogar noch schneller, weil es laufend abstürzt oder gar nicht erst fehlerfrei kompiliert wird! Was ist schiefgelaufen? Wahrscheinlich hat Ihr Freund bei der Optimierung auch die interne Implementierung der Klasse geändert. Vielleicht hat er m_wichtigeVariable nun so genannt, wie er sie schon immer nennen wollte, nämlich m_aktuellerStatus. Da er auch die leseStatus()-Methode entsprechend korrigiert hat, würde Ihr Programm prächtig laufen, wenn Sie nicht diesen Direktzugriff auf eine Variable benutzt hätten, die es nun gar nicht mehr gibt! Dies wäre noch ein relativ harmloser Fehler, da er schon beim Kompilieren auffällt. Aber stellen Sie sich mal vor, die Variable m_wichtigeVariable gäbe es immer noch, nur ist sie jetzt mit einer ganz anderen Aufgabe betraut und hat völlig andere Werte! Und Sie greifen munter weiter darauf zu ... Sie können sich vorstellen, dass mit etwas Pech extrem schwer zu findende Fehler auftreten.

Aus diesem Grund gibt es in Java die Möglichkeit, den Zugriff auf Variablen und Methoden von Klassen einzuschränken, indem gewisse Schlüsselwörter (Zugriffsmodifizierer) vor die Variablendeklaration bzw. Methodendefinition gesetzt werden.

Zugriffsmodifizierer	Sichtbarkeit
public	in allen Paketen sichtbar
kein Modifier	sichtbar innerhalb des eigenen Pakets
protected	sichtbar innerhalb des eigenen Pakets und in allen von dieser Klasse abgeleiteten Klassen
private	sichtbar nur innerhalb der eigenen Klasse

Tabelle 5.2: Zugriffs-modifizierer

Wenn Ihr Freund Sie also gut kennt und weiß, dass Sie der Verlockung eines Direktzugriffs auf die Variable wohl nicht widerstehen können, kann er Sie zur Verwendung der entsprechenden Methode zwingen, indem er m_wichtige-Variable privat macht, so dass nur klasseninterne Methoden darauf zugreifen dürfen:

```
class CNuetzlich {
  private int m_wichtigeVariable;

  int leseStatus() {
    return m_wichtigeVariable;
  }

  // viele weitere Methoden
  // ...
}
```

Wenn Sie nun weiterhin einen Direktzugriff auf diese Variable von außen versuchen, wird der Compiler mit einer Fehlermeldung abbrechen. Sie sind gezwungen, die dafür vorgesehene Methode zu verwenden!

Zugriffsmodifizierer public für Klassen

Der Modifizierer `public` kann nicht nur für Klassenelemente eingesetzt werden, sondern auch für die Klasse selbst. In den bisherigen Programmbeispielen sahen Sie vor dem `class`-Schlüsselwort der Hauptklasse meistens immer auch den Zugriffsmodifizierer `public`:

```
public class CSuper {
   ...
}
```

Eine derart definierte Klasse ist nicht nur in ihrem eigenen Paket, sondern auch in allen anderen Paketen sichtbar. Folglich können nicht die Klassen Instanzen von CSuper erzeugen, die zusammen mit CSuper im gleichen Paket definiert sind, sondern auch alle Klassen in anderen Paketen (zu Paketen siehe auch Kapitel 3.6 und den letzten Teil von Kapitel 4.2).

Falls Sie in Ihren Programmen keine package-Anweisung verwenden und Ihre Klassen nicht explizit in Pakete einteilen, gehören alle Klassen zum so genannten »namenlosen« Paket. Dann ist es egal, ob Sie Ihre Klassen mit oder ohne `public`-Modifzierer definieren. Es gilt lediglich die allgemeine Java-Regel, dass pro Datei genau eine Klasse mit dem Zugriffsmodifizierer `public` beginnen muss und die Datei dann auch wie diese Klasse heißen muss.

5.4   Innere Klassen

Bisher hatten wir Klassen immer eine nach der anderen definiert. Beeindrucken Sie Ihre nächste Party-Bekanntschaft mit dem Fachausdruck *Toplevel*-Klassen. Seit dem Java-Standard 1.1 gibt es nämlich auch die Möglichkeit, innere Klassen zu definieren, d.h., eine Klasse innerhalb einer anderen zu definieren:

```
class CAeussereKlasse {
  // Variablen und Methoden
  ...

  // eine innere Klasse
  class CInnereKlasse {
    // Variablen und Methoden
    ...
  }
}
```

Was bringt das nun? Für einen Einsteiger eigentlich nicht berauschend viel. Innere Klassen sind nur innerhalb der Klasse sichtbar, in der sie definiert sind. Man kann sie sogar ganz ohne Namen vereinbaren (anonyme Klassen). Das kann recht bequem sein bei der Code-Erstellung. Ferner unterstützen sie modulares Programmieren und Datenkapselung, aber notwendig sind sie nicht. Praktisch eingesetzt werden sie öfter bei der GUI-Programmierung und dort werden wir ihnen wieder begegnen. Lassen Sie sich dann nicht erschrecken: Es sind im Prinzip ganz normale Klassen mit beschränkter Sichtbarkeit.

5.5   Mehrfachvererbung und Interfaces

In Java kann man eine Klasse von einer anderen Klasse ableiten. Diese kann wiederum von einer dritten Klasse abgeleitet sein und so fort, so dass ganze Erblinien[1] entstehen.

In der Realität findet man aber meist komplexere Erbhierarchien. Sie selbst haben Ihre Anlagen beispielsweise von Vater und Mutter geerbt, ein Klavier kann sowohl als Musikinstrument wie auch als Möbel betrachtet werden, wenn Sie eine Klassenhierarchie zur Repräsentation von Verkehrsmitteln erstellen müssen, könnte es praktisch sein, die Klasse Bus aus den beiden Basisklassen MotorisiertesFahrzeug und OeffentlichesVerkehrsmittel zusammenzusetzen. Man spricht in so einem Fall von Mehrfachvererbung, d.h., eine Klasse wird von zwei oder mehreren Klassen abgeleitet. Doch wie sieht es damit in Java aus? Leider nicht so gut, denn in Java sind keine Mehrfachvererbungen erlaubt.

In Java gibt es keine Mehrfachvererbung von Klassen.

Warum diese Abneigung gegen Mehrfachvererbungen?

Zum einen sind die Möglichkeiten der Mehrfachvererbung meist nicht so mächtig, wie man sich das vorstellt. In der Praxis sieht man Mehrfachvererbungen daher auch in Programmiersprachen, die diese erlauben, eher selten.

Auf der anderen Seite stellen Mehrfachvererbungen einen Compiler vor etliche Probleme – beispielsweise dann, wenn der Programmierer eine Karo-Vererbung implementiert.

---

1. Die übrigens ausnahmslos auf die Klasse Object zurückgehen, von der alle Klassen in Java direkt oder indirekt abgeleitet sind. (Das heißt, Klassen, die nicht explizit von einer anderen Klasse abgeleitet werden, werden implizit von Object abgeleitet.)

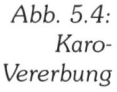

Abb. 5.4:
Karo-
Vererbung

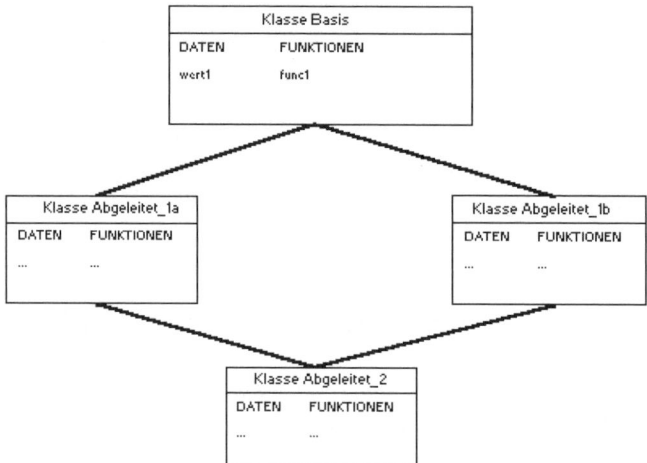

Das Vererbungsschema aus Abbildung 5.4 würde dazu führen, dass die Klasse `Abgeleitet_2` jeweils zwei Vorkommen der Felder `wert1` und `func1()` der Basisklasse `Basis` erbt: einmal auf dem Weg über die Klasse `Abgeleitet_1a` und einmal über `Abgeleitet_1b`. Das darf aber nicht sein: Ein Methodenname muss auf einen eindeutigen Code-Block weisen, ein Feld muss auf einen eindeutigen Speicherblock weisen. Der Compiler muss nun sehen, wie er damit fertig wird und dabei auch noch die Intention des Programmierers erfüllt.

Java umgeht diese Probleme, indem es ganz auf Mehrfachvererbung verzichtet und dafür ein anderes Konzept als Ersatz anbietet: die Interfaces.

Interfaces

Neben der Möglichkeit, Klassen voneinander abzuleiten und dadurch neue Klassen zu schaffen, gibt es in Java noch eine weiteres Konzept: das Interface.

Ein Interface ist vergleichbar einer abstrakten Klasse, die lediglich aus Methoden (aber mit leerem Rumpf) und Konstanten besteht. Ein typisches Beispiel eines Interface könnte folgendermaßen aussehen:

```
interface ListenElement {
    int konstante = 10;

    void ausgabe();
    void skalieren(double faktor);
}
```

Man kann die enge Verwandtschaft zu einer normalen Klasse erkennen. Tatsächlich gibt es nur einige wenige Unterschiede zwischen Klassen und Interfaces, die zu beachten sind.

Kategorie	Klassen	Interfaces
Schlüsselwort	`class`	`interface`
Vererbung durch Schlüsselwort	`extends`	`implements`
Mehrfachvererbung	nein	ja (unter Verwendung des Komma-Operators)
Klassenelemente	Felder und Methoden	nur Konstanten und Methodendeklarationen (ohne Implementierung)

Tabelle 5.3: Unterschiede zwischen Klassen und Interfaces

Nun kommen wir zur Preisfrage. Welchen Vorteil bringt die Verwendung eines Interfaces, einer Klasse also, die eigentlich selbst gar nichts leisten kann, weil die definierten Methoden nicht implementiert sind?!

Stellen Sie sich vor, dass Sie eine Liste verwalten wollen, bei der verschiedene Objekte als Listenelemente vorkommen können, z.B. A, B und C. Als vorbildlicher Programmierer möchten Sie ein elegantes und leicht lesbares Programm schreiben und geraten nun in ein kleines Problem: für jedes Listenelement werden die Methoden `ausgeben()` und `skalieren()` benötigt und Sie möchten auch jedes Listenelement gleich behandeln und nicht nach dem tatsächlichen Klassentyp A, B oder C unterscheiden und die jeweilige Klassenmethode aufrufen.

Moment, wo ist das Problem? Hatten wir nicht in den vorigen Kapiteln gelernt, dass man genau solche Fälle durch Vererbung abhakt? Wir definieren eine gemeinsame Basisklasse K mit den Methoden `ausgeben()` und `skalieren()` und leiten davon A, B und C jeweils ab, die dann wiederum je nach Bedarf diese Methoden ihren speziellen Bedürfnissen anpassen.

Prima Idee und im Prinzip haben Sie Recht. Wenn A, B, C beispielsweise Panter, Tiger und Co. entsprechen sollen, ist es relativ einfach, eine gemeinsame Basisklasse zu definieren. Aber in der bösen Realität tritt manchmal der Fall auf, dass A, B, C sehr, sehr verschieden sind. Vielleicht sollen in der Liste Computermonitore, Eier und Katzen verwaltet werden und finden Sie nun mal eine gemeinsame Basisklasse! Natürlich kann man nun immer noch eine Basisklasse K verwenden und davon ableiten, aber aufgrund der immensen Unterschiede zwischen den Klassen wird es darauf hinauslaufen, dass die abgeleiteten Klassen praktisch nichts Brauchbares erben können und alles selbst implementieren müssen. Der Vorteil der Arbeitsersparnis und des klaren Programmdesigns, der durch Vererbung nutzbar gemacht werden sollte, ist dahin.

Einen Mittelweg geht nun das Interface. Da es nur Methodennamen bereitstellt, aber keine Implementierungen, können auch völlig verschiedene Klassen davon abgeleitet werden, da jede Unterklasse sowieso die Methoden selbst bereitstellen muss. Der Programmierer spart also kaum an Tipparbeit.

143

Dafür wird aber die Klarheit und Lesbarkeit des Programms verbessert. Wenn man das Interface kennt und nun eine Klassendefinition sieht, die von diesem Interface abgeleitet ist, weiß man schon auf einen Blick, welche Methoden diese Klasse anbietet.

Von Interfaces ableiten

Das Ableiten einer Klasse von einem Interface wird durch `implements` angezeigt. Im Gegensatz zum Ableiten von einer anderen Klasse kann hierbei von mehreren Interfaces abgeleitet werden oder auch von einer Klasse und einem oder mehreren Interfaces. Jede Klasse, die ein Interface implementiert, **muss** alle Methoden der genannten Interfaces bereitstellen. Ansonsten wird der Compiler mit Fehlermeldungen um sich werfen.

```
// Klasse CDemoA implementiert das Interface
// ListenElement
class CDemoA implements ListenElement {
    void ausgeben() {
        // Hier die Anweisungen...
    }

    void skalieren(double faktor) {
        // Anweisungen ...
    }

// Klasse CDemoB wird abgeleitet von der Klasse
// CMitarbeiter und implementiert die Interfaces
// ListenElement und NochEinInterface

class CDemoB extends CMitarbeiter
              implements ListenElement,
              NochEinInterface {
    // usw.
}
```

Wir wollen es mit diesem kurzen Ausflug in die Interface-Welt bewenden lassen. Als Einsteiger werden Sie selten in die Lage kommen, eigene Interfaces zu erstellen. Sie werden jedoch in den AWT-Paketen, die wir im Laufe des Buchs noch kennen lernen, öfter mal auftauchen und Sie können ihnen nun gelassen entgegenblicken.

5.6   Zusammenfassung

Einmal definierte Klassen können als Ausgangspunkt zur Definition neuer Klassen genutzt werden. Ermöglicht wird dies durch das Konzept der Vererbung. Die neue Klasse bezeichnet man dabei als abgeleitete Klasse und die Klasse, die ihren Code vererbt, als Basisklasse.

Abgeleitete Klassen lassen sich durch Definition neuer Klassenelemente problemlos erweitern. Durch Überschreiben kann man für abgeleitete Klassen eigene Implementierungen geerbter Methoden definieren (geerbte Elemente zu löschen, ist nicht möglich). Für die Vererbung sind neben den Zugriffsmodifizierern `public`, `protected` und `private` vor allem die folgenden Schlüsselwörter interessant:

- `super` – Zugriff auf eine überschriebene Methode.

- `final` – schützt eine Klasse vor Ableitung oder eine Methode vor Überschreibung.

- `abstract` – verhindert die Instanziierung einer Klasse.

Die Werte von Variablen einfacher Datentypen werden als Kopien an Methodenparameter übergeben (Call by value), Instanzen werden als Referenzen übergeben (Call by reference).

Üblicherweise beziehen sich die Methoden und Felder einer Klasse immer nur auf eine Instanz. Mithilfe des Schlüsselworts `static` können Sie ein Element einer Klasse als klassenspezifisch statt als instanzspezifisch deklarieren.

Innerhalb von Methoden bezeichnen die Schlüsselwörter `this` und `super` die aktuelle Instanz und die Basisklasse (ausgenommen sind Methoden, die als `static` deklariert sind).

Java erlaubt keine Mehrfachvererbung von Klassen, wohl aber eine Mehrfachvererbung von so genannten Interfaces (Schnittstellen), die im Prinzip abstrakte Klassen mit ausnahmslos abstrakten Methoden und ohne Felder darstellen.

5.7   Fragen und Antworten

F: Ist nach der folgenden Ableitung `CAbgeleitet` identisch zu `CBasis`?

```
class CAbgeleitet extends CBasis {
}
```

Natürlich handelt es sich bei `CAbgeleitet` und `CBasis` um unterschiedliche Klassen. Dies merkt man insbesondere bei der Programmierung mit beiden Klassen.

Beispielsweise rufen Sie zur Instanziierung der Klasse `CBasis` einfach deren Konstruktor auf. Bei der Instanziierung der Klasse `CAbgeleitet` rufen Sie dagegen den Konstruktor der Klasse `CAbgeleitet` auf und dieser muss für den Aufruf des Konstruktors der Basisklasse sorgen. (Dies kann automatisch geschehen, wenn Standardkonstruktoren (Konstruktoren ohne Parameter) vorliegen.)

Ein anderes Problem gibt es, wenn in der Klasse `CBasis` `private`-Elemente definiert sind. Auf diese können Sie nur über eine andere Methode der Basisklasse zugreifen (und nicht wie sonst direkt über den Namen einer Instanz). In der Definition der Klasse `Basis` können Sie einfach eine `public`-Methode einrichten, die auf die `private`-Elemente zugreifen kann. In der Klasse `CAbgeleitet` geht dies nicht, da eine in einer abgeleiteten Klasse definierte Methode nicht auf geerbte `private`-Elemente zugreifen kann. Stattdessen muss die Klasse `CAbgeleitet` brav die in der Basisklasse definierte `public`-Methode zum Zugriff auf die `private`-Elemente aufrufen.

F: Besitzt die folgende Klasse einen Standardkonstruktor?

```
class CAbgeleitet {
}
```

Ja, die Klasse besitzt einen Standardkonstruktor. Dieser wird der Klasse automatisch zugewiesen, wenn sonst kein Konstruktor definiert wird.

F: Besitzt die folgende Klasse einen Standardkonstruktor?

```
class CAbgeleitet {
  int m_wert;

  CAbgeleitet(int i) {
    m_wert = i;
  }
}
```

Nein, die Klasse besitzt keinen Standardkonstruktor.

F: Besitzt die folgende Klasse einen Standardkonstruktor?

```
class CAbgeleitet {
  int m_wert;

  CAbgeleitet(int i) {
    m_wert = i;
  }
  CAbgeleitet() {
    m_wert = 1;
  }
}
```

Ja, die Klasse besitzt einen Standardkonstruktor. Es ist der Konstruktor ohne Parameter, der in der Klasse explizit definiert ist.

F: Wie sieht das Pendant zum Konstruktor aus?

Das Pendant zum Konstruktor ist die Methode `finalize()`, die automatisch für jede Klasse definiert ist (stammt aus der obersten Basisklasse `Object`) und vom Speicherbereiniger (garbage collector) aufgerufen wird, wenn eine Instanz aus dem Speicher gelöscht wird.

F: Kann man Konstruktoren überladen?

Natürlich kann man Konstruktoren überladen, wie z.B. in der vorausgehenden Frage. Konstruktoren werden sogar recht häufig überladen, um Instanzen auf unterschiedliche Weise initialisieren zu können.

F: Wie kann man aus einer überschriebenen Methode heraus die gleichnamige Methode der Basisklasse aufrufen?

Mithilfe des Schlüsselworts `super`, das für die aktuelle Basisklasse steht.

F: Wie kann eine Methode mit ihrer Umwelt Daten austauschen?

Über Parameter, Instanzvariablen und Klassenvariablen kann eine Methode Daten von außen aufnehmen. Über Referenzparameter, Rückgabewert, Instanzvariablen und Klassenvariablen kann eine Methode Daten nach außen weiterreichen.

F: Wie kann man die Sichtbarkeit von Variablen steuern?

Die Sichtbarkeit von Variablen kann man auf drei verschiedenen Wegen steuern:

- durch den Ort der Deklaration (lokale Variablen oder Instanz- bzw. Klassenvariablen)

- durch die Modifizierer `public`, `protected` und `private`

- durch die Aufteilung der zugehörigen Klassen in Pakete

147

5.8 Übungen

1. Definieren Sie eine Klasse mit einer Methode, in der Sie den Inhalt der this-Variablen ausgeben. Bilden Sie dann in der main()-Funktion des Programms eine Instanz dieser Klasse und geben Sie den Wert der Instanz aus. Rufen Sie schließlich die Methode zur Ausgabe des Werts der this-Variablen auf. Vergleichen Sie die Ausgaben.

2. Im Abschnitt »Polymorphismus« wurde ausgeführt, dass man ein Objekt einer abgeleiteten Klasse auch als Objekt seiner Basisklasse betrachten kann. Schreiben Sie ein Programm, das fünf Instanzen der Klassen CLehrling, CAngestellter und CChef bildet und diese in einem Array von CMitarbeiter-Elemente verwaltet. Lassen Sie dann die persönlichen Daten aller Mitarbeiter in einer Schleife ausgeben.

KAPITEL 6

Ein- und Ausgabe

Was nutzt das beste Programm, wenn der Benutzer nicht die Ergebnisse der Berechnungen zu Gesicht bekommt? Nichts, und deshalb haben wir in Java gleich drei Möglichkeiten, mit der »Außenwelt« zu kommunizieren:

- über Tastatur und Bildschirm

- über Dateien auf der Festplatte

- übers Internet (WWW-Seiten)

In diesem Kapitel werden wir uns lediglich mit den beiden ersten Punkten beschäftigen. Die Kommunikation über das Internet wird dann zusammen mit der Applet-Programmierung beschrieben.

Sie lernen in diesem Kapitel

- was Streams sind,

- wie Sie über einen Ausgabestream Daten auf den Bildschirm ausgeben,

- wie Sie über einen Eingabestream Eingaben von der Tastatur einlesen,

- wie man mit Dateien arbeitet,

- alles Wichtige über die Klasse String.

6.1 Streams

Das Grundkonzept der Ein- und Ausgabe bildet in Java der *Stream* (Strom). Was ist darunter zu verstehen? Es handelt sich um einen Kommunikationskanal, einen Datenfluss zwischen einem Sender und einem Empfänger. Je nachdem, welche Arten von Sender/Empfänger man ansprechen will, gibt es verschiedene Arten von Streams, die zur Auswahl stehen. In Java sind Streams Klassen (ja, schon wieder welche von der praktischen vordefinierten Sorte!) und das Hauptproblem besteht vor allem darin, dass man von ihrer Existenz wissen muss. Dazu wollen wir nun schleunigst beitragen.

Betrachten wir zunächst die Kommunikation über Tastatur und Bildschirm. Als Erstes sollten wir uns klar machen, wie die Richtung der Datenströme ist. Da man naturgemäß mit einer Tastatur nur Zeichen eingeben und mit dem Bildschirm nur Zeichen darstellen kann, ist die Frage leicht zu beantworten: Im Stream-Modell ist die Tastatur ein Sender und das Programm der Empfänger von Daten; beim Bildschirm ist es umgekehrt. Da man beim Programmieren immer aus der Sicht des Programms denkt, ist somit der Datenfluss von der Tastatur ein *Eingabestream* und der Datenfluss an den Bildschirm ein *Ausgabestream*.

In vielen Programmiersprachen gibt es für diese Datenflüsse vordefinierte Streams – so auch in Java: System.out ist für die Ausgabe auf den Bildschirm zuständig und wird oft einfach *Standardausgabe* genannt. System.in ist das Pendant für den Eingabestream von der Tastatur und heißt *Standardeingabe*.

6.2 Ausgaben auf den Bildschirm

Betrachten wir zunächst die Ausgabe auf den Bildschirm. Eine einfache und dennoch den täglichen Anforderungen meist genügende Möglichkeit ist die Verwendung der Methode System.out.println(), von der wir ja schon fleißig Gebrauch gemacht haben.

System.out: println(), print()

Mit den beiden Methoden println() und print() lassen sich sowohl Strings als auch alle einfachen Datentypen ausgeben[1].

Man übergibt den Text oder die Variable, deren Wert ausgegeben werden soll, einfach als Argument an die Methode:

```
System.out.println("Auszugebender Text");
```

---

1. Tatsächlich können sogar Objekte mit println() und print() ausgegeben werden. Wie die Ausgabe für ein bestimmtes Objekt aussieht, hängt davon ab, ob und wie die Klasse des Objekts die Methode toString() implementiert.

oder

```
int i = 3;
System.out.println(i);
```

Und wenn man nicht jedes Stück Text und jede Variable einzeln ausgeben möchte, reiht man Sie einfach mit einem Pluszeichen aneinander:

```
System.out.println("Der Wert der Variablen i ist " + i);
```

Schließlich kann man auch noch spezielle Sonderzeichen verwenden, die alle mit einem Backslash beginnen und wie normaler Text in Hochkommata gesetzt werden.

Zeichen	Bedeutung	Zeichen	Bedeutung
\'	Hochkomma	\b	Zeichen löschen
\"	Anführungszeichen	\r	Wagenrücklauf
\\	Backslash	\f	Seitenvorschub
\t	Tabulator	\n	Neue Zeile

Tabelle 6.1: Sonderzeichen

Muss man es erwähnen? Der einzige Unterschied zwischen den Methoden `print()` und `println()` ist, dass letztere Methode die Ausgabe automatisch mit einem Zeilenvorschub abschließt.

Da Sie mittlerweile das nötige Hintergrundwissen besitzen, sei an dieser Stelle angemerkt, dass die Standardausgabe `System.out` eine `static`-Variable vom (Klassen-)Typ `PrintStream` ist. Da haben wir unseren Ausgabestream! Print-Stream wiederum besitzt mehrere überladene Methoden namens `println()` und `print()`, die für die Ausgabe von Werten der verschiedenen Datentypen überladen sind.

Neben den `print()`-Methoden definiert die Klasse `PrintStream` auch noch eine `write()`-Methode (genau genommen sind es zwei überladene Methoden), die man ebenfalls zur Ausgabe benutzen kann. Sie ist für die Bildschirmausgabe allerdings äußerst unhandlich, da sie keine formatierten Daten, sondern reine Bytes in den Ausgabestream schreibt.

Formatierte Ausgabe: System.out.printf()

Für Java 2 Version 1.5 wurden die `print()`/`println()`-Methoden um eine weitere Variante bereichert, nämlich `System.out.printf()`. Das »f« steht hierbei für »formatiert« und lässt schon ahnen, worum es geht[1]. Ein großer Schwachpunkt von `println()` ist nämlich, dass es nicht möglich ist, Daten wie

151

Fließkommazahlen formatiert auszugeben, also beispielsweise festzulegen, wie viele Stellen vor und nach dem Komma erscheinen sollen. Dieses Manko führte zu großem Wehgeschrei, vor allem, da viele Java-Programmierer vorher mit C/C++ gearbeitet haben, wo so etwas ganz einfach möglich ist. Aus diesem Grund gibt es jetzt also `printf()` auch für die Java-Welt.

Die Methode erwartet als erstes Argument einen Formatstring, gefolgt von einer beliebigen Zahl weiterer Argumente. Der Formatstring ist der String, der ausgegeben wird. Seine Besonderheit: Er kann Platzhalter für die nachfolgend übergebenen Argumente enthalten. Wenn die Methode ausgeführt wird, ersetzt sie die Platzhalter im Formatstring durch die Inhalte der zugehörigen Argumente und gibt den resultierenden String aus.

Im einfachsten Fall besteht ein Platzhalter aus dem einleitenden % gefolgt von einem Kennbuchstaben, der angibt, in welchem Format der Inhalt des zugehörigen Arguments ausgegeben werden soll – beispielsweise s für Strings oder f für Fließkommazahlen (siehe Tabelle 6.2).

Tabelle 6.2: Wichtige Umwandlungen für printf()

Umwandlung	Bedeutung
c	Ausgabe als Unicode-Zeichen
d	Ausgabe als Ganzzahl zur Basis 10
x	Ausgabe als Ganzzahl zur Basis 16 (Hexadezimal)
f	Ausgabe als Fließkommazahl
s	Ausgabe als String
t	Ausgabe als Zeit/Datum; wird gefolgt von einem weiteren Zeichen: H (Stunde), M (Minute), S (Sekunde), d (Tag), m (Monat), Y (Jahr)
	Zur Erleichterung gibt es auch komplette Formate wie T (Zeit in 24-Stunden-Darstellung) und D (Datum als Tag/Monat(Jahr).
%	Ausgabe des Prozentzeichens

So erzeugt zum Beispiel der folgende Code

```
String ware  = "Heft";
double preis = 1.75;
System.out.printf("1 %s kostet %f Euro \n", ware, preis);

ware = "Bleistift";
preis = 0.55;
System.out.printf("1 %s kostet %f Euro \n", ware, preis);
```

---

1. Wenn Sie C-Erfahrung haben, dann wird Ihnen hier vieles sehr bekannt vorkommen.

die Ausgabe

```
1 Heft kostet 1,750000 Euro
1 Bleistift kostet 0,550000 Euro
```

Wie Sie der Ausgabe entnehmen können, berücksichtigt `printf()` automatisch nationale Eigenheiten. Nachkommastellen werden beispielsweise durch Komma und nicht durch Punkt wie bei `print()` bzw. `println()` abgetrennt. Doch `printf()` kann noch mehr.

Wir können hier nicht auf die vielen möglichen Formatierungen detailliert eingehen, dazu müssen wir Sie auf die API-Dokumentation oder weiterführende Literatur (beispielsweise das Java-Kompendium) verweisen. Zwei häufig benötigte Formatierungsmöglichkeiten wollen wir Ihnen aber doch vorstellen.

▪ Fließkommastellen werden standardmäßig mit sechs Nachkommastellen angegeben. Für Ausgaben, in denen es auf exakte Zahlenwerte ankommt, mag dies sinnvoll sein. Meist aber wird eine derart genaue Zahlendarstellung gar nicht benötigt, schon gar nicht für Preisangaben, und man würde sich weniger Nachkommastellen wünschen, damit die Zahlen besser lesbar sind. Nun, mithilfe des f-Platzhalters ist dies kein Problem. Sie geben einfach an, wie viele Nachkommastellen die Ausgabe haben soll:

```
%.2f      // Ausgabe mit zwei Nachkommastellen
```

▪ Werden mehrere gleichartig aufgebaute Zeilen ausgegeben, ist es meist wünschenswert, diese aneinander auszurichten. Beispielsweise wäre die obige Ausgabe besser lesbar, wenn »kostet« in beiden Zeilen direkt untereinander stehen würde. Dies ist aber nur möglich, wenn die Ausgabe für den ersten Platzhalter %s stets gleich groß ist (statt sich nach der Länge des auszugebenden Strings zu richten). Zu diesem Zweck ist es möglich, eine Mindestbreite in Zeichen für die Ausgabe anzugeben:

```
%10s      // Ausgabe mit mindestens 10 Zeichen
```

```
%10.2f    // Ausgabe einer Fließkommazahl mit 2 Nachkommastellen;
          // insgesamt umfasst die Ausgabe mindestens 10 Zeichen
```

Der verbesserte Code sieht damit folgendermaßen aus:

```
public class CBildschirmausgabe {
  public static void main(String[] args) {
    String ware  = "Heft";
    double preis = 1.75;
    System.out.printf("1 %10s kostet %.2f Euro \n", ware, preis);

    ware = "Bleistift";
    preis = 0.55;
    System.out.printf("1 %10s kostet %.2f Euro \n", ware, preis);
  }
}
```

Listing 6.1:
CBildschirm-
ausgabe.java

153

Ausgabe

```
1       Heft kostet 1,75 Euro
1  Bleistift kostet 0,55 Euro
```

PrintWriter

Eine andere Möglichkeit zur Ausgabe bieten die so genannten *Writer*-Klassen. Der Writer für die Ausgabe auf den Bildschirm heißt PrintWriter und wird folgendermaßen eingesetzt:

```
01 import java.io.PrintWriter;
02
03 public class Demo {
04   public static void main(String[] args) {
05     PrintWriter ausgabe = new PrintWriter(System.out);
06
07     String ware  = "Heft";
08     double preis = 1.75;
09     ausgabe.println("1 " + ware + " kostet " + preis + " Euro");
10     ware  = "Bleistift";
11     preis = 0.55;
12     ausgabe.println("1 " + ware + " kostet " + preis + " Euro");
13
14     ausgabe.close();
15   }
16 }
```

Analyse Zuerst wird der Klassenname PrintWriter aus dem Paket java.io importiert (Zeile 1), dann kann's losgehen, indem ein PrintWriter-Objekt erzeugt wird. Hierbei muss dem Konstruktor der Ausgabestream übergeben werden, hier die Standardausgabe System.out (Zeile 5).

Die wesentlichen Methoden eines Writers sind println() und print(). Der einzige Unterschied zwischen den beiden ist, dass letztere Methode keinen Zeilenvorschub ausgibt. Wenn das Ausgabeobjekt nicht mehr benötigt wird, sollte es mit der close()-Methode geschlossen werden (Zeile 14).

Das ist ja ganz nett, aber wo ist nun der Quantensprung gegenüber System.out.println()? Der Vorteil ist, dass man mit fast der gleichen Befehlsfolge in jeden beliebigen Stream schreiben kann, beispielsweise auch in eine Datei.

6.3   Ausgabe in Dateien

Hat man sich erst einmal an die Arbeit mit `PrintWriter`-Objekten (siehe oben) angefreundet, ist die Ausgabe in Dateien kein Problem mehr. Man muss nur ein `PrintWriter`-Objekt für die gewünschte Datei einrichten und kann dann mit `print()` und `println()` die Daten ausgeben.

```java
import java.io.PrintWriter;

public class CDateiSchreiben {
  public static void main(String[] args) {
    // Datei Ein- und Ausgabe muß durch try-catch gesichert werden
    try {
      PrintWriter ausgabe = new PrintWriter("Test.txt");

      String ware  = "Heft";
      double preis = 1.75;
      ausgabe.println("1 " + ware + " kostet " + preis + " Euro");
      ware  = "Bleistift";
      preis = 0.55;
      ausgabe.println("1 " + ware + " kostet " + preis + " Euro");

      ausgabe.close();
    }
    catch(Exception e) {
      System.out.println(e);
    }
  }
}
```

Listing 6.2: CDatei-Schreiben.java

Wie Sie sehen, hat sich am Code der eigentlichen Ausgabe beim Übergang von der Konsolenausgabe zur Dateiausgabe nichts geändert. Geändert hat sich nur, dass im Konstruktoraufruf statt `System.out` der Name der Ausgabedatei übergeben wird und der Code mit einem try-catch-Block gesichert wird. (Kann die angegebene Datei weder gefunden noch angelegt werden, wird eine `FileNotFoundException` ausgelöst.) Ansonsten wird die Datei *Test.txt* neu angelegt; gibt es die Datei bereits im aktuellen Verzeichnis, wird sie überschrieben.

Dadurch, dass der eigentliche Ausgabecode vom Ziel der Ausgabe unberührt bleibt, ist es beispielsweise möglich, auf elegante Weise das gewünschte Ausgabeziel per `if`-Abfrage festzulegen.

155

FileWriter

Neben `PrintWriter` existieren noch unzählige weitere Klassen zur Ausgabe. Werfen wir beispielsweise noch einen Blick auf die `FileWriter`-Klasse. Allerdings sind ihre zur Verfügung stehenden Methoden etwas rudimentär und nicht so komfortabel wie bei einem `PrintWriter`:

```
try {
    FileWriter Ausgabestrom = new FileWriter("Test.txt");

    Ausgabestrom.write('D');        // einzelnes Zeichen schreiben
    Ausgabestrom.write("ies ist ein Test",0,16);
    Ausabestrom.write('\n');        // Zeilenumbruch

    Ausgabestrom.close();
}
catch(Exception e) {
    System.out.println(e);
}
```

Die Ausgabemethode heißt `write()`und erwartet entweder ein einzelnes Zeichen oder einen String (oder auch Array von Zeichen) und die Angabe, welcher Teil des Strings ausgegeben werden soll.

Statt den Namen der zu öffnenden Datei direkt als String an die Writer-Klassen zu übergeben, können Sie auch zuerst ein `File`-Objekt erzeugen:

```
File datei = new File("Test.txt");
File verzeichnis = new File("c:\java");
```

Der Vorteil ist, dass Sie über die Methoden der `File`-Klasse Informationen über eine Datei oder ein Verzeichnis sammeln und auch Dateien/Verzeichnisse manipulieren können (siehe auch Programm *CDateiListe.java* auf der Buch-CD).

Tabelle 6.3:
Wichtige
Methoden der
Klasse File

Methode	Beschreibung
`boolean exists()`	Liefert true, wenn es die Datei/das Verzeichnis bereits gibt
`String getCanonicalPath()` `String getName()`	Liefert den vollen Namen inklusive des Pfads bzw. nur den relativen Namen ohne Pfad
`boolean isFile()` `boolean isDirectory()`	Liefert true, wenn es sich um eine Datei bzw. ein Verzeichnis handelt
`File[] listFiles()`	Liefert bei einem Verzeichnis ein `File`-Array aller enthaltenen Dateien und Unterverzeichnisse
`boolean renameTo(File neu)`	Umbenennung in den Namen von `neu`
`boolean delete()`	Löscht die Datei; Rückgabe true bei Erfolg

6.4   Eingaben von Tastatur

Zum Einlesen von Tastatureingaben gibt es im Paket `java.util` die Klasse `Scanner`.

> Leider gibt es für `System.in` kein Pendant zu der Ausgabemethode `println()`. Lediglich eine `read()`-Methode ist vorgesehen (Pendant zu `System.out.write()`), mit der man unformatierte Bytes einlesen kann.

Die Klasse Scanner

Diese Klasse benötigt eine Angabe, wo die zu lesenden Daten herkommen sollen. Für die Tastatur ist dies `System.in`. Nach Erzeugung eines entsprechenden `Scanner`-Objekts können dann mithilfe der `next`-Methoden der Klasse `Scanner` die Tastatureingaben eingelesen werden. Wichtig ist dabei zu wissen, wie die `Scanner`-Methoden die Eingabe lesen.

Aufrufe der `next`-Methoden von Scanner sind *blockierend*, d.h., das Programm wartet so lange, bis der Benutzer eine Eingabe mit der Taste ⏎ abschickt. Wenn dies passiert ist, generiert die Java Virtual Machine einen String mit allen bis zum Drücken der ⏎-Taste eingegebenen Zeichen und übergibt diese dem `Scanner`-Objekt, welches die Zeile in ihre einzelnen Bestandteile zerlegt – die so genannten *Tokens*. Ein Token ist hierbei einfach eine Folge von Zeichen. Als Trennzeichen zwischen zwei Tokens dient per Voreinstellung das Leerzeichen. Die meisten `next`-Methoden lesen immer nur ein Token. Lediglich die `nextLine()`-Methode liest alle Tokens, bis zum Ende der Eingabe.

Scanner, Eingabezeilen und Tokens

Methode	Beschreibung
`String next()`	Liefert das nächste Token der Eingabe als String
`int nextInt()` `float nextFloat()` `double nextDouble()`	Liefert das nächste Token der Eingabe als elementaren Datentyp
`String nextLine()`	Liefert die nächste Eingabe als String
`boolean hasNext()`	Liefert `true`, wenn es weitere, noch nicht extrahierte Tokens in der Eingabezeile gibt

Tabelle 6.4: Einlesemethoden der Klasse Scanner

Betrachten wir ein konkretes Beispiel.

```
import java.util.Scanner;

public class CTastatureingabe {
    public static void main(String[] args) {
        Scanner tastatur = new Scanner(System.in);
```

Listing 6.3: CTastatureingabe.java

157

```
System.out.println("\nGeben Sie Ihren Nachnamen ein!");
String name = tastatur.nextLine();

System.out.println("\nGeben Sie Ihr Alter ein!");
int alter = tastatur.nextInt();

System.out.println("\n" + alter + " Jahre?");
System.out.println("Haben Sie da auch nicht geflunkert,"
                + " Herr oder Frau " + name + "?");
    }
}
```

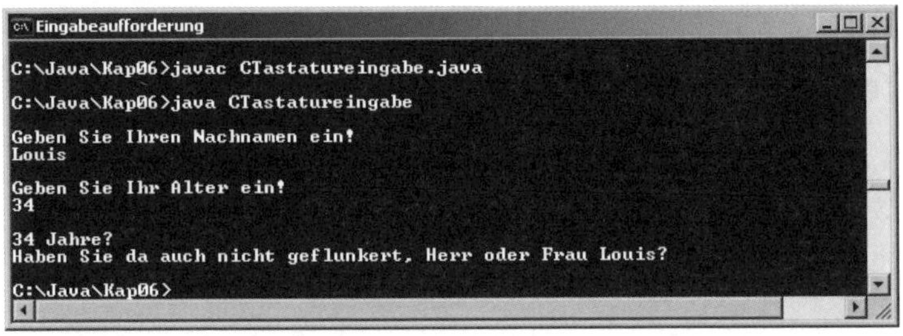

Abb. 6.1:
Ausgabe des
Programms
CTastatur-
eingabe

Analyse Der Eingabestrom System.in an sich ist für uns nutzlos. Erst durch das Instanziieren geeigneter Filterklassen haben wir die Möglichkeit, mit den einströmenden Daten etwas anzufangen. Daher erzeugen wir mit

```
Scanner tastatur = new Scanner(System.in);
```

ein Objekt namens tastatur vom Typ Scanner.

Wenn wir auf diese Art tastatur mit der Standardeingabe verknüpft haben, können wir mithilfe der Methoden nextLine() und nextInt() die Benutzereingaben einlesen:

```
String name = tastatur.nextLine(); // Eingabe als String einlesen
...
int alter = tastatur.nextInt();    // Token als Ganzzahl einlesen
```

Beachten Sie, dass wir die erste Eingabe mit nextLine() einlesen. Der Benutzer kann dann sowohl nur seinen Vornamen oder Nachnamen als auch seinen vollständigen Namen eingeben. Würden wir die Eingabe mit next() einlesen, würde das Programm nur funktionieren, wenn der Benutzer einen einzelnen Namen eingibt, beispielsweise Karla oder Manfred. Gäbe er hingegen »Karla Karun« ein, würde der next()-Aufruf nur das Token »Karla« einlesen und der anschließende nextInt()-Aufruf erhielte automatisch das zweite Token in der Eingabe: »Karun« – was zum Programmabbruch führen würde, da nextInt() versucht, die Eingabe in einen int-Wert umzuwandeln.

158

6.5   Aus Dateien lesen

Wie schaut es nun mit dem Lesen aus einer Datei aus? Zum einen kann man eine Datei wie eine Tastatureingabe lesen. Wir müssen lediglich dafür sorgen, dass wir einen Eingabestrom mit der zu lesenden Datei verknüpfen:

```
try {
  File datei = new File("Test.txt");

  // Ab jetzt geht's gleich weiter wie oben
  Scanner eingabe = new Scanner(datei);
}
catch(FileNotFoundException e) {
  System.out.println("Datei nicht vorhanden!");
}
```

FileReader

Eine andere Möglichkeit ist das Lesen einer Datei mithilfe einer besonderen Klasse namens `FileReader` (Paket *java.io*) (Pendant zu `FileWriter` aus Abschnitt 6.3).

```
01 import java.io.*;
02
03 public class CDateiLesen {
04   public static void main(String[] args) throws IOException {
05     FileReader eingabestrom = new FileReader("John_maynard.txt");
06     StringBuilder text = new StringBuilder(10);
07     int gelesen;
08     boolean ende = false;
09
10     // lese Zeichen, bis Dateiende erreicht ist
11     while(!ende) {
12       gelesen = eingabestrom.read();
13
14       if(gelesen == -1)
15         ende = true;
16       else
17         text.append( (char) gelesen);
18     }
19     System.out.println(text);
20   }
21 }
```

Listing 6.4:
CDatei-
Lesen.java

Als Erstes erzeugen wir ein `FileReader`-Objekt zur Repräsentation unserer Datei. Den Namen der einzulesenden Datei übergeben wir direkt dem Konstruktor (Zeile 5).   *Analyse*

159

In der `while`-Schleife aus Zeile 11 wird der Inhalt der Datei Zeichen für Zeichen ausgelesen. Die einzelnen Zeichen liefert uns dabei die Methode `read()` zurück (Zeile 12), allerdings nicht als Zeichen vom Typ `char`, sondern als Ganzzahl.

Ist die zurückgelieferte Ganzzahl gleich -1, bedeutet dies, dass das Ende der Datei erreicht wurde, und wir sorgen für das Verlassen der `while`-Schleife (Zeile 15). Ansonsten hängen wir das Zeichen an den String in `text` an (Zeile 17).

Die Variable `text` ist übrigens eine Instanz der besonderen String-Klasse `StringBuilder` und nicht von `String`. Wieso? Der Grund liegt in der unterschiedlichen Speicherverwaltung beider Klassen. Das ständige Aneinanderketten von Zeichen kann intern in der Java Virtual Machine durch `String-Builder` viel schneller erfolgen als mit `String`[1]. Wir werden uns mit den Strings später noch näher befassen.

Da Dateizugriffe im Vergleich zu Operationen auf dem Hauptspeicher des Computers viel langsamer sind, kann es bei umfangreichen Lese- und Schreiboperationen deutlich schneller sein, Daten erst mal in einem internen Zwischenspeicher – man nennt dies einen *Puffer* – zu sammeln und dann als größeres Päckchen zu lesen bzw. zu sammeln.

Damit man sich als Programmierer mit solchen Kniffen nicht selbst abmühen muss, wird dies in begrenztem Maße vom zugrunde liegenden Betriebssystem bereits getan. Zusätzlich kann man auch in Java aus dem Paket *java.io* spezielle gepufferte Klassen für die Ein- und Ausgabe verwenden, vornehmlich `BufferedReader` (zum Lesen) und `BufferedWriter` (zum Schreiben). Interessierte Leser finden auf der Buch-CD hierzu das Beispielprogramm *CKopierenSchnell.java*.

6.6 Rund um Strings

Eine der wichtigsten Klassen, die von Java bereitgestellt wird, ist die `String`-Klasse, die uns ja schon des Öfteren begegnet ist. Zum Abschluss des ersten Teils dieses Buchs wollen wir uns mit `String` ein wenig intensiver beschäftigen.

---

1. Um Missverständnisse zu vermeiden: Für die einfachen Beispiele in diesem Buch macht es keinen spürbaren Unterschied, ob man `StringBuilder` oder `String` verwendet. Aber wenn Sie mal ein Programm schreiben, dass extensiv mit Zeichenketten hantiert, dann sollten Sie unbedingt `StringBuilder` verwenden!

Strings konkatenieren

Sie wissen schon, dass `String`-Objekte zum Umgang mit Zeichenketten dienen und bequem mit dem +-Operator konkateniert (aneinander gehängt) werden können:

```
String text = "Dies ist ein String!";
String nochEinText = text + " Und noch einer!";
```

Da Strings Objekte sind, ist auch `text` lediglich eine Referenz, die auf die Speicherstelle verweist, wo das so genannte String-Literal `"Dies ist ein String"` abgelegt ist. Strings haben allerdings eine Besonderheit: Sie können nicht mehr verändert werden! Die Variable `text` ist so gesehen gar keine Variable, sondern eine Konstante!

Dies hat eine ganz wichtige Auswirkung: Wenn zu einem vorhandenen `String`-Objekt noch eine Zeichenkette wie oben gezeigt per +-Operator hinzuaddiert wird, dann wird in Wirklichkeit das bestehende Objekt `text` nicht erweitert (denn Strings können ja wie erwähnt nicht mehr verändert werden), sondern weggeworfen und durch ein ganz neues `String`-Objekt erzeugt. Da das Erzeugen von Objekten schon etwas Zeit kostet, sind solche Konkatenationen also tendenziell teuer.

Die Länge eines Strings bestimmen

Was kann man nun mit Strings alles anstellen? Oft benötigt man die Länge des Strings, also die Anzahl der Zeichen. Dafür gibt es die Methode `length()`:

```
int laenge = text.length();
```

Zahlen in Strings konvertieren

Eine weitere typische Aufgabe, die immer wieder anfällt, ist die Konvertierung einer Zahl in einen String. Hierfür existiert die `static`-Methode `String.valueOf()`, die wir ohne eine Instanz direkt über den Klassennamen aufrufen können:

```
int zahl_1 = 4;
double zahl_2 = 34.34;

String intZahl = String.valueOf(zahl_1);
String doubleZahl = String.valueOf(zahl_2);
```

Strings in Zahlen konvertieren

Der umgekehrte Fall ist etwas aufwändiger. In der Java-Bibliothek gibt es zu jedem elementaren Datentyp eine passende Klasse – `int` -> `Integer`, `double` -> `Double` etc. –, die über eine entsprechende `parseTYP()`-Methode verfügt.

161

Mithilfe dieser Methode kann ein String in den Wert eines elementaren Datentyps umgewandelt werden:

```
String str = "3200";
int zahl = Integer.parseInt(str);
```

Leider gibt es bei diesem Vorgehen einen kleinen Schönheitsfehler: Wenn der Inhalt des übergebenen Strings nicht in den gewünschten Typ umgewandelt werden kann, wird eine Exception ausgeworfen:

```
String str = "3200.345";
int zahl = Integer.parseInt(str);   // Fehler!!
```

Um solche Fälle abzufangen, sollte der Code, der die parseXxx()-Methode aufruft, die Exception abfangen – sei es durch einen try-catch-Block oder indem die zugehörige Methode die Exception per throws-Deklaration weiterleitet:

```
public static void main(String[] args)  throws IOException {
    ...
    String str = "3200";
    int zahl = Integer.parseInt(str);
    ...
}
```

Strings vergleichen

Ein anderer häufig vorkommender Fall ist der Vergleich von zwei Strings: Sind sie beide gleich? Hier lauert eine Fehlerquelle auf den arglosen Benutzer, denn man darf zum Vergleichen zweier Strings nicht den Vergleichsoperator == verwenden! Für den String-Vergleich gibt es die Methode equals():

```
String land = "Deutschland";

if(land.equals("Frankreich")) {
   System.out.println("Land ist Frankreich");
}
```

Recht nützlich ist auch die Methode compareTo(), die einen lexikografischen Vergleich macht und einen int-Wert zurückgibt: 0 bei Gleichheit, einen Wert < 0 bei kleiner und > 0, wenn der zweite String lexikografisch[1] größer ist:

```
String abc = "abc";
String def = "xyz";

if(abc.compareTo(def) < 0 )      // ja, den 'a' < 'x'

if(abc.compareTo(abc) == 0)      // auch wahr
```

---

1. Für eine anschauliche Erklärung, was eine lexikografische Sortierung ist, greifen Sie bitte zu einem Telefonbuch!

> Strings werden nicht mit den Vergleichsoperatoren, sondern mithilfe der Methoden `equals()` und `compareTo()` verglichen.

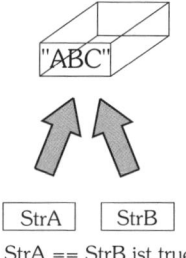

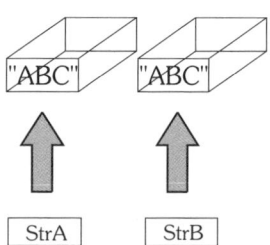

Abb. 6.2:
*String-Verglei-
che mit dem
==-Operator*

StrA == StrB ist true   StrA == StrB ist false

Warum darf man für String-Vergleiche nicht den ==-Operator verwenden? Betrachten Sie folgendes Beispiel:

```
String Eins = "Eins";
String Zwei = "Zwei";

if(Eins == Zwei)      // es werden die Referenzen verglichen

if(Eins == "Eins")    // wird i.d.R. false liefern
```

Wenn wir wie in obigem Beispiel den Vergleichsoperator verwenden, werden lediglich die String-Variablen verglichen. Dies sind aber nicht die eigentlichen Strings, sondern nur die Verweise auf die Strings. Es werden also Adressen verglichen. Dass diese Adressen auf den im Speicher abgelegten Text des Strings weisen, hilft da auch nichts.

Besonders tückisch ist der zweite Vergleich

```
if(Eins == "Eins")
```

Manche Compiler sind so clever, dass sie beim Übersetzen merken, dass das String-Literal "Eins" schon mal vorkam, nämlich bei der Definition der Variablen Eins. Sie verschwenden daher keinen Speicher und setzen in dem Vergleich die Referenz ein, wo das String-Literal zu finden ist. In unserem Vergleich bedeutet dies, dass die Referenz mit sich selbst verglichen wird und daher natürlich wahr als Ergebnis herauskommt! Aber dies ist compilerabhängig. Sie sollten so <u>nie</u> vergleichen!

String-Methoden

Die `String`-Klasse besitzt noch ca. 50 weitere Methoden! Stöbern Sie bei Gelegenheit in der Online-Dokumentation des JDK und lassen Sie sich überraschen, was es alles gibt. Hier lediglich eine Übersicht der allerwichtigsten:

163

Methode	Beschreibung
`int length()`	Liefert die Anzahl der Zeichen im String
`String.valueOf(Datentyp)`	Konvertiert `Datenyp` in `String`
`byte[] getBytes()`	Konvertiert den String in ein `byte`-Array
`boolean equals()`	Testet auf Gleichheit
`int compareTo()`	Lexikografischer Vergleich
`boolean startsWith(String)`	Beginn identisch mit dem übergebenen String?
`boolean endsWith(String)`	Ende identisch mit dem übergebenen String?
`int indexOf(char)`	Suche erstes Auftreten des Zeichens
`int indexOf(String)`	Suche erstes Auftreten des übergebenen Strings
`String substring(` `int begin, int ende)`	Liefert einen Teilstring zurück
`char charAt(int index)`	Lese einzelnes Zeichen an Position `index`

Kommandozeilenparameter – args

Strings haben uns schon die ganze Zeit begleitet. Beispielsweise wenn wir Text über die Methode `System.out.println()` ausgegeben haben. Aber auch die `main()`-Funktion benutzt String-Objekte:

```
public static void main(String[] args)
```

Wie Sie mittlerweile wissen, stehen in den runden Klammern die Parameter, die eine Methode bei ihrem Aufruf erwartet. Für die `main()`-Methode sind dies die Argumente, die der Anwender bei Aufruf des Programms über die Kommandozeile angibt, beispielsweise:

java ARGS erstesArgument 2.0 drittesArgument

`String[] args` bedeutet, dass `main()` die Eingaben aus der Kommandozeile in einem Array von String-Objekten verwaltet.

Beispiel Das folgende Beispiel liest die Werte aus der Kommandozeile ein und gibt sie gleich wieder auf den Bildschirm aus:

Listing 6.5:
CArgs.java
```
public class CArgs {
  public static void main(String[] args) {
    for(int i = 0; i < args.length; i++)
      System.out.println(args[i]);
  }
}
```

```
C:\Java\Kap06>
C:\Java\Kap06>javac CArgs.java

C:\Java\Kap06>java CArgs erstesArgument 2.0 drittesArgument
erstesArgument
2.0
drittesArgument
C:\Java\Kap06>
```

Abb. 6.3: Ausgabe des Programms CArgs

Gepufferte Strings

Wie schon erwähnt wurde, sind `String`-Objekte, nachdem sie einmal erzeugt sind, unveränderlich, auch wenn es manchmal nicht so erscheinen mag:

```
String text = "Mein Name ist ";
text += "Hase";
```

Bei der Zuweisung wird vom Compiler nicht `"Hase"` angehängt, sondern er kreiert ein völlig neues `String`-Objekt, das mit den Zeichenketten `"Mein Name ist"` und `"Hase"` initialisiert wird. Das ist Ihnen egal? Recht haben Sie! Java verbirgt solche leidigen Details vor Ihnen und Sie können sich auf die wesentlichen Dinge konzentrieren. Die beschriebene Vorgehensweise hat aber leider auch Nachteile:

- Was tun, wenn Sie nun aber einzelne Zeichen des Strings ändern möchten?

- Das Erzeugen eines neuen Objekts ist relativ aufwendig. Wenn Ihr Programm massiv Strings verändert, aneinander hängt usw., dann wird es sehr wahrscheinlich keine Geschwindigkeitsrekorde aufstellen!

Für solche Fälle gibt es eine andere String-Klasse namens `StringBuilder` (Paket *java.lang*), die Zeichen in einem internen Puffer ablegt, der beliebig beschreibbar und erweiterbar ist.

Es existiert auch noch eine zu `StringBuilder` analoge Klasse `StringBuffer`, die allerdings intern langsamer arbeitet, dafür jedoch synchronisiert ist, so dass somit dieselbe Instanz von mehreren Threads gleichzeitig benutzt werden kann (mehr zu Threads in Kapitel 15).

Betrachten wir auch dazu noch ein Beispiel.

Die Sichelzellenanämie ist eine Krankheit, bei der die roten Blutkörperchen aufgrund eines genetischen Defekts sichelförmig verkrümmt sind. Menschen, die unter dieser Form der Anämie leiden, sind oftmals kurzatmig und wenig belastbar. Der Defekt besteht im Grunde nur aus einer winzigen Mutation in der Aminosäurekette des Hämoglobins.

Sichelzellen-anämie

165

Statt

Val-His-Leu-Thr-Pro-*Glu*-Glu-Lys

liest sich diese im mutierten Hämoglobin:

 Val-His-Leu-Thr-Pro-*Val*-Glu-Lys

Der genetische Code für diese Sequenz könnte ungefähr wie folgt aussehen:

GUG-CAU-CUU-ACG-CCC-*GAG*-GAG-AAG

beziehungsweise

GUG-CAU-CUU-ACG-CCC-*GUG*-GAG-AAG

für das defekte Gen.

Beispiel Das folgende Programm dient der Heilung der Sichelzellenanämie:

Listing 6.6:
CGenmani-
pulation.java

```java
import java.io.*;

public class CGenmanipulation {
    public static void main(String[] args) throws IOException {
        StringBuilder gencode = new StringBuilder(
                "GUG-CAU-CUU-ACG-CCC-GUG-GAG-AAG");

        System.out.println("Vor der Operation");
        System.out.println("Genetischer Code = " + gencode);

        // Eingriff: Zeichen an Position 21 ändern
        gencode.setCharAt(21,'A');

        System.out.println("\nNach der Operation");
        System.out.println("Genetischer Code = " + gencode);
    }
}
```

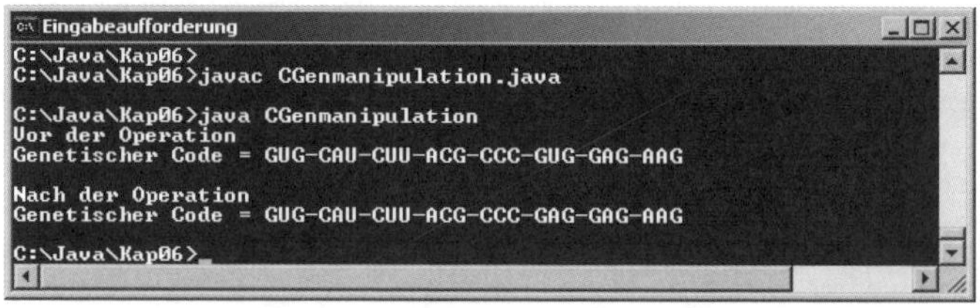

Abb. 6.4:
Ausgabe des
Programms
CGenmani-
pulation

Neue Instanzen der Klasse `StringBuilder` werden im Gegensatz zu Instanzen von `String` immer mithilfe des new-Operators angelegt.

Die Instanzbildung mit `new` funktioniert natürlich auch bei `String`. Die Schreibweise

```
String text = "Beispiel-Text"
```

ist nur eine Kurzschreibweise für

```
String text = new String("Beispiel-Text")
```

StringBuilder-Methoden

`StringBuilder` hat wie `String` sehr viele Methoden. Meist benötigt man aber nur die folgenden:

Methode	Beschreibung
int length()	Anzahl der Zeichen
int capacity()	maximale Anzahl von Zeichen
char charAt(int)	lese Zeichen
void setCharAt(int,char)	schreibe Zeichen
StringBuilder insert(int,String)	füge String ein
StringBuilder append(String)	hänge String an
String toString()	Umwandlung in String-Objekt

Tabelle 6.6: Wichtige Methoden der Klasse StringBuilder

Das `int`-Argument spezifiziert jeweils die Position in dem `StringBuilder`-Objekt, ab der gelesen bzw. geschrieben werden soll.

Beachten Sie, dass bei Zeichenketten wie bei Arrays die Positionen der Zeichen bei 0 anfangend gezählt werden. Eine Zeichenkette mit 10 Zeichen hat also die gültigen Positionen 0 bis 9, auf die Sie mit den obigen Befehlen zugreifen können.

Wenn schon im voraus klar ist, dass der `StringBuilder` vor allem durch insert- und append-Operationen vergrößert wird, sollte er zu Beginn ausreichend groß definiert werden: durch Verwendung eines speziellen Konstruktors, dem die Größe mitgegeben wird. Dies beschleunigt die Abarbeitung, da andernfalls laufend neuer Speicher für die hinzukommenden Zeichen angelegt werden muss.

167

```
// Platz für 5000 Zeichen reservieren
StringBuilder text = new StringBuilder(5000);

System.out.println("aktuelle Länge ist " + text.length());

text.append("Mein Name ist Hase");

System.out.println("Länge ist nun " + text.length());
System.out.println("Max Länge " + text.capacity());
```

Die Grenze von 5000 Zeichen im Beispiel ist keine starre Grenze. Wenn der Fall auftreten sollte, dass im Programm mehr als 5000 Zeichen in den Puffer hineingeschrieben werden, ist dies erlaubt. Da jedoch der Vorrat an bereitgestelltem Speicher aufgebraucht ist, werden teure Speicheranforderungen notwendig, so dass die Ablaufgeschwindigkeit etwas leidet.

6.7 Zusammenfassung

Aus- und Eingabe von Daten erfolgen in Java über so genannte *Ströme* (Streams). Speziell für die Ausgabe auf den Bildschirm und die Eingabe von der Tastatur stehen bereits vordefinierte Streams zur Verfügung: System.out und System.in. Die Bildschirmausgabe mithilfe der Methoden print() und println() der System.out-Instanz ist einfach, aber unformatiert. Für formatierte Ausgaben gibt es die Methode printf().

Das Einlesen von der Tastatur erfolgt allgemein in zwei Schritten:

▓ Erzeugung einer Scanner-Instanz für den Standardeingabe-Strom System.in.

▓ Einlesen mit geeigneten Scanner-Methoden von (nextInt(), nextFloat(), next()).

Zum Zugriff auf Dateien dienen die Klassen File, FileReader und FileWriter sowie BufferedReader und BufferedWriter.

Für die Programmierung mit Strings stehen die Klassen String und StringBuilder zur Verfügung.

6.8　Fragen und Antworten

F: Sie wollen Daten auf den Bildschirm ausgeben. Welche Klassen und/oder Instanzen verwenden Sie für diese Aufgabe?

Für die Ausgabe auf den Bildschirm können Sie die Instanz `System.out` oder eine Instanz der Klasse `PrintWriter` verwenden.

F: Sie wollen Daten von der Tastatur einlesen. Welche Klassen und/oder Instanzen verwenden Sie für diese Aufgabe?

Für das Einlesen von der Tastatur können Sie eine Instanz der Klasse `Scanner` verwenden.

F: Wie öffnet man eine Datei?

Dateien können Sie öffnen, indem Sie Instanzen der Klassen `FileReader` oder `FileWriter` bilden und diesen den Namen der zu öffnenden Datei oder einen passenden Dateideskriptor (`File`-Objekt) übergeben.

F: Sie wollen Daten in eine Datei schreiben. Welche Klassen und/ oder Instanzen verwenden Sie für diese Aufgabe?

Für die Ausgabe in eine Datei können Sie die Klasse `FileWriter` oder `PrintWriter` verwenden.

F: Sie wollen Daten aus einer Datei lesen. Welche Klassen und/ oder Instanzen verwenden Sie für diese Aufgabe?

Für das Lesen aus einer Datei können Sie die Klassen `Scanner` oder `FileReader` verwenden.

F: Welche zwei grundlegenden Klassen dienen der Programmierung mit Strings? Welches ist ihr wichtigster Unterschied?

Die wichtigsten Klassen zur Behandlung von Strings sind `String` und `StringBuilder`. Abgesehen davon, dass beide Klassen über durchaus unterschiedliche Methoden zur Manipulation ihrer Instanzen zur Verfügung stellen, wird der Speicher einer `StringBuilder`-Instanz dynamisch verwaltet (d.h., der Text in der Instanz kann verändert und auch erweitert werden), während der Inhalt einer `String`-Instanz nach seiner Initialisierung nicht mehr verändert werden kann (d.h., Methoden und Operationen, die den Inhalt ändern, erzeugen in Wirklichkeit ein neues `String`-Objekt).

F: Werden Strings als call by value oder als call by reference übergeben?

Strings sind Objektvariablen – folglich werden sie als Referenzen übergeben.

F: Was macht das folgende Programm?

```
import java.util.Scanner;

public class CFrage {
  public static void main(String[] args)  {
    Scanner ein = new Scanner(System.in);
    String zeile = ein.nextLine();
    System.out.println(zeile.toUpperCase());
  }
}
```

Das Programm liest eine Zeile von der Tastatur ein, wandelt alle Buchstaben in Großbuchstaben um und gibt die umgewandelte Zeile auf den Bildschirm aus.

6.9   Übungen

1. Schreiben Sie ein Programm zum Kopieren von Dateien, das mit File-Reader/FileWriter arbeitet.

KAPITEL 7

Collections und weitere nützliche Klassen

Haben Sie auch hin und wieder Déjà-Vu-Erlebnisse, d.h., erleben Sie Situationen, die Ihnen bekannt vorkommen? Nun, als Java-Programmierer werden Sie solche Erlebnisse früher oder später auch haben. Bestimmte Aufgaben tauchen immer wieder auf, sie sind typisch. Dazu gehören beispielsweise das Sortieren von und das Suchen in Daten, aber auch eher profane Dinge wie das Erzeugen von Zufallszahlen oder die Ausgabe des aktuellen Datums. Java bietet zur Arbeitserleichterung einige praktische Klassen und Methoden im Paket `java.util`, von denen wir die interessantesten in diesem Kapitel zusammengefasst haben.

Bei den in diesem Kapitel vorgestellten Konzepten handelt es sich teilweise um fortgeschrittene Themen, die für den Einstieg in die Java-Programmierung nicht relevant sind, für die tägliche Arbeit aber sehr nützlich sein können. Als Anfänger brauchen Sie nicht alles, was in diesem Kapitel erklärt wird, zu verstehen. Überfliegen Sie es, um sich einen Überblick zu verschaffen, und kehren Sie zu diesem Kapitel zurück, wenn Sie später auf Probleme stoßen, die sich mithilfe der hier vorgestellten Klassen lösen lassen.

Sie lernen in diesem Kapitel

– wie man Zufallszahlen erzeugen kann,

– wie man Zugriff auf die Datums- und Zeitinformation der PC-Uhr erhält,

– wie eine Zeichenkette in Tokens zerlegt werden kann,

– was Iteratoren und generische Datentypen sind,

– wie die komplexen Datenstrukturen Hashtabelle, Liste, Keller und Menge realisiert werden können,

– wie man von der Java-Bibliothek bereitgestellte Such- und Sortieralgorithmen einsetzt.

7.1 Zufallszahlen erzeugen

Zufallszahlen werden erstaunlich oft benötigt, z.B. um Testdaten zu generieren. Dabei ist in der Informatik heftig umstritten, was eine Zufallszahl eigentlich genau ist. Wir lassen andere streiten und nehmen für unsere Zwecke an, dass wir eine magische Kugel haben, die wir schütteln und aus der dann eine Zahl aus einem bestimmten Wertebereich fällt. Wenn wir das mehrmals hintereinander machen, erhalten wir eine Folge von Zufallszahlen.

In Java wird die magische Kugel durch die Klasse `Random` aus dem Paket `java.util` realisiert. Dem Schütteln entspricht der Aufruf einer der folgenden Methoden:

▪ `nextInt()`, `nextInt(int n)`, `nextLong()` zur Generierung einer ganzzahligen Zufallszahl im jeweiligen Wertebereich (also von `int` oder `long`). Die Variante mit dem Parameter n erzeugt eine Zufallszahl zwischen 0 (inklusive) und n (exklusive).

▪ `nextFloat()` und `nextDouble()` zur Erzeugung einer Fließkommazahl aus dem Wertebereich von `float` bzw. `double`.

Jede Zahl aus dem jeweiligen Wertebereich ist gleich wahrscheinlich. Für manche (eher mathematisch-statistische) Anwendungen möchte man eine Folge von gaußverteilten Zufallszahlen erzeugen. Dies erlaubt die Methode `nextGaussian()` (wenn Ihnen »gaußverteilte Zahlen« nichts sagen, seien Sie unbesorgt: dann werden Sie diese Methode auch nicht brauchen!).

Schauen wir uns nun den Einsatz von `Random` in einem wirklich nützlichen Beispiel an, nämlich einem Lottozahlen-Generator. Nie wieder den Kopf zerbrechen, welche Zahlen Sie ankreuzen müssen. In Zukunft macht das ein Java-Programm!

```
// Einsatz des Zufallszahlengenerators
import java.util.*;

class CLotto {
  public static void main(String args[]) {
    // lokale Variablen
    int zahl;
    int anzahl;
    Random generator = new Random();
    System.out.println("\nDie Ziehung der Lottozahlen");
    anzahl = 0;

    while(true) {
      // Zahl zwischen 0 (inkl.) und 50 (exkl.)
      zahl = generator.nextInt(50);
      if(zahl == 0)
      // 0 brauchen wir nicht
        continue;

      // Zahl ausgeben
      System.out.println("Gezogene Zahl: " + zahl);
      // Sind 6 Zahlen gezogen worden? Dann Ende.
      anzahl++;

      if(anzahl == 6)
        break;
    }
  }
}
```

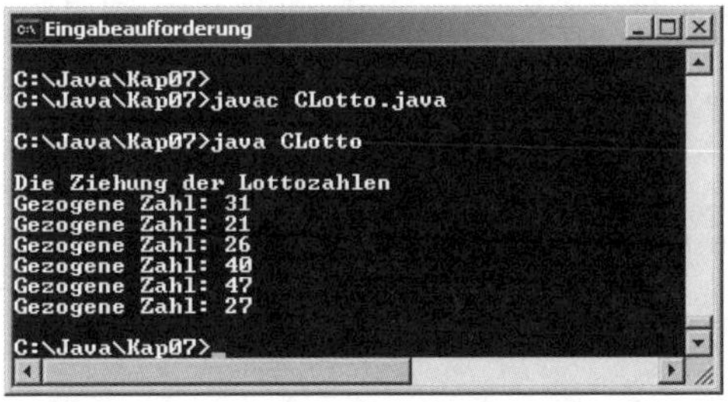

Listing 7.1:
CLotto.java

Abb. 7.1:
Ausgabe des
Programms
CLotto

Zunächst legen wir eine Instanz von Random an. Da wir für die Lottozahlen nur   *Analyse*
ganze Zahlen zwischen 1 und 49 benötigen, setzen wir die Methode nex-
tInt(50) ein. Da die Methode bei diesem Aufruf auch eine Null zurückliefern
kann, müssen wir explizit testen, ob eine Null zurückgeliefert wird, die wir natürlich ignorieren. Damit sind wir schon fertig und können die Tippscheine
ausfüllen! Beachten Sie, dass die gezeigte Umsetzung auch Dubletten liefern
kann (zur Verbesserung siehe Abschnitt 7.4, »Mengen«).

173

7.2   Zeit- und Datumsangaben

Da Sie auf Ihrem Windows-Desktop meist irgendwo eine Uhr- und Datumsanzeige sehen können, ist Ihnen bestimmt schon der Verdacht gekommen, dass Programme auf die PC-Uhr zugreifen können. Dies ist selbstverständlich auch von Java aus möglich. Es stehen verschiedene Klassen zur Auswahl, wobei wir uns hier auf die wichtigsten beschränken wollen: die Klassen Date (Paket java.util) und DateFormat (Paket java.text).

Datums-
angaben
müssen
formatiert
werden

Die Handhabung ist etwas gewöhnungsbedürftig, da diese beiden Klassen zusammen eingesetzt werden müssen. Der Aufruf des Konstruktors von Date erzeugt eine Klasseninstanz, die mit der aktuellen Zeit initialisiert wird. Allerdings ist diese Zeitangabe direkt der PC-Uhr entnommen und in einem sehr unhandlichen Format: die Anzahl der verstrichenen Millisekunden, die seit dem 1.1.1970 verstrichen sind. Um nun bequem daraus die aktuelle Zeit und das Datum in einer landestypischen Weise anzeigen zu können, kann man eine Instanz der DateFormat-Klasse verwenden, die mehrere Methoden zur Darstellung bietet:

```
DateFormat format = DateFormat.getDateInstance();
DateFormat format = DateFormat.getTimeInstance();
DateFormat format = DateFormat.getDateTimeInstance();
```

Für DateFormat stehen drei statische Methoden zur Auswahl, je nachdem, ob man nur das Datum (getDateInstance()), die Zeit (getTimeInstance()) oder beides (getDateTimeInstance()) anzeigen will. Diese Methoden formatieren das Datum/die Zeit gemäß der Ländereinstellung Ihres Betriebssystems, also wenn Sie die deutsche Version von Windows 98 haben, gemäß den deutschen Gepflogenheiten. Man kann aber auch ein Länderformat explizit wählen durch Übergabe eines Parameters (z.B. getDateInstance(Locale.US) für US-amerikanisch; andere sind Locale.UK für Britisch, Locale.GERMANY für Deutsch, Locale.FRANCE für Französisch usw.). Durch einen zweiten Parameter (DateFormat.SHORT, DateFormat.MEDIUM, DateFormat.LONG, DateFormat.FULL) kann die Ausführlichkeit der Anzeige bestimmt werden: Je kürzer das Format, desto mehr Zahlen werden verwendet (z.B. statt 25. August nur noch 25.08.).

Die Methode format(Date obj) dient nun dazu, aus dem übergebenen Date-Objekt das Datum bzw. die Zeitangabe gemäß der eingestellten Darstellungsform in einen String umzuwandeln. Der typische Einsatz zur Ausgabe des aktuellen Datums könnte also folgendermaßen aussehen:

```
Date heute = new Date();
DateFormat formatierer = DateFormat.getDateInstance(DateFormat.FULL,
                                              Locale.FRANCE);
String datumFranz = formatierer.format(heute);
```

```
System.out.println("La date d'aujourd'hui: " + datumFranz);
formatierer = DateFormat.getDateInstance(DateFormat.FULL,
                                  Locale.GERMANY);
String datumDeutsch = formatierer.format(heute);
System.out.println("Heutiges Datum: " + datumDeutsch);
```

Siehe auch Kapitel 15, Übung 4 zum Einsatz von DateFormat beim Erstellen von Datum- und Uhrzeitangaben.

Die Zeit stoppen

Oft ist es ganz nett, eine Stoppuhr im Programm zur Verfügung zu haben, z.B. zu Debugging-Zwecken, um herauszufinden, welche Programmteile die meiste Zeit verbrauchen. Im Prinzip könnte man diese Aufgabe auch durch das Erzeugen zweier Date-Objekte erfüllen, aus denen man mit Methoden (die wir hier nicht besprochen haben) auf die Sekunden zugreift und die Differenz berechnet. Es geht aber glücklicherweise viel einfacher mit der statischen Methode System.currentTimeMillis() (Paket java.lang). Sie liefert die Anzahl der Millisekunden seit dem 1.1.1970 als long-Wert zurück. Durch Differenzbildung erhalten wir die verstrichene Zeit:

```
long  start = System.currentTimeMillis();
// ...hier interne Berechnungen
long ende = System.currentTimeMillis();
System.out.println("Die Berechnung dauerte " +
              (ende – start) + " Millisekunden.");
```

7.3   Zeichenketten zerlegen

Eine ebenfalls immer wiederkehrende Aufgabe in Programmen ist die Zerlegung von Zeichenketten in logisch sinnvolle Einheiten, die so genannten *Tokens*. Für ihre Verwendung wird eine Angabe benötigt, was ein Token sein soll und was nicht. Eine derartige Definition kann z.B. sein: alle Teilketten, die durch ein Leerzeichen getrennt sind, was erlauben würde, einen Satz in seine einzelnen Wörter zu zerlegen. Java stellt für diesen Zweck die Klasse StringTokenizer (Paket java.util) bereit.

Der Einsatz der Klasse StringTokenizer ist kinderleicht: Zunächst muss eine Instanz erzeugt werden, wobei der Konstruktor den Eingabestring als Parameter erwartet. Optional kann noch ein String als zweiter Parameter übergeben werden, der anzeigt, welche Teilstrings als Trennzeichen zwischen Tokens aufgefasst werden sollen. Standardmäßig ist das ein Leerzeichen:

```
StringTokenizer st = new StringTokenizer(eingabestring);
StringTokenizer st = new StringTokenizer(eingabestring,trennstring);
```

Ist die StringTokenizer-Instanz erzeugt worden, kann mit den folgenden Methoden gearbeitet werden:

Tabelle 7.1:
Token-
Methoden

Methode	Beschreibung
Int countTokens()	liefert die Anzahl an Tokens, die noch im StringTokenizer vorhanden sind
boolean hasMoreTokens()	true, wenn noch Tokens vorhanden sind
String nextToken()	liefert das nächste Token

Der Aufruf von countTokens() direkt nach dem Initialisieren liefert die Gesamtzahl an gefundenen Tokens. Jeder Aufruf von nextToken() liefert dann der Reihe nach ein Token und springt intern in der StringTokenizer-Instanz zum nächsten Token. Der typische Einsatz sieht daher folgendermaßen aus:

```
while(st.hasMoreTokens()) {
    System.out.println("akt. Token: " + st.nextToken());
}
```

7.4 Komplexe Datenstrukturen (Collections)

Jedes Computerprogramm lässt sich in zwei Aspekte untergliedern:

- Es gibt Daten (als Objekte oder elementare Datentypen) und

- es gibt Vorstellungen darüber, was mit diesen Daten zu machen ist.

Der letzte Gesichtspunkt entscheidet darüber, wie man die Daten organisieren soll, damit die gewünschten Aktionen effizient ablaufen können.

Die Informatik hat viele Konzepte zum Organisieren und Ablegen von Daten entwickelt, die allgemein als Datenstrukturen bezeichnet werden. Manche Datenstrukturen sind recht einfach zu verstehen und einzusetzen, andere sind hochkompliziert und sehr schwierig zu programmieren. Die Kunst des guten Programmierens ist die Wahl der richtigen Datenstruktur und der richtigen Algorithmen, um auf der Datenstruktur zu operieren. Man muss sich überlegen, was für Daten vorliegen und was damit gemacht werden soll. Die Wahl der Datenstruktur sollte dann entsprechend getroffen werden. Wenn Sie beispielsweise eine Datenbank aufbauen wollen, in der viele Einfügeoperationen, aber selten Löschoperationen gemacht werden müssen, dann sollte die Datenstruktur das Einfügen möglichst effizient umsetzen; auch wenn dies eventuell zu Lasten der Löschoperationen geht. Wenn Letztere nur selten benötigt werden, ist dies kein großer Nachteil.

Leider sind effiziente Datenstrukturen und Algorithmen in der Regel schwierig zu implementieren. Die Folge: Sehr viele Programme (auch professionelle in der Industrie) verwenden meist sehr schlechte (langsame oder speicheraufwendige) Lösungen, obwohl die Forschung längst viel bessere Varianten gefunden hat. Um diese Lücke zwischen Theorie und Praxis zu schließen, bieten moderne Programmiersprachen so genannte Container-Klassen (in Java *Collections* genannt), die solche modernen und effizienten Implementierungen bieten. Der Anwender kann einfach seine zu verwaltenden Objekte »hineinstopfen« und sich ansonsten auf die eigentlichen Ziele seines Programms konzentrieren. Mit dem komplizierten Verwalten der Daten muss er sich nicht mehr abmühen.

In der Java-Bibliothek finden sich Implementierungen folgender Grundtypen:

- Liste (`LinkedList`, `ArrayList`)

- Keller (`Stack`)

- Menge (`HashSet`)

- Warteschlangen (`PriorityQueue`)

- Hashtabelle (`HashMap`, `Hashtable`)

Die Programmierung mit Listen (`LinkedList`), Mengen (`HashSet`) und Hashtabellen (`HashMap`) schauen wir uns gleich im Anschluss an die nachfolgenden Vorbemerkungen an. Mit Kellern beschäftigen wir uns in den Übungen. Die Erkundung der Warteschlangen überlassen wir Ihnen.

Generische Implementierung

Bis zur Java-Version 1.4 arbeiteten alle Container-Klassen nur auf dem Basistyp aller Klassen in Java, nämlich `Object`. Dies ermöglichte es, alle Typen von Java-Objekten als Elemente in einem Container abzulegen. Allerdings hatte man sich dadurch auch zwei Nachteile eingehandelt:

- Beim Auslesen von Objekten aus einem Container erhält man nur ein Objekt vom Typ `Object` und muss dann einen entsprechenden Cast durchführen. Dies ist umständlich und verschlechtert die Lesbarkeit des Codes.

- Wenn in einem Container nur Objekte eines bestimmten Datentyps (z.B. `String`-Objekte) abgelegt werden sollen, kann dies vom Compiler nicht überwacht und gegebenenfalls beanstandet werden.

Seit der Java-Version 1.5 sind daher alle Container-Klassen generisch implementiert. Dies bedeutet, dass die Klassendefinition des Containers mit einer Art Platzhalter für den konkreten Datentyp der zu verwahrenden Elemente arbeitet. Erst bei der Instanziierung der Container-Klasse wird dann der gewünschte Datentyp für die Elemente angegeben. Das sieht beispielsweise so aus:

```
LinkedList<String> liste = new LinkedList<String>();
```

Hier wird ein `LinkedList`-Container angelegt, in den nur `String`-Objekte abgelegt werden dürfen.

Iteratoren

Alle im Folgenden präsentierten Klassen (mit Ausnahme von `HashMap`) unterstützen das so genannte *Iterator*-Konzept. Ein Iterator ist ein besonderes Objekt, das es dem Anwender erlaubt, über die Elemente in einer komplexen Datenstruktur zu laufen (zu iterieren).

Den typischen Einsatz werden wir im Verlauf des Kapitels noch häufig antreffen und wollen ihn daher vorab schon mal präsentieren:

```
Iterator<String> it =  meinContainer.iterator();

while(it.hasNext()) {
    tmp = meinContainer.next();
}
```

Jede Container-Klasse, die Iteratoren unterstützt, stellt die Methode `itera-tor()` bereit. Durch Aufruf dieser Methode erhält man ein `Iterator`-Objekt, mit dem die Elemente im Container durchlaufen werden können. Der Iterator wird dabei für den Typ der Elemente im Container spezialisiert (`String` im obigen Beispiel). Hat man erst einmal einen passenden Iterator, kann man mit `hasNext()` prüfen, ob ein weiteres Element verfügbar ist und, falls ja, dieses mit `next()` zurückliefern lassen.

for für
Container
Seit Java-Version 1.5 gibt es als Alternative zu den Iteratoren noch eine besondere Variante der `for`-Schleife, die Sie schon kurz in Kapitel 4.3, Abschnitt »Schleifen und Arrays« kennen gelernt haben. Diese `for`-Schleife funktioniert auch für Container-Klassen:

```
for(String tmp : containerMitStrings) {
    // hier tmp verwenden, z.B.
    System.out.println(tmp);
}
```

Listen

Einfache Beispiele für eine Liste sind der tägliche Einkaufszettel oder eine Liste mit Aufgaben, die zu erledigen sind. In der Informatik ist eine Liste analog hierzu eine geordnete Sammlung von Objekten. Listen dürfen Dubletten enthalten und der Benutzer der Liste hat volle Kontrolle, d.h., er hat Zugriff auf jedes Element der Liste, in jeder beliebigen Reihenfolge und er kann überall

neue Elemente einfügen oder aus der Liste löschen. Fertige Listenimplemen-
tierungen sind `ArrayList` und `LinkedList`.

Das Erzeugen einer zunächst leeren Liste erfolgt durch Aufruf des Konstruktors `LinkedList()`. Da wie oben bereits erwähnt alle Container-Klassen generisch implementiert sind, muss man nach dem Container-Klassennamen noch
den gewünschten Elementtyp in spitzen Klammern angeben:

`LinkedList<String> liste = new LinkedList<String>();`

Diese Zeile erzeugt eine leere Liste, in die nur Objekte vom Typ `String` eingefügt werden dürfen. Zum Einfügen und Löschen von Elementen stehen verschiedene Methoden zur Verfügung:

Methode	Beschreibung
`boolean add(E element)`	fügt `element` am Ende der Liste ein
`add(int i, E element)`	fügt `element` an Position `i` ein
`E get(int i)`	liefert das Element an Position `i` zurück
`boolean remove(int i)`	löscht das Objekt an Position `i`
`boolean remove(E element)`	löscht das erste Vorkommen von `element`
`E set(int i, E element)`	ersetzt das Objekt an Position `i` durch `element`
`int size()`	Anzahl der Elemente in der Liste

Tabelle 7.2:
Wichtige List-
Methoden

`E` ist dabei der generische Datentyp und steht als Platzhalter für den konkreten
Datentyp, der dem Konstruktor in eckigen Klammern mitgegeben wird.

Bei Methoden mit `boolean`-Rückgabewert wird `true` zurückgeliefert, wenn die
jeweilige Aktion erfolgreich war, sonst `false`. Beachten Sie, dass bei einer Liste wie in einem Array von 0 (!) an gezählt wird. Das letzte Element einer Liste
hat somit den Index `size()-1`.

Ferner gibt es noch zwei Methoden zum Suchen von Objekten:

`int indexOf(E element)`

`int lastIndexOf(E element)`

die den Index des ersten Auftretens bzw. des letzten Auftretens eines Objekts
in der Liste zurückliefern. Wenn das gesuchte Objekt nicht gefunden wird, ist
der Rückgabewert kleiner 0. Der Zugriff auf die einzelnen Elemente der Liste
erfolgt sequentiell über einen Iterator oder über die `get`/`set`-Methoden.

Elementare Datentypen und Autoboxing

Wenn wir im Zusammenhang mit Containern von Elementen sprechen, so meinen wir stets Objekte und keine Werte elementarer Datentypen, denn Container-Klassen können nur Objekte verwalten – und keine Werte elementarer Datentypen wie beispielsweise normale `int`-Werte! Falls dies doch einmal notwendig wird, müssen diese Werte zuerst in Klassenobjekte umgewandelt werden.

Bis zur Java-Version 1.4 musste man hierfür die zugehörigen Wrapper-Klassen verwenden: `Character`, `Double`, `Integer`, `Float`, `Long`. Das Einfügen der Zahl 4 erfolgt dann beispielsweise als `meineListe.add(new Integer(4))`. Die Rückumwandlung in den elementaren Datentyp erfolgt mit der passenden Methode `charValue()`, `intValue()`, `floatValue()`, `doubleValue()`, also z.B.

```
Integer vier = new Integer(4);
int v = vier.intValue();
```

Seit 1.5 gibt es glücklicherweise das Autoboxing. Hierbei übernimmt der Compiler das lästige Verpacken bzw. Entpacken mit Wrapper-Klassen. Damit kann man auch elementare Datentypen bequem in Container stecken und wieder auslesen, z.B.

```
LinkedList<Integer> meineListe = new LinkedList<Integer>();
meineListe.add(4);
int zahl = meineListe.get(0);
```

Vielleicht fragen Sie sich, warum es zwei Klassen `LinkedList` und `ArrayList` zur Umsetzung einer Liste gibt, wenn sie doch scheinbar beide gleich zu verwenden sind.

Die Unterschiede liegen im Verborgenen. Die logische Idee einer Liste wird auf verschiedene Weisen realisiert. `ArrayList` basiert im Prinzip auf einem normalen Array, während `LinkedList` die Objekte miteinander verkettet, d.h., jedes Objekt hat Zeiger auf Vorgänger und Nachfolger. Dadurch ist eine `LinkedList` sehr schnell beim Einfügen und Löschen von Objekten, während der direkte Zugriff über Angabe des Index (beispielsweise mit `get()`) sehr langsam sein kann (die Liste muss linear durchlaufen werden). Array-basierte Listen können diese Art des Zugriffs natürlich sehr schnell ausführen, während Einfügen und Löschen langsam sind, da nachfolgende Arraypositionen umkopiert werden müssen.

Wenn Sie nur selten einfügen und löschen (außer am Ende), dann ist `ArrayList` zu bevorzugen, weil es deutlich schneller als `LinkedList` ist.

Schauen wir uns nun ein Beispiel zum Einsatz einer Liste an. Wir legen eine kleine Telefonliste mit den Namen unserer Freunde und ihren Telefonnummern an und geben sie dann wieder aus.

```java
import java.util.*;

class CItem {
  String m_name;
  int m_nummer;

  // der Konstruktor
  CItem(String derName,int dieNummer) {
    m_name = derName;
    m_nummer = dieNummer;
  }
}

public class CListenDemo {
  public static void main(String []args) {
    // eine Liste anlegen und einige Namen ans Ende einfügen
    LinkedList<CItem> freunde = new LinkedList<CItem>();

    CItem aktuell = new CItem("Dirk",455689);
    freunde.add(aktuell);   // ans Ende anhängen

    aktuell = new CItem("Peter",543679);
    freunde.add(aktuell); // ans Ende anhängen

    // Objekt direkt erzeugen und anhängen
    freunde.add(new CItem("Katja",238590));

    // Objekt direkt erzeugen und vorne einfügen
    freunde.add(0,new CItem("Julia",749326));

    // den Inhalt der Liste ausgeben: per get-Funktion
    // und dann mit einem Iterator und dann per for-Schleife
    System.out.println("\nAusgabe mit get() \n");
    for(int i = 0; i < freunde.size(); i++) {
      aktuell = freunde.get(i);
      System.out.println(aktuell.m_name + " " + aktuell.m_nummer);
    }

    System.out.println("\nAusgabe mit Iterator \n");
    Iterator<CItem> it = freunde.iterator();
    while(it.hasNext()) {
      aktuell =  it.next();
      System.out.println(aktuell.m_name + " " + aktuell.m_nummer);
    }
```

Listing 7.2:
CListen-
Demo.java

181

```
      System.out.println("\nAusgabe mit for \n");
      for(CItem akt : freunde) {
        System.out.println(akt.m_name + " " + akt.m_nummer);
      }
    }
  }
}
```

Analyse Zunächst wird eine leere Liste angelegt. Da wir Objekte der selbst definierten Klasse `CItem` darin speichern wollen, geben wir `CItem` als Typ in der Instanziierung des `LinkedList`-Containers mit. Nun erfolgt das Einfügen einiger Instanzen mithilfe der `add()`-Methode.

Schließlich geben wir den Inhalt der Liste gleich mehrmals auf verschiedene Art und Weise aus. Zunächst durchlaufen wir in einer for-Schleife ähnlich wie bei einem Array von Position 0 bis zum Ende die Liste und greifen mittels `get()` auf die einzelnen Elemente zu. Die Anzahl der Elemente in der Liste liefert wie zuvor die Methode `size()`.

Danach wird das typische Durchlaufen mit einem Iterator demonstriert. Mittels der Methode `iterator()` besorgen wir uns eine entsprechende `Iterator`-Instanz und laufen dann durch Aufruf von `next()` in einer `while`-Schleife durch die Liste. Die `next()`-Methode liefert bei jedem Aufruf ein Element der Liste, beginnend beim ersten, und springt dann automatisch zum nächsten. Aus diesem Grund braucht man in der Schleife auch keine Anweisung zum Hochzählen der Position. Abbruchbedingung ist einfach das Ende der Liste, was durch die `Iterator`-Methode `hasNext()` angezeigt wird.

Die letzte Variante schließlich verwendet die erweiterte for-Schleife.

Mengen

Den Begriff der Menge kennen Sie bestimmt noch aus dem Mathematikunterricht. Eine Menge ist eine ungeordnete Ansammlung von Objekten, wobei ein Objekt nur einmal in der Menge vorkommen darf. Die korrespondierende Java-Klasse heißt `HashSet`.

Das Einfügen bzw. Löschen von Elementen erfolgt mit den Methoden

`boolean add(E element)`

`boolean remove(E element)`

die bei erfolgreicher Durchführung `true` zurückgeben, sonst `false`. Dies ist insbesondere beim Einfügen eines Objekts wichtig, das schon in der Menge enthalten ist. Die `add()`-Methode prüft, ob das Objekt schon existiert. Falls ja, wird der Einfügevorgang abgebrochen und `false` zurückgegeben.

Um den Einsatz einer Menge zu veranschaulichen, kehren wir noch einmal zu dem Lottozahlengenerator vom Anfang dieses Kapitels zurück. In jenem Bei-

spiel wurde nicht überprüft, ob alle Lottozahlen verschieden sind. Diese Un-
vollkommenheit können wir nun elegant mithilfe eines HashSet beheben:

```
// Verbesserung von CLotto.java: Keine Dubletten
import java.util.*;

class CLotto2 {
  public static void main(String args[]) {
    boolean eingefuegt;
    int i, zahl,anzahl;
    HashSet<Integer> gezogen = new HashSet<Integer>();

    Random generator = new Random();
    System.out.println("\nDie Ziehung der Lottozahlen");

    anzahl = 0;
    while(true) {
      zahl = generator.nextInt(50);

      if(zahl == 0)        // 0 brauchen wir nicht
        continue;

      // versuchen, die Zahl in die Menge einzufuegen
      // falls nicht moeglich -> neue Zahl erzeugen
      eingefuegt = gezogen.add(zahl);

      if(!eingefuegt)      // schon vorhanden -> neuer Versuch
        continue;

      // Zahl ausgeben
      System.out.println("Gezogene Zahl: " + zahl);

      // Sind 6 Zahlen gezogen worden? Dann Ende.
      anzahl++;

      if(anzahl == 6)
        break;
    }
  }
}
```

Listing 7.3:
CLotto2.java

Wir merken uns jede gezogene Zahl, indem wir sie in den HashSet-Container   *Analyse*
einfügen. Die add()-Methode wird dabei ein false zurückliefern, wenn der
Einfügevorgang nicht erfolgreich war, d.h., wenn die Zahl schon vorhanden
ist. In diesem Fall wird ein neuer Schleifendurchgang mit continue gestartet.

183

Hashtabellen

Eine höchst wichtige Aufgabe im Leben ist die Verwaltung von Wertepaaren, z.B. müssen Sie die Namen Ihrer Freunde und Bekannten dem richtigen Gesicht zuordnen, den Ausruf »Shit« als Ausdruck der Verzweiflung deuten und bei »Liebe« an ein positives Gefühl denken und nicht etwa an Hass oder Ähnliches. Sie sehen schon, dass Wertepaare eine große Rolle spielen und Fehler bei der Zuordnung von einem Begriff zu seiner Bedeutung sehr nachteilig sein könnten. Eine solche Zuordnung nennt man in der Informatik eine *Map* oder ein *Mapping*. Zur ihrer effizienten Umsetzung wurde eine Datenstruktur entwickelt, die man *Hashtabelle* nennt. Dieser Name deutet schon an, wie Paare von Daten abgelegt werden, nämlich in Tabellenform. Nehmen wir beispielsweise das Mapping zwischen zwei Sprachen wie Englisch und Deutsch. Es gibt zwei Wertebereiche A und B: die englischen Wörter und die deutschen. Sei A = {go, work, swim, zipper} und B = {arbeiten, gehen, Reißverschluss, schwimmen}. Ein Mapping muss nun jedem englischen Wort das entsprechende deutsche Wort zuordnen. (Mehrfachbedeutungen von Wörtern lassen wir mal der Einfachheit halber weg.). Unsere Tabelle zur Durchführung des Mappings von Englisch nach Deutsch könnte dann so aussehen:

Wort		Index	Wort
go	?	0	gehen
work	?	1	arbeiten
swim	?	2	schwimmen
zipper	?	3	Reißverschluss

Dieses Mapping lässt sich offensichtlich leicht mit einem Array realisieren. Was machen wir nun, wenn der Benutzer des Programms ein englisches Wort nachschlagen will? In unserem Feld sind ja nur die deutschen Begriffe gespeichert! Eine Möglichkeit wäre, in der Tabelle nicht einfach nur einen String mit dem englischen Wort, sondern ein richtiges Objekt abzulegen, welches das deutsche und das englische Wort enthält. Die Suche nach einem englischen Wort bedeutet dann, dass wir alle Einträge danach absuchen. Haben wir das Objekt mit dem gesuchten englischen Begriff gefunden, haben wir auch das deutsche Wort (das ja mit im Objekt abgelegt ist).

Diese Methode funktioniert in unserem Beispiel, aber denken Sie einmal an Wörterbücher mit mehreren hunderttausend Einträgen! Für solche Datenmengen ist das obige Verfahren viel zu langsam. Selbst der Wechsel zu einer effizienten Suchmethode (z.B. binäres Suchen) kann oft noch zu langsam sein. Am besten wäre eine Methode, die es uns erlaubt, zu einer gegebenen Englischvokabel direkt den Index im Array zu bestimmen. Und das ist möglich!

Die Technik hierzu nennt man *Hashing*, was so viel wie Zerhacken bedeutet. *HashMap und* Die zugehörigen Klassen heißen `HashMap` oder `Hashtable` (die `HashMap` ist die *Hashtable* schnellere Variante, dafür ist `Hashtable` threadsicher[1]).

In Hashtabellen – gleichgültig, ob es sich nun um eine `HashMap`- oder `Hashtable`-Instanz handelt – fügt man stets Wertepaare ein:

▨ also das eigentliche abzulegende Objekt (den Wert) und

▨ ein Objekt, über das man das Wert-Objekt wieder auffinden kann (den Schlüssel).

Im Gegensatz zu bisher besprochenen Containern haben wir somit zwei Arten von Objekten. Aus diesem Grund erwartet der Konstruktor auch zwei Klassenangaben, um den erlaubten Typ für Schlüssel und Wert festzulegen:

```
HashMap<String, Integer> tab = new HashMap<String, Integer>;
```

Das Einfügen selbst erledigt die `put`-Methode, der als Parameter zuerst der Schlüssel und dann der Wert übergeben werden.

```
put(K schlüssel, V wert)
```

> Beim Einfügen von Wertepaaren muss beachtet werden, dass die Schlüssel eindeutig sein müssen. Wenn ein Paar (A,B) schon in der Hashtabelle enthalten ist, wird ein `put()`-Aufruf mit dem gleichen Schlüssel A, aber anderem Wert C das bestehende Paar überschreiben.

Für das Auffinden von Werten in der Hashtabelle ist die `get()`-Methode verantwortlich, die einen Schlüssel übernimmt und den zugehörigen Wert zurückliefert.

```
V get(K s)
```

wobei `K` der Typ der Schlüsselobjekte ist und `V` der Typ der Wertobjekte.

Klassen, deren Instanzen als Schlüssel verwendet werden sollen, müssen folgende zwei Methoden bereitstellen:

▨ `long hashCode()`. Diese Methode muss aus dem Schlüssel-Objekt, bei dem es sich ja um einen String, eine Koordinate oder sonst irgendein Objekt einer selbst definierten Klasse handelt, einen eindeutigen Zahlenwert erzeugen. Dieser Zahlenwert wird dann als Index in die Hashtabelle verwendet. Beim Einfügen eines Schlüssel/Wert-Paars gibt dieser Index an, wo in der Tabelle der Wert abgelegt wird. Beim Suchen nach einem Wert gibt der Index an, wo der Wert zu finden ist.

▨ `boolean equals()` dient zum Vergleich von Objekten in der Hashtabelle.

---

1. Zu Threads kommen wir allerdings erst in Kapitel 15.

185

In sehr vielen praxisrelevanten Fällen sind die Schlüssel Strings. Aus diesem Grund stellt die String-Klasse diese Methoden bereit, d.h., wenn wir mit Strings arbeiten, müssen wir die HashMap/Hashtable-Klasse einfach nur noch benutzen!

Tabelle 7.3:
Methoden für
Hashtabellen
(K = Klasse
für Schlüssel,
V = Klasse
für Wert)

Methode	Beschreibung
boolean isEmpty()	true, wenn keine Einträge
clear()	löscht alle Einträge
put(K s, V w)	fügt ein Wertepaar ein oder überschreibt, wenn schon vorhanden
V get(K s)	liefert den Wert zu Schlüssel s
V remove(K s)	entfernt Schlüssel s
boolean containsKey(K s)	liefert true, wenn Schlüssel s vorhanden
boolean containsValue(V w)	liefert true, wenn Wert w vorhanden
int size()	die Anzahl an Einträgen

Kehren wir nun zu dem geschilderten Problem zurück, dass wir effizient und ohne großen Aufwand ein kleines Wörterbuch verwalten wollen. Mit HashMap könnte dies folgendermaßen aussehen:

Listing 7.4:
CWoerter-
buch.java

```java
import java.util.*;
import java.io.*;

class CItem {
  String m_wort,m_typ;

  CItem(String w,String t) {
    m_wort = w;
    m_typ = t;
  }
}

public class CWoerterbuch {
  public static void main(String args[]) {
    HashMap<String,CItem> tabelle = new HashMap<String,CItem>();
    tabelle.put("gehen",new CItem("walk","Verb"));
    tabelle.put("laufen",new CItem("run","Verb"));
    tabelle.put("schwimmen", new CItem("swim","Verb"));
    tabelle.put("Reissverschluss", new CItem("zipper","Nomen"));

    // nach einem Wort suchen
    Scanner tastatur = new Scanner(System.in);
    System.out.print("Deutsches Wort: ");
    String suchString = tastatur.next();
```

186

```
// In Hashtabelle nachschlagen
CItem ergebnis = tabelle.get(suchString);

if(ergebnis == null)
   System.out.println(suchString + "  nicht gefunden!");
else
   System.out.println(suchString +
                 " heisst auf Englisch " + ergebnis.m_wort);
   }
}
```

In der `main`-Methode wird zunächst eine leere Instanz von `HashMap` erstellt. Da *Analyse* als Schlüssel Strings verwendet werden sollen und die einzufügenden Objekte selbst vom Typ der selbst definierten Klasse `CItem` sein sollen, geben wir dem Konstruktor als Typinformation `<String, CItem>` mit auf den Weg. Anschließend werden einige Einträge für die Hashtabelle generiert und durch Aufruf der `put()`-Methode eingefügt.

Die Suche erfolgt mithilfe der `get()`-Methode. Sie liefert bei erfolgreichem Suchen eine Referenz auf das zum Suchschlüssel korrespondierende Item.

Siehe Kapitel 12, Programm *CEditor.java*, zum Einsatz von `Hashtable`.

7.5   Algorithmen

Immer wiederkehrende Aufgaben bei der Verwaltung von Daten sind auch das Suchen und Sortieren. Ähnlich wie bei den Datenstrukturen, die auf den vorangegangenen Seiten vorgestellt worden sind, hat die Informatik viele schlaue Verfahren hierfür entworfen, die allerdings nicht immer leicht zu implementieren sind. Java nimmt dem Programmierer einen großen Teil der Arbeit ab und stellt in den Klassen `Arrays` und `Collections` elementare Such- und Sortieralgorithmen bereit.

Die Klasse Arrays

Für normale Arrays existiert die Klasse `Arrays` (Paket `java.util`), die statische Methoden zum Sortieren von Arrays (oder Teilen von Arrays) definiert:

```
sort(E[] feld)
sort(E[] feld ,int start, int ende)
```

Ein typischer Aufruf könnte beispielsweise so aussehen:

```
double[] feld = new double[100];
// ... Array mit Werten füllen usw.
// nun Array sortieren:
Arrays.sort(feld);
```

Der Typ E des übergebenen Arrays kann ein elementarer Datentyp sein (`int`, `char`, `double` usw.) oder eine Klasse. In letzterem Fall muss die Klasse das `Comparable`-Interface implementieren, d.h., eine Methode `int compareTo(E o)` zum Vergleich von Objekten dieser Klasse vom Typ E bereitstellen. Sie muss 0 bei Gleichheit liefern, einen Wert < 0, falls das übergebene Objekt größer ist als die die Methode aufrufende Instanz, und > 0, falls das übergebene Objekt kleiner ist als die aufrufende Instanz. Viele Standardklassen von Java haben schon eine `compareTo`-Methode, z.B. `String` sowie alle Wrapper-Klassen wie `Character`, `Double`, `Integer` usw.

Zum Durchsuchen eines Arrays gibt es die Methode

`int binarySearch(typ[] f, E key)`.

Wie bei `sort()` kann E ein elementarer Typ sein oder eine Klasse (die dann wieder eine `compareTo()`-Methode besitzen muss). Als Parameter erwartet diese Methode das zu durchsuchende Feld und einen Wert, nach dem gesucht werden soll. Wenn die Suche erfolgreich war, ist der Rückgabewert der Index des gesuchten Eintrags im Array. Bei einem Wert < 0 wurde nichts gefunden.

Um eine `binarySearch()`-Suche auf einem Array zu starten, muss das Array sortiert sein! Andernfalls ist der Ausgang der Suche undefiniert.

Die Klasse Collections

Was die oben vorgestellte Klasse `Arrays` für normale Arrays ist, ist für Listen die Klasse `Collections` mit ihren statischen Methoden:

Tabelle 7.4: Methoden für Listen

Methoden	Beschreibung
`int binarySearch(List<E> l, E k)`	binäre Suche nach Element k
`sort(List<E> l)`	Liste l sortieren
`shuffle(List<E> l)`	Liste l zufällig umordnen

Während diese Methoden nur auf Listen (`LinkedList`, `ArrayList`) anwendbar sind, gibt es in `Collections` noch weitere interessante Methoden, die auf jede Container-Klasse anwendbar sind, insbesondere auch auf `HashSet`:

Tabelle 7.5: Zwei Vertreter allgemeiner Collections-Methoden

Methoden	Beschreibung
`E min(Collection c)`	liefert das Minimum
`E max(Collection c)`	liefert das Maximum

Natürlich müssen die Objekte, die in der jeweiligen Datenstruktur verwaltet werden, eine `compareTo()`-Methode bereitstellen, damit diese Algorithmen auch die Elemente vergleichen können.

7.6   Zusammenfassung

Im Paket `java.util` sind viele nützliche Klassen vorhanden, die bei der Programmerstellung helfen.

Zufallszahlen werden mittels der Klasse `Random` erzeugt. Zeit- und Datumsangaben liefert `Date`. Die Klasse `StringTokenizer` erlaubt das bequeme Zerlegen von Strings in logische Einheiten.

Container-Klassen heißen in Java *Collections* und stellen komplexe Datenstrukturen bereit, die auf beliebigen Klassen arbeiten. Die wichtigsten Datenstrukturen sind Liste, Keller, Menge, Warteschlange und Hashtabelle.

Eine Liste ist eine geordnete Ansammlung von Objekten (Achtung: geordnet heißt hier nicht sortiert!), Dubletten sind möglich. Einen Keller kann man als Sonderfall einer Liste ansehen, bei dem nur an einem Ende hinzugefügt/gelöscht werden darf. Eine Menge ist eine ungeordnete Ansammlung von Objekten ohne doppelte Einträge. Eine Warteschlange liefert die in sie eingefügten Elemente in einer ganz bestimmten Reihenfolge zurück. Eine Hashtabelle realisiert die effiziente Abspeicherung von (Schlüssel,Wert)-Paaren mit konstanter Suchzeit nach einem Eintrag.

7.7   Fragen und Antworten

F: Was passiert, wenn man Container oder Iteratoren nicht typisiert?

In solchen Fällen erzeugt der Compiler unchecked-Warnungen. Weiter schlimm ist dies nicht, der Quelltext wird trotzdem korrekt übersetzt. Wenn Sie älteren Java-Code übersetzen, der mit Container-Klassen arbeitet, werden Sie diese Meldungen wahrscheinlich häufiger sehen, denn vor Java 1.5 waren die Container-Klassen noch nicht typisiert.

189

7.8   Übungen

1. Ein Keller ist eine Datenstruktur, bei der Einfüge-, Lösch- und Leseoperationen auf das Ende (*Top* genannt) beschränkt sind. Eine gute Analogie ist ein Stapel Teller – allerdings nur unter der Voraussetzung, dass sich unter den Lesern keine Exzentriker befinden, die sich grundsätzlich weigern, Teller auf das obere Ende des Stapels zu legen beziehungsweise Teller von oben wegzunehmen. Im Englischen nennt man diese Datenstruktur *Stack* und so heißt auch die Java-Klasse, die diese Datenstruktur implementiert.

Tabelle 7.6:
Wichtige Stack-
Methoden

Methode	Beschreibung
push(E element)	fügt ein Element ein
E pop()	liefert das oberste Element und entfernt es vom Stack
E peek()	liefert das oberste Element, ohne es zu löschen

Während das Konzept einer Liste intuitiv leicht verständlich ist, stellt sich die Lage bei einem Keller völlig anders da. Für einen Einsteiger ist der Keller meist sehr ungewohnt und wird gerne gemieden, dabei kann er sehr praktisch sein. Versuchen Sie doch einmal mithilfe einer Keller-Datenstruktur ein Programm zu schreiben, das über die Tastatur einen Text einliest, die Reihenfolge der Buchstaben darin umkehrt und das zurück auf die Konsole schreibt.

2. Schreiben Sie ein Programm, das einen String von der Tastatur einliest und mithilfe der Klasse HashMap die Häufigkeit der auftretenden Wörter zählt und dann ausgibt. Hinweis: Das Ausgeben erfolgt am einfachsten, indem println() der Name der Hashtabelle übergeben wird!

KAPITEL 8

Das AWT
(Abstract Window Toolkit)

Der Teil von Java, mit dem man Programme mit grafischen Benutzeroberflächen (englisch: graphical user interface = GUI) erstellen kann, trägt den geheimnisvollen Namen AWT, was für *Abstract Window Toolkit* steht.

Das AWT wird sowohl zur Anwendungs- wie auch zur Applet-Erstellung eingesetzt und besteht aus einer Sammlung verschiedener Klassen, die alle mit `java.awt` beginnen und Hunderte von Klassen und Methoden zur Verfügung stellen, aus denen man sich baukastenartig die gewünschte Oberfläche und Funktionalität zusammenstellen kann. Einmal mehr treffen wir also auf diese praktischen, fertig implementierten Klassen, die wir nur an unsere speziellen Wünsche anpassen müssen. Bei der Programmierung mit dem AWT sind daher die Haupttechniken, die man anwendet, das Ableiten von Klassen und das Überschreiben von Methoden. Falls Sie geschummelt haben und im Grundlagenteil die entsprechenden Abschnitte (5.1 und 5.2) nur mit einem halben Auge gelesen haben, dann sollten Sie dies nun besser nachholen, damit Sie vorbereitet sind!

Sie lernen in diesem Kapitel

- wie man sich im Dschungel der AWT-Klassen zurechtfindet,

- wie das Grundgerüst von GUI-Anwendungen aussieht,

- wie grafische Benutzeroberflächen in Java aufgebaut werden,

- warum wir in Java einen Layout-Manager benötigen,

- wie man auf Maus und Tastatur reagiert.

8.1   Der AWT-Reiseführer

Das AWT hat für Einsteiger den Nachteil, dass es sehr, sehr viele Klassen besitzt. Wir werden im Rahmen dieses Buchs daher nur einen kleinen – aber feinen! – Teil kennen lernen. Für die meisten Anwendungen benötigt man ehedem nur einen kleinen Teil des AWT und wenn Sie einmal etwas Ausgefalleneres programmieren wollen, dann sind Sie nach dem Durchlesen der nachfolgenden Kapitel mit Sicherheit gerüstet, um selbst loszuziehen und die Welt der Fenster und des AWT für sich zu erobern. Bevor es jedoch richtig losgeht, wollen wir uns zunächst einen groben Überblick über den Aufbau des AWT verschaffen.

Abb. 8.1:
Aufbau einer
GUI-Ober-
fläche

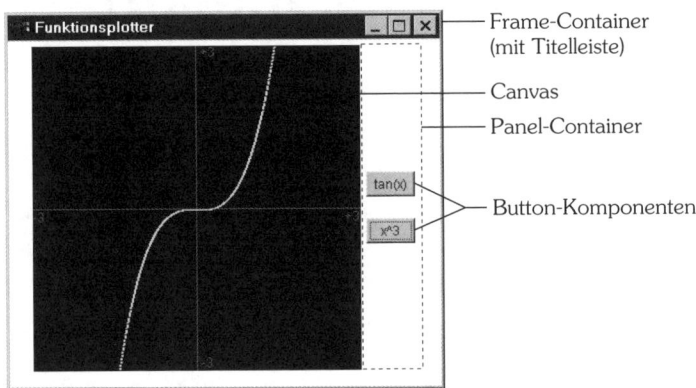

Das AWT sieht ein fensterbasiertes Programm als eine Hierarchie von ineinander verschachtelten Bausteinen, den so genannten Komponenten, an. Für jede dieser Komponenten gibt es im AWT eine passende Klasse, die Sie direkt instanziieren oder von der Sie eigene Klassen ableiten können.

Gemäß der Aufgabe, die die einzelnen Bausteine beim Design der grafischen Oberfläche spielen, kann man folgende wichtigen Gruppen unterscheiden:

▪ *Container*: Container sind Komponenten, die andere Komponenten enthalten. Sie dienen der Gruppierung der Oberflächenelemente und der Strukturierung der Oberfläche. Die wichtigsten Container heißen `Frame` (für die Fenster eines Programms) und `Panel` (für Bereiche innerhalb eines Fensters).

▪ *Components*: Dies sind die typischen Komponenten eines Windows-Programms, mit deren Einsatz Sie zwangsläufig durch die Arbeit mit Windows bereits vertraut sind: Schaltflächen (`Button`), Menübalken (`MenuBar`), Pulldown-Menüs (`Menu`), Markierungskästchen (`Checkbox`), Textfelder (`TextField`), Bildlaufleisten (`Scrollbar`), Dialogfenster (`Dialog`) und so weiter.

■ *Layout-Manager*: Spezielle Klassen, mit deren Hilfe die Anordnung und Ausrichtung der Steuerelemente geregelt wird.

■ *Canvas*: Dies ist ein spezieller Baustein, der zum Malen und zur Anzeige von Bildern und Grafiken verwendet wird. Es wird Sie nicht weiter überraschen, dass die entsprechende Klasse Canvas heißt.[1]

■ *Event-Listener*: Spezielle Klassen, die der Ereignisbehandlung dienen. Mit ihrer Hilfe kann man festlegen, wie ein Fenster und seine Oberflächenelemente auf Maus- und Tastaturereignisse reagieren.

Nun aber genug der Vorrede. Schauen wir uns ein Beispielprogramm an, an dem wir die ersten wichtigen Prinzipien und Merkmale kennen lernen.

8.2 Aufbau einer GUI-Anwendung

Das folgende Programm implementiert eine ganz einfache GUI-Anwendung mit einem Hauptfenster und drei Schaltern. Aber Achtung! Die Namen der Schalter (»Hänsel« »und« »Gretel«) sollen Ihnen anzeigen, dass Ihnen das Programm kurz nach dem Abschicken verloren geht. Weder Rufe noch Mausklicks können es dann erreichen und folglich gibt es auch keine Möglichkeiten, das Programm ordnungsgemäß zu beenden.

Wenn Sie das Programm aus einem Konsolenfenster (Eingabeaufforderung) heraus aufgerufen haben, beenden Sie es, indem Sie das Konsolenfenster aktivieren und die Tastenkombination [Strg]+[C] drücken.

```
01 import java.awt.*;
02
03 public class CGUI_Beispiel extends Frame{
04   // der Konstruktor legt drei Schalter an
05   CGUI_Beispiel(String titel) {
06     super(titel);                 // Fenstertitel
07
08     // Button-Instanzen erzeugen
09     Button hänsel = new Button("Hänsel");
10     Button und    = new Button("und");
11     Button gretel = new Button("Gretel");
12
13     // Einen Layout Manager zum Anordnen der Schalter festlegen
14     setLayout(new FlowLayout());
15
```

*Listing 8.1:
CGUI_Beispiel.
java – unser
erstes GUI-
Programm*

---

1. Wenn Sie später mit Swing-Komponenten arbeiten (siehe Kapitel 9), werden Sie in Panels zeichnen (siehe Kapitel 10).

```
16      // zum Frame hinzufügen
17      add(hänsel);
18      add(und);
19      add(gretel);
20    }
21
22    public static void main(String[] args) {
23      // eine Instanz der Fensterklasse anlegen
24      CGUI_Beispiel fenster =
25                    new CGUI_Beispiel("Erstes GUI-Programm");
26
27      fenster.pack();
28      fenster.setVisible(true);
29    }
30 }
```

Abb. 8.2:
Ihr erstes GUI-
Programm

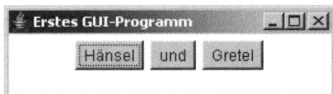

Analyse   Nutzen wir dieses kleine Programm, um uns mit dem Grundgerüst von GUI-Anwendungen vertraut zu machen.

Das Grundgerüst

Sicherlich erkennen Sie das Grundgerüst der typischen Java-Anwendung wieder:

- die Hauptklasse der Anwendung (class CGUI_Beispiel aus Zeile 3), diesmal abgeleitet von der vordefinierten Klasse Frame und mit einem von uns definierten Konstruktor, plus

- der unvermeidlichen main()-Methode (Zeile 22), mit der die Ausführung des Programms beginnt.

Lassen Sie uns die einzelnen Teile noch einmal etwas detaillierter durchgehen und versuchen wir herauszuarbeiten, welche Anpassungen im Grundgerüst aus einer Konsolenanwendung eine GUI-Anwendung machen.

Importieren der AWT-Klassen

Da wir vordefinierte Klassen des AWT verwenden wollen (ja müssen), finden Sie am Anfang des Quellcodes die import-Anweisung

```
import java.awt.*;
```

mit der die Namen aller relevanten AWT-Klassen importiert werden.

Ableitung der Hauptfensterklasse

Als Nächstes wird die Hauptklasse der Anwendung definiert (CGUI_Beispiel). Dies ist in obigem Beispiel auch gleichzeitig die Klasse des Hauptfensters und wird daher von der AWT-Klasse Frame abgeleitet.

Wie alle Oberflächenelemente werden auch die Fenster einer Anwendung in einem Java-Programm durch Klassen repräsentiert. Die grundlegende Funktionalität eines Fensters ist dabei bereits in der AWT-Klasse Frame definiert. Was man nun tun muss, um eine Anwendung um ein Fenster zu bereichern, ist, für das Fenster eine eigene Klasse von der Basisklasse Frame abzuleiten. Die abgeleitete Fensterklasse kann dann individuell angepasst werden, beispielsweise durch Aufnahme verschiedener Steuerelemente in das Fenster.

Durch die Ableitung von der AWT-Klasse Frame wird aus einer normalen Java-Klasse eine Fensterklasse.

Neben Frame kann man auch die Klasse Window zur Ableitung von Fenstern verwenden. Fenster, die von Window abgeleitet werden, verfügen allerdings über keinen Rahmen und keine Titelleiste.

Oberflächenelemente in ein Fenster aufnehmen

Ein leeres Fenster ist ohne großen Nutzen. Der nächste Schritt besteht daher meist darin, Komponenten in das Fenster aufzunehmen, mit denen der Anwender später interagieren kann – beispielsweise drei Schaltflächen, die bestimmte Aktionen ausführen, wenn sie angeklickt werden.

Der passende Ort zur Aufnahme von Komponenten ist der Konstruktor (beginnt in Zeile 5).

Im Konstruktor der Fensterklasse bilden wir daher drei Instanzen der Klasse Button, wobei der Titel für den Schalter als String an den Button-Konstruktor übergeben wird (Zeilen 9 bis 11). Damit sind die Schalter schon erzeugt!

Oberflächenelemente wie Schaltflächen, Textfelder, Menüs etc. werden üblicherweise durch direkte Instanziierung der entsprechenden AWT-Klassen erzeugt (und nicht durch Ableitung einer eigenen Klasse, wie im Falle der Fenster).

Der nächste Schritt besteht nun darin, die Schaltflächen als untergeordnete Komponenten des Fensters anzumelden. Alle Container (zu denen auch die der Fensterklasse gehören) besitzen dazu die Methode add(), der man einfach die Instanz der aufzunehmenden Komponente übergibt (Zeilen 17 bis 19).

195

Die Methode add() stammt übrigens von der AWT-Klasse Container, von der die Klassen Frame und Panel abgeleitet sind.

Fenster instanziieren und anzeigen

Außer dem Konstruktor definiert unsere Fensterklasse natürlich noch die altbekannte main()-Funktion. Innerhalb von main() wird eine Instanz der Klasse, also ein Fenster, erzeugt (Zeile 24). Um auch gleich einen Fenstertitel anzuzeigen, übergeben wir den Titel als String an den Konstruktor unserer Fensterklasse und reichen ihn im Konstruktor an den Konstruktor der Basisklasse Frame weiter. Schließlich wird das Fenster durch Aufruf der Methode setVisible(true) auf den Bildschirm gebracht (Zeile 28)[1].

Beim Umgang mit Fenstern sind also drei Schritte zu beachten:

▪ Die Definition einer eigenen Fensterklasse (abgeleitet von der AWT-Klasse Frame).

▪ Die Erzeugung eines (oder mehrerer) Fenster als Instanz(en) der Fensterklasse. (Denken Sie daran, dass eine Klasse im Grunde genommen nur ein Datentyp ist. Erst die Instanzen der Klasse stellen »reelle« Objekte dar. Erst die Instanz einer Fensterklasse stellt ein Fenster dar.)

▪ Das erzeugte Fenster ist anfänglich nicht auf dem Desktop sichtbar. Um es anzuzeigen, muss explizit die Methode setVisible() mit dem Argument true aufgerufen werden.

Die Methode pack() ist in diesem einfachen Beispiel eigentlich noch nicht notwendig, aber Sie sollten sich angewöhnen, sie immer zusammen mit setVisible(true) aufzurufen. Sie bewirkt eine Ausrichtung der verwendeten Komponenten auf ihre bevorzugte Größe.

Komponenten anordnen: Layout-Manager

Schauen Sie sich noch einmal Abbildung 8.2 an. Wie Sie sehen können, sind die Schaltflächen im Hauptfenster ordentlich in einer Reihe ausgerichtet, und das, obwohl wir keinerlei Angaben über die Positionen und Größen der Schaltflächen gemacht haben. Jetzt werden Sie sich vielleicht fragen, ob es vielleicht irgendwelche internen Regeln zur Positionierung der Schaltflächen – oder allgemeiner der Komponenten – gibt oder ob die Anordnung womöglich gänzlich zufällig erfolgt.

---

1. Analog kann man mit setVisible(false) das Fenster verschwinden lassen (es existiert dann nach wie vor und kann durch erneuten Aufruf von setVisible(true) wieder sichtbar gemacht werden).

Zufällig? Nein, das kann ja nicht Sinn der Sache sein. Dann würde der Anwender ja bei jedem Aufruf Ihres Programms ein total verändertes Layout der Oberflächenelemente vorfinden und die Arbeit mit dem Programm irgendwann genervt aufgeben!

Aus diesem Grunde gibt es so genannte Layout-Manager, die alle Komponenten nach gewissen Regeln anordnen. In unserem ersten GUI-Programm benutzen wir zum Beispiel den FlowLayout-Manager, den wir im Konstruktor der Fensterklasse durch die Anweisung

```
14:    setLayout(new FlowLayout());
```

für die Anordnung der Komponenten im Fenster auswählen.

Der FlowLayout-Manager verwendet eine besonders einfache Regel zur Anordnung: Alle Komponenten, die in den Container aufgenommen werden, werden der Reihe nach nebeneinander und zentriert platziert. Wenn die gesamte Breite des Containers (hier also unser Fenster) ausgeschöpft ist, wird eine neue Zeile begonnen. Wenn Sie das Beispielprogramm starten, werden die Schalter daher nebeneinander und nicht etwa vertikal untereinander angeordnet.

Es gibt noch einige andere Layout-Manager, die unterschiedliche Strategien zur Anordnung der Komponenten verwenden. Hier ein kleiner Überblick; Beispiele zu ihrer Verwendung werden wir noch in den nachfolgenden Beispielprogrammen sehen.

Konstruktor	Anordnung	Hinzufügen von Komponenten durch:
FlowLayout()	der Reihe nach	add(Komponente)
BorderLayout()	in fünf Gebiete: Central, North, East, South, West	add("East",Komponente) add("Center",Komponente) usw.
GridLayout(n,m)	gitterartig in N x M-Matrix	zeilenweise: add(Komponente1-1) add(Komponente1-2) add(Komponente1-3) usw.

Tabelle 8.1: Layout-Manager

Bevor Sie es selbst herausfinden, gestehen wir es besser gleich: Es gibt noch einen weiteren Layout-Manager namens GridBagLayout. Er ist sehr mächtig, aber auch ziemlich kompliziert, so dass er den Rahmen dieses Buchs sprengen würde.

Ein Layout-Manager bezieht sich immer auf den Container, mit dessen set-Layout()-Methode er eingerichtet wurde. Das heißt: Alle Komponenten in einem Container werden nach den Regeln des für den Container eingerichteten Layout-Managers angeordnet. Da unter diesen Komponenten auch Panels sein können, die selbst wieder Container darstellen und eigene Layout-Manager spezifizieren können, ergibt sich ein recht flexibles Konzept zur Anordnung von Komponenten.

Ein Layout-Manager bezieht sich immer auf den Container, mit dessen set-Layout()-Methode er eingerichtet wurde.

Warum Layout-Manager?

Warum überhaupt der Umweg über Layout-Manager? Warum kann der Programmierer nicht selbst Angaben zur Größe und Positionierung der Komponenten machen?

Abgesehen davon, dass die Positionierung und Dimensionierung von Komponenten durch Angabe von Pixelkoordinaten eine recht mühsame Angelegenheit sein kann, gibt es eine Reihe von schwer zu berücksichtigenden Unwägbarkeiten (der Anwender kann die Fenstergröße verändern, das Aussehen und damit auch die Abmaße der typischen Steuerelemente sind betriebsspezifisch, für Applets wird deren Anzeigebereich vom aufrufenden HTML-Dokument vorgegeben). Java umgeht diese Problematik durch das Konzept der Layout-Manager, mit deren Hilfe der Programmierer die gewünschte Anordnung vorgeben kann und die jeweilige Umgebung für die bestmögliche Umsetzung sorgt.

Es ist allerdings auch möglich, ohne Layout-Manager zu arbeiten und die Komponenten selbst zu positionieren. Dazu übergeben Sie setLayout() als Layout-Manager null und dimensionieren die Komponenten mithilfe der Methode setBounds(int, int, int, int), die die Koordinaten der linken oberen Ecke sowie Breite und Höhe der Komponente übernimmt.

Damit sind wir mit dem ersten Beispiel schon fertig! Und wir machen direkt weiter. Bestimmt ist Ihnen beim Herumspielen mit dem Beispiel aufgefallen, dass das Drücken der Schalter ohne jegliche Wirkung bleibt. Noch bedauernswerter ist, dass auch das Drücken des Schließsymbols des Fensters nicht die gewünschte Wirkung zeigt und Sie das Programm bzw. das Fenster nur durch Abschießen des Java-Interpreters beenden können (beispielsweise durch Drücken von [Strg]+[C] im Konsolenfenster). Etwas brutal, nicht? Daher werden wir nun für geeignete Abhilfe sorgen.

8.3 Das Event-Modell des AWT

GUI-Programme unterscheiden sich in ihrer Mentalität grundlegend von den klassischen Konsolenanwendungen, wie wir sie im Grundlagenteil kennen gelernt haben. Während Letztere in der Regel gleich nach dem Start wie von einer Biene gestochen loslaufen und irgendwelche Dinge berechnen, machen GUI-Programme zu einem Großteil ihrer Laufzeit nichts anderes als zu warten! Worauf warten sie? Auf den Benutzer des Programms, darauf, dass dieser mit seiner Maus irgendwo hinklickt oder irgendetwas über die Tastatur eingibt.

Jeder Mausklick und jeder Tastaturanschlag veranlassen das im Hintergrund laufende Windowing System (z.B. Windows XPx) dazu, ein entsprechendes Ereignis (engl. Event) zu erzeugen und an das Programm weiterzuleiten, in dessen Fensterbereich es ausgelöst worden ist (im Fachchinesisch heißt dies »das Programm, das gerade den Fokus hatte«). Danach ist wieder das Programm am Zuge. Es muss die vom Betriebssystem versendeten Botschaften abfangen und für deren korrekte Bearbeitung sorgen. Bei Java-Programmen kommt hierbei wieder das AWT ins Spiel. Es verwendet zur Behandlung der Events ein so genanntes *Delegation Event Model*.

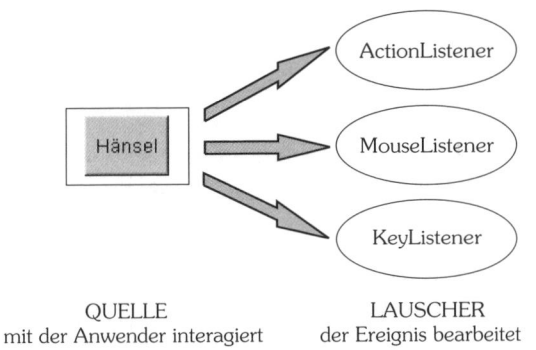

Abb. 8.3: Event-Quellen und Event-Lauscher

QUELLE
mit der Anwender interagiert

LAUSCHER
der Ereignis bearbeitet

Bei der Verarbeitung der Events unterscheidet das AWT *Event-Quellen* (event source) und *Event-Lauscher* (event listener). Die Event-Quellen sind die GUI-Komponenten – beispielsweise unsere Schalter oder unser Fenster. Die Event-Lauscher sind spezielle Klassen, die sich mit dem Abfangen und der Bearbeitung der Events befassen. Will ein Programm ein bestimmtes Ereignis für eine bestimmte Komponente abfangen und bearbeiten, muss es lediglich einen passenden Event-Lauscher definieren und diesen für die betreffende Komponente mithilfe entsprechender Methoden registrieren.

Soweit die Theorie. Kehren wir zu unserem Beispiel zurück. Wir haben dort vier potenzielle Event-Quellen, nämlich die drei Schaltflächen sowie das umgebende Fenster (das Frame-Objekt). Da wir bislang für keine dieser Quellen irgendwelche Event-Lauscher registriert haben, ist Ihnen nun hoffentlich klar, warum unsere Mausklicks nicht beachtet worden sind. Die Events wurden zwar vom Betriebssystem erzeugt, aber von unserem Programm vollkommen ignoriert! Dies werden wir nun schleunigst ändern.

Listing 8.2:
CGUI_Beispiel
2.java

```
01 // Das erste GUI-Programm mit Ereignisbehandlung
02 import java.awt.*;
03 import java.awt.event.*;
04
05 public class CGUI_Beispiel2 extends Frame {
06   // Die eigenen Adapter- und ListenerKlassen als
07   // innere Klassen innerhalb der Klasse
08   // CEreignisse definieren
09   class CMeinWindowLauscher extends WindowAdapter {
10     public void windowClosing(WindowEvent e) {
11       // Das Programm beenden
12       System.exit(0);
13     }
14   }
15
16   class CMeinActionLauscher implements ActionListener {
17     public void actionPerformed(ActionEvent e) {
18       // einmal piepen
19       java.awt.Toolkit.getDefaultToolkit().beep();
20     }
21   }
22
23   // der Konstruktor legt drei Buttons an
24   CGUI_Beispiel2(String titel) {
25     super(titel);
26
27     // Button Instanzen erzeugen
28     Button hänsel = new Button("Hänsel");
29     Button und   = new Button("und");
30     Button gretel = new Button("Gretel");
31
32     // Einen Layout Manager zum Anordnen der Buttons festlegen
33     setLayout(new FlowLayout());
34
35     // Buttons zum Frame hinzufügen
36     add(hänsel);
37     add(und);
38     add(gretel);
39
40     // den Frame bei einem WindowListener anmelden
41     addWindowListener(new CMeinWindowLauscher());
42
```

```
43      // ActionListener für die Schalter registrieren
44      // Es wird jedes Mal eine neue Instanz angelegt. Man
45      // kann aber auch eine Instanz mehrfach verwenden
46      hänsel.addActionListener(new CMeinActionLauscher());
47      und.addActionListener(new CMeinActionLauscher());
48      gretel.addActionListener(new CMeinActionLauscher());
49    }
50
51    public static void main(String[] args) {
52      // eine Instanz der Klasse anlegen und anzeigen
53      CGUI_Beispiel2 fenster =
54                  new CGUI_Beispiel2("GUI mit Event Handling");
55      fenster.pack();
56      fenster.setVisible(true);
57    }
58 }
```

Das Programm ist eine Kopie unseres letzten Beispielprogramms, allerdings *Analyse* erweitert um ein einfaches Event Handling. Wir halten uns daher gar nicht mehr mit dem Grundgerüst des Programms auf, sondern konzentrieren uns gleich auf den Code, der mit der Ereignisbehandlung in Zusammenhang steht.

java.awt.event importieren

Der erste Schritt zur Ereignisbehandlung besteht darin, das Paket java.awt.event zu importieren, in dem eine Reihe von Klassen und Interfaces zusammengefasst sind, die wir für die Ereignisbehandlung benötigen.

Um uns das Grundprinzip klar zu machen, beginnen wir mit der Ereignisbehandlung für die drei Schalter (im Anschluss besprechen wir dann die Ereignisbehandlung für das Fenster).

Was wir wollen, ist, dass unser Programm entsprechend reagiert, wenn der Anwender auf einen der Schalter drückt. Im Grunde genommen läuft dies darauf hinaus, für jeden Schalter eine Methode zu definieren, die immer dann aufgerufen wird, wenn der Schalter gedrückt wird. Eine Methode zu definieren, ist kein Problem. Die Schwierigkeit besteht darin, die Methode mit dem Schalterereignis zu verbinden. Dazu bedarf es eines bestimmten Formalismus, den uns das *Delegation Event Model* vorgibt (siehe oben).

Event-Lauscher definieren

Zu jeder Ereignisbehandlung gehören wie gesagt eine Quelle und ein Lauscher. Die Quellen haben wir bereits – es sind unsere Schaltflächen. Der nächste Schritt besteht darin, für jede Quelle einen Lauscher zu definieren. Was aber genau ist ein Lauscher?

Lauscher sind einfach Klassen, die bestimmte Interfaces implementieren. In den Interfaces sind die Deklarationen der Methoden vorgegeben, die bei Eintritt des Ereignisses ausgeführt werden sollen. Und da es verschiedene Kategorien von Ereignissen gibt (Mausereignisse, Tastaturereignisse, Fenster-Ereignisse etc.), gibt es für jede Ereigniskategorie ein eigenes Interface (siehe Tabelle 8.2).

In Java werden die Methoden zur Ereignisbehandlung in speziellen Listener-Interfaces vorgegeben. Aufgabe des Programmierers ist es, eigene Klassen zu definieren, die diese Interfaces implementieren.

Wir müssen uns nun überlegen, welche Kategorie von Ereignissen abgefangen werden soll. Dann schauen wir im Paket `java.awt.event` nach, welches Listener-Interface zu dem Ereignis passt. Schließlich definieren wir eine eigene Klasse, die das gewünschte Interface implementiert, indem es die im Interface vorgegebenen Methoden definiert (mehr zu Interfaces finden Sie in Kapitel 5.5).

Um das Anklicken eines Schalters zu überwachen, reicht uns das Lauscher-Interface `ActionListener`. Die Syntax zur Definition einer eigenen Klasse, die das Interface `ActionListener` implementiert, sieht folgendermaßen aus:

```
class CMeinActionLauscher implements ActionListener {
  // Definition der Methoden des Interface
}
```

Das Interface `ActionListener` deklariert eine einzige Methode:

```
public abstract void actionPerformed(ActionEvent e)
```

Diese Methode wird später aufgerufen, wenn der Anwender auf unseren Schalter klickt. Um zu bestimmen, wie das Programm auf das Drücken des Schalters reagieren soll, brauchen wir also nur noch eine passende Implementierung dieser Methode in unserer Klasse `CMeinActionLauscher` vorzugeben:

```
16    class CMeinActionLauscher implements ActionListener {
17      public void actionPerformed(ActionEvent e) {
18        // einmal piepen
19        java.awt.Toolkit.getDefaultToolkit().beep();
20      }
21    }
```

Obwohl wir es hier nur mit wenigen Zeilen Code zu tun haben, gibt es einige wichtige und interessante Punkte zu beachten, auf die wir Ihre Aufmerksamkeit nochmals lenken möchten.

- Die Methode `actionPerformed()` ist die Methode, die später aufgerufen werden wird, wenn der Anwender den zugehörigen Schalter drückt.

- Die Signatur dieser Ereignisbehandlungsmethode wird von dem Interface vorgegeben, die Implementierung geschieht in unserer Klasse.

202

Die Methode definiert einen Parameter e, dem zur Laufzeit vom Betriebssystem eine Instanz der Klasse `ActionEvent` übergeben wird. In dieser Instanz sind detailliertere Informationen zu dem auslösenden Ereignis enthalten. In Kapitel 10 werden wir sehen, wie man diese Informationen nutzen kann.

In der Ereignisbehandlungsmethode wird ein System-Piep ausgelöst, wozu wir die Methode `java.awt.Toolkit.getDefaultToolkit().beep()` aufrufen.

Das war's! Es sei denn, Ihr Wissensdurst quält Sie mit der Frage, was dieses ominöse `Toolkit` in der `beep()`-Anweisung sein soll. Es würde zu weit führen, dies an dieser Stelle genauer zu erklären. Begnügen Sie sich mit der Erkenntnis, dass ein `Toolkit`-Objekt eine Art Verbindung zwischen dem AWT von Java und dem realen Window-System, wie beispielsweise Windows XP, vornimmt. Anders ausgedrückt: Nicht Ihr Programm piept, sondern es fordert über das `Toolkit`-Objekt Windows XP zum Piepen auf.

Lauscher für Quelle registrieren

Jetzt haben wir eine Quelle und einen Lauscher für bestimmte Ereignisse. Alles war wir jetzt noch zu tun haben, ist, beide zusammenzuführen. Hierzu definieren die einzelnen Komponenten bereits passende `add...Listener()`-Methoden – für jeden Listener-Typ eine eigene Methode.

Lauscher und Quelle werden mithilfe spezieller Methoden der Quellen miteinander verbunden.

Wir brauchen also nur noch die entsprechende Methode aufzurufen und ihr eine Instanz unserer eigenen Lauscher-Klasse zu übergeben:

```
46    hänsel.addActionListener(new CMeinActionLauscher());
47    und.addActionListener(new CMeinActionLauscher());
48    gretel.addActionListener(new CMeinActionLauscher());
```

Wie Sie sehen, erzeugen wir in diesem Fall für jeden Schalter eine eigene Instanz unserer Lauscher-Klasse. Da die auszuführende Methode immer die gleiche ist, hätte man auch vorab eine einzige Instanz der Klasse `CMeinActionLauscher` erzeugen und diese dann den drei Registrierungsmethoden übergeben können.

Der Unterschied ist, dass in unserer Implementierung die Instanzen von `CMeinActionLauscher` nur als Parameter zu einer Methode erzeugt werden und daher später automatisch wieder aufgelöst werden, nachdem die Methode abgearbeitet wurde.

203

Adapter

Wenn Sie eine Klasse definieren, die ein Interface implementiert, verpflichten Sie sich dazu, alle Methoden, die in dem Interface deklariert sind, in Ihrer Klasse zu definieren und mit Code zu versehen. Im Falle unserer CMeinAction-Lauscher-Klasse war das keine große Mühe, denn das Interface ActionListener deklariert nur die eine Methode actionPerformed() und die wollten wir ja definieren. Es gibt aber auch Interfaces, die mehrere Methoden deklarieren, von denen Sie aber vielleicht nur einige ausgesuchte, oder gar nur eine einzige implementieren wollen.

Ein Beispiel hierfür wäre das Interface WindowListener, das gleich sieben Ereignisbehandlungsmethoden deklariert:

```
windowOpend()
windowClosing()
windowClosed()
windowActivated()
windowDeactivated()
windowIconified()
windowDeiconified()
```

Kommen wir jetzt noch einmal zurück auf unserer Programm *CGUI_Beispiel2*. Was diesem noch fehlt, ist die korrekte Beendigung. Genauer gesagt wollen wir erreichen, dass sich unser Programm beim Klicken auf das Schließsymbol des Fensters ordnungsgemäß beendet. Alle Zutaten für die gewünschte Ereignisbehandlung haben wir schon zusammen:

▨ die Event-Quelle ist unser Fenster (das Frame-Objekt),

▨ das passende Listener-Interface ist WindowListener und

▨ die zugehörige Ereignisbehandlungsroutine lautet windowClosing().

Wenn wir jetzt allerdings so wie bei der Ereignisbehandlung für die Schaltflächen vorgehen und eine eigene Lauscher-Klasse definieren, die das Interface WindowListener implementiert, bürden wir uns eine ganze Menge unnötige Arbeit auf, denn wir müssen alle sieben Methoden des Interface implementieren. Glücklicherweise hatten die Entwickler von Java jedoch ein Einsehen und konzipierten zu allen Interfaces, die mehrere Methoden definieren, eigene Adapter-Klassen.

Keine Angst, hinter dem Begriff der Adapter-Klassen verbirgt sich überhaupt nichts Geheimnisvolles. Es sind einfache Klassen, die nichts anderes machen, als für alle Methoden eines Interface eine Implementierung ohne Anweisungen vorzusehen. Die Methoden des Interface werden also vorschriftsmäßig implementiert, tun aber nichts.

Adapter-Klassen sind einfache Hilfsklassen, die Listener-Interfaces implementieren, ohne jedoch eigenen Code vorzusehen.

An diesem Punkt setzen wir ein. Wir leiten eine eigene Klasse von der Adapter-Klasse unseres Interfaces ab und überschreiben dann einfach die Methoden, die uns interessieren – in *CGUI_Beispiel2* also die Methode `window-Closing()`.

```
09    class CMeinWindowLauscher extends WindowAdapter {
10      public void windowClosing(WindowEvent e) {
11        // Das Programm beenden
12        System.exit(0);
13      }
14    }
```

Wie Sie sehen, leiten wir unsere Klasse von `WindowAdapter` ab, die den zuständigen Mittelsmann zum eigentlichen Event-Listener `WindowListener` darstellt. In unserer Klasse überschreiben wir dann die Methode `windowClosing()`, die wiederum die Methode `System.exit()` aufruft, die zum kontrollierten Programmende führt.

Zum Schluss müssen wir unsere Lauscher-Klasse noch für unser Hauptfenster registrieren:

```
41:   addWindowListener(new CMeinWindowLauscher());
```

Sicherlich ist Ihnen aufgefallen, dass wir unsere eigenen Lauscher-Klassen immer innerhalb der Klasse `CGUI_Beispiel` definiert haben, also als innere Klassen! Man könnte sie auch außerhalb definieren, aber da Lauscher-Klassen üblicherweise sehr klein sind und oft nur an einer einzigen Stelle in einem Programm benötigt werden, ist das Vereinbaren als innere Klasse »vor Ort« praktischer. Dies gilt umso mehr, wenn die Lauscher-Klasse auf Variablen der sie umfassenden Klasse zugreifen soll. Bei einer inneren Klasse ist das ohne Probleme möglich.

Wenn man den Zusammenhang von Ereignis-Quelle – Registrierung – Ereignis-Lauscher verstanden hat, ist das einzige Problem nur noch die Frage, woher man wissen soll, welche Ereignisse von welchem Lauscher in welchen Funktionen abgearbeitet werden? Dazu gibt es schlaue Tabellen. Hier ein kleiner Auszug. In der API-Dokumentation finden Sie ausführlichere Angaben und Beschreibungen.

Listener Interface	Adapter-Klasse	Methoden
`ActionListener`	keine	`actionPerformed(ActionEvent)`
`FocusListener`	FocusAdapter	`focusGained(FocusEvent)` `focusLost(FocusEvent)`

`KeyListener`	KeyAdapter	`keyPressed(KeyEvent)`
		`keyReleased(KeyEvent)`
		`keyTyped(KeyEvent)`

`MouseListener`	MouseAdapter	`mouseClicked(MouseEvent)`
		`mouseEntered(MouseEvent)`
		`mouseExited(MouseEvent)`
		`mousePressed(MouseEvent)`

`MouseMotion-Listener`	MouseMotion-Adapter	`mouseDragged(MouseEvent)` `mouseMoved(MouseEvent)`
`ItemListener`	keine	`itemStateChanged(ItemEvent)`
`TextListener`	keine	`textValueChanged(TextEvent)`

`WindowListener`	WindowAdapter	`windowClosing(WindowEvent)`
		`windowActivated(WindowEvent)`
		`windowDeactivated(WindowEvent)`
		`windowIconified(WindowEvent)`
		`windowDeiconified(WindowEvent)`

8.4   Zusammenfassung

Alle wichtigen Klassen zur Erstellung grafischer Oberflächen für Java-Anwendungen (wie auch Java-Applets) finden sich im Paket `java.awt`. Nach ihrer Verwendung und Funktion in einer grafischen Oberfläche kann man vier wichtige Gruppen von Klassen unterscheiden: Komponenten, Container, Layout-Manager, Klassen zur Ereignisbehandlung.

Komponenten sind Bausteine grafischer Oberflächen, wie zum Beispiel Schalter, Textfelder, Menüleisten etc.

Container sind spezielle Komponenten, die andere Komponenten in sich aufnehmen können (mithilfe der Methode `add()`). Die wichtigsten Container-Klassen sind `Frame` und `Panel`. Zusammen mit den Layout-Managern dienen sie zur übersichtlichen Ausrichtung der Komponenten einer grafischen Oberfläche.

Layout-Manager sind Klassen, die festlegen, nach welchen Regeln die Komponenten eines Containers ausgerichtet werden. Layout-Manager werden Containern mithilfe der Methode `setLayout()` zugewiesen.

Die Ereignisbehandlung sieht unter Java so aus, dass man zu den Ereignissen einer Event-Quelle (beispielsweise eines Schalters oder eines Fensters) die passenden Listener-Interfaces implementiert und für die Event-Quelle registriert. Die Implementierung der Listener-Interfaces dient dem Zweck, Methoden zu definieren, die zur Laufzeit bei Eintritt des jeweiligen Ereignisses aufgerufen werden. Die Registrierung stellt die Verbindung zwischen den Methoden und den Event-Quellen her.

Zu Interfaces, die mehr als eine Methode deklarieren, gibt es so genannte Adapter-Klassen, die dem Programmierer die Arbeit abnehmen, Implementierungen für alle Methoden des Interface vorzusehen. Stattdessen kann er sich darauf beschränken, die von ihm benötigten Methoden zu überschreiben.

8.5 Fragen und Antworten

F: Wie werden Komponenten/Oberflächenelemente in ein Fenster aufgenommen?

Um eine Komponente in ein Fenster (oder einen beliebigen anderen Container, beispielsweise ein Panel-Objekt) aufzunehmen, müssen Sie mithilfe des Operators new eine Instanz der Komponente erzeugen und diese dann durch einen Aufruf der add()-Methode des Containers in diesen einfügen. (Beide Schritte können Sie im Konstruktor des Containers erledigen.)

F: Wie werden Komponenten angeordnet?

Zur Anordnung der Komponenten verwendet Java so genannte Layout-Manager. Diese werden für die einzelnen Container eingerichtet und bestimmen dann, wie die in diesen Container aufgenommenen Komponenten (einschließlich weiterer untergeordneter Komponenten) zueinander ausgerichtet werden.

F: Wie richtet man eine Ereignisbehandlung für eine Komponente ein?

Im Event-Delegation-Modell stellt jede Komponente eine Event-Quelle dar. Um die Ereignisse, die diese Komponente betreffen, abzufangen und zu bearbeiten, müssen Sie zu den Ereignissen passende Event-Listener mit entsprechenden Ereignisbehandlungsmethoden definieren und für die Komponente registrieren.

F: Was stimmt nicht in dem folgenden Codeausschnitt?

```
class CMeinWindowLauscher extends WindowListener{
  public void windowClosing(WindowEvent e){
    // Das Programm beenden
    System.exit(0);
  }
}
```

Der Fehler liegt darin, dass `WindowListener` ein Interface ist. Entweder müsste man statt `WindowListener` den zugehörigen Adapter `WindowAdapter` verwenden oder das Schlüsselwort `extends` durch das Schlüsselwort `implements` ersetzen und dann neben `windowClosing` auch die anderen Methoden des Interface implementieren.

8.6   Übungen

1. Testen Sie, was passiert, wenn Sie im Programm *CGUI_Beispiel2* keinen FlowLayout-Manager einrichten (Zeile 33 der zweiten Version)?

2. Probieren Sie einen anderen Layout-Manager aus – beispielsweise den BorderLayout-Manager.

3. Schreiben Sie das Programm *CGUI_Beispiel2* um, so dass beim Drücken eines Schalters Größe und Titel aller drei Schalter verändert werden. Schreiben Sie die Ereignisbehandlungsroutine beispielsweise so um, dass der Text des »Hänsel und Gretel«-Lieds fortgesetzt wird, indem die nächste Zeile des Lieds als neue Titel für die Schalter angezeigt wird.

   Dies ist zweifelsohne eine etwas ungewöhnliche Beantwortung eines Klicks auf einen Schalter, aber das soll uns nicht stören. Worauf es ankommt, ist zu lernen, wie man zur Laufzeit die Eigenschaften der Komponenten (beispielsweise den Titel eines Schalters) verändern kann. (Um Ihnen die Aufgabe etwas zu erleichtern, sei angemerkt, dass die Änderung der Eigenschaften einer Java-Klasse natürlich nur durch Zugriff auf zugängliche Felder oder Methoden erfolgen kann. Informieren Sie sich also in der Java-Referenz Ihrer Entwicklungsumgebung über die Felder und Methoden der `Button`-Klasse sowie deren direkten und indirekten Basisklassen.)

   Was schließlich die Größe der Schalter angeht, sei angemerkt, dass diese automatisch dem Titel des Schalters angepasst wird.

4. Schreiben Sie das Programm *CGUI_Beispiel2* um und verwenden Sie dabei das `MouseListener`-Interface statt des `ActionListener`-Interface zur Ereignisbehandlung für die drei Schalter. Verwenden Sie nicht die `MouseAdapter`-Klasse!

5. Welche Vor- und Nachteile bringt Ihnen das `MouseListener`-Interface?

KAPITEL 9

Oberflächen mit Swing

Neben den AWT-Klassen existiert in Java noch eine weitere Bibliothek zur Erstellung grafischer Benutzeroberflächen: Swing.

In diesem Kapitel wollen wir erörtern, warum denn nun noch ein Paket neben dem AWT benötigt wird und in welcher Beziehung Swing und AWT zueinander stehen. Dabei werden wir auch gleich ein paar wichtige Begriffe erklären, die Sie unbedingt beherrschen müssen, um bei den derzeit laufenden Diskussionen rund um Swing mitreden zu können.

Und da wir sicher sind, dass Sie zu den Menschen gehören, die nicht nur gerne große Reden schwingen, sondern auch Taten folgen lassen, werden wir Ihnen natürlich auch zeigen, wie man mit Swing programmiert.

Sie erfahren in diesem Kapitel etwas über

– die Unterschiede und Gemeinsamkeiten von AWT und Swing,

– den Einsatz von Swing,

– das bereits sprichwörtliche »Look and Feel« von Swing.

9.1   AWT oder Swing?

Um uns die Erstellung von Programmen mit grafischer Benutzeroberfläche zu erleichtern, stellt Java – wie Sie im vorangehenden Kapitel gesehen haben – spezielle Klassen und Schnittstellen zur Verfügung. Das ist schon ein Service, den man sich gerne gefallen lässt. Die Sache hat nur einen Haken: statt einer Klassenbibliothek für grafische Benutzeroberflächen gibt es in Java deren gleich zwei. Die erste Klassenbibliothek nennt sich AWT (für Abstract Window Toolkit) und ist die ältere; die zweite Klassenbibliothek ist unter dem Namen Swing bekannt und im Moment so richtig hip.

Warum zwei Klassenbibliotheken für ein und dieselbe Aufgabe?

Vorsicht! Aus der Frage könnte man ableiten, dass es sich bei Swing und AWT um zwei alternative Klassenbibliotheken handelt und sich der Programmierer entscheiden kann, ob er mit der einen oder lieber der anderen Bibliothek arbeitet. Doch dem ist nicht ganz so.

Zum einen decken die beiden Bibliotheken nicht absolut identische Aufgabengebiete ab. Die Überlappung beschränkt sich im Wesentlichen auf die Fenster und Standardsteuerelemente von GUI-Anwendungen (Fenster, Schalter, Listenfelder, Menüs etc.), für die es in Swing wie im AWT eigene Klassen gibt. Darüber hinaus definiert das AWT aber auch Klassen und Schnittstellen für die Anordnung von Oberflächenelementen in einem Fenster (Layout-Manager) oder für die Behandlung von Ereignissen (Mausklicks, Tastatureingaben etc.). Für etliche dieser Klassen gibt es in Swing weder eine Entsprechung noch eine Alternative. Dafür unterstützt Swing weit mehr Steuerelemente als das AWT, beispielsweise Passworteingaben (`JPasswordField`), Fortschrittsanzeigen (`JProgressBar`), Werkzeugleisten (`JToolBar`) und es definiert zusätzliche Layout-Manager und Ereignis-Listener.[1]

Zum anderen steht hinter den Swing-Komponenten ein ganz anderes Konzept als hinter den AWT-Komponenten.

Das AWT und die »heavy-weight«-Komponenten
Das AWT ist so konzipiert, dass die grafische Benutzeroberfläche eines AWT-Programms immer so aussieht, wie es die Anwender einer bestimmten Plattform gewohnt sind. Läuft das Programm unter Windows, dann sehen Fenster, Schalter und andere Steuerelemente ganz so aus, wie es Microsoft-Windows-Anwender erwarten. Läuft das gleiche Programm unter OSF Motif auf einer Sun Solaris-Maschine sieht der Anwender stattdessen Motif-Elemente. Das unterschiedliche Aussehen der typischen Oberflächenelemente (Schalter, Eingabefelder, Listenfelder, Optionsfelder, etc.) kommt dadurch zustande, dass diese Standardsteuerelemente bereits als Teil der jeweiligen Betriebssysteme implementiert sind. Was Java nun macht, ist einfach, Ihnen für jedes dieser Standardsteuerelemente eine eigene AWT-Klasse zur Verfügung zu stellen, die zwischen Ihrem Programm und der betriebssystemspezifischen Implementierung des Oberflächenelements vermittelt. Die betriebssystemspezifischen

---

1. Der Vollständigkeit halber sei noch erwähnt, dass die Swing-Klassen für Fenster und Oberflächenelemente (`JFrame`, `JButton` etc.) auf AWT-Basisklassen zurückgehen (`java.awt.Component`).

Implementierungen bezeichnet man in diesem Zusammenhang auch als Peers (»Gleiche«) und die AWT-Steuerelemente als »heavyweight«-Komponenten – also als »Schwergewichte«, weil sie auf den Peer-Steuerelementen aufsetzen.

Die »heavyweight«-Komponenten haben den Nachteil, dass sie in ihrer Funktionalität recht eingeschränkt sind. Sie bilden gewissermaßen den kleinsten gemeinsamen Nenner der Peer-Steuerelemente der unterschiedlichen Betriebssysteme. Dieser Einschränkung unterliegen die Swing-Klassen nicht.

Die Swing-Klassen erzeugen die verschiedenen Steuerelemente ohne Unterstützung der betriebssystemspezifischen Peer-Steuerelemente, weshalb man sie auch als »lightweight«-Komponenten bezeichnet. De facto bedeutet dies, dass der Code, der das Aussehen und die Funktionsweise der Steuerelemente bestimmt, für Swing-Komponenten nicht der native Code des jeweiligen Betriebssystems ist, auf dem das Java-Programm ausgeführt wird, sondern echter Java-Code.

Swing und die »lightweight«-Komponenten

Was ist nun besser?

Welche Klassen soll man zum Aufbau von grafischen Benutzeroberflächen verwenden: die Swing-Klassen oder die AWT-Klassen? Schauen wir uns zunächst die Vorteile von Swing:

- Swing ist modern. Swing ist die neueste Erweiterung der GUI-Klassenbibliothek, deren Verwendung auch von offizieller Seite (Sun) her empfohlen wird. Auch ist die Swing-Bibliothek wesentlich umfangreicher als die AWT-Bibliothek, was daran liegt, dass die Steuerelemente in Swing ganz in Java implementiert sind und nicht auf dem kleinsten gemeinsamen Nenner der Betriebssystemimplementierungen fundieren. In Swing findet man daher auch Klassen für Oberflächenelemente und Funktionen, für die es im AWT keine Unterstützung gibt. Außerdem werden die AWT-Klassen nicht mehr weiterentwickelt.

- Swing kann mehr. Dies betrifft nicht nur die Swing-Klassen, zu denen es im AWT keine Entsprechung gibt. Auch die Swing-Klassen zu den Oberflächenelementen, für die es bereits AWT-Klassen gibt (`Frame`, `Button` etc.), können meist mehr als ihre AWT-Verwandten. So kann man in Swing-Schaltern (`JButton`) beispielsweise neben Text auch grafische Symbole anzeigen lassen; versuchen Sie das einmal mit den AWT-Buttons hinzubekommen!

- Swing ist logischer. Kleinere Ungenauigkeiten, die die AWT-Bibliothek durchziehen, wurden in der Swing-Bibliothek vermieden. So beginnen in AWT-Klassennamen üblicherweise alle Silben mit einem Großbuchstaben (`TextField`, `MenuBar`, `FlowLayout`). Dann gibt es aber auch unerklärliche Ausnahmen wie `Checkbox` oder `Scrollbar`. Nun, in der Swing-Bibliothek

211

heißen diese Klassen `JCheckBox` und `JScrollBar`. Manche Steuerelemente verfügen über einen Titel (`Label`, `Button`, `Checkbox`). In den AWT-Klassen wird der Titel mal mit einer Methode namens `setText()`, mal mit `set-Label()` gesetzt. Für Swing hat man sich auf `setText()` geeinigt. Letztendlich sind dies nur Kleinigkeiten, aber sie erlauben es dem Programmierer, sich besser auf die Arbeit mit einer Bibliothek einzustellen, und ersparen so manche Fehlermeldungen und manches Nachschlagen in der Online-Referenz.

Swing-Komponenten haben ein eigenes Design, den Metal-Look, der in unterschiedlichen Varianten (u.a. Ocean und Steel) verfügbar ist. Der Gedanke dahinter ist, dass ein Java-Programm auf jeder Plattform (Unix, Windows, Mac) gleich aussehen sollte – also genau das Gegenteil des AWT-Konzepts. Wem dies nicht gefällt, der kann seine Swing-Komponenten auch im Motif-, Mac- oder Windows-Look erstellen[1]. Er kann auch festlegen, dass sich seine Swing-Komponenten wie die alten AWT-Komponenten an die jeweilige Plattform anpassen, auf der das Java-Programm ausgeführt wird (allerdings sorgt in diesem Fall interner Java-Code für die Anpassung und nicht der Rückgriff auf die Peer-Steuerelemente). Ja, man kann sogar die Entscheidung über das Look&Feel der Oberflächenelemente dem Anwender überlassen.

Was spricht da noch für die AWT-Komponenten?

Betriebssystemkonformität und Laufzeitvorteile

Wenn Ihnen sehr an einem absolut betriebssystemkonformen Aussehen Ihrer Benutzeroberflächen gelegen ist, sollten Sie sich fragen, ob Sie nicht doch mit den AWT-Klassen auskommen. Wie oben ausgeführt, können Sie zwar auch die Swing-Komponenten so einstellen, dass sie sich an die Ausführungsplattform anpassen, doch simulieren diese nur das Aussehen der Zielplattform, und wie für jede Simulation gilt, dass diese mehr oder weniger gut oder schlecht sein kann. Die AWT-Klassen dagegen garantieren nicht nur maximale Konformität, sondern bringen sogar noch Laufzeitvorteile, da sie ja auf optimiertem, nativem Code basieren. (Es gibt allerdings auch Aussagen, dass Swing-Komponenten schneller wären, weil es keine unnötigen Schnittstellen zwischen Java und nativem Code gibt. Die Wahrheit ist wohl, dass es von mehreren Faktoren (Programmcode, verwendete Steuerelemente, verwendeter Java-Compiler, Zielplattform etc.) abhängt, ob AWT oder Swing schneller ist.)

---

1. Welche Looks zur Verfügung stehen, kann allerdings auch von Ihrer Entwicklungsumgebung abhängen.

Wer sich gar nicht entscheiden kann, dem bleibt immer noch die Alternative, in seinen Programmen sowohl AWT- als auch Swing-Klassen für seine Oberflächenelemente zu verwenden. Man sollte dazu zwar nicht gerade ermutigen, aber statthaft ist es schon. Probleme wird es mit Sicherheit dann geben, wenn sich Lightweight- und Heavyweight-Komponenten überlappen. Dann werden nämlich die Heavyweight-Komponenten des AWT über die Lightweight-Komponenten von Swing gezeichnet.

Beachten Sie bitte, dass wir hier nur über die AWT- und Swing-Klassen zur Erzeugung von Oberflächenelementen (Fenster, Schalter, Listenfelder, Menüs etc.) reden. Zur Verwendung der AWT-Klassen (und Schnittstellen) zur Ereignisbehandlung oder der Layout-Manager gibt es in Swing keine oder wenig Alternativen, nur Erweiterungen.

Des Weiteren gilt es zu beachten, dass Swing-Komponenten nicht von älteren Browsern (bzw. Browsern mit älteren Java-Plug-Ins) unterstützt werden. Wenn Sie also Swing-Klassen in Applets verwenden, laufen Sie Gefahr, dass einige Besucher der zugehörigen Webseiten nichts von Ihren wunderbaren Applets zu sehen bekommen. Wer es allen Recht machen möchte, sollte Applets daher rein mit AWT-Klassen aufsetzen (dies hat auch den Vorteil, dass die AWT-Klassen im Gegensatz zu den Swing-Klassen von Natur aus threadsicher sind).

Wie Sie sehen, bleibt es schwierig. Es gibt aber auch eine gute Nachricht: Die Programmierung mit den AWT- und den Swing-Klassen ist fast identisch und selbst der Aufwand für die Umstellung eines Programms von AWT auf Swing oder umgekehrt hält sich in Grenzen. Dies liegt nicht zuletzt daran, dass bei der Konzeption von Swing zur Freude aller Java-Entwickler darauf geachtet wurde, dass sich die Programmierung mit Swing-Komponenten nicht allzu sehr von der Programmierung mit den AWT-Komponenten unterscheidet. Viele Swing-Komponenten unterstützen daher Code, der auf AWT-Implementierungen zurückgeht. So soll man beispielsweise zur Änderung des Textes eines `JButton`-Schalters eigentlich die Methode `setText()` verwenden. Wenn man aber `setLabel()` aufruft, wie es für den AWT-Button-Schalter üblich ist, so akzeptiert Ihr Java-Compiler auch dies.

Die in dem vorangehenden Kapitel vorgestellten Grundprinzipien zum Aufbau grafischer Oberflächen gelten also für Swing ebenso wie für das AWT – nur dass die verwendeten Klassen halt für Swing ein wenig anders heißen und man ein bisschen mehr mit ihnen anfangen kann. Schauen wir uns dies doch einmal in der Praxis an.

9.2 Let's Swing: die Grundlagen

Welches waren die grundlegenden Schritte für die Erstellung einer GUI-Anwendung mit den AWT-Klassen?

▨ Importieren der AWT-Klassen

▨ Ableitung eines Hauptfensters von der AWT-Klasse Frame

▨ Instanziierung von Steuerelementen (beispielsweise Button)

▨ Einfügen der Steuerelemente in das Fenster (add()-Methode)[1].

▨ Ereignisbehandlung für die Steuerelemente (z.B. ActionListener)

▨ Ereignisbehandlung für das Fenster festlegen

Schauen wir einmal, was wir davon im Grundaufbau eines Swing-Programms wiederfinden:

Listing 9.1: CSwing_Beispiel.java – das erste Swing-Programm

```
01 // Swing-Paket aufnehmen
02 import javax.swing.*;
03 import java.awt.*;
04 import java.awt.event.*;
05
06 // Fensterklasse definieren
07 public class CSwing_Beispiel extends JFrame {
08   JButton m_hänsel, m_und, m_gretel;
09
10
11   // Ereignisbehandlung für die Steuerelemente
12   class CMeinActionLauscher implements ActionListener {
13     public void actionPerformed(ActionEvent e) {
14       int i;
15
16       m_hänsel.setText("verirrrrrrrten");
17       m_und.setText("sich");
18       m_gretel.setText("im Wald");
19     }
20   }
21
22   // der Konstruktor
23   CSwing_Beispiel(String titel) {
24     super(titel);
25
26     // Button-Instanzen erzeugen
27     m_hänsel = new JButton("Hänsel");
```

---

1. Eigentlich werden Komponenten in Swing-Container mit getContentPane().add() eingefügt. Seit Java 1.5 kann man aber auch einfach add() aufrufen.

```
28    m_und    = new JButton("und");
29    m_gretel = new JButton("Gretel");
30
31    // Layout-Manager zum Anordnen der Schalter
32    setLayout(new FlowLayout());
33
34    // Buttons in Fenster aufnehmen
35    add(m_hänsel);
36    add(m_und);
37    add(m_gretel);
38
39
40    // Anwendung schließen wenn Fenster geschlossen wird
41    setDefaultCloseOperation(WindowConstants.EXIT_ON_CLOSE);
42
43    // Schalter bei ActionListener registrieren
44    m_hänsel.addActionListener(new CMeinActionLauscher());
45    m_und.addActionListener(new CMeinActionLauscher());
46    m_gretel.addActionListener(new CMeinActionLauscher());
47  }
48
49
50  public static void main(String[] args) {
51    CSwing_Beispiel fenster = new CSwing_Beispiel("Swing");
52    fenster.pack();
53    fenster.setSize(300,100);
54    fenster.setVisible(true);
55  }
56 }
```

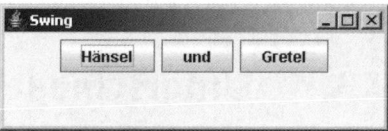

*Abb. 9.1:
Fenster des
Programms
CSwing_
Beispiel*

Schauen wir uns kurz den Quellcode an. Er unterscheidet sich nicht wesent- *Analyse*
lich vom Grundgerüst eines AWT-Programms.

Mit import javax.swing.* werden die Swing-Klassen importiert (Zeile 2). Be-
achten Sie, dass wir auch unter Swing die java.awt.event.*-Klassen für die
Ereignisbearbeitung benötigen. Im Quellcode wird deutlich, dass die Event-
Technik die gleiche geblieben ist, es muss also nichts hinzugelernt werden!
Auch java.awt.* wird weiterhin importiert – wegen dem FlowLayout-Mana-
ger (Zeile 32).

Die Klasse für das Hauptfenster unserer Anwendung leiten wir von JFrame
statt von Frame ab (Zeile 7).

215

Das ist ganz typisch für die Swing-Klassen, die Oberflächenelemente präsentieren, für die es schon im AWT Klassen gibt. Sie heißen genauso wie die korrespondierenden AWT-Klassen, haben aber noch ein »J« vorangestellt.

Analog zum AWT-Gegenstück können wir in den Zeilen 35 bis 37 die einzelnen Komponenten mit add() hinzufügen. Vorher legen wir noch mit der Methode setLayout() fest, nach welcher Philosophie die Elemente angeordnet werden sollen.

Die Schalter werden nicht mehr als Instanzen der Klasse Button, sondern als Instanzen der Klasse JButton erzeugt (Zeile 8).

Mit der Klasse JButton kann man praktisch genauso arbeiten wie mit der Klasse Button. Dies gilt im Wesentlichen für alle Swing-Klassen, die AWT-Klassen duplizieren. Die Java-Entwickler haben daran gedacht, die Methoden der AWT-Klassen auch in den korrespondierenden Swing-Klassen bereitzustellen. Es kann allerdings passieren, dass eine der übernommenen AWT-Methoden in der Swing-Klasse als »deprecated« angesehen wird. Ihr Java-Compiler wird Ihnen dann vom Gebrauch dieser Methode abraten. In der API-Dokumentation können Sie nachschlagen, welche Methode Sie stattdessen verwenden sollten.

Die setLabel()-Methode ist eine solche »deprecated« Methode. Statt ihrer sollte man für JButtons die Methode setText() aufrufen (Zeilen 16 bis 18).

Die Ereignisbehandlung für die Steuerelemente und das Fenster ist gleich geblieben (siehe auch nächster Abschnitt).

9.3 Unterschiede in der Programmierung mit Swing und AWT

Grundsätzlich kann man nur noch einmal betonen, dass es zwischen der Programmierung mit Swing- oder AWT-Klassen keine wirklich wesentlichen Unterschiede gibt. Die typischen Arbeitsschritte zum Aufbau einer GUI-Anwendung sind identisch, lediglich in der Umsetzung dieser Schritte gibt es geringfügige Abweichungen.

1. Importieren der Klassen

Für die AWT-Klassen importieren Sie:

```
import java.awt.*;          // für AWT-Komponenten, Layout-Manager
import java.awt.event.*;    // Ereignisbehandlung
```

Für die Swing-Klassen importieren Sie:

```
import javax.swing.*;      // Swing-Komponenten
import java.awt.*;         // Layout-Manager
import java.awt.event.*;   // Ereignisbehandlung
```

Für manche Swing-Komponenten, beispielsweise `Box` oder `JScrollPane`, gibt es eigene Layout-Manager. Diese sind im `javax.swing.*`-Paket enthalten.

Swing erweitert auch die Möglichkeiten der Ereignisbehandlung durch die Definition zusätzlicher Listener-Interfaces und Adapter-Klassen. Wenn Sie diese nutzen wollen, etwa für Listenfelder und Menüs, sollten Sie zusätzlich

```
import javax.swing.event.*;
```

importieren.

2. Ableitung eines Hauptfensters

Wenn Sie AWT-Komponenten verwenden wollen, leiten Sie Ihre Fensterklasse von der AWT-Klasse `Frame` ab.

Wenn Sie Swing-Komponenten verwenden wollen, leiten Sie Ihre Fensterklasse von der Swing-Klasse `JFrame` ab.

Wenn Sie Swing- und AWT-Komponenten verwenden wollen, empfiehlt es sich, die Fensterklasse ebenfalls von der Swing-Klasse `JFrame` abzuleiten.

3. Instanziierung von Steuerelementen

Schlagen Sie in Kapitel 13 oder Ihrer Java-Dokumentation nach, welche Steuerelemente es gibt und wie die zugehörigen AWT- oder Swing-Klassen heißen.

Deklarieren Sie eine Instanz dieser Klasse, beispielsweise:

```
Button Schalter1;       // für AWT
JButton Schalter2;      // für Swing
```

Erzeugen Sie das Steuerelement:

```
Schalter1  = new Button("OK");
Schalter2  = new JButton("Abbrechen");
```

4. Einfügen der Steuerelemente in das Fenster

Sowohl in ein Swing als auch in ein AWT-Fenster (Frame) fügen Sie die Steuerelemente oder Unterpanels mithilfe der Methode `add()` ein.

```
frame.add(Schalter1);  // in Methoden der Fensterklasse kann add()
                       // direkt aufgerufen werden
```

217

Layout-Manager werden wie Steuerelemente eingerichtet, allerdings mithilfe der Methode `setLayout()`.

Das Sichtbarmachen des Fensters erfolgt in Swing wie im AWT mit der Methode `setVisible(true)`. Analog kann man ein Fenster verbergen (wobei es dann aber immer noch existiert) durch Aufruf von `setVisible(false)`.

5. Ereignisbehandlung für die Steuerelemente

An der Ereignisbehandlung hat sich nichts Grundlegendes geändert. Allerdings sind einige neue Listener-Interfaces und Adapter-Klassen hinzugekommen.

So gibt es jetzt beispielsweise ein `MouseInputListener`-Interface, das die AWT-Interfaces `MouseListener` und `MouseMotionListener` in sich vereinigt. Welches dieser Interfaces Sie verwenden, bleibt ganz Ihnen überlassen.

Es gibt neue Interfaces für Listenfelder, Menüs und andere Steuerelemente, die deren Programmierung vereinfachen. Und es gibt Interfaces für die Ereignisse von Tabellen, Hyperlinks und anderen Objekten, für die es bis dato überhaupt keine spezielle Unterstützung gab.

Die Ereignisbehandlung beschränkt sich aber nicht nur auf das Abfangen der Ereignisse. Die Ereignisse wollen natürlich auch irgendwie beantwortet werden. Dazu greift man üblicherweise auf die Methoden der Steuerelemente zurück, für die die Ereignisse ausgelöst wurden.

Welche Methoden die AWT- und Swing-Klassen zur Programmierung mit den Steuerelementen zur Verfügung stellen, können Sie in der API-Dokumentation oder in Kapitel 13 nachschlagen.

6. Ereignisbehandlung für das Fenster einrichten

Die Ereignisbehandlung wurde zwar nicht geändert, wohl aber erweitert. So ist zum Beispiel das Schließen eines Fensters eine typische Standardaktion für Fenster und es ist geradezu eine Schande, dass Java die Behandlung dieser Aktion im AWT dem Programmierer überlässt. Erinnern Sie sich nur daran, welchen Ärger wir mit unserem ersten GUI-Programm aus Kapitel 8 hatten, weil man das Fenster nicht schließen und die Anwendung nicht beenden konnte. Erst durch die Einrichtung einer Ereignisbehandlung für das `window-Closing`-Ereignis (wie auch in obigem Programm verwendet), konnten wir Abhilfe schaffen.

In Swing hat man sich diesem Problem angenommen. Von `JFrame` abgeleitete Fenster verfügen jetzt über eine Standardbehandlung, die ausgeführt wird, wenn der Anwender das Fenster schließt. Die Standardbehandlung ist so eingerichtet, dass sie das betreffende Fenster schließt, aber nicht die komplette Anwendung beendet. Wenn ein Programm nur aus einem Fenster besteht, könnte dies natürlich unter Umständen nicht das gewünschte Verhalten sein. Aus diesem Grund lässt sich für jedes Fenster mithilfe der JFrame-Methode setDefaultCloseOperation() festlegen, wie auf das Anklicken des Schließen-Symbols eines Fensters reagiert werden soll. Hierzu erwartet die Methode (die man üblicherweise im Konstruktor der jeweiligen Fensterklasse aufruft) eine der folgenden Konstanten aus dem Interface javax.swing.WindowConstants.

Konstante	Beschreibung
WindowConstants.DO_NOTHING_ON_CLOSE	Standardbehandlung, macht nichts. windowClosing-Ereignis muss abgefangen werden.
WindowConstants.HIDE_ON_CLOSE	Ruft alle registrierten WindowListener auf und verbirgt dann das Fenster (Voreinstellung). Das Fenster kann durch Aufruf von setVisible(true) wieder sichtbar gemacht werden.
WindowConstants.DISPOSE_ON_CLOSE	Ruft alle registrierten WindowListener auf und löst dann das Fenster auf.
WindowConstants.EXIT_ON_CLOSE	Schließt alle Fenster und beendet die Anwendung

Tabelle 9.1: Fenster-konstanten

Die in diesem Abschnitt aufgeführten Punkte können Sie im Übrigen auch als eine Art Checkliste betrachten, wenn Sie eine AWT-Anwendung in eine Swing-Anwendung umwandeln wollen oder umgekehrt.

9.4   Chamäleon sein mit UIManager und Look&Feel

Wie zu Beginn dieses Kapitels schon kurz erwähnt, ist das Ziel von Swing, auf jeder Plattform gleich auszusehen und sich identisch zu verhalten. Im Programmierjargon nennt sich das kurz *Look&Feel* (Aussehen und Bedienung). Der standardmäßige Look&Feel von Swing nennt sich *Metal,* also Metall. Der Metal-Look ist hierbei noch mal unterteilt in unterschiedliche Themen (Themes); das Standard-Theme lautet Ocean. Falls der Benutzer bzw. Programmierer aber lieber den nativen Look&Feel der Ausführungsplattform haben möchte, ist das auch möglich. Der Wechsel zwischen verschiedenen Look&Feels ist sogar während des Programmablaufs möglich!

Unter Windows stehen drei Varianten zur Auswahl: Windows, Motif und natürlich Metal. Mac-Benutzer haben die Wahl zwischen dem Mac-Look&Feel, Motif und Metal. Beachten Sie, dass die plattformspezifischen Microsoft-Windows- bzw. Mac-Look&Feels nur auf der jeweiligen Heimatplattform verfügbar sind aufgrund von Lizenzrechten. Als plattformunabhängiges Look&Feel bietet sich daher z.B. das Metal-Look&Feel an, welches als Standardeinstellung der Swing-Komponenten verwendet wird.

Nun aber genug Hintergrundinformation. Sie sind bestimmt schon gespannt, wie das nun konkret geht. Hauptakteur ist die Klasse `UIManager`, die uns das Hantieren mit einem `LookAndFeel`-Objekt ermöglicht.

Zunächst muss man sich ein `LookAndFeel`-Objekt besorgen. Hierzu dienen folgende Methoden von `UIManager` :

`getSystemLookAndFeelClassName()` liefert das native Look&Feel der Ausführungsplattform.

`getCrossPlatformLookAndFeelClassName()` gibt ein von der Plattform unabhängiges `LookAndFeel`-Objekt zurück, den Metal-Look.

Zum Setzen des neuen Looks dient die Methode `setLookAndFeel()` von `UIManager`. Hierbei gilt es zu beachten, dass eine `UnsupportedLookAndFeelException` geworfen wird, wenn das übergebene Look&Feel nicht existiert.

```
try {
  UIManager.setLookAndFeel(
                UIManager.getCrossPlatformLookAndFeelClassName());
  SwingUtilities.updateComponentTreeUI(this);
}
catch(Exception e){
  // dann halt nicht. Der alte Look-and-Feel bleibt
}
```

Man kann der `setLookAndFeel()`-Methode die Namen des Look&Feels auch direkt als String mitgeben:

```
UIManager.setLookAndFeel("javax.swing.plaf.mac.MacLookAndFeel");

UIManager.setLookAndFeel(
            "com.sun.java.swing.plaf.motif.MotifLookAndFeel");

UIManager.setLookAndFeel(
            "com.sun.java.swing.plaf.windows.WindowsLookAndFeel");

UIManager.setLookAndFeel("javax.swing.plaf.metal.MetalLookAndFeel");
```

Zum Schluss muss das neue Look&Feel dem Fenster (also der JFrame-Instanz) und allen eventuellen Unterfenstern (dazu zählen auch die Steuerelemente/ Komponenten) durch den Aufruf der Methode

```
SwingUtilities.updateComponentTreeUI(this);
```

mitgeteilt werden.

Wenn Sie das Look&Feel einstellen oder ändern, gilt das neue Look&Feel automatisch für alle Komponenten, die nach der Einstellung des Look& Feels erzeugt werden. Wenn Sie das Look&Feel also ganz zu Anfang Ihrer Anwendung einstellen (beispielsweise in der main()-Methode oder im Konstruktor des Hauptfensters) können Sie sich den Aufruf von SwingUtilities.updateComponentTreeUI() sparen.

Zudem verfügen alle Swing-Komponenten über eine Methode setUI(), mit der man für die Komponenten jeweils ein eigenes Look&Feel einstellen kann (sofern dies Sinn macht).

9.5   Ein umfangreicheres Beispiel

Zum Abschluss dieses Kapitels möchten wir Sie noch auf ein kleines Demoprogramm zu Swing hinweisen, das Sie zusammen mit den anderen Beispielen auf der Buch-CD finden.

Das Programm heißt *CLookAndFeel* und präsentiert Ihnen die wichtigsten Standardsteuerelemente und -dialoge, deren Look&Feel Sie über die Befehle im Menü AUSSEHEN wechseln können.

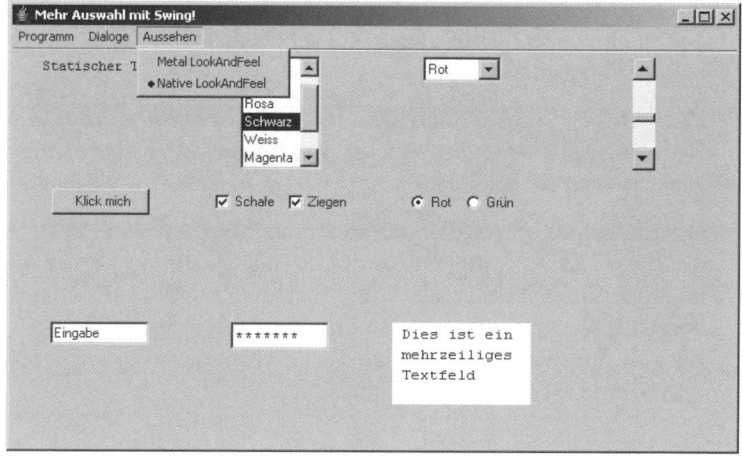

*Abb. 9.2:
Fenster des
Programms
CLookAndFeel*

9.6 Zusammenfassung

Swing steht für eine Sammlung von Klassen, die eine Alternative und Erweiterung des AWT bilden.

Das AWT verwendet ein so genanntes *Heavyweight*-Komponentenmodell. Alle GUI-Komponenten wie beispielsweise ein Button haben für jedes Window-System (Windows 2000/XP, Motif, Macintosh) einen *Peer*-Button, der den eigentlichen, plattformunabhängigen AWT-Button in einen nativen Button »übersetzt«. Dadurch sieht der Button unter Windows XP wie ein Windows-XP-Button aus (denn er ist einer!) und auf einem Mac erscheint der typische Mac-Button. Es hat sich aber gezeigt, dass viele Java-Anwender mit dieser Lösung nicht glücklich sind. Sie möchten lieber, dass eine Java-Anwendung bzw. ein Applet auf jedem Rechner absolut gleich aussieht.

Hier setzt die Swing-Klassensammlung an, bei der alle Komponenten komplett in Java kodiert und somit vom konkreten Window-System unabhängig sind, d.h., eine Swing-Anwendung sieht auf jedem Rechner gleich aus. Zusätzlich besteht die Möglichkeit, während des Programmablaufs das Aussehen zu ändern, z.B. vom Windows-Look zum Motif-Look von Unix!

Ausgangsklasse für eigene Swing-Anwendungen ist `JFrame`.

9.7 Fragen und Antworten

F: Was ist der wesentliche Unterschied zwischen einer Swing-Komponente und einer entsprechenden AWT-Komponente?

AWT-Komponenten sind Peer-basiert und deshalb plattformspezifisch in ihrem Aussehen und Verhalten. Swing-Komponenten sind völlig in Java geschrieben (100% pure java) und sehen daher auf jeder Betriebssystemplattform gleich aus.

F: Wie unterscheidet sich die Programmierung mit einer Swing-Komponente von der Arbeit mit einer AWT-Komponente, z.B. `JButton` und `Button`?

Die Klassen für die AWT-Komponenten finden sich im Paket `java.awt.*`, die Swing-Klassen in `javax.swing.*`. Instanziierung und Erzeugung der Komponenten sind für AWT und Swing identisch (sieht man einmal von den verschiedenen Klassennamen ab). Mit den Swing-Klassen, die AWT-Klassen duplizieren, kann man praktisch genauso arbeiten wie mit den korrespondierenden AWT-Klassen.

F: Welchen Programmcode muss ich in meine Anwendung aufnehmen, damit meine Swing-Komponenten auf allen Plattformen das Windows-Look&Feel haben?

Der folgende Code stellt für die Swing-Komponenten einer Anwendung das Windows-Look&Feel ein.

```
public static void main(String[] args){
    // L&F für Windows einstellen
    try {
        UIManager.setLookAndFeel(
            "com.sun.java.swing.plaf.windows.WindowsLookAndFeel");
    }
    catch (Exception e) {
        System.err.println("Fehler bei L&F-Einrichtung: " + e);
    }
}
```

F: Welchen Programmcode muss ich in meine Anwendung aufnehmen, damit meine Swing-Komponenten auf allen Plattformen das native Look&Feel der jeweiligen Plattform haben?

Der folgende Code stellt für die Swing-Komponenten einer Anwendung den nativen Look&Feel ein.

```
public static void main(String[] args){
    // L&F für native Umgebung einstellen
    try {
        UIManager.setLookAndFeel(
                UIManager.getSystemLookAndFeelClassName());
    }
    catch (Exception e) {
        System.err.println("Fehler bei L&F-Einrichtung: " + e);
    }
}
```

9.8   Übungen

1. Verwandeln Sie das folgende AWT-Programm in ein Programm mit Swing-Komponenten!

```
// Datei CAWT_zu_Swing1.java
import java.awt.*;
import java.awt.event.*;

// Fensterklasse definieren
public class CAWT_zu_Swing1 extends Frame {
    Button schalter;
```

223

```java
// Ereignisbehandlung für das Fenster
class CMeinWindowLauscher extends WindowAdapter {
  public void windowClosing(WindowEvent e) {
    System.exit(0);
  }
}

// Ereignisbehandlung für die Steuerelemente
class CMeinActionLauscher implements ActionListener {
  public void actionPerformed(ActionEvent e) {
    schalter.setLabel("Danke");
  }
}

// der Konstruktor
CAWT_zu_Swing1(String titel) {
  super(titel);

  // Button erzeugen
  schalter = new Button("Klick mich");

  // Button in Fenster aufnehmen
  add(schalter);

  // Fenster schließen = Anwendung schließen
  addWindowListener(new CMeinWindowLauscher());

  // die Buttons bei einem ActionListener registrieren
  schalter.addActionListener(new CMeinActionLauscher());
}


public static void main(String[] args) {
  CAWT_zu_Swing1 fenster = new CAWT_zu_Swing1("AWT");
  fenster.pack();
  fenster.setSize(300,100);
  fenster.setVisible(true);
}
}
```

KAPITEL 10

Grafik, Grafik, Grafik

Bis jetzt hatten wir ziemlich viel mit dem Design grafischer Oberflächen, aber praktisch nichts mit Grafiken zu tun. Sie wissen jetzt zwar, wie man Komponenten (Schalter u.a.) in ein Fenster aufnimmt, aber Sie sind noch nicht einmal in der Lage, eine einfache Linie in ein Fenster zu zeichnen. Ich bitte Sie! Das ist doch blamabel. Wo haben Sie nur programmieren gelernt?!

Wie? Ach, Sie denken, Grafiken braucht man nur zur Erstellung von Grafikprogrammen? Dass Sie sich da nur nicht täuschen. Erstens können Sie mithilfe eigener Grafiken das Design Ihrer Oberflächen aufpeppen (wobei Sie allerdings beachten sollten, dass weniger meist mehr ist), zweitens gibt es eine ganze Reihe von Anwendungsbereichen, wo Sie ohne Grafikkenntnisse nicht auskommen. Stellen Sie sich nur einmal vor, Sie bekämen einen Auftrag von einer Universität oder einem wissenschaftlichen Institut, ein Programm zur Visualisierung von Messkurven zu schreiben. Wie würden Sie das wohl machen, wenn nicht durch Einzeichnen von kleinen Kreisen oder Linien für die Messpunkte?

Sie lernen in diesem Kapitel

- was man so alles zur Grafikausgabe benötigt,
- was es bei der Grafikausgabe zu beachten gibt,
- wie man mit Farben arbeitet,
- welche Methoden zum Zeichnen zur Verfügung stehen,
- wie man Panel-Container einsetzt,
- wie man Freihandlinien unterstützt,
- wie man mit Füllmustern, Gradientenfüllung und Java2D programmiert.

10.1 Das Arbeitsmaterial des Künstlers

Bevor wir gleich in die Vollen gehen und einen einfachen Funktionsplotter implementieren, müssen wir noch ein bisschen Theorie zur Grafikausgabe aufarbeiten.

Stellen wir uns also zuerst die Frage, was wir zum Zeichnen brauchen:

1. Eine Zeichenfläche. Dazu kann beispielsweise jede Komponente dienen. Allerdings werden Sie nur selten in Schalter oder Listenfelder malen wollen. Interessanter sind da die leeren Container-Komponenten – also Panels (JPanel) und Fenster (JFrame).

   Doch nicht immer möchte man in den ganzen Bereich eines Fensters oder Panels zeichnen. Meist soll die Zeichnung nur einen Teilbereich ausfüllen. In solchen Fällen bedient man sich der Canvas-Komponente, die nichts anderes als einen definierten Teilbereich zur Ausgabe von Grafiken darstellt.

Vorsicht! Die Klasse Canvas ist eine AWT-Komponente, die sich nicht gut mit überlappenden Swing-Komponenten verträgt. Stellt dies ein Problem dar, verwenden Sie eine abgeleitete JPanel-Klasse als Zeichenfläche. Wir werden in diesem Kapitel Canvas verwenden und im nächsten Kapitel JPanel, so dass Sie sich mit beiden, ansonsten identischen Verfahren vertraut machen können.

2. Zeichenmethoden. Methoden also, mit denen sich Linien, Kreise, Rechtecke und Ähnliches realisieren lassen. Wo finden Sie diese Methoden? In der Klasse Graphics.

3. Einen geeigneten Ort zum Zeichnen, also eine Methode, in der Sie die Graphics-Zeichenmethoden aufrufen können. Dieser Ort ist die Methode paint(), die für jede Komponente definiert ist und von Ihnen nur überschrieben werden muss.

Canvas-Instanzen, Graphics-Objekte, paint()-Methode – wie gehört das alles zusammen?

Vorbereitung zum Zeichnen

1. Leiten Sie eine eigene Klasse von Canvas (alternativ von JPanel) ab.

2. Überschreiben Sie in dieser die Methode paint() (paintComponent() für JPanel).

3. Die `paint()`-Methode wird bei Bedarf automatisch aufgerufen und erhält dann ein gültiges `Graphics`-Objekt. Nutzen Sie die Methoden dieses Objekts zum Zeichnen.

4. Definieren Sie in Ihrer Fensterklasse einen Layout-Manager und nehmen Sie mithilfe der Methode `add()` eine Instanz Ihrer `Canvas`-Klasse auf.

Im Wesentlichen sieht das Ganze also wie folgt aus:

```
//Definition Ihrer Canvas-Klasse
class CMeineCanvas extends Canvas {
  ...
  // Die wichtigste Methode: hier wird gezeichnet!
  public void paint(Graphics g) {
    g.setColor(Color.red);
    g.drawLine(150,0,150,300);
    g.drawString("-3",0,162);
    ...
    }
  }


// Canvas-Komponente in Fenster aufnehmen
CMeineCanvas m_malflaeche = new CMeineCanvas();
add(m_malflaeche);
```

Wenn Sie den gesamten Bereich eines Fensters oder eines Panels als Zeichenfläche nutzen wollen, können Sie sich die Definition einer eigenen Canvas-Klasse auch sparen und direkt die `paint()`-Methode des Fensters (oder Panels) überschreiben. Vergessen Sie dann aber nicht, in `paint()` die Basisversion `super.paint()` aufzurufen. (Dies gilt auch, wenn Sie Swing-Komponenten wie Schalter, Optionsfelder etc. selbst zeichnen.)

Rekonstruktion von Zeichnungen – paint()

Es wurde bereits kurz angedeutet, dass die Methode `paint()` nicht von Ihnen direkt aufgerufen wird. Das klingt zuerst unvernünftig, da Sie schließlich die Zeichnung erzeugen und natürlich auch sichergehen möchten, dass diese angezeigt wird (also die Methode `paint()` aufgerufen wird).

Tatsächlich gibt es aber noch jemand anderes, der Interesse an der Ausgabe Ihrer Zeichnung hat, und das ist der Windows-Manager Ihres Computers (beispielsweise also WinXP). Dessen Aufgabe ist es unter anderem, die auf dem Desktop befindlichen Fenster zu verwalten. Das Verschieben, Vergrößern und Verkleinern, Minimieren und Maximieren, Aktivieren und Deaktivieren von Fenstern – all dies wird vom Windows-Manager gehandhabt. Dabei gibt es nur ein Problem: Der Windows-Manager kennt nicht den Inhalt Ihres Fensters und hat auch nicht die Zeit und den Platz, diesen irgendwo zu speichern und bei Bedarf wieder zu rekonstruieren.

Wenn Sie also ein Fenster über ein anderes schieben, geht die Darstellung des unteren Fensters verloren. Wird das untere Fenster wieder in den Vordergrund geholt, kann der Windows-Manager den Fensterrahmen, nicht aber den Fensterinhalt rekonstruieren. Also schickt er eine Benachrichtigung an das Fenster, dass es sich selbst neu zeichnen soll. Und das Fenster ruft dann die eigene und die `paint()`-Methode aller untergeordneten Komponenten auf. Auf diese Weise wird der Fensterinhalt korrekt rekonstruiert.

Wenn Sie also Ihre Zeichenmethoden innerhalb der `paint()`-Methode aufrufen, sorgen Sie nicht nur dafür, dass die Zeichnung direkt beim Öffnen des Fensters zu sehen ist, sondern auch dafür, dass sie stets korrekt rekonstruiert werden kann.

So weit, so gut. Aber wie sieht es aus, wenn eine Zeichnung beispielsweise als Antwort auf das Drücken eines Schalters neu gezeichnet werden soll? In diesem Fall rufen Sie einfach die Methode `repaint()` auf. Diese ruft dann die Methode `update()` auf und diese wiederum sorgt schließlich für den Aufruf von `paint()`.

Oft veranlasst der Windows-Manager nur die Rekonstruktion eines Teilbereichs. Führt dies zu verzerrten Ausgaben (beispielsweise bei Größenveränderungen des Fensters), dann können Sie dem durch einen Aufruf der Methode `invalidate()` entgegenwirken (beispielsweise innerhalb der Methode `componentResized()` des `ComponentAdapter`). Die Methode `invalidate()` bewirkt, dass beim nächsten Neuzeichnen die gesamte Komponente rekonstruiert wird.

Zeichenmethoden – Graphics

Alle Zeichenmethoden, die wir benötigen, gehen wie gesagt auf die Klasse `Graphics` zurück.

Bei der Klasse `Graphics` handelt es sich im Übrigen um eine abstrakte Basisklasse. An den Parameter der `paint()`-Methode wird also in Wirklichkeit eine Instanz einer von `Graphics` abgeleiteten Klasse übergeben, die allerdings als `Graphics`-Objekt übergeben wird. (Sie erinnern sich, jedes Objekt einer abgeleiteten Klasse kann als Objekt ihrer Basisklasse betrachtet werden.)

Ein Verdienst der paint()-Methode ist also, dass Sie uns ein Graphics-Objekt zur Verfügung stellt, das die Zeichenfläche der jeweiligen Komponente repräsentiert und mit dessen Methoden wir unsere Grafiken auf diese Zeichenfläche ausgeben können.

Methode	Beschreibung
clearRect(int, int, int, int)	Füllt den spezifizierten Bereich mit der Hintergrundfarbe
drawArc(int, int, int, int, int, int)	Zeichnet einen Bogen ein
drawImage(Image,int, int, ImageObserver)	Zeichnet ein Bild an die spezifizierte Position
drawLine(int, int, int, int)	Zeichnet eine Linie ein
drawOval(int, int, int, int)	Zeichnet ein Oval ein
drawPolygon(int[], int[], int)	Zeichnet ein Polygon ein
drawPolyline(int[], int[], int)	Zeichnet einen Linienzug ein
drawRect(int, int, int, int)	Zeichnet ein Rechteck ein
drawRoundRect(int, int, int, int, int, int)	Zeichnet ein Rechteck mit abgerundeten Ecken ein
drawString(String, int, int)	Gibt einen String an der spezifizierten Koordinate aus
fillArc(), fillOval(), fillPolygon() ...	Eine Reihe von Methoden zum Zeichnen ausgefüllter Formen (vgl. draw...())
getClip()	Liefert ein Shape-Objekt zurück, das den aktuellen Clipping-Bereich repräsentiert
getColor()	Liefert die aktuelle Zeichenfarbe zurück
getFont()	Liefert die aktuell verwendete Schriftart zurück
setClip(Shape)	Definiert einen neuen Clipping-Bereich
setColor(Color)	Definiert die beim Zeichnen zu verwendende Farbe
setFont(Font)	Definiert die zu verwendende Schriftart
translate(int, int)	Verschiebt den Ursprung des Gerätekontextes

Tabelle 10.1: Auswahl einiger Methoden der Klasse Graphics

Was kann man mit diesen Methoden anfangen? Nun, eine ganze Menge. Sie müssen nur noch wissen, dass

▨ Koordinaten Bildschirmpixeln entsprechen und daher ganzzahlig sind,

▨ der Nullpunkt des Koordinatensystems in der linken oberen Ecke liegt

und schon kann es losgehen.

Wir wollen nun ernsthaft mit der Implementierung unseres Funktionenplotters beginnen. Nehmen wir daher das Gerüst unser Canvas-Klasse CMeineCanvas als Ausgangspunkt und implementieren wir die paint()-Methode der Klasse so, dass ein einfaches Koordinatensystem und – in Abhängigkeit von einem Integer-Wert aktFunktion (der gleich 1 oder 2 sein kann) – eine der Funktionen y = tan(x) oder y = x^3 eingezeichnet werden.

Listing 10.1:
Aus der
Datei CFunk-
Plotter.java

```
01   class CMeineCanvas extends Canvas {
02     // Konstruktor
03     CMeineCanvas() {
04       // den Hintergrund auf schwarz setzen
05       setBackground(Color.black);
06
07       // Vordergrund (=Zeichenfarbe) auf blau setzen
08       setForeground(Color.green);
09     }
10
11     // Die wichtigste Methode: hier wird gezeichnet!
12     public void paint(Graphics g) {
13       double x,y;
14       int xpos,ypos;
15
16       // Ursprung umsetzen
17       g.translate(150,150);
18
19       // Koordinatenachsen einzeichnen
20       g.setColor(Color.red);
21       g.drawLine(0,-150,0,150);
22       g.drawLine(-150,0,150,0);
23       g.drawString("-3",-150,12);
24       g.drawString("-3",4,147);
25       g.drawString("+3",135,12);
26       g.drawString("+3",4,-140);
27
28       // Farbe zum Zeichnen der Funktion
29       g.setColor(new Color(255,255,0));
30
31       // Wenn keine Funktion ausgewählt ist, nichts tun
32       if(aktFunktion == 0)
33   return;
```

230

```
34
35        for(x= -3.0; x<=3; x += 0.005) {
36          if(aktFunktion == 1)
37            y = Math.tan(x);
38          else
39            y = Math.pow(x,3);
40
41          xpos = (int) (x*50);
42          ypos = (int) (-y*50);
43
44          g.fillOval(xpos,ypos,3,3);
45        }
46      }
47
48      // Diese Methode liefert die minimale Größe der Canvas
49      public Dimension getMinimumSize() {
50        return new Dimension(300,300);
51      }
52
53      // Die Lieblingsgröße setzen wir auf die Minimalgröße
54      public Dimension getPreferredSize() {
55        return getMinimumSize();
56      }
57    }
```

Bevor wir zur paint()-Methode kommen, gibt es noch ein paar Routinearbei- *Analyse*
ten zu erledigen.

Im Konstruktor legen wir eine Farbe für den Hintergrund (Zeile 5) und den
Vordergrund (Zeile 8) der Canvas-Komponente fest. Für den Hintergrund haben wir Schwarz gewählt. Für Ausdrucke ist dies zwar nicht so gut, dafür sieht
es auf dem Bildschirm edel aus.

Zum Ende der Klassendefinition überschreiben wir die Methoden getMinimum-
Size() und getPreferredSize(). Diese werden später vom Layout-Manager
zur Dimensionierung unserer Leinwand benutzt.

Kommen wir nun zur paint()-Methode. Zuerst wollen wir ein Koordinaten- *Koordinaten-*
system einzeichnen, dessen Ursprung in der Mitte der Leinwand liegt. Dies *transforma-*
bedeutet aber, dass das Koordinatensystem für unsere Funktionen nicht mit *tionen*
dem Koordinatensystem der Canvas-Komponente übereinstimmt. Dies ist
kein Unglück, bedeutet aber lästige Umrechnungen. Wir können uns die Um-
rechungen etwas vereinfachen, wenn wir den Ursprung des Canvas-Koordinatensystems auf den Ursprung unseres eigenen Koordinatensystems ab-
bilden. Da unsere Leinwand 300x300 Pixel groß ist (siehe Methode
getPreferredSize()), legen wir den neuen Ursprung auf die alte Koordinate
(150,150):

```
17:    g.translate(150,150);
```

Als Nächstes zeichnen wir mithilfe der `drawLine()`-Methode zwei rote Linien für die x- und y-Achse des Koordinatensystems ein. Der Methode `drawLine()` übergeben wir dazu einfach Start- und Endkoordinaten (Zeilen 21 und 22). Die Zeichenfarbe setzen wir zuvor durch einen Aufruf der Methode `setColor()`.

Weiter unten (Zeilen 35 bis 39) erfolgt dann die Berechnung der Funktionswerte. Diese müssen dann für die Ausgabe zuerst noch skaliert und transformiert werden.

Skalierung Da der Wertebereich der Funktionen von −3 bis +3 geht, der Anzeigebereich aber von −150 bis 150, multiplizieren wir alle x-Werte mit 50. Die y-Werte multiplizieren wir mit dem gleichen Faktor, um keine Verzerrungen zu erzeugen.

Transformation Wir haben zwar den Ursprung des Canvas-Koordinatensystems auf den Ursprung unseres Koordinatensystems verschoben, doch damit sind beide Koordinatensysteme leider noch nicht identisch. Während wir es vorziehen würden, wenn negative y-Werte nach unten und positive y-Werte nach oben abgetragen würden, verhält sich das Canvas-Koordinatensystem genau umgekehrt (was daran liegt, dass im Canvas-Koordinatensystem wachsende y-Koordinaten nach unten eingezeichnet werden – unabhängig vom Ursprung). Um dies zu korrigieren, multiplizieren wir unsere y-Werte einfach mit −1. Die Umrechnung der x,y-Werte in Koordinaten unserer Leinwand sieht also folgendermaßen aus:

```
41:      xpos = (int) (x*50);
42:      ypos = (int) (-y*50);
```

An jeder dieser Koordinaten geben wir dann einen kleinen gelben Kreis aus (Zeile 44).

Jetzt wird's bunt – Color

Farben sind in Java bzw. dem AWT eigene Objekte und es gibt eine Vielzahl von Methoden, um mit ihnen zu agieren.

So setzt beispielsweise die Anweisung `setBackground(Color.black)` die Hintergrundfarbe einer Komponente auf Schwarz. `Color.black` ist dabei eine statische Klassenvariable, die die Farbe Schwarz definiert. Die meisten Grundfarben sind auf diese Weise direkt verfügbar (`Color.green`, `Color.blue` usw.).

 Das Pendant zum Festlegen der Vordergrundfarbe ist die Methode `setForeground()`.

Darüber hinaus besteht natürlich auch die Möglichkeit, eigene `Color`-Instanzen anzulegen und mit einer beliebigen Farbe zu initialisieren. So geschehen beispielsweise in der Anweisung

```
29:    g.setColor(new Color(255,255,0));
```

aus unserem obigen Übungsbeispiel. Der Konstruktor der Klasse `Color` erwartet dabei die Angabe der Farbe im so genannten RGB-Format.

RGB-Format

Im RGB-Format werden Farben durch drei ganzzahlige Werte im Bereich 0 bis 255 definiert (oder alternativ drei Fließkommazahlen im Bereich 0.0 bis 1.0). Die erste Zahl steht für den Rotanteil, die zweite für Grün und die dritte für Blau. (255, 255, 0) bedeutet demnach maximaler Rot- und Grünanteil und kein Blau. Falls Sie sich noch dunkel an den Kunstunterricht (oder war's doch in Physik?) erinnern, wissen Sie, dass Rot und Grün gemischt Gelb ergibt. Durch geeignete Variation der Werte lassen sich auf diese Weise alle gewünschten Farbtöne definieren. (Um nicht blind Farbwerte austesten zu müssen, sollten Sie sich einen Farbkreis für Lichtfarben anschauen oder beispielsweise den Farben-Dialog von Windows aufrufen: Start-Menü/Einstellungen/Systemsteuerung/Anzeige, Seite Darstellung/Schalter Erweitert/Feld Farbe/Schalter Andere.)

Der Funktionsplotter

Zum Schluss wollen wir uns noch anschauen, wie die Klasse `CMeineCanvas` in das Funktionsplotter-Programm eingebettet ist:

```
import javax.swing.*;
import java.awt.*;
import java.awt.event.*;

// Hauptfenster von Swing-Klasse JFrame ableiten
public class CFunkPlotter extends JFrame {
  CMeineCanvas m_malflaeche;
  int aktFunktion = 0;    // diese Variable bestimmt die
                          // zu zeichnende Funktion;
                          // Startwert 0 = keine Funktion

  public static void main(String[] args) {
    CFunkPlotter fenster = new CFunkPlotter("Funktionenplotter");
    fenster.pack();
    fenster.setSize(450,350);
    fenster.setResizable(false);
    fenster.setVisible(true);
  }
```

Listing 10.2: CFunkPlotter.java – ein Funktionenplotter

233

```java
// Im Konstruktor werden die Canvas-Malfläche und
// Schalter zur Auswahl der Funktionen angelegt
CFunkPlotter(String titel) {
  super(titel);

  // Einen Layout Manager einrichten
  setLayout(new FlowLayout());

  // Die Malfläche aufnehmen
  m_malflaeche = new CMeineCanvas();
  add(m_malflaeche);

  // Schalter anlegen und in Panel aufnehmen
  JButton f1 = new JButton("tan(x)");
  JButton f2 = new JButton("x^3");
  add(f1);
  add(f2);

  // Das Event-Handling für die Schalter
  class CMeinActionLauscher implements ActionListener {
    public void actionPerformed(ActionEvent e) {
        String label;

        label = e.getActionCommand();

        if(label.equals("tan(x)"))
           aktFunktion = 1;
        else
      aktFunktion = 2;

        // Neuzeichnen veranlassen
        m_malflaeche.repaint();
    }
  }

  // Die Lausch-Objekte anlegen
  f1.addActionListener(new CMeinActionLauscher());
  f2.addActionListener(new CMeinActionLauscher());

  setDefaultCloseOperation(WindowConstants.EXIT_ON_CLOSE);
}


class CMeineCanvas extends Canvas {
  ... // wie oben
}

} // Ende der Klasse CFunkPlotter
```

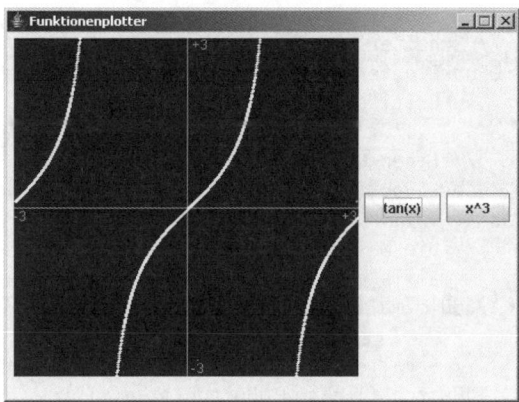

Das Grundgerüst dürfte Ihnen ja schon hinlänglich vertraut sein, so dass wir darauf nicht mehr eingehen müssen. Beachten Sie nur, dass wir die Klasse CMeineCanvas als innere Klasse innerhalb von CFunkPlotter definiert haben. Dadurch können die Methoden der Klasse CMeineCanvas auf die Instanzvariable aktFunktion zugreifen, in der wir beim Anklicken eines Schalters speichern, welche Funktion ausgewählt wurde.

Interessant ist auch noch die Ereignisbehandlung für die Schalter, denn obwohl es zwei Schalter gibt, bei deren Betätigung der Variable aktFunktion unterschiedliche Werte zugewiesen werden sollen, haben wir nur eine Ereignisbehandlungsmethode definiert. Es muss also eine Möglichkeit geben, innerhalb der Ereignisbehandlungsmethode herauszufinden, von welchem Schalter das Ereignis ausging.

Mehrere Ereignis-Quellen – ein Listener

Tatsächlich wird der Methode actionPerformed() ja noch ein Parameter des Typs ActionEvent übergeben. In diesem sind alle wichtigen Informationen zu dem Ereignis abgespeichert – so auch der Befehlsname der Event-Quelle. Mithilfe der Methode getActionCommand() können wir diesen Befehlsnamen, der standardmäßig dem Titel des Schalters entspricht, ermitteln und mit den Titeln unserer Schalter vergleichen.

```
label = e.getActionCommand();

if(label.equals("tan(x)")) ....
```

Nachdem wir die Identität des gedrückten Schalters festgestellt haben, aktualisieren wir den Wert der Variablen aktFunktion und veranlassen durch den Aufruf der repaint()-Methode das Neuzeichnen unserer Leinwand.

Die Methode `repaint()` führt nicht immer zum direkten Neuzeichnen der zugehörigen Komponente, was damit zusammenhängt, dass die Benachrichtigung zum Neuzeichnen verzögert werden kann. Ist dies ein kritischer Punkt oder wollen Sie die Benachrichtigung zum Neuzeichnen selbst verzögern, können Sie auch die Methode `repaint(long ms)` aufrufen, der Sie als einzigen Parameter die Zeit (in Millisekunden) übergeben, innerhalb der die Benachrichtigung weitergeleitet werden soll.

10.2 Erweitertes Layout mit Panel-Containern

Im Funktionenplotter-Beispiel aus Abschnitt 10.1 haben wir die Komponenten (die Canvas-Leinwand und die beiden Schalter) mithilfe des `FlowLayout`-Managers der Reihe nach nebeneinander platziert. Angenommen, Sie hätten die beiden Schaltflächen aber lieber vertikal übereinander angeordnet. So etwas sollte ja wohl machbar sein und das ist es auch – entweder durch Verwendung eines `GridBagLayout`-Managers oder durch die Verschachtelung von Layout-Managern mithilfe von Panels.

Schauen wir uns noch einmal den bisherigen Code zur Positionierung der Canvas und der beiden Schalter an:

```
// Einen Layout-Manager einrichten
setLayout(new FlowLayout());

// Die Malfläche aufnehmen
m_malflaeche = new CMeineCanvas();
add(m_malflaeche);

// Schalter zur Auswahl der Funktionen anlegen
JButton f1 = new JButton("tan(x)");
JButton f2 = new JButton("x^3");
add(f1);
add(f2);
```

Hier haben wir einen Container (das Fenster) mit einem Layout-Manager (`FlowLayout`), in den alle drei Komponenten eingefügt werden.

Unsere neue Anordnungsstrategie sieht dagegen zwei Layout-Manager vor (und damit auch zwei Container). Der erste Container ist weiterhin unser Fenster. In diesem sollen die Canvas-Komponente und die beiden (übereinander liegenden) Schalter nebeneinander ausgerichtet werden. Dazu ist es notwendig, die beiden Schalter wie eine Einheit zu verwalten. Dies geht, indem man die Schalter in einen Panel-Container aufnimmt.

Der FlowLayout-Manager des Fensters ordnet also die Canvas-Komponente und die Panel-Komponente nebeneinander aus. Für die Panel-Komponente definieren wir dagegen einen GridLayout-Manager mit zwei Zeilen und einer Spalte, in den wir die Schaltflächen aufnehmen.

```
// Einen Layout Manager einrichten
setLayout(new FlowLayout());

// Die Malfläche aufnehmen
m_malflaeche = new CMeineCanvas();
add(m_malflaeche);

// Panel-Container für Schalter anlegen
JPanel panel = new JPanel();
  // Gitter mit 2 Zeilen, 1 Spalte
  panel.setLayout(new GridLayout(2,1));

  // Schalter anlegen und in Panel aufnehmen
  JButton f1 = new JButton("tan(x)");
  JButton f2 = new JButton("x^3");
  panel.add(f1);
  panel.add(f2);

add(panel);
```

Listing 10.3: Aus CFunk-Plotter2.java

Wenn Sie das Beispiel mit den Änderungen laufen lassen, werden Sie feststellen, dass die Schalter nun sehr eng übereinander stehen. Dies ist normal und vom GridLayout-Manager so gewollt. Wenn Sie einen Leerraum dazwischen haben wollen, gibt es zwei Möglichkeiten. Entweder Sie definieren drei Zeilen und fügen in die Zwischenzeile eine Label-Komponente ohne Titel ein oder Sie benutzen einen alternativen Konstruktor für die Erzeugung des GridLayout-Managers, dem Sie Pixelmaße für die gewünschten Abstände zwischen den Spalten und Zeilen des Gitters übergeben können:

```
panel.setLayout(new GridLayout(2,1,20,20));
```

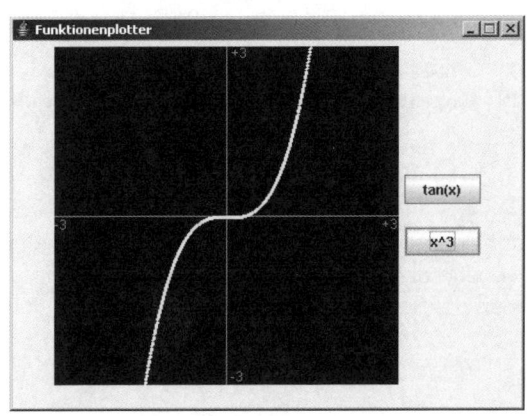

Abb. 10.2: FlowLayout und Grid-Layout

237

10.3   Kreise, Rechtecke und Scheiben

Wir eilen im Sauseschritt weiter und bauen das letzte Beispiel etwas um. Statt auf Schalterdruck bestimmte Funktionen einzuzeichnen, machen wir einen ersten Schritt hin zu einem interaktiven Malprogramm, in dem der Anwender zwischen verschiedenen geometrischen Formen (Kreis, Scheibe, Rechteck) wählen kann. Klickt der Anwender dann im laufenden Programm in die Canvas-Komponente, wird die entsprechende Form an der Position des Mausklicks ausgegeben.

Das Grundgerüst dieser Anwendung entspricht im Wesentlichen dem Grundgerüst unseres Funktionenplotters. Was wir darüber hinaus brauchen, sind

▪ Optionsfelder zur Auswahl der verschiedenen geometrischen Figuren und

▪ ein passendes Event-Handling für die Mausklicks.

Optionsfelder

Beginnen wir mit der Einrichtung einer Gruppe von Optionsfeldern (Klasse JRadioButton), über die der Anwender bestimmen kann, welche Figur beim Klicken mit der Maus eingezeichnet werden soll.

Listing 10.4:
Aus CMal-
programm.java

```
// Panel-Container für Schalter anlegen
JPanel panel = new JPanel();
  // Gitter mit 3 Zeilen, 1 Spalte
  panel.setLayout(new GridLayout(3,1,20,20));

  // Optionsfelder zur Auswahl der Formen
  m_formauswahl = new ButtonGroup();

  // 1. Optionsfelder erzeugen
  JRadioButton opt1 = new JRadioButton("Kreis",false);
  JRadioButton opt2 = new JRadioButton("Scheibe",false);
  JRadioButton opt3 = new JRadioButton("Rechteck",false);

  // 2. Befehlsnamen für Optionsfelder
  opt1.setActionCommand("Kreis");
  opt2.setActionCommand("Scheibe");
  opt3.setActionCommand("Rechteck");

  // 3. Optionsfelder in ButtonGroup-Gruppe
  //     aufnehmen
  m_formauswahl.add(opt1);
  m_formauswahl.add(opt2);
  m_formauswahl.add(opt3);
```

```
// 4. Optionsfelder in Panel aufnehmen
panel.add(opt1);
panel.add(opt2);
panel.add(opt3);

add(panel);
```

Optionsfelder (Klasse `JRadioButton`, siehe auch Kapitel 13.6) sind Schalter, über die man eine Option ein- oder ausschalten kann. Man kann Optionsfelder zu Gruppen zusammenfassen, wobei innerhalb einer solchen Gruppe immer nur eine Option ausgewählt werden kann. Da dies genau das ist, was wir wünschen (der Benutzer unseres Programm soll auswählen, ob er Kreise, Scheiben oder Rechtecke einzeichnen will), erzeugen wir zuerst ein `Button-Group`-Objekt. Bei diesem werden wir die erzeugten Optionsfelder anmelden. Das `ButtonGroup`-Objekt sorgt dann dafür, dass von all den in dieser Gruppe registrierten Optionsfeldern immer nur eines ausgewählt ist. Zudem unterstützt uns das `ButtonGroup`-Objekt bei der Ereignisbehandlung zu den Optionsfeldern: Wir können von ihm abfragen, welches Optionsfeld gerade ausgewählt ist.

Nachdem die Optionsfelder mit `new` erzeugt sind, legen wir noch fest, wie ihre Befehlsnamen heißen. Dies ist wichtig, um später bei der Ereignisbehandlung entscheiden zu können, welches Optionsfeld ausgewählt ist. Der Einfachheit halber nehmen wir als Befehlsnamen die Titel der Optionsfelder.

Dann melden wir die Optionsfelder bei dem `ButtonGroup`-Objekt an und fügen sie in den Panel-Container ein.

Zum Schluss wird der Panel-Container in das Fenster aufgenommen.

Das `ButtonGroup`-Objekt (`m_formauswahl`) zur Verwaltung der Optionsfelder brauchen wir nicht nur im Konstruktor des Fensters, sondern auch innerhalb der `paint()`-Methode des Fensters, um dort feststellen zu können, welche geometrische Form gezeichnet werden soll. Die `ButtonGroup`-Variable `m_form-auswahl` deklarieren wir daher nicht im Konstruktor der Klasse, sondern außerhalb jeder Methode als Variable der Fensterklasse:

```
// aus CMalprogramm.java
public class CMalprogramm extends JFrame {
  CMeineCanvas m_malfläche;    // Hier wird gezeichnet
  ButtonGroup  m_formauswahl;  // aktuelle Form
  int m_Xpos, m_Ypos;          // aktuelle Mausposition

  // In main wird eine Instanz der Klasse angelegt
  // und auf den Bildschirm gebracht
  public static void main(String[] args) {
    ...
```

Mausereignisse bearbeiten – MouseAdapter

So, als Nächstes kümmern wir uns um das Abfangen der Mausklicks. Da Ihnen die prinzipielle Vorgehensweise noch aus Kapitel 8.3 in Erinnerung sein sollte, dürfte dies kein großes Problem darstellen.

Das passende Interface wäre MouseListener, doch da in diesem Interface eine Reihe von Methoden deklariert sind, die wir nicht benötigen und daher nicht überschreiben wollen, leiten wir unsere Lauscher-Klasse CMeinMausAdapter von der Adapter-Klasse MouseAdapter ab.

```
// aus CMalprogramm.java
class CMeineCanvas extends Canvas {

   class CMeinMausAdapter extends MouseAdapter {
      public void mousePressed(MouseEvent e) {
         // Die aktuelle Position der Maus merken
         m_Xpos = e.getX();
         m_Ypos = e.getY();

         // Malfläche aktualisieren
         repaint();
      }
   }

   CMeineCanvas() {
      addMouseListener(new CMeinMausAdapter());

      setBackground(Color.black);
      setForeground(Color.orange);
   }
   ...
```

Analyse Da wir Mausklicks in der Canvas-Komponente abfangen wollen, definieren wir die Lauscher-Klasse CMeinMausAdapter als innere Klasse unserer Canvas-Klasse und registrieren sie im Konstruktor derselben.

Das Klicken mit der Maus führt zum Aufruf der Methode mousePressed(), die wir daher überschrieben haben, um die Mausposition zu ermitteln. Hierfür gibt es die MouseEvent-Methoden getX() bzw. getY(), deren Rückgabewerte wir in den Instanzvariablen m_Xpos und m_Ypos abspeichern. Schließlich initiieren wir mit repaint() das Neuzeichnen der Leinwand.

Geometrische Figuren zeichnen

In unserer paint()-Methode bestimmen wir, ob ein Kreis, eine Scheibe oder ein Rechteck gezeichnet werden soll, und geben die gewünschte Form an der Stelle des letzten Mausklicks aus.

240

```
01    // aus CMalprogramm.java, KLasse CMeineCanvas
02    public void paint(Graphics g) {
03      String label;
04      ButtonModel aktuell = null;
05
06      // welche Form ist gerade ausgewählt?
07      aktuell = m_formauswahl.getSelection();
08
09      // entsprechend handeln
10      if(aktuell == null)
11        return;
12
13      int w = (int) (Math.random()*300);
14      int h = (int) (Math.random()*300);
15      label = aktuell.getActionCommand();
16
17      if(label.equals("Kreis"))
18        g.drawOval(m_Xpos,m_Ypos,w,w);
19
20      if(label.equals("Scheibe"))
21        g.fillOval(m_Xpos,m_Ypos,w,h);
22
23      if(label.equals("Rechteck"))
24        g.drawRect(m_Xpos,m_Ypos,w,h);
25    }
```

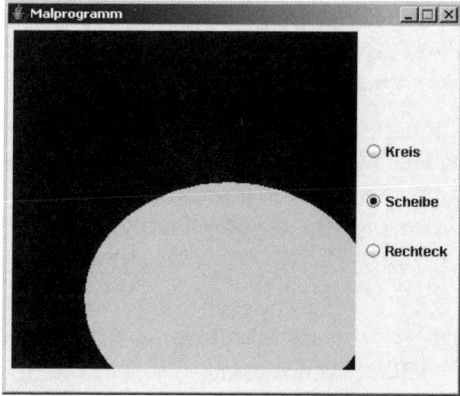

Abb. 10.3: Geometrische Figuren ein- zeichnen

Die Anweisung   *Analyse*

```
07:   aktuell = m_formauswahl.getSelection();
```

liefert ein ButtonModel-Objekt zurück, mittels dessen Methode getActionCom-
mand() wir dann den Befehlsnamen des Optionsfelds bestimmen (Zeile 15)
und mit den möglichen Befehlsnamen vergleichen (Zeilen 17, 20 und 23)

241

können. Wenn wir dann wissen, welche Form gerade ausgewählt ist, können wir diese an der Position des Mausklicks einzeichnen:

- `drawOval(int X, int Y, int b, int h);`

  zeichnet Ellipsen und Kreise und erhält als Parameter die begrenzende Box, in die die Ellipse passen soll. Genauer: die Koordinaten der linken oberen Ecke und die Ausdehnung in x- und y-Richtung, also Breite und Höhe.

  Sind die Breite b und die Höhe h identisch, ist die Ellipse ein Kreis.

- `fillOval(int X, int Y, int b, int h);`

  zeichnet ausgefüllte Ellipsen und Kreise und wird genauso wie `drawOval()` gehandhabt.

- `drawRect(int X, int Y, int b, int h);`

  wird analog gehandhabt.

  Sind die Breite b und die Höhe h identisch, ist das Rechteck ein Quadrat.

Um das Programm ein bisschen spannender zu machen, übergeben wir für die Breite und Höhe der umhüllenden Rechtecke Zufallswerte (Zeilen 13 und 14).

Übung Erstellen Sie das Programm (den vollständigen Quelltext finden Sie auf der Buch-CD) und spielen Sie ein bisschen damit herum. Wieso ist immer nur eine Form gleichzeitig auf der Malfläche zu sehen? Wie kann man erreichen, dass schon Gezeichnetes erhalten bleibt?

Lösung Erinnern Sie sich noch an das Schema `repaint()` - `update()` - `paint()`? Der Übeltäter in dieser Kette ist die `update()`-Methode. Diese Methode hat unsere Canvas-Klasse von ihrer Basisklasse `Canvas` geerbt und in deren Implementierung ist festgelegt, dass der aktuelle Inhalt vor dem Neuzeichnen zu löschen ist. Will man dies verhindern, muss man `update()` durch eine angepasste Version überschreiben:

```
public void update(Graphics g)  {
    paint(g);
}
```

Wenn Sie die Klasse `CMeineCanvas` um diese Methode ergänzen und das Programm erneut kompilieren und laufen lassen, erhalten Sie den gewünschten Effekt. Sie sehen daran, dass es gerade beim Umgang mit dem AWT recht wichtig sein kann zu wissen, was hinter den Kulissen abläuft.

Formen vom Anwender einzeichnen lassen

Im Malprogramm aus diesem Abschnitt kann der Anwender nur die linke obere Ecke des die Figur umhüllenden Rechtecks bestimmen. Wie könnte man erreichen, dass er auch die Größe der Figur selbst bestimmen kann?

In diesem Fall müsste der Anwender mit der Maus auf die linke obere Ecke des umhüllenden Rechtecks klicken und dann bei gedrückter Maus das Rechteck aufziehen. Lässt er die Maustaste wieder los, ermittelt man die entsprechende Mauskoordinate und kann aus dem Vergleich mit der Position des Mausklicks die Breite und Höhe für den passenden Graphics-Methodenaufruf errechnen.

Das Programm muss also zumindest zwei Ereignisse überwachen: »Drücken der Maus« und »Loslassen der Maus«.

Statt uns aber zu sehr mit Implementierungsdetails aufzuhalten, die Sie sich mittlerweile sicherlich selbst erarbeiten können, wollen wir uns einem wesentlich interessanteren und lehrreicheren Thema zuwenden: der Unterstützung von Freihandlinien.

10.4   Freihandlinien

Um das Malprogramm aus Abschnitt 10.3 abzurunden, werden wir es um die Unterstützung von Freihandlinien erweitern. Sie kennen das sicherlich von diversen Zeichenprogrammen: Man bewegt die Maus bei gedrückter Maustaste über die Zeichenfläche und erzeugt auf diese Weise eine Linie, die meist so zittrig ist, dass man sie gleich wieder löscht.

Wie lässt sich dies implementieren?

In Java ist die Unterstützung von Freihandlinien gar nicht so schwer zu programmieren, doch gibt es einige Besonderheiten zu beachten und darum sollten wir uns die Zeit nehmen, uns erst einmal über das prinzipielle Vorgehen einig zu werden.

Konzept für Freihandlinien

1. Freihandlinien werden durch Bewegen mit der Maus gezeichnet. Allerdings nur dann, wenn der Anwender gleichzeitig die linke Maustaste drückt. Man bezeichnet dies auch als »Ziehen« der Maus.

   Java kennt eine eigene Ereignisbehandlungsmethode für diesen Fall (mouseDragged() aus dem MouseMotionListener-Interface) – was das Zeichnen von Freihandlinien wesentlich vereinfacht.

2. Wenn diese Ereignisbehandlungsmethode ausgeführt wird, wissen wir also, dass der Anwender die Maus bei gedrückter Maustaste bewegt. Das

243

Einfachste wäre jetzt, an jeder Koordinate, über die die Maus bewegt wird, einen Punkt auszugeben. Das Problem ist nur, dass uns in der Ereignisbehandlungsmethode `mouseDragged()` kein `Graphics`-Objekt für unsere Malfläche zur Verfügung steht.

Ein Ausweg wäre, alle Koordinaten in einem Array zu speichern und beim Loslassen der Maustaste die `paint()`-Methode aufzurufen und dort eine Polylinie auszugeben, die die gespeicherten Koordinaten verbindet. Aber das wäre unnötig kompliziert.

Stattdessen erzeugen wir uns mithilfe der `getGraphics()`-Methode ein eigenes `Graphics`-Objekt und zeichnen damit direkt innerhalb der Ereignisbehandlungsmethode `mouseDragged()`.

3. Schließlich müssen wir noch entscheiden, wie wir die Freihandlinie einzeichnen: entweder als einzelne Punkte oder als Polylinie. Wir haben uns für die einzelnen Punkte entschieden, da dies im Moment weniger Aufwand bedeutet und uns die Muße lässt, uns auf die wichtigeren Konzepte zu konzentrieren.

Der Nachteil dabei ist, dass die Linie Löcher bekommt, wenn der Anwender die Maus etwas schneller bewegt. Wenn Sie die Punkte mit Linien verbinden, können Sie dies verhindern.

Beginnen wir damit, unser Malprogramm anzupassen.

Zunächst müssen wir natürlich die Optionsfelder-Gruppe, die im Konstruktor `CFreihand()` (ehemals `CMalprogramm`) angelegt wird, um eine zusätzliche Option erweitern. Dazu erweitern wir das GridLayout von drei auf vier Zeilen und fügen ein zusätzliches Optionsfeld ein:

Listing 10.5: Aus CFreihand.java

```
// im Konstruktor von CFreihand ...

JPanel panel = new JPanel();
    panel.setLayout(new GridLayout(4,1,20,20));
    ...
    JRadioButton opt4 = new JRadioButton ("Freihand",false);
    ...
    opt4.setActionCommand("Freihand");
    ...
    m_formauswahl.add(opt4);
    ...
    panel.add(opt4);

add(panel);
```

Dann implementieren wir die `mouseDragged()`-Ereignisbehandlungsmethode. Wir leiten unsere Lauscher-Klasse aber nicht von dem `MouseMotionListener`-Interface ab, sondern wie so oft von der zugehörigen Adapter-Klasse.

```
01    // aus Datei CFreihand.java, in Klasse CMeineCanvas
02
03    class CMeinMausMotionAdapter extends MouseMotionAdapter {
04      public void mouseDragged(MouseEvent e) {
05        ButtonModel aktuell;
06        String label;
07
08        // Herausfinden, welche Box gerade aktiviert ist
09        aktuell = m_formauswahl.getSelection();
10
11        // Da nach dem Programmstart keine Box aktiviert ist,
12        // muss dies getestet werden. Dann wird kein Objekt
13        // zurückgeben, sondern ein null-Wert
14        if(aktuell == null)
15          return;
16
17        label = aktuell.getActionCommand();
18
19        // Nur wenn die Freihandfunktion ausgewählt ist, die
20        // Mausposition merken und neuzeichnen
21        if(label.equals("Freihand"))  {
22          Graphics tmp = m_malfläche.getGraphics();
23          m_Xpos = e.getX();
24          m_Ypos = e.getY();
25          tmp.drawOval(m_Xpos,m_Ypos,2,2);
26        }
27      }
28    }
```

Der interessanteste Teil ist sicherlich die Erzeugung des `Graphics`-Objekts in Zeile 22. Wie Sie mittlerweile wissen, ist `Graphics` eine abstrakte Klasse und kann nicht direkt instanziiert werden. Aber das haben wir auch gar nicht vor. Wir definieren lediglich eine Objektvariable tmp (für temporary) vom Klassentyp `Graphics`. Diesem Objekt können wir dann jede beliebige Instanz einer von `Graphics` abgeleiteten Klasse zuweisen.   *Analyse*

Wir brauchen aber nicht irgendein `Graphics`-Objekt, sondern ein `Graphics`-Objekt, das unsere Malfläche repräsentiert und mit dessen Methoden wir in diese Malfläche zeichnen können. Für solche Fälle stellt jede Komponente die Methode `getGraphics()` zur Verfügung, die eine Referenz auf die Zeichenfläche der Komponente zurückliefert.

Graphics-Objekte und die mit ihnen verbundenen Systemressourcen können recht viel Speicher belegen, besonders wenn in kurzer Zeit sehr viele Graphics-Objekte erzeugt werden und der automatische Garbage Collector von Java diese nur zeitversetzt »entsorgt«. In Zweifelsfällen sollte man die mit Graphics-Objekten verbundenen Ressourcen nach getaner Arbeit explizit durch Aufruf der dispose()-Methode freigeben. Ansonsten kann es passieren, dass dem Window-System (also z.B. Windows XP) nach kurzer Zeit die Grafikkontexte ausgehen und dann passiert auf dem Bildschirm gar nichts mehr!

Da wir nur an MouseDrag-Ereignissen interessiert sind, die unsere Malfläche betreffen (Canvas-Komponente), definieren wir die Lauscher-Klasse CMeinMausMotionAdapter als innere Klasse von CMeineCanvas und registrieren eine Instanz der Lauscher-Klasse für CMeineCanvas:

```
CMeineCanvas(){
  addMouseListener(new CMeinMausAdapter());
  addMouseMotionListener(new CMeinMausMotionAdapter());

  setBackground(Color.black);
  setForeground(Color.orange);
}
```

Abb. 10.4:
Freihandlinien

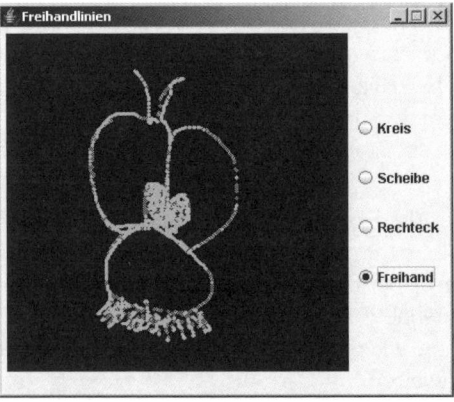

Den vollständigen Quelltext finden Sie auf der Buch-CD.

In unserem Beispielprogramm wird bei jedem Beginn einer neuen Figur die alte Zeichnung gelöscht. In den meisten Fällen wird man aber alle Figuren erhalten wollen, bis der Anwender explizit die gesamte Zeichnung (oder einzelne Figuren) löscht. Um dies zu implementieren, müssen Sie alle wichtigen Daten (Koordinaten, Breite, Höhe) zu den einzelnen Figuren abspeichern und die Zeichnung in der `paint()`-Methode aus den abgespeicherten Daten rekonstruieren.

10.5   Noch mehr Grafik mit Java2D

Java bietet eine Menge von Klassen, die zur Erzeugung von hochwertigen grafischen Ausgaben gedacht ist: Java2D. Diese Klassen liegen in den Paketen *java.awt.** und *java.awt.geom.** vor und erweitern die Funktionalität der normalen AWT-Klassen beträchtlich und sind zum Teil in ihrer Handhabung auch recht komplex. Wir werden daher im Folgenden nur einige nette Schmankerl herausgreifen.

Die normalen AWT-Klassen lassen für Zeichnungen nur einen Freiheitsgrad: die Farbe. Java2D hingegen bietet eine Fülle von Attributen: Strichstärke, Füllmuster, Durchsichtigkeit und noch einiges mehr, wobei wir uns in dieser Einführung auf Strichstärke und Füllmuster beschränken wollen.

Die grundsätzliche Handhabung von Java2D ist ganz analog zu den bisherigen AWT-Klassen, die Sie kennen gelernt haben. Es gibt drei wesentliche Unterschiede. Statt des `Graphics`-Objekts muss das Java2D-Äquivalent `Graphics2D` verwendet werden, alle Koordinaten sind nicht mehr ganzzahlig, sondern `float`-Werte und es gibt keine Spezialmethoden mehr, z.B. `draw-Rect()` zum Zeichnen von Rechtecken, sondern nur noch eine allgemeine `draw()`-Methode.

Die folgenden Zutaten brauchen wir zum Zeichnen unter Java2D:

▪ Alle Java2D-Methoden operieren auf einem `Graphics2D`-Objekt, das man durch Casten (Typumwandlung) des normalen `Graphics`-Objekts erhält:

```
public void paint(Graphics g) {
  Graphics2D g_2D = (Graphics2D) g;
}
```

▪ Nun können wir angeben, wie die zu zeichnenden Objekte auf dem Bildschirm dargestellt (gerendert) werden sollen, indem wir die Farbe festlegen, die Füllart bestimmen und/oder schließlich noch die Strichart definieren.

Auf der Buch-CD finden Sie begleitend zu diesem Abschnitt das Programm *CMalprogramm_2D.java*, die Java2D-Version unseres weiter oben erstellten Malprogramms.

Festlegen der Farbe und Strichstärke

Wenn wir die Voreinstellungen der Zeichenfarbe (die so genannte Vordergrundfarbe) für den aktuellen Zeichenvorgang ändern wollen, verwenden wir wie bisher die `setColor()`-Methode, allerdings nun die Methode des `Graphics2D`-Objekts:

```
g_2d.setColor(Color.red);
```

Soweit war das ja noch nichts Neues. Aber jetzt: Wir können auch die Strichstärke ändern mit der Methode `setStroke()`, die als Parameter einen `float`-Wert mit der aktuellen Stärke erwartet. `1.0f` entspricht dabei der bisherigen Normaldicke.

```
g_2d.setStroke(2.0f);    // Strickstärke 2.0
```

Denken Sie daran, dass Fließkommazahlen (wie z.B. 2.0) in Java als `double`-Werte angesehen werden. Da aber alle Java2D-Methoden mit `float`-Werten arbeiten, müssen wir die Konstanten explizit als `float`-Werte kennzeichnen: daher das angehängte »f«.

Zusätzlich kann noch die Art von End- und Kreuzungspunkten von Linien durch `static`-Variablen der Klasse `BasicStroke` bestimmt werden:

Tabelle 10.2: Konstanten für Linien

Endpunkt-Stile:	
`CAP_BUTT`	keine Endpunkte
`CAP_ROUND`	runde Endpunkte
`CAP_SQUARE`	quadratische Endpunkte
Kreuzungspunkt-Stile:	
`JOIN_MITER`	verbinde Segmente über ihre äußeren Kanten
`JOIN_ROUND`	verbinde Segmente durch gerundete Ecken
`JOIN_BEVEL`	verbinde Segmente durch eine gerade Linie

Das Festlegen einer Linie ohne Endpunkte und gerundete Ecken wäre also beispielsweise:

```
g_2d.setStroke(2.0f, BasicStroke.CAP_BUTT, BasicStroke.JOIN_ROUND);
```

Alternativ kann man auch ein `BasicStroke`-Objekt mit den geeigneten Werten erzeugen und das Objekt an die Methode übergeben:

```
BasicStroke stil BasicStroke(2.0f, BasicStroke.CAP_BUTT,
                             BasicStroke.JOIN_ROUND);
g_2d.setStroke(stil);
```

Festlegen des Füllmusters

Das Füllmuster bestimmt, wie ein Objekt mit Farbe gefüllt wird. In den normalen AWT-Methoden wie `fillOval()` war dies immer eine einzige Farbe. Mit Java2D können wir darüber hinaus unter anderem auch Gradientenfüllung realisieren.

A. Füllen mit einer Farbe

Beim normalen Füllen mit einer Farbe wird der `setPaint()`-Methode ein `Color`-Objekt mit der gewünschten Farbe übergeben, z.B.

```
g_2d.setPaint(Color.green);
```

B. Gradientenfüllung

Bei einer Gradientenfüllung wird langsam von einer Farbe an einem Punkt zu einer anderen Farbe an einem anderen Punkt gewechselt. Dieser Wechsel kann sich zwischen diesen beiden Punkten vollziehen (azyklisch) oder sich wiederholen (zyklisch). Diese Bezugspunkte müssen dabei nicht innerhalb des Objekts liegen, das gefüllt werden soll.

Diese Beschreibung legt schon nahe, wie die Gradientenfüllung definiert werden muss: Man gibt die Koordinaten der Punkte an, die beiden Farben und ob azyklisch oder zyklisch gefüllt werden soll. Das steuernde Objekt heißt `GradientPaint` und der Konstruktoraufruf ist:

```
GradientPaint grad_fuell = new GradientPaint(x1,y1,Color.blue,
                             x2,y2,Color.yellow,false);
g_2d.setPaint(grad_fuell);
```

Das `boolean`-Argument `false` steht dabei für azyklisches und `true` für zyklisches Füllen. Mit der `setPaint()`-Methode wird schließlich die Füllart aktiviert.

Methoden und Klassen zum Zeichnen in Java2D

Wenn das `Graphics2D`-Objekt und seine Attribute festgelegt sind, kann das eigentliche Zeichnen beginnen. Im Gegensatz zu dem vorher beschriebenen AWT-Vorgehen gibt es in Java2D nun keine speziellen Methoden, um ein Rechteck, einen Kreis usw. zu zeichnen. Stattdessen definiert man sich Formen (shapes), die dann mit den Methoden `draw()` und `fill()` auf den Bildschirm gebracht werden.

Die wichtigsten Formen sind:

Linien   Linien werden mit der Klasse Line2D.Float angelegt. Der Konstruktor erwartet die x,y-Koordinaten des Start- und Endpunkts:

```
Line2D.Float linie = new Line2D.Float(20.0f,10.0f, 120.0f,70.0f);
```

Diese Zeile erzeugt eine Linie von 20,10 nach 120,70. Beachten Sie, dass der Konstruktor float-Werte erwartet.

Rechtecke   Rechtecke werden mit der Klasse Rectangle2D.Float erzeugt. Der Konstruktor erwartet den linken oberen Punkt sowie Breite und Höhe:

```
Rectangle2D.Float rechteck = new Rectangle2D.Float(20.0f,10.0f,
                                                   50.0f,60.0f);
```

Diese Anweisung erzeugt ein Rechteck im Punkt 20,10 mit Breite 50 und Höhe 60 Pixel.

Ellipsen   Was die Ovale bei den AWT-Klassen sind, heißt unter Java2D nun Ellipsen.
(Ovale)   (Java-Entwickler sind begeisterte Anhänger des ständigen Umbenennens. Bei jeder Versionsänderung werden immer auch einige Klassen- und Methodennamen umbenannt!) Die entsprechende Klasse ist Ellipse2D.Float und der Konstruktor muss analog wie bei den Rechtecken mit linkem oberem Bezugspunkt sowie Breite und Höhe aufgerufen werden:

```
Ellipse2D.Float oval = new Ellipse2D.Float(222.0f,100.0f,
                                           40.0f,60.0f);
```

Polygone   Ein Polygon wird durch Angabe der Bewegung von Polygonpunkt zu Polygonpunkt definiert, d.h. als ein Pfad von Punkten. Hierzu dient die Klasse GeneralPath. Mit moveTo() wird der Startpunkt angegeben und mittels lineTo() werden die nachfolgenden Punkte definiert und mit Linien verbunden. Schließlich wird durch closePath() der Pfad zu einem Polygon geschlossen (man kann es natürlich auch offen lassen!).

```
GeneralPath polygon = new GeneralPath();
polygon.moveTo(10.0f,20.0f);
polygon.lineTo(20.0f,30.0f);
polygon.lineTo(10.0f,40.0f);
polygon.closePath();
```

Das eigentliche Zeichnen der definierten Objekte erfolgt schließlich mit der Methode draw() bzw. fill(), wenn gleichzeitig ein Füllmuster zum Einsatz kommen soll, z.B.

```
g_2d.draw(polygon);
g_2d.draw(oval);
g_2d.fill(rechteck);
```

Die Ausgabe von Strings mit Java2D ändert sich im Vergleich zum AWT *Ausgabe von* kaum. Es existiert ebenfalls eine drawString()-Methode, die ein String-Ob- *Strings* jekt und die Startkoordinaten (als float-Werte) erwartet:

```
g_2d.drawString("Grafik mit Java2D!",10.0f,10.0f);
```

Vielleicht fragen Sie sich, wozu dieser ganze Aufwand von Java2D gut sein soll. Wenn Sie mit normaler Strichstärke und einfachen Fülloperationen auskommen, können Sie in der Tat gut auf Java2D verzichten. Allerdings konnten wir hier aufgrund der Platzbeschränkung nicht weiter auf komplexere Möglichkeiten eingehen (z.B. Bézier-Kurven, Transparenz), die viele tolle Anwendungen haben. In absehbarer Zeit soll sich zudem laut Sun auch ein Java3D hinzugesellen mit ähnlichem Aufbau und Einsatz, so dass dann mächtige Werkzeuge zum Erzeugen von eindrucksvollen Grafiken bereitstehen.

Sie haben nun einen ersten Eindruck von den Grafikmöglichkeiten von Java erhalten und festgestellt, dass es nicht allzu schwierig ist, damit umzugehen. Leider gibt es viel zu viele Methoden und Klassen, um alle vorzustellen. Aber die Beispiele sollten Ihnen schon genug Möglichkeiten aufgezeigt haben. Ausführlichere Information finden sich wie üblich in der API-Dokumentation.

10.6　Zusammenfassung

Jede AWT-Komponente verfügt über eine paint()-Methode, die dazu dient, in die Komponente zu zeichnen.

Für Grafikausgaben verwendet man üblicherweise die Canvas-Komponente (bzw. JPanel-Instanzen) und deren paint()-Methode (bzw. paintComponent() für JPanel), die man nicht selbst aufruft, sondern lediglich überschreibt. (Mithilfe der Methode repaint() kann man einen paint()-Aufruf forcieren.)

Zum Zeichnen selbst bedient man sich der entsprechenden Methoden der Klasse Graphics. Ein passendes Graphics-Objekt zu einer Komponente erhält man entweder automatisch als Parameter der paint()-Methode der Komponente oder als Rückgabewert der Methode getGraphics().

Grafikausgaben kann man innerhalb oder außerhalb der paint()-Methode vornehmen. Will man, dass die Zeichnung bei Bedarf automatisch rekonstruiert wird (beispielsweise nach Minimierung), muss man die Zeichnung innerhalb der paint()-Methode aufrufen.

Um die Schriftart und die Farben für eine Grafikausgabe festzulegen, stehen Ihnen die Graphics-Methoden setFont(Font), setColor(Color) zur Verfügung. Farben können Sie entweder durch vordefinierte Konstanten oder als RGB-Werte definieren.

Zur Unterstützung von Freihandlinien implementieren Sie die Ereignisbehandlungsmethode `mouseDragged()` aus dem `MouseMotionListener`-Interface.

Java2D ist eine Erweiterung des AWT und bietet komplexere Grafikmöglichkeiten an, unter anderem variierbare Strichstärken und Gradientenfüllmuster.

10.7   Fragen und Antworten

F: Kann man nur in Canvas-Komponenten zeichnen?

Nein. Sie können in jede Komponente zeichnen. Allerdings benutzt man für Grafikausgaben üblicherweise eine Canvas-Komponente (oder eine Panel-Komponente).

F: Wo sind die Methoden zum Zeichnen deklariert?

Die Zeichenmethoden sind in der Klasse `Graphics` deklariert.

F: Wie kann man selbst das Neuzeichnen einer Komponente auslösen?

Durch Aufruf ihrer `repaint()`- oder `repaint(int ms)`-Methode.

F: Welche RGB-Werte haben die Farben Weiß und Schwarz?

RGB-Werte beziehen sich auf Lichtfarben, das heißt, volle Intensität für Rot, Grün und Blau ergibt Weiß (= RGB(255,255,255)). Folglich ist RGB(0,0,0) gleich Schwarz.

F: Können Sie für einen GridLayout-Manager den Abstand seines Containers von anderen Containern (beispielsweise dem Fensterrahmen) definieren?

Nein. Sie können dem Konstruktor des `GridLayout`-Managers zwar Abstände für seine Spalten und Zeilen übergeben. Diese beziehen sich aber nicht auf die Abstände zu anderen Containern (dafür brauchen Sie schon einen `GridBagLayout`-Manager).

10.8   Übungen

1. Standardmäßig richtet sich die Größe eines Schalters (`JButton`) nach seinem Titel und der verwendeten Schriftart (`Font`). Erzeugen Sie einen Schalter, der 100x100 Pixel groß ist, aber nur den einen kleinen Text enthält. (Hinweis: Sie müssen eine eigene Schalterklasse ableiten und bestimmte Methoden überschreiben.)

2. Versuchen Sie, einen schönen lila Farbton als RGB-Wert zusammenzustellen.

3. Stellen Sie das Layout aus Abbildung 10.5 mithilfe zweier einfacher Layout-Manager nach.

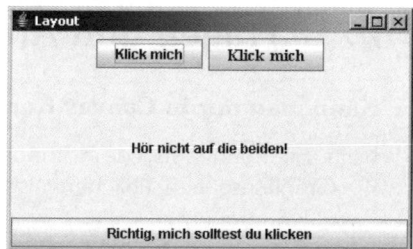

*Abb. 10.5:
Nachzubilden-
des Layout*

4. Erweitern Sie das Funktionenplotter-Programm um weitere Funktionen.

5. Wir haben hier durchgehend Swing-Komponenten verwendet. Vielleicht würden Sie aber lieber mit AWT-Komponenten arbeiten. Probieren Sie doch einmal, eines der Beispielprogramme auf AWT-Komponenten umzustellen. Machen wir es uns nicht zu einfach, sagen wir das Programm zum Zeichnen von Formen und Freihandlinien. (Tipp: Gehen Sie nach der Auflistung in Kapitel 9.3 vor.)

KAPITEL 11

Bilder, Bilder, Bilder

Die Grafikmöglichkeiten von Java, die Sie bisher kennen gelernt haben, sind ja schon ganz nett. Richtig Spaß kommt aber erst dann auf, wenn man auch Bilder (im Programmierjargon auch *Bitmaps* genannt) verarbeiten kann. Wie das geht, soll das folgende Beispielprogramm aufzeigen.

Sie lernen in diesem Kapitel

– wie man die Dialoge zum Öffnen und Speichern von Dateien einsetzt,

– wie man Bilder aus Dateien in ein Programm lädt,

– wie man Bilder auf den Bildschirm ausgibt,

– wie man Menübefehle implementiert.

11.1   Der Bildbetrachter

In diesem Kapitel werden wir uns ganz der Erstellung eines einzigen Programms widmen: ein Bildbetrachter, mit dem Sie beliebige Java-Bilddateien von Ihrer Festplatte laden und anschauen können. Java unterstützt hierbei die Formate GIF, JPEG und PNG.

Eine Auswahl verschiedener .gif- und .jpg-Bilddateien finden Sie in den Unterverzeichnissen der mit dem JDK ausgelieferten Beispielprogramme.

Unser Hauptinteresse gilt dabei natürlich der Frage, wie man Bilddateien laden und auf eine Leinwand (in diesem Kapitel verwenden wir JPanel statt Canvas als Basisklasse für unsere Leinwand) ausgeben kann. Doch so ganz nebenbei werden wir uns auch die Implementierung von Menüleisten und die Arbeit mit den Dialogen zum Öffnen und Speichern von Dateien anschauen.

Beginnen wir mit einem kurzen Blick auf das Grundgerüst der Anwendung.

Die Programme werden so langsam immer umfangreicher. Wenn Sie die Beispiele nachprogrammieren wollen, versuchen Sie einmal, erstellte Programmgerüste durch Kopieren wiederzuverwenden oder greifen Sie auf die Quelltexte auf der Buch-CD zurück.

Listing 11.1:
CBildbetrach-
ter.java

```
01 import java.awt.*;
02 import javax.swing.*;
03 import java.awt.event.*;
04
05 public class CBildbetrachter extends JFrame {
06    static CBildbetrachter m_fenster;
07    String m_dateiname;          // Name der Datei
08    Image   m_aktBild;           // Referenz auf das aktuelle Bild
09    CBildLeinwand m_bildanzeige; // JPanel zum Anzeigen des Bildes
10    int m_Xpos,m_Ypos;           // neue Position, an der die
11                                 // linke obere Ecke des Bildes
12                                 // angezeigt wird
13    int m_bild_x1,m_bild_y1;     // die aktuelle Begrenzung des
14    int m_bild_x2,m_bild_y2;     // Bildes
15    int m_bildHoehe,m_bildBreite; // Höhe und Breite in Pixeln
16
17    // Ereignisbehandlung
18    class CMeinActionLauscher implements ActionListener {
19      public void actionPerformed(ActionEvent e) {
20        String Label;
21
22        Label = e.getActionCommand();
23
24        if(Label.equals("Programm beenden"))
25          System.exit(0);
26
27        if(Label.equals("Bild laden"))
28          bildLaden();
29      }
30    }
31
32    // Im Konstruktor werden ein Panel (als Zeichenfläche(
33    // und eine Menüleiste angelegt
```

```
34    CBildbetrachter(String titel) {
35      super(titel);
36
37      m_Xpos = m_Ypos = 0;           // Startposition : links oben
38      m_bild_x1 = m_bild_x2 = m_bild_y1 = m_bild_y2 = 0;
39
40      // Zu Beginn ist kein Bild geladen
41      m_dateiname = null;
42      m_aktBild = null;
43
44      // Einen Layout-Manager anlegen
45      setLayout(new FlowLayout());
46
47      // Eine Leinwand anlegen (von JPanel abgeleitet)
48      m_bildanzeige  = new CBildLeinwand();
49      add(m_bildanzeige);
50
51      // Das Fenster mit einer Menüleiste versehen
52      JMenuBar menueleiste = new JMenuBar();
53      setJMenuBar(menueleiste);
54
55      // Die PopupMenüs der Menüleiste erstellen
56      JMenu menu1 = new JMenu("Datei");
57      JMenuItem item1  = new JMenuItem("Bild laden");
58      item1.addActionListener(new CMeinActionLauscher());
59
60      JMenuItem item2 = new JMenuItem("Programm beenden");
61      item2.addActionListener(new CMeinActionLauscher());
62      menu1.add(item1);
63      menu1.add(item2);
64      menueleiste.add(menu1);
65
66      setDefaultCloseOperation(WindowConstants.EXIT_ON_CLOSE);
67    }
68
69  // Eine Bilddatei laden
70  public void bildLaden(){

         ... // siehe Abschnitt 11.2 und 11.3

97    }
98
99  public static void main(String[] args) {
100     m_fenster = new CBildbetrachter("Bildbetrachter");
101     m_fenster.setSize(400,400);
102     m_fenster.pack();
103     m_fenster.setVisible(true);
104   }
```

```
105
106
107    // Diese Klasse dient zum Anzeigen und Manipulieren des Bildes
108    class CBildLeinwand extends JPanel {
109      // Panel neu zeichnen
110      public void paintComponent(Graphics g) {
111        super.paintComponent(g);
112
113        // Falls ein Bild geladen ist, das Bild anzeigen
114        if(m_aktBild != null)
115          g.drawImage(m_aktBild,m_Xpos,m_Ypos,this);
116      }
117
118      public Dimension getMinimumSize() {
119        return m_fenster.getSize();
120      }
121      public Dimension getPreferredSize() {
122        return getMinimumSize();
123      }
124    }
125  }
```

Analyse   Nachdem wir zu Beginn unserer Hauptklasse CBildbetrachter die Felder der Klasse deklariert haben, auf die wir aus den Methoden der Klasse heraus zugreifen werden (Zeilen 6 bis 15), folgen in Zeile 18 die Klasse für die Behandlung der Menübefehle und danach ab Zeile 34 die Definition des Konstruktors.

Der Konstruktor

Der Konstruktor ist nach dem üblichen Standardschema aufgebaut:

1. Aufruf des Basisklassenkonstruktors

2. Initialisierung der Instanzvariablen der Klasse

3. Definition des Layout-Managers für das Fenster

4. Erzeugung und Integration der Oberflächenelemente des Fensters (Leinwand und Menüleiste)

5. Einrichtung der Lausch-Objekte für die Ereignisbehandlung

Die Menüleiste

Der Aufbau einer Menüleiste ist nicht sonderlich schwer.

Menüleisten bestehen aus einer Reihe von Popup-Menüs, die wiederum jedes eine Reihe von Menübefehlen (und eventuell Untermenüs) enthalten. Entsprechend gestaltet sich der Aufbau eigener Menüleisten.

Um eine Menüleiste einzurichten, erzeugen Sie zuerst eine Instanz der Klasse JMenuBar, die die Menüleiste repräsentiert. Dann legen Sie die einzelnen Menüs (Instanzen der Klasse JMenu) ein, wozu Sie Instanzen der Klassen JMenuItem bilden (dies sind die einzelnen Menübefehle) und in die JMenu-Instanzen aufnehmen. Die fertigen Menüs werden dann in die Menüleiste integriert und diese wird mit einer besonderen Methode (setJMenuBar()) der Klasse JFrame in den Rahmen des Fensters eingefügt (siehe auch Kapitel 13.9).

Da die Einrichtung von Menüleisten so unkompliziert ist, wollen wir direkt zur Ereignisbehandlung für die Menübefehle kommen.

Jeder Menübefehl erzeugt bei seiner Auswahl einen ActionEvent und ruft die für ihn registrierte actionPerformed()-Methode auf. In den Zeilen 22 bis 30 wird daher die Klasse CMeinActionLauscher definiert, die das ActionListener-Interface implementiert. In der actionPerformed()-Methode fragen wir dann ab, von welchem Menübefehl der Aufruf der Methode ausging, und rufen eine passende Methode zur Bearbeitung des Menübefehls auf: in Zeile 26 die vordefinierte Methode System.exit(0) zur Beendigung des Programms und in Zeile 25 die Methode bildLaden(), die wir selbst als Methode unserer Fensterklasse aufsetzen.

In den Zeilen 58 und 61 verbinden wir die Menübefehle mit den Lauschern.

Mithilfe der JMenuItem-Methode setAccelerator() können Sie Tastaturkürzel für Menübefehle registrieren.

Das Bild anzeigen

Ruft der Anwender den Menübefehl zum Laden eines Bilds auf, löst er ein ActionEvent-Ereignis aus, das zum Aufruf der actionPerformed()-Methode führt. Diese ruft wiederum unsere selbst definierte bildLaden()-Methode auf, die den Dateinamen des anzuzeigenden Bilds abfragt und es in eine Image-Komponente lädt (siehe Abschnitt 11.2 und 11.3). Nachdem das Bild in die Image-Komponente geladen wurde, muss es noch angezeigt werden.

Im vorangehenden Kapitel haben wir als Leinwand stets eine Canvas-Instanz benutzt und den Zeichencode in die paint()-Methode geschrieben. In diesem Programm verursacht dies allerdings Schwierigkeiten, da Canvas eine »Heavyweight«-AWT-Komponente darstellt, die sich mit unserem »Lightweight«-Swing-Menü überschneidet. Beim Zeichnen des Fensters verdeckt dann die »Heavyweight«-Komponente die »Lightweight«-Komponente.

Um dies zu vermeiden, leiten wir unsere Leinwand von JPanel ab und zeichnen in der paintComponent()-Methode (Zeilen 108 bis 116).

Die Methode, die es schafft, das Bild in die JPanel-Instanz zu zeichnen, heißt drawImage() und stammt natürlich wie alle Zeichenmethoden aus der Klasse Graphics.

g.drawImage(Image,int,int,ImageOberserver);

Die Methode erwartet

▨ die Referenz auf das zu zeichnende Bild (in unserem Beispiel m_aktBild),

▨ die Koordinaten der Position, an der die linke obere Ecke des Bilds zu liegen kommen soll, und

▨ eine Referenz auf die aufrufende Panel-Instanz (in unserem Beispiel einfach this).

Daneben gibt es eine Reihe überladener Versionen der Methode drawImage(), die Sie ebenfalls zum Einzeichnen Ihrer Bilder verwenden können (siehe Referenz der Klasse java.awt.Graphics).

Fenstergröße und Leinwandgröße

Im obigen Beispiel legen wir die Anfangsgröße des Fensters als 400x400 Pixel fest (Zeile 101). Der Anwender kann die Größe durch Ziehen des Fensterrahmens verändern. Um die Größe der Leinwand (JPanel-Komponente) an die Fenstergröße anzupassen, überschreiben wir in unserer Leinwand-Klasse getMinimumSize() und getPreferredSize() und lassen sie die aktuelle Größe des Fensters zurückliefern (Zeilen 118 bis 123).

11.2 Dateien öffnen und speichern: die Klasse FileDialog

Eine häufig wiederkehrende Aufgabe ist das Öffnen oder Speichern von Dateien. Soll das Programm das Öffnen beliebiger Dateien ermöglichen, muss es erst einmal vom Anwender den Namen und den Pfad der zu ladenden Datei abfragen.

Bis auf wenige Ausnahmen können Sie das AWT in Applets in gleicher Weise einsetzen wie in Anwendungen. Eine dieser Ausnahmen ist das Laden von Dateien von dem lokalen Dateisystem, auf das Applets keinen Zugriff haben.

In Java gibt es für das Abfragen von Dateinamen eine vordefinierte Dialogklasse, die diese Aufgabe zu einem Kinderspiel macht. Die Rede ist von der Klasse `FileDialog`.[1] Mithilfe dieser Klasse können Sie in drei Anweisungen den Namen der zu öffnenden (oder zu speichernden) Datei vom Anwender abfragen:

```
FileDialog d = new FileDialog(this,"Bilddatei laden...",
                       FileDialog.LOAD);
d.setVisible(true);
m_dateiname = d.getFile();
```

Als Erstes wird eine Instanz der Klasse `FileDialog` gebildet. Wir haben die Variable für die Instanz einfach d genannt, da sie nur in den direkt folgenden Zeilen verwendet wird und ein aussagekräftigerer Name nicht erforderlich ist.

Analyse

Der Konstruktor der Klasse `FileDialog` erwartet

▨ eine Referenz auf das übergeordnete Fenster, das den Dialog »besitzen« soll (meist ist dies das aufrufende Fenster, also `this`),

▨ einen Titel für das Dialogfenster und

▨ die Angabe, ob eine Datei geladen (`FileDialog.LOAD`) oder gespeichert werden soll (`FileDialog.SAVE`). Dieser letzte Parameter sorgt dafür, dass der Bestätigungsbutton des Dialogs dem Anlass entsprechend beschriftet wird (unter Microsoft Windows beispielsweise ÖFFNEN bzw. SPEICHERN) und dass beim Speichern vor dem Überschreiben existierender Dateien gewarnt wird.

Durch den Aufruf der `setVisible(true)`-Methode wird der Dialog auf den Bildschirm gebracht. Die Ausführung des Programms stoppt an dieser Stelle so lange, bis der Anwender den Dialog beendet hat. Den vom Anwender ausgewählten Dateinamen kann man danach mithilfe der `FileDialog`-Methode `getFile()` abfragen. Hat der Anwender den Dialog ohne Auswahl eines Dateinamens abgebrochen, wird der Wert `null` zurückgeliefert.

Obiger Code fragt lediglich den Namen der Datei ab, nicht den Pfad! Damit die Datei danach vom Programm geöffnet werden kann, muss sich die Datei also im aktuellen Verzeichnis befinden. Ist dies nicht der Fall, müssen Sie noch mithilfe der Methode `getDirectory()` das im Dialog ausgewählte Verzeichnis abfragen.

Beachten Sie, dass das `FileDialog`-Objekt keine wirklichen Dateioperationen ausführt. Es wird lediglich der Dateiname ermittelt, mehr nicht. Um das Laden (oder Speichern) müssen wir uns schon selbst kümmern, siehe nachfolgender Abschnitt.

---

1. Alternativ können Sie auch die Swing-Klasse `JFileChooser` verwenden.

11.3 Laden und Anzeigen von Bildern

Nun können wir uns endlich dem Kernaspekt des Bildbetrachter-Programms zu wenden: dem Laden der Bilder.

In Java ist es möglich, Bilddateien, die im GIF-, PNG- oder JPEG-Format vorliegen, direkt zu laden und anzuzeigen. Dabei kommen zwei Klassen zum Einsatz:

- Image aus dem Paket java.awt ist eine abstrakte Basisklasse, welche Methoden zum Verarbeiten und Anzeigen von Bilddaten bereitstellt.

- ImageIcon aus dem Paket javax.swing ist eine konkrete Klasse, die zum blockierenden Laden von Bildern verwendet werden kann.

Das typische Vorgehen ist dabei zunächst das Anlegen einer Instanz von ImageIcon, wobei man dem Konstruktor den Namen der gewünschten Datei übergibt. Nun kann man mit der Methode getImage() daraus ein Image-Objekt extrahieren und für die eigentliche Verarbeitung einsetzen:

```
// Laden eines Bildes
String dateiname = "EineBilddatei.jpg";
ImageIcon tmp = new ImageIcon(dateiname);
Image aktBild = tmp.getImage();
```

Wenn Sie statt eines einfachen Dateinamens den kompletten Pfad zur gewünschten Datei angeben, verwenden Sie Schrägstriche »/« zur Trennung der Verzeichnisse.

Aber schauen wir uns doch gleich die vollständige Definition der Methode bildLaden() an, in der wir den Dialog zum Abfragen des Dateinamens aufrufen und das Bild in unser Image-Objekt laden:

```
// in Klasse CBildbetrachter
70   public void bildLaden(){
71     FileDialog d = new FileDialog(this,"Bilddatei laden...",
72                           FileDialog.LOAD);
73     d.setVisible(true);
74     m_dateiname = d.getFile();
75
76
77     // Falls der Benutzer keine Datei ausgewählt hat, wird null
78     // zurückgegeben
79     // Dann nichts weiter tun
80     if(m_dateiname == null)
81       return;
82
```

```
83      // Bild laden
84      ImageIcon tmp = new ImageIcon(m_dateiname);
85      m_aktBild = tmp.getImage();
86
87      // Die Begrenzungskoordinaten des Bildes ermitteln
88      m_bildBreite = m_aktBild.getWidth(m_bildanzeige);
89      m_bildHoehe = m_aktBild.getHeight(m_bildanzeige);
90
91      m_bild_x1 = m_Xpos;
92      m_bild_y1 = m_Ypos;
93      m_bild_x2 = m_bild_x1 + m_bildBreite;
94      m_bild_y2 = m_bild_y1 + m_bildHoehe;
95
96      m_bildanzeige.repaint();
97    }
```

Analyse

Nach der erfolgreichen Auswahl eines Dateinamens wird in den Zeilen 84 und 85 die Bilddatei in das Image-Objekt (m_aktBild) geladen. Ab diesem Zeitpunkt können wir nun mit dem Bild arbeiten.

Für viele Zwecke ist es wünschenswert, die genauen Maße des geladenen Bilds parat zu haben. Hierfür stellt uns die Image-Klasse die Methoden getWidth() und getHeight() zur Verfügung, die die Breite und Höhe in Pixeln (also als ganzzahlige Werte) zurückliefern. Als Parameter erwarten beide Methoden eine Referenz auf das Leinwand-Objekt, in dem das Bild angezeigt werden soll (Zeilen 88 und 89).

Nun ist das Bild geladen und kann innerhalb der paintComponent()-Methode unserer Leinwand-Komponente angezeigt werden (siehe Abschnitt 11.1).

Abb. 11.1: Der Bildbetrachter

Nicht blockierendes Laden

Bei Einsatz der Klasse `ImageIcon` erfolgt das Laden des Bilds blockierend, d.h., das Programm wird bei der Abarbeitung der Anweisung

```
ImageIcon tmp = new ImageIcon("affe.gif");
```

so lange hängen, bis die gewünschte Datei vollständig geladen worden ist. In der Regel ist dies auch nicht weiter schlimm, da solche Ladevorgänge sehr schnell ablaufen. Manchmal ist es aber vielleicht für den Anwender störend, längere Zeit untätig warten zu müssen, beispielsweise wenn sehr viele Bilder geladen werden sollen. Für solche Fälle bietet Java das nichtblockierende Laden mit den folgenden Klassen an:

- Toolkit (Paket `java.awt`) zum Durchführen des Ladeprozesses

- MediaTracker (Paket `java.awt`) zum Überwachen des Ladevorgangs

Der typische Einsatz sind folgendermaßen aus:

```
Toolkit toolKit = Toolkit.getDefaultToolkit();
MediaTracker ladeKontrolle = new MediaTracker(this);
Image[] bilder = new Image[2]; // zwei Bilder parallel laden

bilder[0] = toolKit.getImage("affe.gif");
bilder[1] = toolKit.getImage("maus.gif");
ladeKontrolle.addImage(bilder[0],0);
ladeKontrolle.addImage(bilder[1],1);
```

Zunächst muss man sich mit der statischen `Toolkit`-Methode `getDefault-Toolkit()` ein `Toolkit`-Objekt besorgen. Dieses Objekt bildet die Schnittstelle zwischen Java und dem jeweiligen Window-System (z.B. Windows XP) und stellt u.a. die Methode `getImage()` bereit, mit der man das Laden anstoßen kann, indem man ihr den gewünschten Dateinamen übergibt. Wichtig ist hierbei der Umstand, dass der `getImage()`-Aufruf nicht blockierend ist, d.h., das Programm macht gleich weiter mit den nachfolgenden Anweisungen, während parallel hierzu die `Toolkit`-Instanz das Laden besorgt.

Damit ergibt sich aber das Problem, dass das Programm nun nicht mehr weiß, wann die begonnenen Ladevorgänge abgeschlossen sind. Bevor auf die `Image`-Objekte zugegriffen wird, ist es daher ratsam, sicherzustellen, dass das Laden beendet ist. Hierzu dient die Klasse `MediaTracker`. Man erzeugt eine Instanz dieser Klasse und registriert bei ihr mittels `addImage()` die `Image`-Referenzen, die `getImage()` geliefert hat. Das zweite Argument zu `addImage()` ist eine frei wählbare, aber eindeutige Kennnummer. Möchte man später auf das Bild zugreifen, übergibt die zugehörige Kennnummer der Methode `waitForID()`. Diese wartet, bis das Laden endgültig beendet worden ist (falls das Bild schon bereit ist, kehrt `waitForID()` sofort zurück).

```
try {
  // warten auf Bild 0
  ladeKontrolle.waitForID(0);
}
catch(InterruptedException e) {
  // Das Laden ist fehlgeschlagen
  System.out.println();
}
```

Warteoperationen können in Java immer `InterruptedException` auslösen, so dass noch eine entsprechende try-catch-Absicherung notwendig ist.

Neben dem Warten auf eine ganz bestimmte Ladeoperation (Lade-ID) kann man auch pauschal auf alle von einem `Tracker`-Objekt überwachten Ladevorgänge mit der Methode `waitForAll()` warten.

11.4 Zusammenfassung

Bilder werden in Java-Programmen durch die Klasse `Image` repräsentiert. Zum blockierenden Laden verwendet man am besten die Klasse `ImageIcon`. Für das nichtblockierende Laden und Überwachen des Ladevorgangs dient die Kombination `Toolkit.getImage()` und `MediaTracker.waitForID()`.

Um ein Bild aus einer `Image`-Instanz in ein `Canvas`-Objekt (oder ein Panel etc.) zu zeichnen, benutzt man die `drawImage(Image, int, int, ImageObserver)`-Methode des zugehörigen `Graphics`-Objekts.

Dialoge zum Abfragen von Dateinamen (beispielsweise zum Öffnen oder Speichern) werden als Instanzen der Klasse `FileDialog` (oder `JFileChooser`) erzeugt.

11.5 Fragen und Antworten

F: Kann man in geladene Bilder zeichnen?

Ja. Mithilfe der `paint()`-Methode der `Image`-Instanz, in die das Bild geladen wurde.

11.6 Übungen

1. Erweitern Sie den Bildbetrachter um die Möglichkeit, Bilder aus beliebigen Verzeichnissen zu laden.

2. Erweitern Sie den Bildbetrachter um die Behandlung von Mausereignissen, so dass der Anwender das Bild in der Leinwand-Komponente verschieben kann (Tipp: `mouseDragged()`-Methode des `MouseMotionListener` implementieren).

jetzt lerne ich

Text, Text, Text

Mittlerweile haben Sie schon einen Großteil der Klassen und Interfaces des AWT kennen gelernt und sind mit den wichtigsten Konzepten bestens vertraut. Vermutlich dürfte es Ihnen leichter fallen, eine GUI-Oberfläche für ein Programm aufzusetzen, als die Flugbahn einer Pershing-Rakete zu berechnen. Und wenn es mit Ihren Programmen doch einmal nicht von Anfang an so klappt, wie Sie sich das wünschen, trösten Sie sich damit, dass man Programme nachbessern kann, während falsch gesteuerte Raketen ...

Doch dies soll noch nicht unser Schlusswort sein. Bevor wir von den Anwendungen zu den Applets übergehen, wollen wir uns noch etwas intensiver der Textverarbeitung zuwenden. Wir haben auch zu diesem Thema wieder ein Beispielprogramm (einen Texteditor) vorbereitet, das wir aufgrund seiner Größe allerdings nicht vollständig abdrucken können (zumal Sie auch sicher nicht bereit wären, es ganz abzutippen). Prinzipiell besteht dazu aber auch kein Anlass, da ein Großteil des Quelltextes aus Wiederholungen und Adaptionen aus früheren Kapiteln besteht.

Wir werden daher so vorgehen, dass wir zuerst das grobe Design des Texteditors besprechen und uns dann aus dem Code die Rosinen herauspicken. Den vollständigen Quelltext finden Sie auf der Buch-CD.

Zuletzt sei noch angemerkt, dass das hier vorgestellte Programm (der Texteditor) schon ein gutes Stück über das Niveau eines Einsteigers hinausgeht. Wir denken aber, dass Sie mittlerweile durchaus auf einem Niveau angelangt sind, wo Sie sich an schwierigere und komplexere Aufgaben heranwagen sollten, und dazu soll Ihnen dieses Kapitel Gelegenheit geben.

Sie lernen in diesem Kapitel

– den Einsatz der `JTextArea`-Komponente,

– den Umgang mit Document-Modellen und EditorKits,

– den Umgang mit Fonts (Schriftarten),

– die Ereignisbehandlung für Kombinationsfelder,

– das Suchen nach Textstellen,

– das Drucken von Text,

– die Implementierung eigener Dialogfenster,

– die Unterstützung der Zwischenablage.

12.1   Ein Texteditor

Wie soll unser Texteditor aussehen? Nun, er soll eine Menüleiste haben, mit Befehlen zum Laden und Speichern, zur Unterstützung der Zwischenablage und zum Suchen. Das Menüsystem könnte beispielsweise folgendermaßen aufgebaut sein:

Datei
  Laden
  Speichern
  Drucken
  Beenden

Bearbeiten
  Ausschneiden
  Kopieren
  Einfügen

Suchen
  String suchen

Außerdem wollen wir Kombinationsfelder vorsehen, über die der Anwender Schriftart, Schriftstil und Schriftfarbe verändern kann.

Den meisten Raum nimmt aber natürlich die Textkomponente (`JTextArea`) ein, in der der Text angezeigt und bearbeitet werden kann.

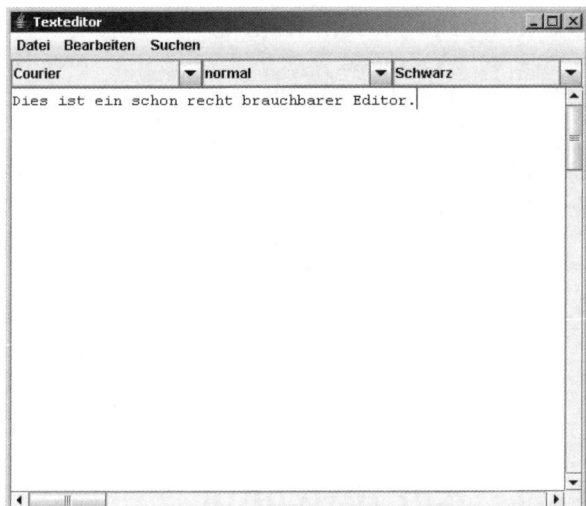

Einen Eindruck davon, wie dies als Programm aussehen könnte, bekommen Sie, wenn Sie sich Abbildung 12.1 anschauen. Zugegeben, das Layout entspricht nicht gerade dem, was Sie von Windows vermutlich gewohnt sind, aber Java- und Internet-Programmierer sind halt anarchisch und bevor wir uns Vernunft und Pragmatismus beugen, nehmen wir uns die Freiheit zu experimentieren.

12.2 Umgang mit Text: JTextField, JTextArea und JTextPane

Swing kennt drei sehr praktische Komponenten für den Umgang mit Text: JTextField, JTextArea und JTextPane, die allesamt auf die gemeinsame Basisklasse JTextComponent zurückgehen. Allerdings erlaubt JTextField nur die Bearbeitung einzeiliger Texte, während mit JTextArea und JTextPane auch mehrzeilige Texte angezeigt und editiert werden können. Folglich eignet sich die JTextField-Komponente vor allem dazu, vom Anwender irgendwelche Daten abzufragen (wie zum Beispiel in dem Such-Dialog, den wir in Abschnitt 12.4 implementieren werden), während die JTextArea- und die JTextPane-Komponente zum Einsatz kommen, wenn es um die Bearbeitung größerer Texte und Dateien geht. JTextPane ist dabei die fortschrittlichste Komponente. Sie erlaubt die unterschiedliche Formatierung einzelner Textpassagen und bietet Unterstützung für HTML- und RTF-Texte.

269

Einrichtung der JTextArea-Komponente

In unserem Programm wollen wir eine JTextArea-Komponente verwenden. Wir erzeugen sie im Konstruktor der Fensterklasse.

Wir setzen die Nummerierung der Quelltextzeilen kontinuierlich fort, damit Sie an der Nummerierung besser ablesen können, wie die einzelnen Teile zusammengehören (ansonsten finden Sie den vollständigen Quelltext wie üblich auf der Buch-CD).

Listing 12.1:
CEditor.java

```
...
10 public class CEditor extends JFrame  {
11    // Konstanten für die Größe der Textfläche
12    final int ZEILEN  = 100;
13    final int SPALTEN = 400;
...
18    private CTextAnzeige m_textanzeige;
...
34    CEditor(String titel) {
35       super(titel);
...
70       // Textkomponente anlegen
71       m_textanzeige = new CTextAnzeige(ZEILEN, SPALTEN);
72       m_textanzeige.setEditable(true);
```

Wie Sie sehen können, instanziieren wir die Klasse JTextArea allerdings nicht direkt (obwohl dies durchaus erlaubt ist). Stattdessen haben wir eine eigene Klasse von der Basisklasse JTextArea abgeleitet, die wir besser an unsere Bedürfnisse anpassen können.

```
463 class CTextAnzeige extends JTextArea implements Printable {
464    // der Konstruktor
465    CTextAnzeige(int zeilen, int spalten) {
466       super(zeilen,spalten);
467    }
...
```

Die Klasse überschreibt noch eine Methode zur Unterstützung der Ausgabe auf den Drucker, aber das heben wir uns für später auf. Bleiben wir erst einmal bei der Textanzeige.

Textanzeige scrollbar machen

Wie groß wird unsere Textanzeige auf dem Bildschirm?

Wir werden später die Textanzeige in die CENTER-Position eines Panels mit BorderLayout aufnehmen und die bevorzugte Größe für dieses Panel (das ansonsten noch die Kombinationsfelder zur Auswahl der Schriftformatierungen enthält) auf 500 mal 400 Pixel festlegen. Dadurch ist die Größe der Textanzeige ungefähr festgelegt. Der Anwender kann sie bei Ausführung des Programms durch Aufziehen des Fensterrahmens jederzeit anpassen.

Das ist aber nicht der Punkt. Worauf wir hinaus wollen, ist, dass es egal wie groß die Textanzeige ist, immer zu ladende Dateien geben wird, die nicht vollständig in der Textanzeige angezeigt werden können. Aus diesem Grund müssen wir die Textanzeige scrollbar machen.

Zu diesem Zweck erzeugen wir ein JScrollPane-Objekt und machen unsere Textkomponente zum Viewport dieses Objekts.

```
74    // Textkomponente scrollbar machen
75    JScrollPane scroll = new JScrollPane();
76    scroll.getViewport().add(m_textanzeige);
```

Das JScrollPane-Objekt sorgt dann für die Bildlaufleisten.

Ob Bildlaufleisten eingeblendet werden oder nicht, hängt davon ab, ob die Textkomponente (der Viewport des JScrollPane-Objekts) im JScrollPane-Objekt vollständig angezeigt werden kann oder nicht. Kann der Viewport vollständig angezeigt werden, braucht man keine Bildlaufleisten. Wenn Sie möchten, dass stets Bildlaufleisten angezeigt werden (auch zu Anfang des Programms, auch für kleine Dateien), müssen Sie die JTextArea-Komponente so einrichten, dass sie größer ist, als das JScrollPane-Objekt. Obiger Code berücksichtigt dies bereits. Die JTextArea-Komponente wird für 100 Zeilen und 400 Spalten angelegt, was auf jeden Fall größer ist als das JScrollPane-Objekt im 500x400-Panel.

Schließlich müssen wir noch dafür sorgen, dass die in den Kombinations- und Listenfeldern angezeigten Optionen für Schriftart, Schriftstil und Schriftfarbe mit den Einstellungen für die Schrift der JTextArea-Komponente übereinstimmen.

Nachdem die JTextArea-Komponente und die Instanzen der Kombinationsfelder angelegt wurden (siehe Abschnitt 12.3), wählen wir in jedem Feld eine Option aus und aktualisieren dann die Schriftart und die Vordergrundfarbe für die JTextArea-Komponente.

```
115    // Font, Farbe und Schriftstil festlegen
116    m_fonts.setSelectedItem("SansSerif");
117    m_styles.setSelectedItem("normal");
118    m_farben.setSelectedIndex(0);
119    fontAktualisieren();
```

Analyse

Die Aktualisierung des Fonts (und der Vordergrundfarbe) haben wir in eine eigene Methode ausgelagert. Der Grund hierfür ist, dass der Font natürlich nicht nur eingangs des Programms aktualisiert werden muss, sondern auch

271

dann, wenn der Anwender in einem der Kombinationsfelder eine Auswahl trifft. In der entsprechenden Ereignisbehandlungsmethode brauchen wir dann nur ebenfalls unsere fontAktualisieren()-Methode aufzurufen.

```
191    // Den aktuellen Font ermitteln
192    // Methode von CEditor
193    void fontAktualisieren() {
194      int fontstil;
195      String farbe, fontname, style;
196      int punktgröße;
197
198      // Die zur Zeit gesetzten Attribute ermitteln und setzen
199      fontname = (String) m_fonts.getSelectedItem();
200      style    = (String) m_styles.getSelectedItem();
201      farbe    = (String) m_farben.getSelectedItem();
202
203      if(farbe.equals("Schwarz"))
204        m_textanzeige.setForeground(Color.black);
205
206      if(farbe.equals("Rot"))
207         m_textanzeige.setForeground(Color.red);
208
209      if(farbe.equals("Grün"))
210        m_textanzeige.setForeground(Color.green);
211
212      if(farbe.equals("Blau"))
213        m_textanzeige.setForeground(Color.blue);
214
215      if(farbe.equals("Magenta"))
216         m_textanzeige.setForeground(Color.magenta);
217
218      if(farbe.equals("Cyan"))
219         m_textanzeige.setForeground(Color.cyan);
220
221      if(farbe.equals("Gelb"))
222         m_textanzeige.setForeground(Color.yellow);
223
224
225      // Der Stil eines Fonts ist die Summe der Konstanten
226      // PLAIN, ITALIC und BOLD
227      fontstil = Font.PLAIN;
228
229      if(style.equals("kursiv"))
230        fontstil += Font.ITALIC;
231
232      if(style.equals("fett"))
233        fontstil += Font.BOLD;
234
```

```
235     // den neuen Font aktivieren
236     m_textanzeige.setFont(new Font(fontname,fontstil,14));
237
238   } // Ende von 'fontAktualisieren'
```

Fonts

Um die in einer Komponente zu verwendende Schriftart festzulegen, benutzt man die `JComponent`-Methode `setFont(Font)`. Dieser übergibt man eine Instanz der Java-Klasse `Font`, die man meistens direkt im Aufruf der `setFont()`-Methode erzeugt:

```
m_textanzeige.setFont(new Font(fontname, Fontstil, 14));
```

Als Parameter übergibt man dem Konstruktor der `Font`-Klasse

  den Namen des Fonts,

  den zu verwendenden Stil, bei dem es sich um eine Kombination der Konstanten `Font.PLAIN` (normal), `Font.ITALIC` (kursiv) und `Font.BOLD` (fett) handelt, sowie

  die Größe des Fonts (Schriftgrad).

Fonts

Die zur Verfügung stehenden Fonts sind systemabhängig. Oft werden auch verschiedene Namen von Java auf den gleichen Font abgebildet. Im Programmcode verwenden wir beispielsweise einige Fontnamen, die in der Regel auf Windows-Plattformen vorhanden sind, deren Gebrauch in Java allerdings nicht weiter empfohlen wird. Stattdessen sollten Sie für bestmögliche Kompatibilität folgende Fontnamen verwenden:

alter Fontname	neuer Fontname
TimesRoman	Serif
Helvetica	SansSerif
Courier	Monospaced

Tabelle 12.1:
Fontnamen

Wenn Sie einen unbekannten Fontnamen verwenden, wird dieser mit einem Standard-Font verbunden.

Wenn Sie sich darüber informieren wollen, welche Fonts auf einem System unterstützt werden, benutzen Sie die Methode `getAvailableFontFamilyNames()` der `GraphicsEnvironment`-Klasse (siehe Übung 1).

273

Text laden und speichern

Um den Text aus einer Datei in die JTextArea-Komponente zu laden, öffnen Sie zuerst die Datei (den Namen und Pfad der Datei sollten Sie in einem File-Dialog abfragen, siehe Kapitel 11.2) und laden den Text aus einem File-Reader-Objekt in einen StringBuffer (siehe Kapitel 6.6). Dann erzeugen Sie eine String-Instanz, die Sie mit dem Inhalt des StringBuffers initialisieren. Schließlich rufen Sie die Methode setText() der jeweiligen JTextArea-Komponente auf und übergeben ihr den neuen Text (die gerade initialisierte String-Instanz). Zu guter Letzt setzen Sie mithilfe der Methode setCaret-Position () die Einfügemarke vor das erste Zeichen im Text.

```
241    // Eine Textdatei laden
242    // Methode von CEditor
243    void dateiLaden() {
244      FileDialog d = new FileDialog(this,"Text laden...",
245                                  FileDialog.LOAD);
246
247      d.setVisible(true);
248      m_dateiname = d.getDirectory();
249      m_dateiname += d.getFile();
250
251      // Falls der Benutzer keine Datei ausgewählt hat,
252      // wird null zurückgegeben
253      // Dann nichts weiter tun
254      if(m_dateiname == null)
255        return;
256
257      // Einen Eingabestrom öffnen und die Datei laden
258      StringBuffer lesepuffer= new StringBuffer(ZEILEN * SPALTEN);
259
260      try {
261        FileReader eingabe = new FileReader(m_dateiname);
262
263        // solange Zeichen lesen, bis das Dateiende ( = -1)
264        // erreicht ist
265        char zeichen;
266        int gelesen;
267        int zeilen = 0;
268        boolean weiter = true;
269
270        while(weiter) {
271          gelesen = eingabe.read();
272
273          if(gelesen == -1) {
274            weiter = false;
275            continue;
276          }
```

274

```
277
278            zeichen = (char) gelesen;
279            lesepuffer.append(zeichen);
280        }
281
282        // Datei schließen
283        eingabe.close();
284
285        m_aktText = new String(lesepuffer);
286        m_textanzeige.setText(m_aktText);
287        m_textanzeige.setCaretPosition(0);
288    }
289    catch(EOFException e) {
290        // auf diese Exception haben wir ja gewartet
291        // nichts weiter tun.
292    }
293    catch(FileNotFoundException e) {
294        System.out.println("Datei nicht vorhanden oder
                                              lesbar!\n");
295        m_dateiname = null;
296    }
297    catch(IOException e) {
298        // Sonst irgendwas ist schiefgegangen
299        System.out.println("Fehler beim Lesen der Datei " +
300                        m_dateiname + "\n");
301        m_dateiname = null;
302    }
303 } // Ende von 'dateiLaden'
```

Beim Speichern des Textes lassen Sie sich dagegen den Text aus der JText-Area-Komponente von der Methode getText() zurückliefern und weisen ihn einer String-Instanz zu. Den Inhalt des Strings schreiben Sie dann Zeichen für Zeichen in ein FileWriter-Objekt (siehe Kapitel 6.3).

Weitere Möglichkeiten zur Textbearbeitung können Sie der Liste der JText-Area-Methoden entnehmen (siehe API-Dokumentation oder Kapitel 13.5).

Die Swing-Komponenten zur Textbearbeitung arbeiten alle mit internen Document-Objekten. Im Document-Objekt der Textkomponente wird der Text gespeichert. Das Document-Objekt legt fest, wie der Text organisiert ist, es stellt Methoden zur Manipulation des Textes bereit und arbeitet mit verschiedenen Listener-Schnittstellen zusammen.

Document-Modelle

Für Standardaufgaben braucht man sich um die zugrunde liegenden Document-Objekte keine Gedanken zu machen. Fortgeschrittene Programmierer können eigene Document-Klassen und -Objekte erzeugen und diese mit ihren Textkomponenten verbinden. Auf diese Weise kann man das Verhalten von Textkomponenten anpassen. So verwenden `JTextField`, `JTextArea` und `JEditorPane` beispielsweise `PlainDocument`-Objekte, während `JTextPane` mit einem `DefaultStyledDocument`-Objekt arbeitet.

Im Rahmen dieses Buchs können wir die `Document`-Objekte ruhig unterschlagen. Wenn Sie sich aber versichern wollen, dass auch Ihre `JTextArea`-Komponente mit einem `Document`-Objekt arbeitet, dann lesen Sie den Text der Datei wie üblich mithilfe eines `FileReader` in ein `StringBuffer`-Objekt. Dann lassen Sie sich von der Methode `getDocument()` Ihrer Textkomponente das zugrunde liegende `Document`-Objekt zurückliefern. Dessen `insertString()`-Methode verwenden Sie dann zum Einlesen des Textes aus dem Stringpuffer. Das Ganze müssen Sie noch in einen try/catch-Block hüllen, um `BadLocationExceptions` abzufangen.

```
try {
  m_textanzeige.getDocument().insertString(0,
                              new String(lesepuffer), null);
}
catch (BadLocationException e) {
  System.err.println(e.getMessage());
}
```

12.3   Kombinationsfelder

Zur Auswahl des Fontnamens, des Schriftstils und der Schriftfarbe stellen wir dem Anwender entsprechende Kombinationsfelder zur Verfügung.

Kombinationsfelder sind Instanzen der Klasse `JComboBox`. Mithilfe der Methode `addItem()` werden Optionen zur Auswahl in die Kombinationsfelder eingefügt.

```
// im Konstruktor CEditor()
82    // Auswahl von Schriftarten
83    m_fonts = new JComboBox();
84    m_fonts.addItem("Courier");
85    m_fonts.addItem("Helvetica");
86    m_fonts.addItem("TimesRoman");
87
88    // Auswahl von Schriftstilen
89    m_styles = new JComboBox();
90    m_styles.addItem("normal");
91    m_styles.addItem("kursiv");
92    m_styles.addItem("fett");
93
```

```
94     // Auswahl von Schriftfarben
95     m_farben = new JComboBox();
96     m_farben.addItem("Schwarz");
97     m_farben.addItem("Rot");
98     m_farben.addItem("Grün");
99     m_farben.addItem("Blau");
100     m_farben.addItem("Gelb");
101     m_farben.addItem("Cyan");
102     m_farben.addItem("Magenta");
```

Um die Kombinationsfelder nebeneinander auszurichten, legen wir ein Panel an, in das wir die Steuerelemente aufnehmen. *Panel-Struktur des Fensters*

```
78     // Inneres Panel für die Auswahlmöglichkeiten
79     JPanel p_innen = new JPanel();
80     p_innen.setLayout(new GridLayout(1,4));
...
104     p_innen.add(m_fonts);
105     p_innen.add(m_styles);
106     p_innen.add(m_farben);
```

Das Panel mit den Kombinationsfeldern fügen wir zusammen mit der JScrollPane für unsere Textkomponente in ein zweites Panel mit Border-Layout ein. Das Panel mit den Kombinationsfeldern kommt nach »Norden«, das JScrollPane-Objekt in die »Mitte«. Das BorderLayout-Panel nehmen wir in das Fenster auf.

```
66     // Panel für den Textbereich und die Auswahlfelder
67     JPanel p_außen = new JPanel();
68     p_außen.setLayout(new BorderLayout());
...
108     p_außen.setPreferredSize(new Dimension(500,400));
109     p_außen.add("Center",scroll);
110     p_außen.add("North",p_innen);
...
113     add(p_außen);
```

Listenelemente auswählen

In Abschnitt 12.2 haben wir bereits darauf hingewiesen, dass wir zur Initialisierung des Fonts der JTextArea-Komponente zuerst in jedem Kombinationsfeld ein Element auswählen und dann den Font auf der Grundlage der ausgewählten Optionen aktualisieren. Auf diese Weise ist sichergestellt, dass die eingestellten Optionen und der verwendete Font bei Programmstart zueinander passen.

Wie kann man nun aber aus dem Programm heraus, ein Element eines Kombinationsfelds auswählen?

277

Man ruft dazu eine der Methoden `setSelectedItem()` oder `setSelectedIndex()` der Komponente auf:

```
115     // Font, Farbe und Schriftstil festlegen
116     m_fonts.setSelectedItem("SansSerif");
117     m_styles.setSelectedItem("normal");
118     m_farben.setSelectedIndex(0);
119     fontAktualisieren();
```

Wir haben uns dieser Methoden bereits weiter oben im Konstruktor der Fensterklasse bedient, um die Voreinstellungen für die Schrift festzulegen.

Beachten Sie, dass das erste Element den Index 0 hat.

Ausgewählte Listenelemente ermitteln

An sich ist es aber eher die Ausnahme, dass das Programm ein Element eines Kombinationsfelds auswählt. Der eigentliche Sinn und Zweck eines Kombinationsfelds ist es ja schließlich, dass der Anwender einen Eintrag auswählt und das Programm entsprechend reagiert.

Dazu müssen wir eine Lauscher-Klasse definieren, die das `ItemListener`-Interface implementiert, und eine Instanz unserer Lauscher-Klasse für die Auswahlfelder registrieren:

```
// Im Konstruktor CEditor() der Fensterklasse
122     // Die verschiedenen Adapterklassen für das Maus Handling
123     class CMeinItemAdapter implements ItemListener {
124       public void itemStateChanged(ItemEvent e) {
125           fontAktualisieren();
126       }
127     }
...
167     CMeinItemAdapter itemlistener = new CMeinItemAdapter();
168     m_fonts.addItemListener(itemlistener);
169     m_styles.addItemListener(itemlistener);
170     m_farben.addItemListener(itemlistener);
```

Analyse Jedes Mal, wenn wir in einem Kombinationsfeld eine Auswahl treffen, wird ein `ItemEvent` erzeugt und die Ereignisbehandlungsmethode `itemStateChanged()` aufgerufen. Daran kann unser Programm erkennen, dass der Font sich womöglich geändert hat. In der Implementierung der `itemStateChanged()`-Methode rufen wir daher unsere selbst definierte Methode `fontAktualisieren()` auf (siehe Abschnitt 12.2).

In dieser Methode können Sie sehen, wie auf die ausgewählten Einträge zugegriffen wird:

```
193   void fontAktualisieren() {
194      int fontstil;
195      String farbe, fontname, style;
196      int punktgröße;
197
198      // Die zur Zeit gesetzten Attribute ermitteln und setzen
199      fontname = (String) m_fonts.getSelectedItem();
200      style    = (String) m_styles.getSelectedItem();
201      farbe    = (String) m_farben.getSelectedItem();
202
203      if(farbe.equals("Schwarz"))
204        m_textanzeige.setForeground(Color.black);
...
```

Die Methode getSelectedItem() liefert einen String zurück, der den Titel des   *Analyse*
ausgewählten Eintrags enthält. Durch entsprechende String-Vergleiche kann
dann der Font korrekt aktualisiert werden.

12.4   Eigene Dialoge

Häufig besteht von Seiten des Programms die Notwendigkeit, den Anwender
über irgendeine Komplikation zu informieren (beispielsweise, dass eine zu öff-
nende Datei nicht geladen werden konnte) oder irgendwelche Informationen
von ihm abzufragen (beispielsweise müssen wir in unserem Texteditor nach
Aufruf des Menübefehls »String suchen« abfragen, nach welchem Text gesucht werden soll).

Hierfür benutzt man spezielle Fenster, die so genannten *Dialoge*. Was ist das
Besondere an den Dialogen?

Dialoge

Zuerst einmal sind Dialoge ganz normale Fenster, d.h., wir leiten für unsere
Dialoge eigene Klassen ab, nehmen im Konstruktor des Dialogs die gewünschten Oberflächenelemente auf, richten diese mithilfe der Layout-Manager aus, sorgen für die Implementierung der windowClosing()-Methode des
WindowListener-Interface, bilden eine Instanz für unseren Dialog und zeigen
diese an.

Vom Grundprinzip her läuft also alles genau so ab, wie wir es vom Umgang
mit Fenstern gewohnt sind. Im Detail gibt es allerdings einige kleinere Besonderheiten zu beachten:

- Dialogfenster sind meist nicht in der Größe veränderbar.

- Dialogfenster werden nach Gebrauch meist direkt wieder geschlossen,
  d.h., sie müssen vom Bildschirm verschwinden (und zwar ohne dass dabei

279

gleich das ganze Programm beendet wird, wie wir es bisher beim Schließen des Hauptfensters gehandhabt haben).

▓ Wenn der Dialog dazu dient, Informationen vom Anwender abzufragen,
muss das Programm diese Informationen aus dem Dialog auslesen und
verarbeiten.

▓ Andererseits muss der Anwender die Möglichkeit haben, den Dialog zu
verlassen, ohne dass seine Angaben ausgewertet werden.

Schauen wir uns also an, wie wir diesen Anforderungen beim Aufsetzen unserer Dialogklasse für die Abfrage des Suchtextes gerecht werden.

```
397  // die Dialogklasse für die Eingabe des Suchstrings
398  class CFrageDialog extends JDialog implements ActionListener {
399    private JTextField eingabefeld;
400    private JButton oK, abbruch;
401    private String suchstring;
402
403    // der Konstruktor
404    CFrageDialog(JFrame f, String titel) {
405      super(f,titel,true);  // Konstruktor der Basisklasse
406      setResizable(false);
407
408      setLayout(new BorderLayout());
409
410      // es werden 2 Panels angelegt. Das eine enthält das
411      // TextField,das andere die Buttons
412      JPanel panel1 = new JPanel();
413      JLabel label = new JLabel("Bitte Suchstring eingeben:");
414      panel1.add(label);
415      eingabefeld = new JTextField(40);
416      panel1.add(eingabefeld);
417      add("Center",panel1);
418
419      JPanel panel2 = new JPanel();
420      oK = new JButton("OK");
421      abbruch = new JButton("Abbruch");
422      panel2.add(oK);
423      panel2.add(abbruch);
424      add("South",panel2);
425
426      pack();    // Anordnung der Oberflächenelemente auf
427               // bevorzugte Größe initialisieren
428
429      // das Maus-Handling für die Buttons  macht die Klasse
430      // selbst, also bei sich selber registrieren
431      oK.addActionListener(this);
432      abbruch.addActionListener(this);
```

```
433
434    // Fenster schließen = Fenster verbergen
435    setDefaultCloseOperation(WindowConstants.HIDE_ON_CLOSE);
436  }
437
438  public void actionPerformed(ActionEvent e)  {
439    String label;
440
441    label = e.getActionCommand();
442
443    if(label.equals("Abbruch")) {
444      suchstring = null;
445      setVisible(false);
446      return;
447    }
448
449    if(label.equals("OK")) {
450      suchstring = eingabefeld.getText();
451      setVisible(false);
452      return;
453    }
454  } // Ende von 'ActionPerformed'
455
456  // Diese Funktion liefert den eingegebenen Suchstring zurück
457  public String getString()  {
458    return suchstring;
459  }
460 } // Ende von 'CFrageDialog'
```

Die erste Besonderheit ist, dass wir unsere Dialogklasse nicht von JFrame oder *Analyse*
JWindow ableiten, sondern von der speziellen Swing-Klasse JDialog (Zeile
398).

Keine Besonderheit ist es dagegen, dass wir unsere Dialogklasse auch gleich
das ActionListener-Interface (für die Schalter zum Verlassen des Dialogs) implementieren lassen. Dies geschieht vornehmlich aus Bequemlichkeit – wir
hätten ebenso gut wie üblich eine eigene Klasse zur Implementierung des Interface definieren können.

Der Konstruktor

Dialoge haben spezielle Konstruktoren, die sich in ihren Parametern von den
Konstruktoren normaler Fenster unterscheiden.

Alle Dialogkonstruktoren erwarten als ersten Parameter eine Referenz auf das
übergeordnete Rahmenfenster. Da wir den Dialog später innerhalb der Suchmethode unserer Fensterklasse instanziieren werden, können wir diesem Parameter einfach die this-Variable übergeben:

281

```
// in void stringSuchen()
372     frage = new CFrageDialog(this,"Suchen");
```

Als weitere Parameter können Sie einen Titel für den Dialog und/oder einen booleschen Wert übergeben, der spezifiziert, ob der Dialog modal (`true`, Vorgabe) oder nicht modal (`false`) angezeigt werden soll.

Modale und nicht modale Dialoge

Ein modaler Dialog blockiert die weitere Programmausführung, d.h., der Anwender ist gezwungen, zuerst das Dialogfenster zu bearbeiten und zu schließen, bevor er mit dem Programm weiterarbeiten kann. Modale Dialoge eignen sich also nicht für Fälle, in denen der Anwender öfter zwischen Dialog und Hauptprogramm hin und her springen möchte. In solchen Fällen sollte man einen nicht modalen Dialog erzeugen (wie zum Beispiel den Inspektor des JBuilder oder die Rollups von Corel Draw).

Geht es aber um mehr oder weniger einmalige Einstellungen oder die Anzeige wichtiger Informationen, die der Anwender unbedingt gleich zur Kenntnis nehmen sollte, sind modale Dialoge genau richtig.

Dialoge haben meist eine feste Größe

Im Gegensatz zu normalen Fenstern sind Dialoge üblicherweise nicht in ihrer Größe veränderlich (d.h., der Anwender kann den Rahmen des Dialogs nicht aufziehen). Um dies zu erreichen, rufen wir im Konstruktor die Methode `setResizable()` auf und übergeben ihr den Wert `false`.

Dialoge schließen

Das wichtigste Thema ist das Schließen des Dialogs und die Übergabe der im Dialog vorgenommenen Einstellungen/Eingaben an die Anwendung. Im Gegensatz zum Hauptfenster soll das Schließen des Dialogfensters nicht das ganze Programm beenden, so dass wir diesmal der Methode `setDefaultCloseOperation()` den Parameter `HIDE_ON_CLOSE` übergeben. (Wir tun dies nur, um die Lesbarkeit des Quelltextes zu verbessern: `HIDE_ON_CLOSE` ist sowieso die Voreinstellung für Swing-Fenster.)

Neben dem Schließfeld verfügen die meisten Dialoge noch über zwei Schalter zum Verlassen des Dialogs: »OK« und »Abbrechen«. Wir benötigen also eine Ereignisbehandlung:

```
438     public void actionPerformed(ActionEvent e)  {
439        String label;
440
441        label = e.getActionCommand();
442
```

```
443    if(label.equals("Abbruch")) {
444      suchstring = null;
445      setVisible(false);
446      return;
447    }
448
449    if(label.equals("OK")) {
450      suchstring = eingabefeld.getText();
451      setVisible(false);
452      return;
453    }
454  } // Ende von 'ActionPerformed'
```

Wurde der ABBRECHEN-Schalter gedrückt, bedeutet dies, dass der Anwender die Suche abbrechen möchte. Wir setzen daher den Suchstring auf null und blenden den Dialog aus. Wurde dagegen der OK-Schalter gedrückt, lesen wir den zu suchenden String aus dem Eingabefeld des Dialogs aus und blenden den Dialog aus.

Die weitere Verarbeitung der Eingabe aus dem Such-Dialog bleibt dann der Methode überlassen, die den Such-Dialog aufgerufen hat. Damit diese aber die Möglichkeit hat, den Suchstring von der Dialog-Instanz abzufragen (Letztere ist ja immer noch vorhanden, nur nicht mehr auf dem Bildschirm als Dialog sichtbar), definieren wir in der Dialogklasse noch die Methode get-String().

```
457    public String getString() {
458      return suchstring;
459    }
460  } // Ende von 'CFrageDialog'
```

Da wir den Dialog als lokale Variable der Methode definieren, die den Such-Dialog instanziiert und aufruft, wird der Dialog nach Beendigung dieser Methode automatisch vom Java-Speicherbereiniger aufgelöst.

Dies bedeutet aber auch, dass nach der Auflösung der Dialog-Instanz nicht mehr auf deren Daten zugegriffen werden kann. Speziell für die Implementierung von nicht modalen Dialogen ist es daher wichtig, auf die Lebensdauer der Dialoginstanzen zu achten.

Schauen wir uns also als Nächstes an, wie man nach ausgesuchten Textstellen in einem Text sucht und wie wir unseren Such-Dialog dabei einsetzen können.

12.5   Nach Textstellen suchen

Das Suchen nach bestimmten Wörtern oder Textstellen ist in Java dank der vordefinierten Methoden der Klassen String und JTextArea glücklicherweise nicht sonderlich schwer zu implementieren:

```
364   // Diese Funktion sucht einen String im Text
365   // Methode von CEditor
366   void stringSuchen() {
367     String suchstring;
368     CFrageDialog frage;
369     int Index;
370
371     // Ein Textfeld aufmachen, um nach dem Suchstring zu fragen
372     frage = new CFrageDialog(this,"Suchen");
373     frage.setLocation(150,150);
374     frage.pack();
375     frage.setVisible(true);
376     suchstring = frage.getString();
377
378     if(suchstring == null)
379       return;
380
381     // nun suchen
382     m_aktText = m_textanzeige.getText();
383     Index = m_aktText.indexOf(suchstring);
384
385     if(Index == -1) {
386       JOptionPane.showMessageDialog(null,
387                           "String nicht gefunden","Meldung",
                              JOptionPane.INFORMATION_MESSAGE);
388     } else
389       // Den String hervorheben
390       m_textanzeige.select(Index,Index + suchstring.length() );
391
392   } // Ende von 'stringSuchen'
393
394 } // Ende von Klasse 'CEditor'
```

Analyse   Als Erstes rufen wir natürlich unseren Suchdialog auf (siehe oben). Da der Dialog modal angezeigt wird, können wir nach der Ausführung der Anweisung

```
375     frage.setVisible(true);
```

sicher sein, dass der Anwender den Dialog bereits bearbeitet und geschlossen hat. Was wir noch nicht wissen, ist ob der Anwender einen Suchbegriff eingegeben und auf OK gedrückt hat oder ob er den Dialog über den ABBRECHEN-Schalter oder das Schließfeld verlassen hat. Da wir bei der Implementierung unserer Dialogklasse dafür gesorgt haben, dass in den beiden letzteren Fällen der Suchstring auf `null` gesetzt wird, brauchen wir jetzt nur den Suchstring vom Dialog abzufragen (`frage.getString()`) und dann zu überprüfen, ob `Suchstring` gleich `null` ist.

Wurde vom Anwender ein Suchstring eingegeben und der Dialog über den OK-Schalter verlassen, beginnt die eigentliche Suche.

Dazu müssen wir lediglich die String-Methode `indexOf()`, der wir als einzigen Parameter den zu suchenden String übergeben, auf den Text unserer `JText-Area`-Komponente anwenden. Als Belohnung erhalten wir die Position des ersten Vorkommens des Suchbegriffs in unserem Text.

Mithilfe der Methode `select()` markieren wir dieses Vorkommen, damit das Ergebnis der Suche dem Anwender auch direkt ins Auge springt.

Wurde kein Vorkommen gefunden, liefert die Methode `indexOf()` den Wert `-1` zurück und wir geben eine entsprechende Meldung aus, dass der Suchbegriff nicht gefunden wurde.

Die Methode `indexOf(String)` liefert immer die erste Position des übergebenen Suchstrings im zu durchsuchenden Text. Wenn Sie nach weiteren Vorkommen des Suchstrings fahnden wollen, können Sie die Methode `indexOf(String, int)` benutzen, der Sie als zweiten Parameter den Index der Position übergeben, ab der die Suche beginnen soll.

Dialogfenster mit JOptionPane

Dialogfenster zum Anzeigen von kleinen Meldungen (wie zum Beispiel in obigem Listing) oder um vom Benutzer Eingaben einzulesen, können in Swing schnell und bequem mit der Klasse `JOptionPane` realisiert werden. Es handelt sich hierbei um eine sehr vielseitige Klasse und wir müssen uns leider auf drei interessante Methoden konzentrieren:

- `showConfirmDialog()` erzeugt eine Dialogbox mit einer Frage und Schalter für *Yes, No* und *Cancel,*

- `showInputDialog()` generiert eine Dialogbox, die eine Texteingabe erwartet,

- `showMessageDialog()` erzeugt eine Dialogbox mit einer Nachricht.

Die Methode `showConfirmDialog()` erwartet als ersten Parameter den Container, zu dem der Dialog gehört. Wenn Sie für diesen Parameter `null` übergeben, wird der Dialog zentriert auf dem Bildschirm angezeigt. Der zweite Parameter ist das anzuzeigende Objekt. Dies kann ein String sein, ein Symbol oder sogar eine andere Komponente. Teilweise sind die Methoden noch wei-

showConfirm-Dialog()

285

ter überladen, um zusätzliche Argumente (beispielsweise den Titel des Dialogs zu übernehmen).

Als Rückgabewert wird ein `int` geliefert, das Aufschluss darüber gibt, was der Benutzer angeklickt hat. Entsprechend der angezeigten Schalter sind dies `JOptionPane.YES_OPTION`, `JOptionPane.NO_BUTTON` und `JOptionPane.CANCEL_BUTTON`.

Ein typischer Einsatz wäre:

```
int antwort;
antwort = JOptionPane.showConfirmDialog(null,"Mögen Sie Swing?");
if(antwort == JOptionPane.YES_OPTION){
    // ...
}
```

showInput-Dialog()
Die Methode `showInputDialog()` wird nach dem gleichen Muster aufgerufen. Der erste Parameter ist der besitzende Container (oder `null`), als Zweites folgt ein String, Symbol oder eine andere Komponente. Lediglich der Rückgabewert ist anders, nämlich vom Typ `String`:

```
String antwort;
antwort = JOptionPane.showInputDialog(null,
                          "Welchen Prozessor haben Sie?");
```

showMessage-Dialog()
Die Methode `showMessageDialog()` hat ebenfalls die gleichen Parameter. Da nur eine Botschaft angezeigt wird, wird kein Wert zurückgeliefert:

```
JOptionPane.showMessageDialog(null, "Dies ist ein Meldungsdialog.");
```

12.6　Unterstützung der Zwischenablage

Zu guter Letzt wollen wir noch die Menübefehle zur Unterstützung der Zwischenablage einrichten: Ausschneiden, Kopieren, Einfügen.

Rekapitulieren wir kurz, wie wir die bisher beschriebenen Menübefehle implementiert haben:

Für jeden Menübefehl haben wir

▪ ein `JMenuItem`-Objekt erzeugt und in ein Popup-Menü aufgenommen:

```
JMenu menu1 = new JMenu("Datei");
JMenuItem item1_1 = new JMenuItem("Datei laden");
menu1.add(item1_1);
```

▪ den Menübefehl mit einem `ActionListener`-Objekt verbunden:

```
CMeinActionLauscher  actionlistener = new CMeinActionLauscher();
item1_1.addActionListener(actionlistener);
```

In der ActionListener-Klasse wurde ermittelt, welcher Menübefehl ausgewählt wurde, und dann die entsprechende Methode zur Bearbeitung des Menübefehls aufgerufen.

```
129    class CMeinActionLauscher implements ActionListener {
130      public void actionPerformed(ActionEvent e) {
131        String label;
132
133        label = e.getActionCommand();
134
135        if(label.equals("Datei laden"))
136          dateiLaden();
137
138        if(label.equals("Datei speichern"))
139          dateiSpeichern();
140
141        if(label.equals("Datei drucken"))
142          dateiDrucken();
143
144        if(label.equals("Programm beenden"))
145          System.exit(0);
146
147        if(label.equals("String suchen"))
148          stringSuchen();
149      }
150    }
```

Für Standardbefehle wie das Ausschneiden, Kopieren und Einfügen von Text in und aus der Zwischenablage verfügen die Textkomponenten von Swing bereits über fertig implementierte Behandlungsmethoden, die in Action-Objekten gekapselt sind. Die Action-Objekte selbst sind wieder in EditorKits gekapselt. Mithilfe dieser vordefinierten Action-Objekte ist die Unterstützung der Zwischenablage ein Kinderspiel – vorausgesetzt, man weiß, wie man die Action-Objekte mit Menübefehlen verbindet.

Zuerst passt man die Menüstruktur an:

```
52    JMenu menu2 = new JMenu("Bearbeiten");
53    JMenuItem item2_1 = new JMenuItem("Ausscheiden");
54    JMenuItem item2_2 = new JMenuItem("Kopieren");
55    JMenuItem item2_3 = new JMenuItem("Einfügen");
56    menu2.add(item2_1);
57    menu2.add(item2_2);
58    menu2.add(item2_3);
59    menueleiste.add(menu2);
```

Dann liest man die Befehle aus der Textkomponente in eine Hash-Tabelle ein. Dies geschieht vor allem zu unserer Bequemlichkeit (mehr über Hash-Tabellen finden Sie in Kapitel 7.4).

287

```
172     // Befehle für die Zwischenablage
173     // erzeuge Action-Tabelle
174     m_befehle = new Hashtable<String,Action>();
175     Action[] actionsArray = m_textanzeige.getActions();
176     for (int i = 0; i < actionsArray.length; i++) {
177         Action a = actionsArray[i];
178         m_befehle.put((String) a.getValue(Action.NAME), a);
179     }
```

Zum Abschluss werden die Befehle mit den Menübefehlen verbunden:

```
181     item2_1.addActionListener(m_befehle.get(
182                             DefaultEditorKit.cutAction));
183     item2_2.addActionListener(m_befehle.get(
184                             DefaultEditorKit.copyAction));
185     item2_3.addActionListener(m_befehle.get(
186                             DefaultEditorKit.pasteAction));
```

Und das funktioniert? Wo steht der Code zum Ausschneiden von Text, wer überwacht, welche Textpassagen markiert sind, wo steht der Befehl zum Löschen? All das ist schon im EditorKit der Textkomponente vorhanden.

12.7   Drucken mit PrinterJob

Betrachten wir nun die letzte Neuerung, die das Beispiel für Sie noch bereithält: das Drucken des Textes!

Um das Drucken des Textes in der Textkomponente zu unterstützen, bedarf es zweier Erweiterungen:

■ Es muss ein Menübefehl zum Drucken eingerichtet (ist bereits geschehen) und mit einer Behandlungsfunktion verbunden werden, in der der Druck gestartet wird.

■ Die Textkomponente muss »druckbar« gemacht werden, d.h., sie muss die Schnittstelle Printable implementieren.

Druck starten

PrinterJob   Unsere Behandlungsfunktion heißt dateiDrucken().

```
345     // den aktuellen Text drucken
346     // Methode von CEditor
347     void dateiDrucken() {
348         PrinterJob  druckJob = PrinterJob.getPrinterJob();
349
350         druckJob.setPrintable(m_textanzeige);
351         PageFormat seitenFormat =
352                     druckJob.pageDialog(druckJob.defaultPage());
```

```
353
354    if(druckJob.printDialog()) {
355    try  {
356      druckJob.print();
357    }
358    catch(Exception e) {
359      System.out.println("Fehler beim Drucken");}
360    }
361  }
```

Die entscheidende Klasse ist `PrinterJob` (die im Paket `java.awt.print` definiert ist; vergessen Sie also nicht die entsprechende `import`-Anweisung in Ihren Programmen!). Allerdings kann das Programm die benötigte `Printer-Job`-Instanz nicht selbst erzeugen, sondern es muss diese beim Betriebssystem anfordern – und zwar mithilfe der Methode `getPrinterJob()` der Klasse `PrinterJob`:

```
348    PrinterJob  druckJob = PrinterJob.getPrinterJob();
```

Wenn die Anfrage erfolgreich war, erhalten wir ein `PrinterJob`-Objekt, das mithilfe der Methode `setPrintable()` die auszudruckenden Daten anfordert. Unsere Textkomponente, die wir der Methode als Argument übergeben, muss auf diesen Aufruf vorbereitet sein und die Daten in einer `print`-Methode zurückliefern (siehe nächster Abschnitt).

Das eigentliche Ausdrucken erfolgt dann mithilfe der Methode `print()`:

```
druckJob.print();
```

Textkomponente druckbar machen

Damit der Inhalt der Textkomponente ausgedruckt werden kann, müssen Sie   *Printable*
die `print`-Methode des `Printable`-Interface implementieren. In dieser Methode zeichnet die Komponente ihren Inhalt in einen Grafikkontext, der der Methode als Argument übergeben wird.

Beim eigentlichen Drucken (siehe oben) wird diese Methode von einem `PrinterJob`-Objekt aufgerufen, das einen passenden Grafikkontext übergibt.

```
463 class CTextAnzeige extends JTextArea implements Printable {
...
469    // die print-Methode des Interface Printable
470    public int print(Graphics g, PageFormat pf, int pi)
471                              throws PrinterException {
472    if(pi >= 1)
473      return Printable.NO_SUCH_PAGE;
474
475    Graphics2D g2d = (Graphics2D) g;
476
477    // auf den sichtbaren Bereich ausrichten
```

289

```
478        g2d.translate(pf.getImageableX(), pf.getImageableY());
479        paint(g2d);
480
481        return Printable.PAGE_EXISTS;
482    }
483 }
```

Wie Sie beim Ausprobieren des Programms feststellen werden, druckt die obige Methode immer nur die erste Seite der aktuellen Datei aus. Woran liegt das? Die aktuelle geladene Datei wird nicht automatisch Seite für Seite ausgedruckt. Vielmehr ist es Ihre Aufgabe bzw. die Ihrer print-Methode, festzulegen, wo die Seiten anfangen und aufhören und wie viele Seiten ausgedruckt werden sollen. Zu diesem Zweck übergibt das PrinterJob-Objekt Ihrer print-Methode den Parameter pi, der die Anzahl der bisher gedruckten Seiten angibt. Unsere Methode prüft den Wert von pi, um den Druck direkt nach dem Ausdruck der ersten Seite abzubrechen (Rückgabewert Printable.NO_SUCH_PAGE). Eine professionellere Methode würde – vorausgesetzt, die zu druckende Datei ist groß genug – den Inhalt der nächsten Seite für den Druck vorbereiten und Printable.PAGE_EXISTS zurückliefern. Die Seite würde daraufhin gedruckt und das PrinterJob-Objekt würde print erneut aufrufen. Dieses Spiel wird fortgesetzt, bis die print-Methode erkennt, dass der Ausdruck zu beenden ist, und den Rückgabewert Printable.NO_SUCH_PAGE zurückliefert.

Reden wir nicht um den heißen Brei herum, die obige Druckunterstützung ist nur eine erste, noch etwas behelfsmäßige Lösung. Da uns aber für ausführlichere Erläuterungen zu diesem Thema hier der Platz fehlt, müssen wir Sie mit diesem Stand vertrösten. Für interessierte Leser haben wir uns aber erlaubt, zwei weiterführende Editor-Implementierungen aus unserem Java-Kompendium mit auf die Buch-CD, Verzeichnis zu diesem Kapitel, zu packen.

12.8 Zusammenfassung

Für die Textbearbeitung stehen Ihnen die Komponenten JTextField, JTextArea und JTextPane zur Verfügung. JTextField erlaubt nur die Anzeige und Bearbeitung einzeiliger Texte, JTextArea und JTextPane unterstützen auch mehrzeilige Texte.

Um einer JTextArea-Komponente nach deren Initialisierung einen neuen Text zuzuweisen, können Sie die Methode setText(String) verwenden. Umgekehrt können Sie den aktuellen Text einer JTextArea-Komponente mithilfe der Methode getText() abfragen.

Um eine JTextArea-Komponente scrollbar zu machen, nimmt man sie in den Viewport eines JScrollPane-Objekts auf.

Zur Unterstützung der Zwischenablage sind in den Textkomponenten von Swing bereits passende Befehle in Form von `Action`-Objekten vordefiniert.

Fonts (Schriftarten) werden in Java-Programmen durch Instanzen der Klasse `Font` repräsentiert. Um ein Font-Objekt zu erzeugen, übergeben Sie dem Konstruktor den Font-Namen, den Font-Stil und den Schriftgrad.

Dialoge werden von der Klasse `JDialog` abgeleitet und üblicherweise mit `setResizable(false)` vor Größenänderungen geschützt. Einfache Dialoge können mithilfe der Methoden der Klasse `JOptionPane` erzeugt werden. Modale Dialoge müssen vom Anwender geschlossen werden, bevor er zum Hauptprogramm zurückkehren kann. Nicht modale Dialoge können während der weiteren Arbeit im Hauptfenster geöffnet bleiben.

Zum Suchen in Texten verwendet man die `String`-Methode `indexOf()`.

Zum Ausdrucken von Texten benötigt man ein `PrinterJob`-Objekt und eine Textkomponente, die die `print()`-Methode aus dem `Printable`-Interface implementiert.

12.9 Fragen und Antworten

F: Überlegen Sie sich, ob Sie in den folgenden Fällen lieber eine `JTextField`- oder eine `JTextArea`-Komponente verwenden:

a) Sie wollen in einem Dialogfenster den Namen des Anwenders abfragen.

b) Sie wollen in einem Dialogfenster den Text einer Lizenzvereinbarung anzeigen.

c) Sie brauchen eine Komponente zum Bearbeiten von Textdateien.

   a) JTextField; b) JTextArea; c) JTextArea

F: Wie können Sie erreichen, dass der in einer `JTextArea`-Komponente angezeigte Text einer Datei nicht vom Anwender überschrieben oder geändert werden kann?

Wenn der in einer `JTextArea`-Komponente angezeigte Text vom Anwender nicht editiert werden soll, rufen Sie die `setEditable(boolean)`-Methode der `JTextArea`-Komponente auf und übergeben Sie als Wert für den Parameter `false`.

F: Worin besteht der Vorteil eines nicht modalen Dialogfensters für den Anwender?

Nicht modale Dialogfenster können während der weiteren Arbeit mit dem Hauptprogramm geöffnet bleiben (im Gegensatz zu modalen Dialogfenstern).

F: Worin besteht der Nachteil eines nicht modalen Dialogfensters für den Programmierer?

Die Schwierigkeit bei der Implementierung nicht modaler Dialogfenster liegt darin, dass der Programmierer nach Aufruf von `setVisible(true)` für den Dialog nicht davon ausgehen kann, dass der Dialog beendet wurde. Es stellt sich damit unter anderem die Frage, wann die Einstellungen in dem Dialog Gültigkeit erlangen sollen. Üblicherweise verfügen nicht modale Dialoge über einen zusätzlichen Schalter ÜBERNEHMEN. Wird dieser Schalter gedrückt, sollen die Einstellungen gültig werden (d.h. vom Hauptprogramm ausgelesen und umgesetzt werden), der Dialog aber weiter geöffnet bleiben (im Gegensatz zur Betätigung des OK-Schalters). Da das Drücken des OK- oder ÜBERNEHMEN-Schalters eines nicht modalen Dialogs aber praktisch zu jedem Zeitpunkt der Programmausführung erfolgen kann, müssen nicht modale Dialoge global (und nicht als lokale Variablen) deklariert werden.

F: Wie kann man einen Editor mithilfe von AWT-Klassen erstellen?

Statt `JFrame`, `JTextField`, `JTextArea`, `JPanel`, `JComboBox` und `JDialog` würde man `Frame`, `TextField`, `TextArea`, `Panel`, `Choice` und `Dialog` verwenden. Leider ist es aber nicht mit der Änderung der Klassennamen getan, da es in der Programmierung der Komponenten neben vielen Gemeinsamkeiten auch etliche Unterschiede gibt. So bringt beispielsweise die `TextArea`-Komponente gleich ihre eigenen Bildlaufleisten mit, die man durch Übergabe passender Konstanten an den Konstruktor einblenden lassen kann.

12.10 Übungen

1. In Abschnitt 12.3 haben wir das Kombinationsfeld `m_fonts` mit den Namen einiger weit verbreiteter Fonts initialisiert. Mithilfe der `Graphics-Environment`-Methode `getAvailableFontFamilyNames()` ist es allerdings auch möglich, die Namen der auf einem System installierten Font-Familien abzufragen. Nutzen Sie dies, um das Kombinationsfeld automatisch mit den zugänglichen Fonts zu initialisieren.

2. Unsere Suchfunktion aus Abschnitt 12.5 findet immer nur das erste Vorkommen des Suchbegriffs im Text. Wie könnte man das Programm so abwandeln, dass die Suche für den gleichen Begriff fortgesetzt werden kann?

KAPITEL 13

Menüs und andere Oberflächenelemente

So weit, so gut! Sie wissen jetzt, wie man Fenster erzeugt, wie man Komponenten in ein Fenster aufnimmt und in diesem anordnet, und Sie wissen, wie man Ereignisse abfängt und beantwortet. Sie können Grafiken erzeugen, Bilder laden, Text bearbeiten. Eigentlich wissen Sie also schon alles, was es über die Erstellung von GUI-Anwendungen zu wissen gibt. Im Grunde genommen könnten wir also gleich zur Applet-Programmierung übergehen. Doch ob Sie nun GUI-Anwendungen oder Applets programmieren wollen, stets benutzen Sie für die Erzeugung von Oberflächenelementen (Schalter, Optionsfelder etc.) die Klassen der AWT- und/oder Swing-Komponenten und so lohnt es sich sicherlich, wenn wir uns noch ein bisschen intensiver mit den Möglichkeiten der AWT- und Swing-Komponenten auseinander setzen. Begeben Sie sich also mit uns auf einen Streifzug durch den Teil der AWT/Swing-Klassenhierarchie, der den verschiedenen von der Basisklasse Component abgeleiteten Oberflächenelementen gewidmet ist.

Leider reicht der uns in diesem Buch zur Verfügung stehende Raum nicht aus, um alle Steuerelemente ausführlich zu beschreiben, aber dies ist ja auch gar nicht notwendig, da es zum JDK eine hervorragende API-Dokumentation[1] gibt, die Sie auf der Buch-CD finden oder in der aktuellsten Version vom Java-Server http://java.sun.com herunterladen können. Wir beschränken uns in diesem Kapitel daher darauf, Ihnen die wichtigsten Steuerelemente und deren Verwendung vorzustellen. Eine Auswahl der interessantesten Konstruktoren und Methoden soll Ihnen aufzeigen, was man mit den Steuerelementen machen kann und wonach Sie in der Online-Dokumentation Ausschau halten

---

1. Leider nur auf englisch.

sollten. Ergänzt werden diese doch sehr theoretischen Ausführungen durch die praktischen Übungen am Ende des Kapitels und die Hinweise auf frühere Kapitel, in denen die betreffenden Elemente schon zum Einsatz kamen.

Sie lernen in diesem Kapitel

– wie Menüleisten realisiert werden,

– welche wichtigen Oberflächenelemente Ihnen zur Verfügung stehen,

– in welcher Beziehung diese Elemente zueinander stehen.

13.1 Die Komponentenhierarchie

Bevor wir uns den einzelnen Oberflächenelementen zuwenden, sollten wir uns anschauen, wie sich die Klassen, die diese Oberflächenelemente implementieren, in das Gefüge der AWT/Swing-Klassenhierarchie einordnen. Werfen wir also einen Blick auf den Zweig der Klassenhierarchie, der von der Basisklasse Component ausgeht.

Abb. 13.1: Ausschnitt aus der Hierarchie der Komponentenklassen

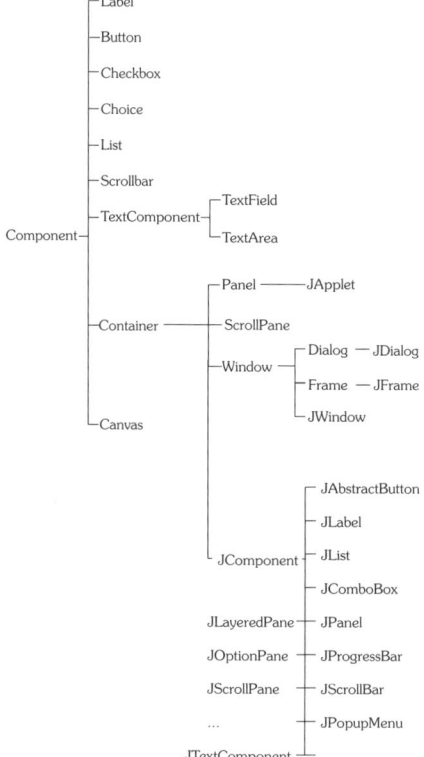

294

Da wären zuerst die typischen Steuerelemente, die Sie sicherlich von Ihren Windows-Programmen her kennen und die direkte Abkömmlinge der Basisklasse Component sind: Schalter (Button), statische Textfelder (Label), Listenfelder (List), Optionsfelder (Checkbox), Kombinationsfelder (Choice) und Bildlaufleisten (Scrollbar), aber auch die Texteingabefelder TextField und TextArea, die indirekt über die Klasse TextComponent von Component abgeleitet sind.

Die gleichnamigen Swing-Klassen (mit dem »J« vor dem Namen) sind Abkömmlinge der Basisklasse JComponent, die selbst von der AWT-Klasse Container abgeleitet ist. Die abgebildete Klassenhierarchie ist leider aus Platzgründen nicht ganz vollständig, darum möchten wir Sie noch einmal darauf hinweisen, dass es weit mehr Swing-Komponenten als AWT-Komponenten gibt (schauen Sie einfach in Ihre Java-Dokumentation, Pakete java.awt und javax.swing).

Danach kommen die Container: Komponenten, die andere Komponenten in sich aufnehmen können. Die Container kann man wiederum in drei Typen unterscheiden: Container, die Fenster sind (hierzu gehören beispielsweise auch die von uns bereits verwendeten Klassen Frame und JFrame), und Container, die einfach nur einen definierten Bereich bezeichnen und mit oder ohne Bildlaufleisten ausgestattet sind (Panel und ScrollPane), sowie die neuen Swing-Container, die auf ..Pane auslaufen und von den Basisklassen Container/JComponent abgeleitet sind.

13.2　Die Basisklasse Component

Alle nachfolgend aufgeführten Komponenten stammen direkt oder indirekt von der Klasse Component ab und haben folglich deren Methoden und Funktionalität geerbt.

Beginnen wir unseren Streifzug durch die Komponentenklassen also damit, dass wir uns zuerst die Methoden anschauen, die auf die Klasse Component zurückgehen und die für alle Oberflächenelemente zur Verfügung stehen:

Methode	Beschreibung
add(PopupMenu)	Verbindet die Komponente mit einem Kontextmenü.
add...Listener(...Listener)	Ein Satz von Methoden zur Registrierung eines entsprechenden Lauscher-Objekts.
contains(int x, int y)	Prüft, ob die übergebene x,y-Koordinate im Bereich der Komponente enthalten ist (x und y werden relativ zum Koordinatensystem der Komponente angegeben).
getBackground()	Liefert die aktuelle Hintergrundfarbe zurück.

Tabelle 13.1:
Auswahl der
wichtigsten
Component-
Methoden

*Tabelle 13.1:
Auswahl der
wichtigsten
Component-
Methoden
(Forts.)*

Methode	Beschreibung
getBounds()	Liefert das umgebende Rechteck der Komponente.
getComponentAt(int x, int y)	Liefert die untergeordnete Komponente, die die Position (x,y) umschließt.
getCursor()	Liefert die Form zurück, die der Cursor über der Komponente annimmt.
getFont()	Liefert die in der Komponente verwendete Schriftart zurück.
getForeground()	Liefert die aktuelle Vordergrundfarbe zurück.
getGraphics()	Liefert einen Grafikkontext für die Komponente zurück.
getLocation()	Liefert die Position der Komponente auf dem Bildschirm zurück.
getName()	Liefert den Variablennamen der Komponente zurück.
getParent()	Liefert die übergeordnete Komponente der Komponente zurück.
getSize()	Liefert die aktuelle Größe der Komponente zurück.
invalidate()	Erklärt den Zeichenbereich der Komponente für ungültig, um Neuzeichnen anzuregen.
isEnabled()	Prüft, ob die Komponente aktiviert ist.
isVisible()	Prüft, ob die Komponente sichtbar ist.
paint(Graphics)	Zeichnet die Komponente.
paintAll(Graphics)	Zeichnet die Komponente und alle untergeordneten Komponenten.
print(Graphics)	Druckt die Komponente.
printAll(Graphics)	Druckt die Komponente und alle untergeordneten Komponenten.
remove...Listener(...Listener)	Ein Satz von Methoden zur Streichung eines Lauscher-Objekts.
repaint()	Zum Neuzeichnen einer Komponente.
repaint(int, int, int, int)	Zum Neuzeichnen eines Teilbereichs einer Komponente.
setBackground(Color)	Bestimmt die zu verwendende Hintergrundfarbe.
setBounds()	Passt die Komponente dem neuen umgebenden Rechteck an.

Methode	Beschreibung
`setCursor()`	Bestimmt die Form, die der Cursor über der Komponente annehmen soll.
`setEnabled(boolean)`	Aktiviert oder deaktiviert die Komponente.
`setFont(Font)`	Bestimmt die in der Komponente zu verwendende Schriftart.
`setForeground(Color)`	Bestimmt die zu verwendende Vordergrundfarbe.
`setLocation(int, int)`	Verschiebt die Komponente an eine neue Position.
`setSize(int, int)`	Spezifiziert eine neue Breite und Höhe für die Komponente.
`setVisible(boolean)`	Macht eine Komponente sichtbar oder unsichtbar.
`update(Graphics)`	Aktualisiert eine Komponente durch Neuzeichnen.

Tabelle 13.1: Auswahl der wichtigsten Component-Methoden (Forts.)

13.3 Statische Textfelder (Label, JLabel)

Statische Textfelder, nach dem englischen Sprachgebrauch auch Labels genannt, dienen zur Anzeige von Texten, die der Anwender nicht ändern oder bearbeiten kann (im Gegensatz zu den von `TextComponent`/`JTextComponent` abgeleiteten Textfeldern, deren Inhalt sehr wohl vom Anwender bearbeitet werden kann und meist auch bearbeitet werden soll).

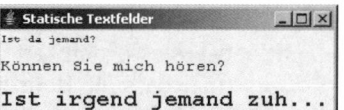

Abb. 13.2: Statische Textfelder

Vielleicht erinnern Sie sich an Kapitel 2.3, wo wir die Methode `drawString()` zur Ausgabe eines kleinen Textes auf dem Bildschirm benutzt haben? Wenn ja, fragen Sie sich jetzt vermutlich, wann man zur Anzeige eines Textes `drawString()` und wann man eine Label-Komponente verwendet?

Bedenken Sie, dass ein Label eine Komponente darstellt. Dies bedeutet, dass für Darstellung und Ausrichtung automatisch gesorgt wird (beispielsweise durch den verwendeten Layout-Manager). Wenn Sie die Methode `drawString()` benutzen, müssen Sie hingegen die Koordinaten für den Textanfang definitiv festlegen. Das kann ein Vorteil, aber auch ein Nachteil sein. Zudem ist `drawString()` an eine Instanz der Klasse `java.awt.Graphics` gebunden.

Um eine Label-Komponente in einen Container aufzunehmen, schreiben Sie:

SWING:

```
JLabel text = new JLabel("Ist da jemand");
add(text);
```

AWT:

```
Label text = new Label("Ist da jemand");
add(text);
```

Wenn Sie auf die Label-Komponente später nicht mehr zugreifen müssen, können Sie auch auf die Definition einer Objektvariablen verzichten:

```
add( new Label("Ist da jemand"));
```

Konstruktoren

Zur Instanzbildung stehen Ihnen folgende Konstruktoren zur Verfügung:

SWING:

- JLabel() erzeugt ein Label ohne Text.

- JLabel(String text) erzeugt ein Label mit dem spezifizierten Text.

- JLabel(String text, int ausrichtung) erzeugt ein Label mit dem spezifizierten Text und der gewünschten horizontalen Textausrichtung (SwingConstants.RIGHT, SwingConstants.LEFT, SwingConstants.CENTER etc.).

- JLabel(String text, Icon symbol, int ausrichtung) erlaubt die Einblendung von kleinen Grafiken im Label.

AWT:

- Die AWT-Klasse definiert die gleichen Konstruktoren wie die SWING-Klasse (nur dass die Konstruktoren natürlich Label heißen). Für die Ausrichtung können Sie die folgenden Konstanten verwenden: Label.RIGHT, Label.LEFT oder Label.CENTER).

Methoden

Zur Laufzeit können Sie unter anderem mit folgenden public-Methoden auf Ihre Label-Instanz zugreifen:

Methode	Beschreibung
AWT/SWING	
getText()	Liefert den aktuellen Text der Label-Komponente zurück.
setText(String)	Ändert den Text der Label-Komponente.

Methode	Beschreibung
Nur AWT	
`getAlignment()`	Liefert die aktuelle horizontale Ausrichtung der Label-Komponente zurück.
`setAlignment(int)`	Ändert die horizontale Ausrichtung der Label-Komponente.
Nur SWING	
`getHorizontalAlignment()`	Liefert die aktuelle horizontale Ausrichtung der Label-Komponente zurück.
`setHorizontalAlignment()`	Ändert die horizontale Ausrichtung der Label-Komponente.
`setIcon(Icon)`	Ändert das Symbol, das in der Label-Komponente angezeigt wird.
`setUI(LabelUI)`	Ändert das Look&Feel-Objekt der Label-Komponente.

Verwendung

Siehe Übungsteil.

13.4   Schaltflächen (Button, JButton)

Der Lebensinhalt eines Schalters besteht darin, gedrückt zu werden. Die meisten Anwender wissen dies und drücken die Schalter ganz automatisch. Allerdings erwartet der Anwender dann auch, dass etwas passiert, wenn er den Schalter drückt. Darin liegt die Hauptaufgabe bei der Implementierung von Schaltern: eine passende Ereignisbehandlungsmethode einzurichten (siehe Kapitel 8.3).

Abb. 13.3:
Schaltflächen

Ansonsten brauchen Sie sich nur einen geeigneten Titel für den Schalter auszudenken und ihn in Ihren Container aufzunehmen.

Um eine Button-Komponente in einen Container aufzunehmen, schreiben Sie:

SWING:

```
JButton schalter = new JButton("Klick mich");
add(schalter);
```

299

AWT:

```
Button schalter = new Button("Klick mich");
add(schalter);
```

Konstruktoren

Zur Instanzbildung stehen Ihnen folgende Konstruktoren zur Verfügung:

SWING:

- `JButton()` erzeugt einen Schalter ohne Titel.

- `JButton(String titel)` erzeugt einen Schalter mit dem spezifizierten Titel.

- `JButton(String text, Icon symbol)`, um Bilder in den Schalter einzublenden.

AWT:

- Die AWT-Klasse definiert die gleichen Konstruktoren wie die SWING-Klasse (nur dass die Konstruktoren natürlich `Button` heißen).

Methoden

Zur Laufzeit können Sie unter anderem mit folgenden `public`-Methoden auf Ihre Button-Instanz zugreifen:

Methode	Beschreibung
AWT/SWING	
`getLabel()`	Liefert den Titel des Schalters zurück (in Swing »deprecated«).
`setLabel(String)`	Ändert den Titel des Schalters (in Swing »deprecated«).
`getActionCommand()`	Liefert den Befehlsnamen des vom Schalter ausgelösten Action-Ereignisses (kann in ActionListener zur Unterscheidung der Schalter verwendet werden).
`setActionCommand(String)`	Ändert den Befehlsnamen des vom Schalter ausgelösten Action-Ereignisses.
Nur SWING	
`getText()`	Liefert den Titel des Schalters zurück.
`setText(String)`	Ändert den Titel des Schalters.
`setIcon(Icon)`	Ändert das Symbol, das in dem Schalter angezeigt wird.
`setUI(ButtonUI)`	Ändert das Look&Feel-Objekt der Button-Komponente.

300

Ereignisbehandlung

Für Schaltflächen implementiert man vornehmlich die Schnittstelle `Action-Listener`.

Verwendung

Siehe Kapitel 8, 9 und Übungsteil.

13.5 Eingabefelder (TextField und TextArea, JTextField und JTextArea)

Statische Textfelder sind ganz praktisch, erlauben aber nur die Anzeige einzelner Textzeilen (das Zeichen für den Zeilenumbruch (\n) wird nicht unterstützt) und können auch nicht vom Anwender bearbeitet werden. Wenn Sie also einen kleinen Texteditor schreiben oder auch nur den Namen des Anwenders abfragen wollen, kommen Sie mit statischen Textfeldern nicht weiter. Dann benötigen Sie eine TextField-Komponente (für einzelne, editierbare Zeilen) oder eine TextArea-Komponente (für mehrzeilige, editierbare Texte).

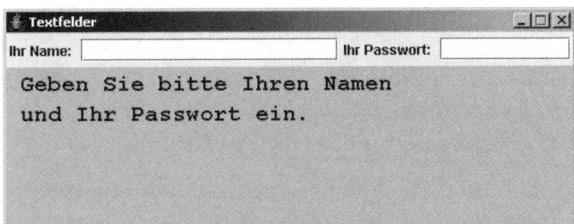

Abb. 13.4:
Eingabefelder

Um einzelne Informationen vom Anwender oder User abzufragen (beispielsweise Name und Adresse), benutzt man meist `JTextField`. Zur Anzeige oder Bearbeitung ganzer Texte verwendet man `JTextArea`.

Um eine TextField- oder TextArea-Komponente in einen Container aufzunehmen, schreiben Sie:

SWING:

```
JTextField autor = new JTextField();
add(autor);
JTextArea text = new JTextArea();
add(text);
```

> Swing stellt Ihnen als Alternative zu JTextArea noch die Klassen JEditPane und JTextPane zur Verfügung.

AWT:

```
TextField autor = new TextField();
add(autor);
TextArea text = new TextArea();
add(text);
```

Konstruktoren

Zur Instanzbildung stehen Ihnen die folgenden Konstruktoren zur Verfügung.

SWING:

- JTextField() erzeugt ein leeres Eingabefeld.

- JTextField(String text) erzeugt ein Eingabefeld, das anfänglich den übergebenen Text enthält.

- JTextField(int n) erzeugt ein Eingabefeld, mit Platz für n Zeichen.

- JTextField(String text, int n) erzeugt ein Eingabefeld, das anfänglich den übergebenen Text anzeigt und Platz für n Zeichen lässt.

Die Konstruktoren für die TextArea-Komponente lauten entsprechend, erwarten aber zwei int-Parameter: Der erste gibt die Anzahl der einzurichtenden Zeilen an, der zweite die Anzahl der Spalten.

- JTextArea(), JTextArea(String), JTextArea(int, int), JTextArea(String, int, int).

- Zusätzlich kennen JTextField und JTextArea Konstruktoren, die mit einem Document-Objekt arbeiten. Document-Objekte stellen Modelle für die Speicherung des Textes dar. Fortgeschrittene Programmierer können eigene Document-Objekte einrichten und dadurch das Verhalten ihrer Textkomponenten anpassen.

AWT:

- Die AWT-Klasse definiert die gleichen Konstruktoren wie die SWING-Klasse (nur dass die Konstruktoren natürlich TextField und TextArea heißen und keine Bildlaufleisten unterstützen).

- Für TextArea gibt es einen Konstruktor, dem man angeben kann, welche Bildlaufleisten die Komponente haben soll: TextArea(String, int, int, int), dem Sie den anfänglichen Text, die Anzahl der einzurichtenden Zeilen und Spalten und eine Konstante für die gewünschten Bildlaufleisten angeben (SCROLLBARS_BOTH, SCROLLBARS_HORIZONTAL_ONLY, SCROLLBARS_VERTICAL_ONLY, SCROLLBARS_NONE).

Methoden

Zur Laufzeit können Sie unter anderem mit folgenden `public`-Methoden auf Ihre Textfelder zugreifen:

Methode	Beschreibung
AWT/SWING	
getColumns()	Liefert die Breite des Textfelds als Anzahl Zeichen zurück.
setColumns(int)	Spezifiziert, wie viele Zeichen das Textfeld breit sein soll.
getRows()	Liefert die Höhe des Textfelds in Zeilen zurück (nur TextArea).
setRows(int)	Spezifiziert, wie viele Zeilen das Textfeld hoch sein soll (nur TextArea).
getCaretPosition()	Liefert die aktuelle Position der Einfügemarke zurück.
setCaretPosition(int)	Setzt die Einfügemarke auf die spezifizierte Position.
getText()	Liefert den Text im Textfeld zurück.
setText(String)	Weist dem Textfeld einen neuen Text zu.
getSelectedText()	Liefert den ausgewählten Text zurück.
getSelectionEnd()	Liefert das Ende des ausgewählten Textes zurück.
getSelectionStart()	Liefert den Anfang des ausgewählten Textes zurück.
setSelectionEnd(int)	Definiert das Ende des ausgewählten Textes.
setSelectionStart(int)	Definiert den Anfang des ausgewählten Textes.
select(int, int)	Wählt den Text zwischen den übergebenen Anfangs- und Endpositionen aus.
selectAll()	Wählt den gesamten Text in dem Textfeld aus.
append(String)	Hängt den übergebenen String an den aktuellen Text an (nur TextArea).
insert(String, int)	Fügt einen String an der spezifizierten Position in den aktuellen Text ein (nur TextArea).
isEditable()	Gibt an, ob der Text in dem Textfeld vom Anwender geändert werden kann oder nicht.
setEditable(Boolean)	Legt fest, ob der Text in der Komponente editiert oder nur gelesen werden kann.
Nur SWING	
copy()	Kopiert den ausgewählten Text in die Zwischenablage des Betriebssystems.
cut()	Löscht den ausgewählten Text und kopiert ihn in die Zwischenablage des Betriebssystems.

Methode	Beschreibung
paste()	Fügt den aktuellen Text aus der Zwischenablage des Betriebssystems ein.
setUI(TextUI)	Ändert das Look&Feel-Objekt der Textkomponente.

Ereignisbehandlung

Für Textkomponenten implementiert man vornehmlich die Schnittstellen ActionListener und TextListener, eventuell auch KeyListener, um das Eintippen Zeichen für Zeichen zu überwachen, oder DocumentListener für JTextField und JTextArea.

Die Swing-Komponenten unterstützen zusätzlich zum AWT-Listener-Modell zwei fortgeschrittene Konzepte zur Verarbeitung von Texteingaben: Keymaps (Verbinden einzelne Zeicheneingaben mit Befehlen) und Input-Methods (werden beispielsweise zur Unterstützung umfangreicher Zeichensätze, etwa der chinesischen Zeichen, benötigt).

Passwörter

Wenn Sie sensible Daten, wie zum Beispiel Kennwörter, vom Anwender abfragen, sollten Sie darauf achten, dass in den Eingabefeldern auf dem Bildschirm nicht die tatsächlich eingegebenen Zeichen dargestellt werden, sondern irgendwelche nichtssagenden Platzhalter (meist Sternchen *).

Wenn Sie mit AWT-Komponenten arbeiten, verwenden Sie dazu eine TextField-Komponente und die Methoden setEchoChar(char), getEchoChar() und echoCharIsSet().

Wenn Sie mit Swing-Komponenten arbeiten, verwenden Sie die JPasswordField-Komponente.

Verwendung

Siehe Kapitel 12 und Übungsteil.

13.6 Optionen (Checkbox, JCheckBox, JRadioButton)

Optionen gibt es in zwei Varianten, die unter Windows als Markierungskästchen und Optionsfelder (Radiobuttons) bezeichnet werden.

Markierungskästchen können immer unabhängig von allen anderen Markierungskästchen (und Optionsfeldern) selektiert oder deselektiert werden. Stellen Sie sich beispielsweise vor, Sie wollen ein Programm schreiben, dass die Eigenschaften verschiedener Tiere zu niedlichen, kleinen Monstern kombiniert (Sie sehen, wir sind wieder bei der Genmanipulation – dem einzigen Thema, das derzeit noch heißer ist als Java). In solch einem Fall könnten Sie die einzelnen Spezies, die als Ausgangsbasis für Ihre Experimente dienen, in Form einer Reihe von Markierungskästchen zur Verfügung stellen. Der Anwender kann dann eine beliebige Kombination auswählen.

Optionsfelder (Radiobuttons) werden dagegen immer in Gruppen zusammengefasst. Innerhalb einer solchen Gruppe kann dann stets nur eine Option ausgewählt werden. Trifft der Anwender also eine Entscheidung, wird die zuletzt gewählte Option automatisch (Ihr Programm braucht sich darum nicht zu kümmern) deselektiert. Wenn Sie dem Anwender also die Gelegenheit geben wollen, eine bestimmte Farbe aus einer vorgegebenen Palette auszuwählen, wäre eine Gruppe von Optionsfeldern also gerade richtig.

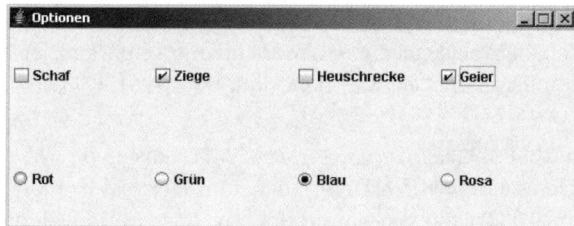

*Abb. 13.5:
Optionsfelder*

In der AWT-Bibliothek sind sowohl die Markierungskästchen als auch die Optionsfelder Instanzen der Klasse `Checkbox`.

AWT:

■ Um Markierungskästchen in einen Container aufzunehmen, schreiben Sie:

```
Checkbox schaf = new Checkbox("Schaf");
add(schaf);
```

■ Um ein Optionsfeld in eine Gruppe aufzunehmen, müssen Sie zuerst eine Instanz der Klasse `CheckboxGroup` für die Gruppe definieren und diese dann im Konstruktor des Optionsfelds angeben:

```
CheckboxGroup farbe = new CheckboxGroup();
Checkbox rot = new Checkbox("Rot",farbe,false);
add(rot);
```

SWING:

Die Swing-Bibliothek vertritt die Auffassung, dass nur dort Optionsfelder (englisch: Radiobuttons) drin sind, wo auch Radiobuttons drauf steht, und so gibt es in Swing zwei getrennte Klassen: `JCheckbox` für die Markierungskästchen und `JRadioButton` für die Optionsfelder.

305

In der Swing-Klasse sind `JCheckBox` und `JRadioButton` ebenso wie `JButton` von der Basisklasse `AbstractButton` abgeleitet. Tatsächlich verhalten sich alle drei Komponenten prinzipiell gleich und können daher mit den gleichen Methoden manipuliert werden.

- Um Markierungskästchen in einen Container aufzunehmen, schreiben Sie:

```
JCheckbox schaf = new JCheckbox("Schaf");
add(schaf);
```

- Um ein Optionsfeld in eine Gruppe aufzunehmen, müssen Sie die Optionsfelder als Instanzen der Klasse `JRadioButton` erzeugen, eine der Optionen auf `true` setzen und dann die Optionsfelder in ein `ButtonGroup`-Objekt einfügen:

```
JRadioButton b1 = new JRadioButton("Tiger");
JRadioButton b2 = new JRadioButton("Panther");
JRadioButton b3 = new JRadioButton("Leopard");
b3.setSelected(true);

ButtonGroup gruppe = new ButtonGroup();
gruppe.add(b1);
gruppe.add(b2);
gruppe.add(b3);
add(b1);
...
```

Konstruktoren

Zur Instanzbildung stehen Ihnen folgende Konstruktoren zur Verfügung:

SWING:

- `JCheckBox()` erzeugt ein Markierungskästchen ohne Titel.

- `JCheckBox(Icon)` erzeugt ein Markierungskästchen mit einem Symbol.

- `JCheckBox(Icon, boolean)` erzeugt ein Markierungskästchen mit Symbol und selektiert oder deselektiert es.

- `JCheckBox(String)` erzeugt ein Markierungskästchen mit Titel.

- `JCheckBox(String, Icon)` erzeugt ein Markierungskästchen mit Titel und Symbol.

- `JCheckBox(String, boolean)` erzeugt ein Markierungskästchen mit Titel und selektiert oder deselektiert es.

- `JCheckBox(String, Icon, boolean)` erzeugt ein Markierungskästchen mit Titel und Symbol und selektiert oder deselektiert es.

- Die gleichen Konstruktoren gibt es auch für `JRadioButton`.

AWT:

- `Checkbox()` erzeugt ein Markierungskästchen ohne Titel.

- `Checkbox(String)` erzeugt ein Markierungskästchen mit Titel.

- `Checkbox(String, boolean)` erzeugt ein Markierungskästchen mit Titel und selektiert oder deselektiert es.

- `Checkbox(String, CheckboxGroup, boolean)` erzeugt ein Optionsfeld mit Titel und selektiert oder deselektiert es.

Methoden

Zur Laufzeit können Sie unter anderem mit folgenden `public`-Methoden auf Ihre Checkbox-Instanzen zugreifen:

Methode	Beschreibung
Checkbox (AWT)	
getCheckboxGroup()	Liefert die Gruppe des Optionsfelds zurück.
setCheckboxGroup()	Weist das Optionsfeld einer Gruppe zu.
getLabel()	Liefert den Titel der Komponente zurück.
setLabel(String)	Ändert den Titel der Komponente.
getState()	Gibt an, ob die Komponente ausgewählt ist oder nicht.
setState(String)	Selektiert oder deselektiert die Komponente.
CheckboxGroup (AWT)	
getSelectedCheckbox()	Liefert das aktuell ausgewählte Optionsfeld der Gruppe zurück.
setSelectedCheckbox(Checkbox)	Wählt das spezifizierte Optionsfeld in der Gruppe aus.
JCheckBox und JRadioButton (SWING)	
getText()	Liefert den Titel der Komponente zurück.
setText(String)	Ändert den Titel der Komponente.
isSelected()	Prüft, ob die Komponente selektiert ist.
setSelected(boolean)	Selektiert oder deselektiert die Komponente.
setIcon(Icon)	Ändert das Symbol, das in dem Schalter angezeigt wird.
setUI(ButtonUI)	Ändert das Look&Feel-Objekt der Button-Komponente.

307

Methode	Beschreibung
ButtonGroup (SWING)	
add(AbstractButton)	Zum Aufnehmen von Optionsfeldern in die Gruppe.
getSelection()	Liefert ein ButtonModel-Objekt, über das man das ausgewählte Optionsfeld ermitteln kann.

Ereignisbehandlung

Für Optionsfelder implementiert man vornehmlich die Schnittstellen Item-Listener und ActionListener.

Verwendung

Siehe Kapitel 10 und Übungsteil.

13.7   Listen- und Kombinationsfelder (List und Choice, JList und JComboBox)

Listen- und Kombinationsfelder dienen dazu, dem Anwender die Auswahl einer oder mehrerer definierter Optionen zu ermöglichen.

▪ Listenfelder können mehrere Optionen gleichzeitig anzeigen (die restlichen Optionen (Einträge) sind über eine Bildlaufleiste verfügbar). Listenfelder gestatten die gleichzeitige Auswahl mehrerer Optionen.

▪ Kombinationsfelder sind eine Kombination aus einem einzeiligen Eingabefeld (in dem die aktuell ausgewählte Option angezeigt wird) und einem aufklappbaren Listenfeld.

Abb. 13.6:
Listen- und
Kombinations-
felder

Um ein Listen- oder ein Kombinationsfeld einzurichten, erzeugen Sie zuerst das Feld, fügen dann die gewünschten Einträge ein und nehmen das Feld schließlich in den Container auf:

SWING:

```
String[] list_items = {"Schwanz","Kopf","Fell"};
JList liste = new JList();
liste.setListData(list_items);
add(liste);
```

```
JComboBox combo = new JComboBox();
combo.addItem("Tiger");
combo.addItem("Panther");
add(combo);
```

AWT:

```
List tiere = new List(1,true);
tiere.add("Schaf");
add(tiere);
```

```
Choice farbe = new Choice();
farbe.add("Rot");
add(farbe);
```

Konstruktoren

Zur Instanzbildung stehen Ihnen folgende Konstruktoren zur Verfügung:

SWING:

JList verwaltet den Inhalt des Listenfelds intern in einem ListModel-Objekt. Entsprechend erwarten die Konstruktoren Argumente, die in ein ListModel-Objekt umgewandelt werden können.

- JList() erzeugt ein leeres Listenfeld.

- JList(ListModel daten) erzeugt ein Listenfeld, in dem die Elemente aus dem übergebenen ListModel angezeigt werden.

- JList(Object [] daten) erzeugt ein Listenfeld, in dem die Elemente aus dem übergebenen Array angezeigt werden.

- JList(Vector [] daten) erzeugt ein Listenfeld, in dem die Elemente aus dem übergebenen Vektor angezeigt werden.

- Die gleichen Konstruktoren gibt es auch für JComboBox (nur dass diese mit einem ComboBoxModel statt einem ListModel arbeiten).

AWT:

- Choice() erzeugt ein Kombinationsfeld.

- List() erzeugt ein Listenfeld.

- List(int n) erzeugt ein Listenfeld, in dem n Einträge angezeigt werden (die restlichen Einträge sind über die Bildlaufleisten erreichbar).

- List(int n, boolean) erzeugt ein Listenfeld, in dem n Einträge angezeigt werden und das die gleichzeitige Auswahl mehrerer Einträge erlaubt oder verweigert.

309

Methoden

Zur Laufzeit können Sie unter anderem mit folgenden `public`-Methoden auf Ihre Listen- und Kombinationsfelder zugreifen:

Methode	Beschreibung
List, Choice (AWT)	
add(String)	Fügt ein Element in die Liste ein.
add(String, int)	Fügt ein Element an der spezifizierten Position in die Liste ein (nur List).
delItem(int)	Löscht das Element an der spezifizierten Position (nur List).
deselect(int)	Deselektiert das Element an der spezifizierten Position (nur List).
getItem(int)	Liefert das Element an der spezifizierten Position zurück.
getItemCount(int)	Liefert die Anzahl der Elemente in der Liste zurück.
getItems()	Liefert die Elemente der Liste zurück (nur List).
getRows()	Liefert die Anzahl der sichtbaren Zeilen zurück (nur List).
getSelectedIndex()	Liefert die Position des ausgewählten Elementes zurück.
getSelectedIndexes()	Liefert die Positionen der ausgewählten Elemente zurück (nur List).
isIndexSelected(int)	Prüft, ob das Element an der spezifizierten Position ausgewählt ist (nur List).
isMultipleMode()	Prüft, ob die Liste Mehrfachauswahl unterstützt (nur List).
remove(int)	Entfernt das Element an der spezifizierten Position aus der Liste.
remove(String)	Entfernt das erste Element mit dem gleichen Titel.
removeAll()	Leert die Liste.
select(int)	Markiert das Element an der spezifizierten Position.
select(String)	Markiert das gleichnamige Element in dem Kombinationsfeld (nur Choice).
setMultipleMode(boolean)	Bestimmt, ob die Liste Mehrfachauswahl unterstützt oder nicht (nur List).

Methode	Beschreibung
JList(SWING)	
addListSelectionListener (ListSelectionListener)	Lauscher registrieren
clearSelection()	Auswahl aufheben
getModel()	Liefert das zugrunde liegende ListModel zurück.
getMaxSelectionIndex()	Liefert den Index des höchsten ausgewählten Elements.
getMinSelectionIndex()	Liefert den Index des kleinsten ausgewählten Elements.
getSelectedIndex()	Liefert den ersten Index einer Auswahl.
getSelectedIndices()	Liefert ein Array der Indizes der ausgewählten Elemente.
setListData()	Überladene Methode zum Austauschen der Listenelemente
setUI(ListUI)	Ändert das Look&Feel-Objekt der List-Komponente.
JComboBox (SWING)	
addItem(Object)	Fügt das Element in das Kombinationsfeld ein.
addItemListener(ItemListener)	Registriert Lauscher.
getItemAt()	Liefert das Element an der spezifizierten Position.
getModel()	Liefert das zugrunde liegende ListModel zurück.
getSelectedObjects()	Liefert ein Array der ausgewählten Elemente.
insertItemAt(Object, int)	Fügt das Element an der spezifizierten Position ein.
removeItemAt(int)	Löscht das Element an der spezifizierten Position.
setUI(ComboBoxUI)	Ändert das Look&Feel-Objekt der List-Komponente.
DefaultListModel (SWING)	
add(int, Object)	Fügt das Objekt in das Datenmodell einer Liste ein.
addElement(Object)	Fügt das Objekt in das Datenmodell einer Liste ein.
clear()	Löscht alle Elemente im Datenmodell der Liste.
get(int)	Liefert das Element an der spezifizierten Position.
remove(int)	Löscht das Element an der spezifizierten Position.
toArray()	Liefert die Elemente im Datenmodell der Liste als Array zurück.

311

Ereignisbehandlung

Für Kombinationsfelder implementiert man vornehmlich die Schnittstelle ItemListener; für Listenfelder ListSelectionListener (nur Swing) oder ebenfalls ItemListener (AWT).

Verwendung

Siehe Kapitel 12 und Übungsteil.

13.8   Bildlaufleisten (Scrollbar, JScrollBar)

Viele Komponenten verfügen über automatisch unterstützte Bildlaufleisten zum Scrollen ihres Anzeigebereichs. Wenn Ihnen diese nicht ausreichen, können Sie mithilfe der Klassen Scrollbar/JScrollbar Ihre eigenen Bildlaufleisten einrichten. Mit diesen können Sie nicht nur Komponenteninhalte scrollen, Sie können Bildlaufleisten durchaus auch wie Schieberegler zur Einstellung diskreter Werte verwenden (vorzugsweise in Verbindung mit einem Textfeld, das den aktuellen Wert anzeigt).

Abb. 13.7:
Bildlaufleisten

Um eine Scrollbar-Komponente in einen Container aufzunehmen, schreiben Sie:

SWING:

```
JScrollbar bildlauf = new JScrollbar();
add(bildlauf);
```

Ein anderer, meist einfacherer Weg zu scrollbaren Komponenten besteht darin, die Komponente zum Viewport eines JScrollPane-Containers zu machen:

```
String[] daten = {"Blau", "Gelb", "Rot"};
JList liste = new JList(daten);
JScrollPane scrollPane = new JScrollPane();
scrollPane.getViewport().setView(liste);
```

AWT:

```
Scrollbar bildlauf = new Scrollbar();
add(bildlauf);
```

Konstruktoren

Zur Instanzbildung stehen Ihnen folgende Konstruktoren zur Verfügung:

SWING:

- ▪ `JScrollbar()` erzeugt eine vertikale Bildlaufleiste.

- ▪ `JScrollbar(int)` erzeugt eine Bildlaufleiste in der spezifizierten Orientierung (`SwingConstants.HORIZONTAL`, `SwingConstants.VERTICAL`).

- ▪ `JScrollbar(int orient, int akt, int width, int min, int max)` erzeugt eine horizontale oder vertikale Bildlaufleiste (Parameter `orient`), deren Schieber anfangs auf der Position `akt` steht und `width` Einheiten breit ist und deren Wertebereich von `min` bis `max` reicht.

AWT:

- ▪ Die gleichen Konstruktoren stehen auch für `ScrollBar` zur Verfügung (für die Orientierung werden die Konstanten `Scrollbar.HORIZONTAL` und `Scrollbar.VERTIKAL` verwendet).

Methoden

Zur Laufzeit können Sie unter anderem mit folgenden `public`-Methoden auf Ihre Scrollbar-Instanz zugreifen:

Methode	Beschreibung
AWT/SWING	
`getBlockIncrement()`	Liefert die Schrittweite des Schiebefelds zurück.
`getMaximum()`	Liefert den größten einstellbaren Wert zurück.
`getMinimum()`	Liefert den kleinsten einstellbaren Wert zurück.
`getUnitIncrement()`	Liefert die Schrittweite für die Pfeiltasten zurück.
`getValue()`	Liefert den aktuell eingestellten Wert zurück.
`setBlockIncrement(int)`	Legt die Schrittweite des Schiebefelds fest.
`setMaximum(int)`	Legt den größten einstellbaren Wert fest.
`setMinimum(int)`	Legt den kleinsten einstellbaren Wert fest.
`setUnitIncrement(int)`	Legt die Schrittweite für die Pfeiltasten fest.
`setValue(int)`	Setzt den aktuellen Wert.
`setValues(int, int, int, int)`	Setzt die gleichen Werte wie der Konstruktor.

Ereignisbehandlung

Für Bildlaufleisten implementiert man vornehmlich die Schnittstelle AdjustmentListener.

Verwendung

Siehe Kapitel 12 und Übungsteil zu JScrollPane.

13.9 Menüleisten (Menubar)

Menüleisten gehören heute zur Standardausrüstung fast aller größeren Anwendungen. Sie sind zusammengesetzt aus einer Reihe von Popup-Menüs, die wiederum jedes eine Reihe von Menübefehlen (und eventuell Untermenüs) enthalten. Entsprechend gestaltet sich der Aufbau eigener Menüleisten.

Abb. 13.8:
Menüleisten

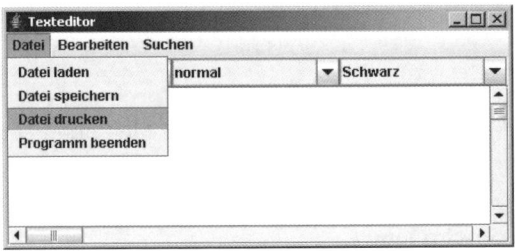

Um eine Menüleiste einzurichten, erzeugen Sie zuerst eine Instanz der Klasse JMenuBar, die die Menüleiste repräsentiert. Dann legen Sie die einzelnen Menüs (Instanzen der Klasse JMenu) ein, wozu Sie Instanzen der Klassen JMenuItem bilden (dies sind die einzelnen Menübefehle) und in die JMenu-Instanzen aufnehmen. Die fertigen Menüs werden dann in die Menüleiste integriert und diese wird mit einer besonderen Methode (setJMenuBar()) der Klasse JFrame in den Rahmen des Fensters eingefügt.

SWING:

```
// Menüleiste anlegen
JMenuBar menueleiste = new JMenuBar();

// Menüs anlegen
JMenu menu1 = new JMenu("Datei");
JMenuItem item1 = new JMenuItem("Neu");
menu1.add(item1);
...
```

```
// Menüs in Menüleiste aufnehmen
menueleiste.add(menu1);

// Menüleiste in Fenster aufnehmen
setJMenuBar(menueleiste);
```

Ach ja! Neben `JMenuItem` gibt es außerdem noch `JCheckBoxMenuItem` und `JRadioButtonMenuItem`, die wohl selbsterklärend sind. Und es wird Sie wohl auch nicht weiter überraschen, dass jedem `JMenuItem` auch noch ein Symbol zugeordnet werden kann. Zum Unterteilen von Menüeinträgen dient eine Instanz der Klasse `JSeparator`, die einfach einen Strich als Menüelement erzeugt.

AWT

Statt `JMenuBar` verwenden Sie `MenuBar`, statt `JMenu` `Menu`, statt `JMenuItem` `MenuItem` und statt `setJMenuBar()` `setMenuBar()`. Das war's.

Konstruktoren

Zur Instanzbildung stehen Ihnen folgende Konstruktoren zur Verfügung:

SWING:

▪ `JMenuBar()` erzeugt eine Menüleiste.

▪ `JMenu()` erzeugt ein Popup-Menü ohne Titel.

▪ `JMenu(String)` erzeugt ein Popup-Menü mit Titel.

▪ `JMenu(String, boolean)` erzeugt ein Popup-Menü mit Titel, das prinzipiell verschiebbar ist (plattformabhängig).

▪ `JMenuItem()` erzeugt einen neuen Menübefehl ohne Titel.

▪ `JMenuItem(String)` erzeugt einen neuen Menübefehl mit Titel.

▪ `JMenuItem(Icon)` erzeugt einen neuen Menübefehl mit einem Symbol.

▪ `JMenuItem(String)` erzeugt einen neuen Menübefehl mit Titel und Symbol.

▪ `JMenuItem(String, int)` erzeugt einen neuen Menübefehl mit Titel und Tastaturkürzel.

AWT:

▪ Für die AWT-Klassen sind im Wesentlichen die gleichen Konstruktoren definiert, allerdings ohne Unterstützung für Symbole (Icons) in Menübefehlen.

315

Methoden

Zur Laufzeit können Sie unter anderem mit folgenden `public`-Methoden auf Ihre `MenuBar`-Instanz zugreifen:

Methode	Beschreibung
MenuBar (AWT)	
`add(Menu)`	Nimmt ein Popup-Menü in die Menüleiste auf.
`remove(int n)`	Entfernt das n-te Popup-Menü aus der Menüleiste.
`remove(MenuComponent)`	Entfernt das spezifizierte Menüelement aus der Menüleiste.
JMenuBar (SWING)	
`add(JMenu)`	Nimmt ein Popup-Menü in die Menüleiste auf.

Zur Bearbeitung der Menüs stehen folgende Methoden zur Verfügung:

Methode	Beschreibung
JMenu/Menu	
`add(JMenuItem)/add(MenuItem)`	Nimmt das übergebene Menüelement in das Menü auf.
`add(String)`	Nimmt einen Menübefehl in das Menü auf.
`addSeparator()`	Fügt eine Trennlinie in das Menü ein.
`insert(JMenuItem, int)` / `insert(MenuItem, int)`	Fügt das übergebene Menüelement an der spezifizierten Position in das Menü ein.
`insert(String, int)`	Fügt ein Menüelement an der spezifizierten Position in das Menü ein.
`insertSeparator(int)`	Fügt eine Trennlinie an der spezifizierten Position in das Menü ein.
`remove(int n)`	Entfernt das n-te Element aus dem Menü.
`remove(JMenuItem)` / `remove(MenuComponent)`	Entfernt das spezifizierte Menüelement aus dem Menü.

13.11 Fragen und Antworten

F: Gibt es in den Tiefen der Java-Bibliothek noch weitere Klassen für Steuerelemente?

Ja, sogar etliche weitere Steuerelemente. Nur fehlt uns hier der Platz, auf alle diese Steuerelemente einzugehen (selbst im Kompendium, das beispielsweise auch `JTable`, `JTree`, `JProgressBar` oder `JSplitPane` vorstellt, mussten wir eine Auswahl treffen).

13.12 Übungen

Die Aufgaben zu diesem Kapitel liegen auf der Hand. Versuchen Sie einfach, für jedes Oberflächenelement ein eigenes kleines Programm zu schreiben, indem Sie jeweils eines dieser Oberflächenelemente benutzen. Wenn Sie Anregungen brauchen, versuchen Sie doch einfach, die Fenster aus den Abbildungen dieses Kapitels nachzuprogrammieren. Tipps und kleine Hilfestellungen dazu finden Sie in den folgenden Aufgabenstellungen.

1. Nachstellung des Hauptfensters aus Abbildung 13.2. Überlegen Sie sich, welchen einfachen Layout-Manager es gibt, mit dem man drei Komponenten untereinander platzieren kann. Außerdem werden in diesem Beispiel unterschiedliche Schriftarten (Fonts) verwendet. Wo sind die Methoden definiert, mit denen Sie die zu verwendende Schrift auswählen können?

2. Nachstellung des Hauptfensters aus Abbildung 13.3. Hier füllt eine Schalter-Komponente den gesamten Container aus. Mit welchem Layout-Manager könnte dies realisierbar sein?

`JLabel` und `JButton` verfügen über eine nette Möglichkeit, die `Label` bzw. `Button` vor Neid erblassen lässt: integrierte Symbole!

Ein Symbol ist ein kleines Bild fester Größe. Zur Handhabung in einem Swing-Programm benötigt man die `ImageIcon`-Klasse, deren Konstruktor einen Dateinamen/URL erwartet. Hat man dadurch die Kontrolle über das Symbol errungen, braucht man es nur noch dem `JButton`- oder `JLabel`-Konstruktor zu überreichen und man hat sein Programm gleich eindrucksvoll aufgepeppt.

3. Versuchen Sie, den Schalter aus Übung 2 mit einem Symbol aufzupeppen.

Abb. 13.9: Schalter mit Symbol

319

4. Nachstellung des Hauptfensters aus Abbildung 13.4. Der Text in den Label-Komponenten soll rechts ausgerichtet werden, damit die Beziehung zum nebenstehenden Eingabefeld deutlich wird. Schauen Sie noch einmal in Abschnitt 13.3 nach, wie man die Textausrichtung für Labels bestimmt. Das zweite Eingabefeld dient zur Aufnahme eines Passworts. Dabei soll natürlich niemand sehen, was eingegeben wird. Wie verschlüsselt man also die Eingabe? Schließlich soll in die TextArea-Komponente ein mehrzeiliger Text eingegeben werden. Wie setzt man einen mehrzeiligen Text im Programmcode auf? Sorgen Sie auch dafür, dass der Anwender den Text in der TextArea-Komponente nicht editieren kann. Beachten Sie bei der Ausrichtung der Komponenten auch, dass es Methoden gibt, um die Fenstergröße vorzugeben und Veränderungen der Fenstergröße zu verhindern.

5. Nachstellung des Hauptfensters aus Abbildung 13.5. Schwierigkeiten dürfte hier höchstens die Auswahl des Layout-Managers und die Ereignisbehandlung machen.

6. Nachstellung des Hauptfensters aus Abbildung 13.6. Verwenden Sie eine `JScrollPane`-Instanz, um die Liste scrollbar zu machen. Fangen Sie passende Ereignisse ab, wenn der Anwender in der Liste oder im Kombinationsfeld ein Element auswählt.

7. Nachstellung des Hauptfensters aus Abbildung 13.7. Für dieses Layout benötigen wir den `GridBagLayout`-Manager (es sei denn, Sie versuchen, mit leeren Labels und Panels rumzutricksen). Wie schon gesagt, ist die Programmierung mit dem `GridBagLayout`-Manager zu kompliziert, um sie hier detailliert zu behandeln. Seine Programmierung ist auch recht lästig, so dass man dies besser leistungsfähigen Entwicklungsumgebungen wie dem JBuilder überlässt, die selbst definierte Layout-Manager verwenden, um beispielsweise pixelweise Positionierungen von Komponenten mit der Maus zu erlauben.

Da er aber *das* Instrumentarium zur freien Layout-Gestaltung darstellt, wollen wir uns doch ein einfaches Beispiel vornehmen.

Der `GridBagLayout`-Manager verwaltet ein Gitter von Zellen. Im Gegensatz zum `GridLayout`-Manager können Sie die Abmaße dieser Zellen vollkommen frei gestalten. Dazu legen Sie ein `GridBagConstraints`-Objekt an, das Sie für jede einzelne Zelle konfigurieren und mithilfe der `GridBagLayout`-Methode `setConstraints()` mit der Komponente dieser Zelle verbinden.

In unserer Abbildung nutzen wir den `GridBagLayout`-Manager vor allem, um einen Abstand zwischen den Komponenten und dem Fensterrahmen zu lassen und die Komponenten zu zentrieren.

Welche Möglichkeiten Ihnen der `GridBagLayout`-Manager sonst noch bietet, entnehmen Sie bitte der API-Dokumentation.

8. Die Nachstellung des Menüs aus Abbildung 13.8 schenken wir uns. Mit Menüs haben wir schon genug in den vorangegangenen Kapiteln zu tun gehabt.

Dafür möchten wir noch anregen, dass Sie Ihre Steuerelemente mit Kurzinfos ausstatten. Kurzinfos sind kleine Hilfetexte, die angezeigt werden, wenn der Anwender die Maus für eine kleine Weile über einem Oberflächenelement mit Kurzinfo stehen lässt.

Alles, was Sie zur Einrichtung eines Kurzinfos benötigen, ist ein Oberflächenelement (beispielsweise `JButton`) und die Methode `setToolTipText()`.

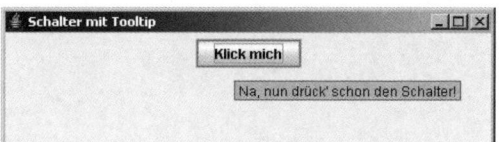

Abb. 13.10:
Schalter mit
Kurzinfo

KAPITEL 14

Applets und das World Wide Web (WWW)

Applets sind Java-Programme, die in Webseiten (HTML-Dokumente) eingebettet werden können. Steuert ein Websurfer eine Webseite mit einem eingebetteten Applet an, wird das Applet-Programm zusammen mit dem HTML-Code der Webseite zum Rechner des Websurfers geschickt und dort vom Browser ausgeführt (vorausgesetzt, dieser hat das Java-Plug-In installiert).

Wenn Sie als Anbieter eines Webdokuments dieses um ein Java-Applet bereichern wollen, programmieren Sie das Applet, nehmen in Ihr HTML-Dokument einen Verweis auf das Applet auf und speichern HTML-Dokument und Applet zusammen auf Ihrem Server.

Applets zu programmieren, ist für Java-Programmierer, die bereits erste Erfahrungen in der Entwicklung von GUI-Anwendungen gesammelt haben, allgemein keine Schwierigkeit. Es gibt jedoch einige Besonderheiten, die zu beachten sind und in diesem Kapitel eingehender erörtert werden.

Sie lernen in diesem Kapitel

- wie Sie Ihre Webseiten und Applets ins Internet bringen,

- wodurch ein Java-Programm zu einem Applet wird,

- wie man Parameter an Applets weitergibt,

- wie man Java-Programme schreibt, die sowohl als Anwendungen wie auch als Applets ausgeführt werden können,

- warum Applets keine Bedrohung für den Client-Rechner darstellen.

14.1 Webseiten mit Applets anbieten

Applets in Webseiten zu integrieren, ist letztlich nicht schwieriger als Bilder einzubetten: Mithilfe eines speziellen HTML-Tags (`<applet>` oder `<object>`) fügen Sie das Applet in den HTML-Code der Webseite ein, dann laden Sie das Applet zusammen mit der HTML-Datei hoch – ins Internet oder in ein firmeninternes Intranet.

Schwierigkeiten gibt es lediglich, wenn Ihr Applet aus mehreren Klassen (und damit class-Dateien) besteht oder Sie sicherstellen möchten, dass möglichst viele Besucher, unabhängig von den eingesetzten Browsern, Ihr Applet betrachten können.

Im ersten Fall sollten Sie alle Dateien, die zum Applet gehören, in eine jar-Datei packen und diese in die Webseite einbetten (siehe Abschnitt 14.6).

Der zweite Fall ist diffiziler. Er beginnt mit der Auswahl der zu verwendenden Basisklasse.

Die Basisklasse: Applet versus JApplet

Ein Applet muss eine Hauptklasse besitzen, die von `java.applet.Applet` abgeleitet ist. Die Basisklasse `Applet` vererbt Ihrer Klasse eine Reihe von Standardmethoden, die jedes Applet besitzen muss und die von der Virtual Machine des Browser-Plug-Ins aufgerufen werden. Statt Ihre Applets direkt von `java.applet.Applet` abzuleiten, können Sie als direkte Basisklasse aber auch `javax.swing.JApplet` verwenden. `JApplet` ist von `Applet` abgeleitet und hat den Vorteil, dass sie als Container für Swing-Elemente dienen kann. Außerdem können JApplet-Applets mit Menüs ausgestattet werden.

Die Entscheidung zwischen `Applet` und `JApplet` ist aber nicht nur eine Entscheidung zwischen AWT und Swing, sondern auch zwischen Rückwärtskompatibilität und Fortschritt. `JApplet` und Swing gibt es erst seit Java 1.2. Ältere, oder sollte man sagen »angestaubte« Browser können Applets, die von `JApplet` abgeleitet sind, daher nicht zur Ausführung bringen. Sollte man deswegen Applets grundsätzlich von `Applet` ableiten?

Nicht unbedingt! Zum einen verwenden die meisten Websurfer mittlerweile Browser, die Swing unterstützen. Zum anderen kann man nicht nur rückwärts gewandt denken. Und schließlich ist die Beschränkung auf `Applet` keine Garantie, dass Ihre Applets auch in den Browsern Ihrer Webbesucher angezeigt werden.

Browser, Plug-Ins und das Klassenformat

Wie Sie wissen, übersetzt der Java-Compiler Ihre Klassendefinitionen in Bytecode, den er in Class-Dateien speichert. Dabei benutzt er ein spezielles Klassenformat. Die Versionsnummer dieses Formats hinterlegt er mit den Klassen in den Class-Dateien. Die Virtual Machine, die die Class-Dateien lädt und ausführt, prüft zuerst, ob sie das vorliegende Klassenformat kennt. Wenn ja, lädt sie die Klassen und führt sie aus. Ist ihr das Klassenformat unbekannt, erzeugt Sie einen Fehler der Art `java.lang.ClassFormatError; Bad major version number.`

Wenn Sie Ihre Applets mit dem neuesten Java-SDK erstellen, wird es natürlich immer Websurfer geben, in deren Browser ältere Plug-Ins integriert sind, die das von Ihrem Java-Compiler erzeugte Klassenformat nicht verarbeiten können. Da nutzt es auch nichts, die Applet-Klasse von `Applet` statt von `JApplet` abzuleiten.

Was Sie tun können

1. Möglichkeit: Sie scheren sich nicht um Fragen der Abwärtskompatibilität.

   Schreiben Sie einfach Ihre Applets und überlassen Sie es den Webbesuchern, sich aktuelle Browser/Java-Plug-Ins zu besorgen, damit sie in den Genuss Ihrer Applets kommen.

   Vielleicht schreiben Sie die Applets ja auch im Auftrag für ein firmeninternes Intranet (beispielsweise ein Applet zur Darlehensberechnung, das im Intranet einer Bank laufen soll). Dann können Sie selbst dafür sorgen, dass die Browser der Bankmitarbeiter aktualisiert werden und es keine Kompatibilitätsprobleme gibt.

2. Möglichkeit: Sie bemühen sich um optimale Kompatibilität.

   Sie leiten Ihre Applet-Klasse von `java.applet.Applet` ab und kompilieren Ihr Applet gegen eine ältere JDK-Version. (Dazu müssen Sie sich entweder ein älteres JDK herunterladen oder eine Cross-Kompilierung vornehmen, siehe Hinweise in der API-Dokumentation des JDK unter *docs/ tooldocs/.../javac.html*.)

3. Möglichkeit: Sie suchen nach einem vernünftigen Mittelweg.

   Der könnte beispielsweise so aussehen, dass Sie als Basisklasse `java. applet.Applet` verwenden, auf die aktuellsten Neuerungen verzichten (zur Absicherung können Sie Ihre Applets mit der Compiler-Option `-source 1.4` oder `-source 1.2` gegen eine ältere JDK-Version kompilieren) und ansonsten Ihre HTML-Seiten mit den eingebetteten Applets von dem Java-Tool *HtmlConverter* aus dem Java-Bin-Verzeichnis überarbeiten lassen.

Letzteren Weg gehen wir in diesem Buch.

14.2   Applet-Besonderheiten

Mittlerweile haben Sie schon eine ganze Menge über Applets erfahren. Da dies aber entweder sehr weit zurückliegt (Kapitel 2.3) oder mehr oder weniger in Randbemerkungen eingeflossen ist (siehe oben), wollen wir die wichtigsten Punkte noch einmal zusammenfassen:

▧ Normale Java-Anwendungen haben Sie mit dem Java-Interpreter ausgeführt. Applets hingegen werden wie bereits ausgeführt in ein HTML-Dokument eingebettet, welches von einem Browser ausgewertet und angezeigt wird. Ein normales Applet kann also nicht für sich allein ausgeführt werden, sondern braucht als Lebensraum einen Browser und ein HTML-Dokument.

▧ Aufgerufen werden Applets in einer Webseite über das HTML-Tag `<applet>`, beispielsweise:

```
<applet code = "CHalloWWW.class"
            width  = 350
            height = 300
        > </applet>
```

▧ Applets werden von der AWT-Container-Klasse `Applet` abgeleitet (oder von `JApplet` bei Verwendung von Swing, siehe vorletzte Übung zu Kapitel 15) und haben keine `main()`-Methode.

▧ Applets besitzen weniger Rechte als eine richtige Anwendung: So sind zum Beispiel Dateizugriffe nicht ohne Weiteres erlaubt. Ladezugriffe über das Internet sind nur auf dem Server zulässig, von dem das Applet geladen wurde.

▧ Statt der Eintrittsfunktion `main()` definieren Sie in einem Applet eine oder mehrere der folgenden Methoden, die automatisch aufgerufen werden: `init()`, `start()`, `paint()`, `stop()` und `destroy()`.

Letztere Methoden markieren den Lebenszyklus eines Applets.

Der Applet-Lebenszyklus

Unabhängig davon, ob Sie `Applet` oder `JApplet` als direkte Basisklasse angeben – Ihre abgeleitete Applet-Klasse erbt fünf wichtige Methoden namens `init()`, `start()`, `paint()`, `stop()` und `destroy()`. Diese Methoden *muss* jedes Applet besitzen, denn der Browser, der das Applet ausführt, ruft diese Methoden zu verschiedenen Zeitpunkten im Lebenszyklus des Applets auf:

▧ `init()`, wird aufgerufen, nachdem der Browser das Applet geladen hat.[1]

---

1. Vor `init()` wird selbstverständlich noch der Konstruktor der Applet-Klasse aufgerufen und ausgeführt. Applets definieren in der Regel jedoch keinen eigenen Konstruktor, sondern erledigen anfallende Initialisierungsarbeiten in `init()`.

- start(), wird aufgerufen, wenn der Browser das Applet startet.

- paint(), wird aufgerufen, wenn der Browser möchte, dass sich das Applet ganz oder teilweise neu zeichnet.

- stop(), wird aufgerufen, wenn der Browser das Applet anhält, (beispielsweise weil der Anwender die Webseite verlassen und zu einer anderen Webseite gewechselt hat).

- destroy(), wird aufgerufen, bevor der Browser das Applet aus dem Arbeitsspeicher entfernt.

Welche Aktionen genau, welche Applet-Methoden aufrufen, variiert allerdings von Browser zu Browser und von Version zu Version. Die neueren Versionen des Internet Explorers und des Netscape-Browsers rufen beispielsweise bei jedem Verlassen der Webseite, die das Applet enthält, stop() und destroy() auf und führen bei einer Rückkehr auf die Webseite Konstruktor, init(), start() und paint() aus. Bei einem Aktualisieren exerzieren Sie die gesamte Palette von stop() und destroy() über init() und start() bis paint() durch.

Die Applet-Methoden sind nicht abstrakt, müssen also nicht überschrieben werden. Sie können Sie aber überschreiben, um das Verhalten Ihres Applets anzupassen.

Schauen wir uns dies einmal an einem praktischen Beispiel an.

14.3   Das Fleckengenerator-Applet

Unser erstes richtiges Applet ist ein einfacher Fleckengenerator, der uns vor allem lehren soll, wie die Arbeitsaufteilung zwischen den Methoden init(), start(), paint(), stop() und destroy() aussieht.

Das Applet selbst macht dabei nichts anderes, als sieben Flecke einer Farbe, aber unterschiedlicher Radien und Mittelpunkte einzuzeichnen. Dazu definiert es zuerst einmal eine innere Hilfsklasse namens CSpot, in deren Instanzen die Mittelpunkte und Radien der einzelnen Flecke gespeichert werden können.

Die Deklaration der Applet-Klasse

```
// Der Fleckengenerator
import java.awt.*;
import java.applet.*;
```

Listing 14.1:
Aus CSpot

```
public class CSpot extends Applet {
  class CScheibe {
    int m_x, m_y; // Mittelpunkt
    int m_r;      // Radius
  }

  CScheibe[] m_flecken;
  Color m_farbe;
...
```

Analyse　Da wir ein Applet schreiben, leiten wir unsere Hauptklasse von der Java-Klasse `Applet` ab.

Die Klasse `Applet` ist eine von `Panel` abgeleitete Container-Klasse. Die Größe dieses Containers (unseres Applets) wird vom aufrufenden HTML-Dokument bestimmt (siehe unten).

Als Erstes deklarieren wir innerhalb unserer Applet-Klasse eine Hilfsklasse namens `CScheibe`, die einfach zur Speicherung der Mittelpunkte und Radien der einzelnen Flecke dient.

Direkt anschließend deklarieren wir dann eine Array-Variable, in der wir die einzelnen Flecken (`CScheibe`-Objekte) verwalten werden, und eine `Color`-Variable zur Abspeicherung der Farbe, die ja für alle Flecken gleich sein soll.

Konstruktor und init()

Als Nächstes müssen wir dafür sorgen, dass unser Applet korrekt initialisiert wird.

```
public CSpot() {
  m_flecken = new CScheibe[7];
  for(int i = 0; i < m_flecken.length; i++) {
    m_flecken[i] = new CScheibe();
  }
}

public void init() {
  // Farbe festlegen
  m_farbe = new Color((int) (255*Math.random()),
                      (int) (255*Math.random()),
                      (int) (255*Math.random()) );
}
```

Analyse　Der Konstruktor der Applet-Klasse und die Methode `init()` werden einmalig aufgerufen, wenn das Applet in den Browser geladen wird. Beide bieten sich also für die Initialisierung des Applets an: Speicherallokation mittels `new`, Initialisierung von Instanzvariablen, Einstellung von Farben, Schriftarten etc.

Damit stellt sich die Frage, welche Initialisierungen man in welcher Methode vornehmen soll.

Grundsätzlich brauchen Sie nicht beide Methoden (Konstruktor und `init()`) zu überschreiben. Tatsächlich ist es üblich und empfehlenswert, für Applet-Klassen nur die Methode `init()` zu überschreiben. Dass wir in unserem Beispiel doch beide Methoden verwenden, liegt zum einem darin begründet, dass wir Ihnen demonstrieren wollten, dass auch Applets über Konstruktoren verfügen, und zum anderen daran, dass wir zwischen der mehr klassenspezifischen Initialisierung (Speicherallokation in Konstruktor) und der mehr applet-spezifischen Initialisierung (Farbzuweisung in `init()`-Methode) unterscheiden wollten.

Es gibt einen wichtigen Unterschied zwischen dem Konstruktor und der `init()`-Methode: Beide, Konstruktor und `init()`-Methode, werden nur beim Laden des Applets aufgerufen. Der Konstruktor wird als Erstes aufgerufen. Er richtet das Applet-Objekt, die Instanz unserer Applet-Klasse, im Arbeitsspeicher des Rechners ein. Erst nachdem der Konstruktor beendet wurde, gibt es also so etwas wie ein Applet. Folglich kann auch erst nach Ausführung des Konstruktors die `init()`-Methode des Applets aufgerufen werden. Dies hat durchaus Konsequenzen, denn bestimmte Operationen, die man ausführen möchte, erfordern es, dass ein Applet-Objekt bereits existiert – beispielsweise die Entgegennahme von Applet-Parametern (siehe Abschnitt 14.4). Solche Initialisierungen *müssen* in der `init()`-Methode ausgeführt werden.

Beachten Sie, dass der Konstruktor und die Methoden `init()`, `start()`, `stop()` und `destroy()` von außerhalb (d.h. vom Browser) aufgerufen werden und daher als `public` deklariert sein müssen.

Das Applet starten – start()

Nach der Methode `init()` ruft der Browser die Methode `start()` auf.

```
public void start() {
  //Mittelpunkte und Radien festlegen
  for(int i = 0; i < m_flecken.length; i++) {
    m_flecken[i].m_x = (int) (400*Math.random());
    m_flecken[i].m_y = (int) (200*Math.random());
    m_flecken[i].m_r = (int) (50*Math.random());
  }
}
```

Analyse　Mit der Methode start() wird das Applet in Gang gesetzt. Dabei ist zu beachten, dass dies jedes Mal geschieht, wenn der Leser Ihres Webdokuments dieses neu lädt oder beim Lesen mehrseitiger Dokumente auf die Seite mit dem Applet zurückkehrt.

Da unser Applet keine Berechnungen oder Animationen ausführt, gibt es hier eigentlich nicht viel zu tun (die Ausgabe der Flecken erfolgt direkt in der paint()-Methode). Wir nutzen aber die Gelegenheit, um die Koordinaten und Radien für die Flecken festzulegen.

Das Applet zeichnen – paint()

Schließlich wird die Methode paint() zum Zeichnen des Applets aufgerufen.

```
public void paint(Graphics g) {
  g.setColor(m_farbe);
  for(int i = 0; i < m_flecken.length; i++) {
    g.fillOval(m_flecken[i].m_x,
               m_flecken[i].m_y,
               m_flecken[i].m_r,
               m_flecken[i].m_r);
  }
}
} // Ende von CSpot
```

Analyse　An der Funktion der Methode paint() hat sich gegenüber der Anwendungenprogrammierung nichts geändert.

Hier richten wir die Zeichenfarbe ein und geben die Flecke aus.

Die Methoden stop() und destroy()

Die Methode destroy() stellt das Pendant zur Methode init(), die Methode start() das Pendant zur Methode stop() dar.

Beide Methoden wurden in unserem Beispiel nicht berücksichtigt, weil es dazu keine Veranlassung gab. Wenn der Browser die stop()-Methode aufruft, möchte er, dass sich das Applet selbst beendet. In unserem Beispiel ist dies aber bereits nach start() der Fall. (Danach reagiert das Applet nur noch, wenn es sich neu zeichnen soll.) Anders sieht es aus, wenn Sie im Applet Threads erzeugen (siehe Kapitel 15).

In destroy() können vor der endgültigen Auflösung des Applets durch den Browser etwaige notwendige Aufräumarbeiten (sprich Ressourcen freigeben) durchführen.

330

Das HTML-Dokument

Zum Schluss müssen wir noch ein HTML-Dokument aufsetzen, in dem unser
Applet ausgeführt werden soll.

```html
<html>
<head>
    <title> Fleckengenerator </title>
</head>

<body>

<h1>Webseite zur Demonstration des Fleckengenerators</h1>

<p>Wenn Sie möchten, können Sie sich unter dem Ausgabefenster
des Spot-Applets den Quelltext zur Erzeugung der Flecken ansehen.</p>

<hr>
<applet code="CSpot.class" width="400" height="200"> </applet>
<hr>

<a href="CSpot.java">Quelltext des Applets.</a>

</body>
</html>
```

Listing 14.2:
Spot.html

Den grundlegenden Aufbau eines HTML-Dokuments kennen Sie ja bereits
aus Kapitel 2. Auch die Einbettung des Applets mithilfe des <APPLET>-Tags
dürfte Ihnen noch vertraut sein:

Analyse

```html
<applet code="CSpot.class" width="400" height="200"> </applet>
```

Dem Parameter code übergeben wir den Namen unserer Applet-Klasse. Beachten Sie dabei die Groß- und Kleinschreibung. Beachten Sie auch, dass das
Applet in dem gleichen Verzeichnis stehen muss wie das HTML-Dokument
(ansonsten müssen Sie den Pfad zu dem Applet über den zusätzlichen Parameter CODEBASE angeben).

Die Parameter width und height geben an, wie viel Raum (in Pixeln) das
Applet im HTML-Dokument einnehmen soll.

Darunter folgt die Definition eines Links zum Quelltext des Applets (der ebenfalls im aktuellen Verzeichnis zu finden sein muss):

```html
<a href="CSpot.java">Quelltext des Applets.</a>
```

Über diesen Link können Sie in Ihrem Browser zwischen Applet und Quelltext hin- und herspringen und sich von der Arbeitsteilung von init() und
start() überzeugen.

331

HtmlConverter

Gemäß der aktuellen HTML-Spezifikation gilt das Applet-Tag als veraltet. Zur Einbettung der Applets sollte stattdessen das `<object>`-Tag verwendet werden. Leider wird dieses von den verschiedenen Browsern in unterschiedlicher Weise unterstützt.

Mit dem JDK-Tool *HtmlConverter* können Sie Ihre HTML-Seiten ohne große Mühe so weit es geht an den aktuellen HTML-Standard sowie die Anforderungen der wichtigsten Browser anpassen und gleichzeitig dafür sorgen, dass Websurfer, die Ihre Applets nicht ausführen können, weil sie veraltete Browser-Plug-Ins verwenden, zur Sun-Downloadseite für das aktuelle Plug-In geführt werden.

Alles, was Sie tun müssen, ist

1. Den HTML-Code wie oben beschrieben mit dem Applet-Tag aufsetzen.

2. Das Tool *HtmlConverter* aus dem *Bin*-Verzeichnis Ihrer Java-SDK-Installation aufrufen. (Sie können dies über die Konsole oder über den Windows Explorer tun – *HtmlConverter* ist eine Swing-Anwendung.)

3. Im Fenster die zu konvertierende HTML-Datei auswählen.

4. Die gewünschte Java-Version auswählen und

5. auf KONVERTIEREN drücken.

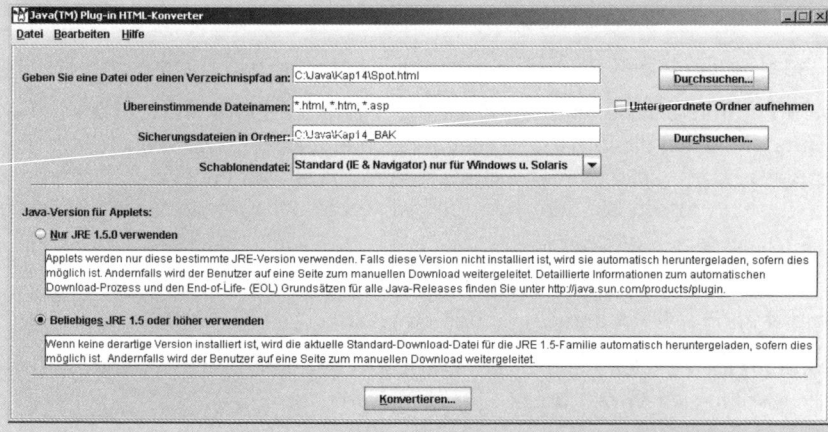

Abb. 14.1: HtmlConverter

Die resultierende HTML-Datei enthält ein HTML-konformes `<object>`-Tag, das beispielsweise vom Internet Explorer verstanden wird, mit einem eingeschlossenen `<embed>`-Tag für den Netscape-Browser. Ihr altes `<Applet>`-Tag wurde auskommentiert. (Achtung! Wenn Sie diese HTML-Datei an den AppletViewer übergeben, erscheinen zwei Applet-Fenster, weil der AppletViewer zwei eingebettete Applets in der Webseite findet.)

Leider gibt es immer wieder auch Fälle, wo selbst der von `HtmlConverter` generierte HTML-Code es nicht schafft, ein Applet zur Anzeige zu bringen. Sofern dies nicht an falsch angegebenen Class-Dateinamen oder Pfaden liegt, versuchen Sie es mit dem guten alten `<applet>`-Tag, das immer noch breite Unterstützung findet. Auf jeden Fall sollten Sie Ihre Applets und Webseiten ausführlich testen lassen.

Das Applet testen

Um das Applet nun auch in Aktion zu erleben, müssen Sie zunächst das Applet kompilieren und dann das obige HTML-Dokument anlegen und in dem gleichen Verzeichnis wie das Applet (*CSpot.class*) und dessen Quelltext (*CSpot.java*) abspeichern. Laden Sie dann den HTML-Quelltext in den AppletViewer (*appletviewer Spot.html*) oder Ihren Browser.

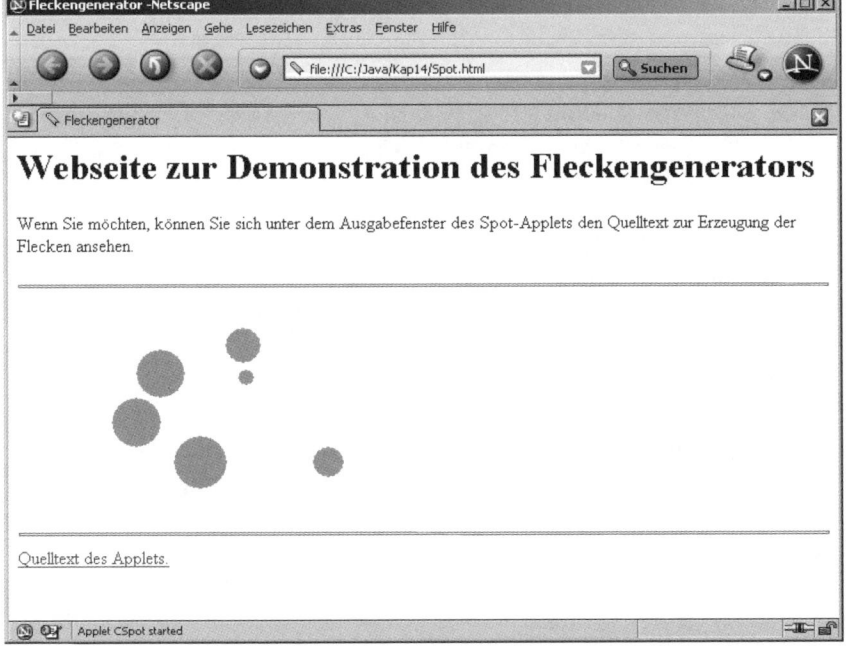

Abb. 14.2:
Fleckengenerator-Applet in Netscape Navigator

Wenn das Applet korrekt angezeigt wird, probieren Sie einmal, einen Neustart auszulösen. Im AppletViewer rufen Sie einfach nacheinander die Befehle APPLET/ABBRECHEN und APPLET/STARTEN auf. Sie werden feststellen, dass sich die Positionen und Größen der Flecke ändern, nicht aber deren Farbe. Es wurde also die Methode start(), nicht aber die Methode init() erneut aufgerufen. (Wie Sie in einem Browser diesen Effekt erzeugen, hängt von dem verwendeten Browser und dessen Einstellungen zum Aktualisieren der Seiten ab.)

Um die Farbe zu wechseln, müssen Sie dafür sorgen, dass das Applet komplett neu geladen wird, denn nur dann ruft der Browser die Methode init() auf. Im AppletViewer rufen Sie dazu den Befehl APPLET/NEU STARTEN auf.

14.4 Parameterübergabe an Applets

Manchmal ist es wünschenswert, einem Applet, das in ein HTML-Dokument eingebettet ist, gewisse Parameter mitzugeben – beispielsweise die Abmessungen des Applets im Browser oder irgendwelche zu verarbeitenden Daten.

Hierzu dient das HTML-Tag <param>.

Definition der Parameter im HTML-Code

Im HTML-Code fügen Sie für jeden Parameter, den Sie an das Applet übergeben wollen, ein <param>-Tag in den Aufruf des Applets ein.

```
<applet code="EinApplet.class"
        width="400" height="200" >
        <param name="BREITE" value="400">
        <param name="HOEHE" value="200">
</applet>
```

Jeder Parameter besteht aus einem Name/Wert-Paar, das im <param>-Tag durch die Attribute name und value spezifiziert wird. name dient der Identifizierung des Parameters, value gibt den Wert an, der für den Parameter an das Applet übergeben wird.

Parameter im Applet abfragen – getParameter()

Der zweite Schritt der Parameterübergabe ist das Auswerten der Parameter im Applet. Der Zugriff auf die vom HTML-Dokument übergebenen Parameter erfolgt in der init()-Methode des Applets.

```
String parameter;
int breite, hoehe;

parameter = getParameter("BREITE");
breite = Integer.parseInt(parameter);
```

```
parameter = getParameter("HOEHE");
hohe = Integer.parseInt(parameter);
```

Die Applet-Methode, mit der Sie die einzelnen Parameter vom HTML-Dokument abfragen können, heißt `getParameter()`.

Die Methode `getParameter()` erwartet als Argument den Namen des Applet-Parameters, der von der HTML-Seite übergeben wird, und liefert dann den Wert dieses Applet-Parameters als String zurück. Dieser muss gegebenenfalls in einen anderen elementaren Typ umgewandelt werden.

Falls Sie neben der `init()`-Methode auch den Konstruktor des Applets zu dessen Initialisierung nutzen: Die Methode `getParameter()` kann nicht im Konstruktor verwendet werden, da Methoden von Klassen erst nach Erzeugung der Objekte zur Verfügung stehen.

Für ein Beispiel zur Parameterübergabe siehe Übung 2.

14.5   Applets in Anwendungen verwandeln

Sehr wahrscheinlich haben Sie beim Surfen im WWW schon viele Applets gesehen. Meist stößt man dabei auf mehr oder weniger dekorative Applets, deren Hauptaufgabe es ist, eine Webseite optisch aufzuwerten (ein Ziel, das allerdings häufig verfehlt wird!). Diese Art von Applets hat sicher ihre Daseinsberechtigung, aber unserer Meinung nach liegt der wesentliche Vorteil der Applets darin, dass man mit ihrer Hilfe normalerweise statische Webseiten dynamisch gestalten und deren Nutzen und Potenzial beträchtlich erweitern kann.

Stellen Sie sich beispielsweise vor, Sie haben eine Bank (nein, nicht die im Garten, sondern eine von diesen großen Banken, für die die Schneider-Millionen nur Peanuts sind) und Sie bieten für Ihre Kunden Webseiten mit den aktuellen Kredit- und Anlagekonditionen an. Ein interessierter Kunde möchte möglicherweise beim Lesen Ihrer Webseite auch mal gleich die Konditionen für seinen speziellen Fall durchspielen. Nun hat er aber natürlich gerade keinen Taschenrechner zur Hand und schon verliert er die Lust an Ihrer Seite und klickt sich weg … Vielleicht hat Ihre Bank gerade einen potenziellen Kunden verloren!

Damit das nicht passiert, wollen wir an dieser Stelle einen kleinen und ganz simplen Taschenrechner erstellen. Das heißt, wenn ich es mir genau überlege, können Sie den Taschenrechner auch ganz alleine programmieren. Mein Co-Autor und ich werden uns in der Zwischenzeit erst einmal gemütlich auf die Terrasse setzen und unseren Fünf-Uhr-Nachmittags-Tee genießen.

335

Übung Implementieren Sie den Taschenrechner bitte nicht als Applet (Ableitung von Klasse `Applet`), sondern leiten Sie ihn von der Klasse `Panel` ab.

Abb. 14.3:
Design eines
Taschen-
rechners

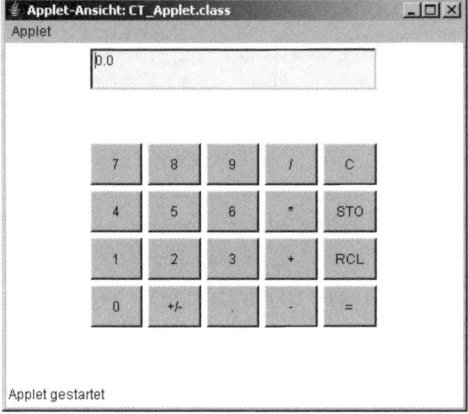

Das Layout des Taschenrechners überlassen wir ganz Ihnen. Wenn Sie unentschlossen sind, versuchen Sie es doch einfach mit einem `TextField` als Display und den üblichen vier Standardzeilen von Schaltern, wie man sie von einfachen Taschenrechnern her kennt. Richten Sie für jede Schalterzeile ein Panel ein und benutzen Sie GridLayout-Manager für die einzelnen Panels, so dass Sie Abstände zwischen den Schaltern vorgeben können.

Die Ereignisbehandlung für die einzelnen Schalter ist aufwendig, aber im Grunde Routinearbeit. (Es lohnt sich allerdings, vorab ein wenig Denkarbeit zu investieren und sich ein gutes Konzept zurechtzulegen, bevor man ans Programmieren geht.)

Wenn Sie beispielsweise geklammerte Ausdrücke unterstützen wollen, sollten Sie sich auf jeden Fall zuvor ein wenig über die Arbeitsweise eines Kellerautomaten informieren (siehe »Grundlagen der Programmiersprachen« von Loeckx, Mehlhorn, Wilhelm, Teubner-Verlag).

Lösung

Listing 14.3:
CTaschen-
rechner.java

```
// Ein einfacher Taschenrechner
import java.awt.*;
import java.awt.event.*;

class CTaschenrechner extends Panel implements ActionListener {
    double m_speicher = 0;          // Datenspeicher
    double m_zwischenWert = 0;      // für 1. Operand
    boolean m_operand = false;      // 1. Operand eingegeben?
    char m_aktOperation = 'k';      // 'k'eine Operation
    boolean m_neueZahl = true ;     // neue Zahl ?
```

```
boolean m_vorKomma = true;    // '.' gedrückt ?
TextField m_anzeige;          // Display

// Konstruktor
CTaschenrechner() {
  // den LayoutManager für die Klasse selbst
  // 6 Zeilen und 1 Spalte 5 Pixel Abstand dazwischen
  setLayout(new GridLayout(6,1,5,5));

  m_anzeige = new TextField(20);
  m_anzeige.setEditable(false);
  m_anzeige.setText("0.0");
  m_anzeige.setBackground(Color.yellow);

  //Schalter erzeugen
  Button taste_0 = new Button("0");
  Button taste_1 = new Button("1");
  ...

  // In Panels zeilenweise anordnen
  Panel zeile1 = new Panel();
  Panel zeile2 = new Panel();
  // usw. ...

  GridLayout zeilenLayout = new GridLayout(1,5,5,5);
  zeile1.setLayout(zeilenLayout);
  zeile2.setLayout(zeilenLayout);
  // usw ...

  // Nun die Komponenten hinzufügen
  add(m_anzeige);        // das TextField
  add(new Label(""));    // leere Zeile zur Auflockerung

  Zeile1.add(taste_7);
  Zeile1.add(taste_8);
  // usw ...
  add(zeile1);
  add(zeile2);
  // usw ...

  // die Schalter bei einem Lauscher registrieren.
  taste_0.addActionListener(this);
  taste_1.addActionListener(this);
  // usw ....
}
```

```
//Ereignisbehandlung
public void actionPerformed(ActionEvent e) {
  String str, aktText;
  int index;
  char zeichen;
  double wert;

  str = e.getActionCommand();
  // Ermitteln, welcher Schalter gedrückt worden
  // ist
  if(str.equals("+/-")) {
    // Vorzeichen wechseln
    wert= Double.valueOf(
                    m_anzeige.getText()).doubleValue();
    wert *= -1;
    m_anzeige.setText(Double.toString(wert));
    return;
  }

  if(str.equals("STO")) {
    // den aktuellen Wert im Display abspeichern
    m_speicher = Double.valueOf(
              m_anzeige.getText()).doubleValue();
    return;
  }

  if(str.equals("RCL")) {
    // den Inhalt der Speichervariablen anzeigen
    m_anzeige.setText(
                    Double.toString(m_speicher));
    return;
  }

  // die restlichen Schalter haben nur ein Zeichen
  // als Beschriftung. Daher betrachten wir nur
  // das erste Zeichen und können mit der
  // handlichen switch-Anweisung arbeiten
  zeichen = str.charAt(0);

  switch(zeichen) {
    case 'C' : // alles zurücksetzen
            m_anzeige.setText("0.0");
            m_speicher = 0;
            m_zwischenWert = 0;
            m_aktOperation = 'k';
            m_operand = false;
            m_vorKomma = true;
            m_neueZahl = true;
            break;
```

```
case '+':
case '-':
case '*':
case '/': // die aktuelle Operation merken und
          // den 1. Operand zwischenspeichern
          if( m_aktOperation == 'k' ) {
            // 'k'eine Operation vorher
            m_zwischenWert = Double.valueOf(
                    m_anzeige.getText()).doubleValue();
            m_operand = true;
            m_aktOperation = zeichen;
            m_neueZahl = true;
            break;
          }
          if(m_operand == true) {
            berechnungAusführen();
            m_neueZahl = true;
            m_vorKomma = true;
            m_aktOperation = zeichen;
            break;
          }
case '=': // eine schwebende Operation
          // ausführen
          if(m_aktOperation!='k'
                    && m_operand==true) {
            berechnungAusführen();
            m_aktOperation = 'k';
            m_operand = false;
            m_neueZahl = true;
            m_vorKomma = true;
            break;
          }
case '.': // Wenn noch kein Punkt eingeben
          // worden ist, einen hinzufügen
          if(m_neueZahl == true) {
            // wenn mit einem Komma begonnen
            // wird, ist der Vorkomma-Wert 0
            m_anzeige.setText("0");
            m_neueZahl = false;
          }
          if(m_vorKomma == true) {
            m_vorKomma = false;
            aktText = m_anzeige.getText();
            aktText += ".";
            m_anzeige.setText(aktText);
          }
          break;
```

339

```
   default:   // alles andere muss ein Zahlenbutton
              // sein
              if(m_neueZahl == true) {
                m_neueZahl = false;
                m_anzeige.setText("");
              }
              aktText = m_anzeige.getText();
              m_anzeige.setText(aktText + zeichen);
              break;
    }
}

// Hier wird das Ergebnis berechnet und angezeigt
void berechnungAusführen() {
  double operand1,operand2;
  double ergebnis = 0;

  operand1 = m_zwischenWert;
  operand2 = Double.valueOf(
           m_anzeige.getText()).doubleValue();
  switch(m_aktOperation) {
     case '+': ergebnis = operand1 + operand2;
               break;
     case '-': ergebnis = operand1 - operand2;
               break;
     case '*': ergebnis = operand1 * operand2;
               break;
     case '/': if(operand2 != 0)
                  ergebnis = operand1 / operand2;
               else
                  ergebnis = 0;
               break;
  }

  // Das Ergebnis wird als neuer Zwischenwert
  // gespeichert
  m_zwischenWert = ergebnis;
  m_anzeige.setText(Double.toString(ergebnis));
}

// Lieblingsgröße des Taschenrechners festlegen
public Dimension getMinimumSize(){
  return getPreferredSize();
}

public Dimension getPreferredSize(){
  return new Dimension(250,250);
}
}   // Ende der Klasse 'CTaschenRechner'
```

Von der Klasse zum Applet

Warum haben wir die Klasse `CTaschenRechner` von `Panel` und nicht von der Klasse `Applet` abgeleitet? Schließlich soll der Taschenrechner doch ein Applet sein? Sie haben Recht, aber bekanntlich führen viele Wege nach Rom. Durch die obige Vorgehensweise machen wir die Klasse `CTaschenRechner` zu einer universellen AWT-Komponente und können sie ohne große Probleme in beliebigen Applets und Anwendungen verwenden!

Siehe hierzu auch Kapitel 4.2, wo wir uns eingehend mit der Modularisierung von Programmen beschäftigt haben.

Um auf der Grundlage unserer Taschenrechner-Klasse ein Applet zu erzeugen, brauchen wir nur noch eine kleine Applet-Klasse aufzusetzen, die nichts anderes macht, als eine Instanz unserer Taschenrechner-Komponente zu erzeugen:

```
// Das Applet für den Taschenrechner
import java.awt.*;
import java.awt.event.*;
import java.applet.*;

class CTaschenRechner extends Panel implements ActionListener {
   // siehe Übung
}

public class CT_Applet extends Applet{
   public void init() {
      // eine Instanz des Taschenrechners anlegen
      CTaschenrechner t = new CTaschenrechner();
      add(t);
   }
}
```

Listing 14.4: CT_Applet. java

Wie Sie sehen können, ist lediglich die Definition einer Applet-Klasse erforderlich, in der wir die Methode `init()` überschreiben. Letztere wird bekanntlich beim Laden des Applets aufgerufen und sorgt dann dafür, dass eine Instanz des Taschenrechners erzeugt und mittels `add()` angezeigt wird.

Analyse

Wenn Sie in der Eile auch nicht vergessen haben, das Paket `java.applet` zu importieren, brauchen Sie das Applet jetzt nur noch zu kompilieren und können es danach in jedem beliebigen HTML-Dokument einsetzen.

Der Applet-Anwendung-Hybrid

Nun wollen wir das Taschenrechner-Applet so umschreiben, dass es nicht nur als Applet, sondern auch gleichzeitig als eigenständige Anwendung ausgeführt werden kann.

341

Der Schlüssel hierzu ist die Aufrufreihe init() -- start() -- stop(). Denn was ist der wesentliche Unterschied zwischen einer Anwendung und einem Applet? Offensichtlich der Browser, der ein Fenster als »Lebensraum« für das Applet bietet und dann die obigen Methoden aufruft. Man muss es also nur schaffen, dies innerhalb der für Anwendungen obligatorischen main()-Methode nachzubilden und wir haben beides: Applet und Anwendung zugleich!

Dieser Trick funktioniert nur bei Applets, die keine speziellen Applet-Fähigkeiten nutzen.

Listing 14.5: CT_Hybrid. java

```java
//  Applet und Anwendung zugleich
import java.applet.*;
import java.awt.*;
import java.awt.event.*;

class CTaschenRechner extends Panel implements ActionListener {
  // siehe Übung
}

public class CT_Applet extends Applet {
  public static void main(String[] args) {
    // das umgebende Fenster anlegen
    Frame fenster = new Frame("Applet als Anwendung");

    // für das Fenster muss noch das Beenden des
    // Programms ermöglicht werden
    class CFensterAdapter extends WindowAdapter{
        public void windowClosing(WindowEvent e){
          System.exit(0);
        }
    }

    // bei einer Instanz des Lauschers anmelden
    fenster.addWindowListener(new CFensterAdapter());

    // eine Instanz des Applets anlegen und
    // zum Fenster hinzufügen
    CT_Applet calc = new CT_Applet();
    calc.init();
    fenster.add(calc);
    fenster.pack();
    fenster.setVisible(true);
  }
```

```
public void init(){
  // eine Instanz des Taschenrechners anlegen
  CTaschenrechner t = new CTaschenrechner();
  add(t);
}
}
```

Der einzige Unterschied besteht darin, dass wir dem Applet noch eine main()- *Analyse*
Funktion mitgeben, die genau das macht, was bei einem »echten« Applet der
Browser erledigt: Es wird ein Fenster (also ein Frame-Objekt) angelegt, dem
wir eine Instanz des Applets hinzufügen. Dann wird das Applet durch den
Aufruf von init() initialisiert und es geht weiter wie bisher. Da hier weder
start()- noch stop()-Methode benötigt werden, brauchen wir sie auch nicht
in main() aufzurufen.

14.6   Applets und jar-Dateien

Bei etwas komplexeren Applets benötigt ein Applet meistens zusätzliche Dateien, z.B. Bilddateien im gif-Format oder weitere .class-Dateien von Hilfsklassen. Dies kann die Ladezeit des Applets stark erhöhen, weil die Daten-
menge recht groß werden kann und der Browser für jede Komponente eine
neue HTTP-Verbindung aufbauen muss, was recht langsam ist.

Abhilfe bieten jar-Dateien: Dies sind besondere Dateien, die eine oder meh- *jar-Dateien*
rere andere Dateien in komprimierter Form enthalten. Man nennt eine solche *sind Archive*
Datei ein *Archiv*. Archive kennen Sie garantiert, z.B. die beliebten zip-Datei-
en. Eine jar-Datei verwendet übrigens (im Prinzip) den gleichen Kompres-
sionsalgorithmus. Die neuesten Versionen von zip-Komprimierern (z.B. Win-
Zip) können daher auch jar-Dateien lesen. Um mit jar-Dateien zu operieren,
enthält das JDK ein spezielles Programm, das logischerweise *jar* heißt und ein
reines Kommandozeilenprogramm ist (unter Windows müssen Sie also ein
Konsolenfenster öffnen). Die wichtigsten Kommandos sind:

▨ jar cf archivname datei1 datei2 ... : erzeugt ein jar-Archiv und fügt
die genannten Dateien ein.

▨ jar tf archivname: gibt das Inhaltsverzeichnis des angegebenen jar-
Archivs aus.

▨ jar xf archivname datei : extrahiert die angegebene Datei aus dem
Archiv.

Nehmen wir also an, dass Sie ein Applet *dasApplet.java* geschrieben haben,
das noch die gif-Dateien *bild1.gif*, *bild2.gif* und *bild3.gif* benötigt. Um daraus nun eine jar-Datei zu erzeugen, müssen Sie zunächst ganz normal das
Applet in Bytecode kompilieren und dann das .class-File und die Gifs archi-
vieren:

343

```
jar cf beispiel.jar dasApplet.class bild1.gif bild2.gif bild3.gif
```

Der Aufruf des Applets im jar-Format innerhalb des HTML-Dokuments unterscheidet sich kaum vom Aufruf eines normalen Applets, lediglich eine zusätzliche Anweisung zum Bekanntmachen des Archivs muss hinzugefügt werden, das ARCHIVE-Kommando:

```
<APPLET CODE="dasApplet.class" "
       ARCHIVE="beispiel.jar"
       WIDTH=400 HEIGHT=200>
       </APPLET>
```

14.7   Böse Welt: Applets und die Sicherheit

Sie haben wahrscheinlich schon oft darüber gelesen, dass sich in der Computerwelt und insbesondere im Internet viele üble Gesellen herumtreiben wie beispielsweise Makroviren, Bootviren, Trojanische Pferde und etliche weitere Varianten. Vielleicht hatten Sie sogar schon Kontakt mit diesen Kreaturen und mussten deshalb Systemabstürze, formatierte Festplatten oder vielleicht sogar finanzielle Verluste in Kauf nehmen, da jemand mit Ihrem ausgespähten Passwort bei Ihrem Internet-Provider online gewesen ist. Daher sollte man gegenüber Programmen und Dateien, die man von anderen erhält, ein gesundes Maß an Misstrauen an den Tag legen und diese vor Gebrauch mit einem Virenscanner testen. Sicherlich sind Sie vernünftig und machen das sowieso immer! ;-)

Beim Herunterladen von Applets ist die Lage ähnlich, ja vielleicht sogar noch schlimmer. Wenn Sie einige Stunden im Internet herumgesurft sind und dabei Dutzende von Seiten besucht haben, sind auch unzählige Applets automatisch vom Browser auf Ihren Rechner geladen und ausgeführt worden, d.h., wildfremde Programme sind auf dem Rechner gestartet worden! Und das auch noch ohne vorherige Kontrolle durch einen Virenscanner! Ist das nicht hochgradig leichtsinnig?

Im Prinzip muss die Antwort ja lauten und daher gibt es umfangreiche Sicherheitsmechanismen für Applets.

Beim Laden eines Applets prüft der Browser, ob der Bytecode gewisse Sicherheitsbedingungen erfüllt. Erst wenn hier keine Bedenken vorliegen, wird das Applet gestartet. Dies ist auch der Grund, warum es immer etwas dauert, bis ein Applet auf einer HTML-Seite angezeigt wird (die eigentliche Ladezeit für den Appletcode spielt natürlich auch eine Rolle). Nun ist es aber keineswegs so, dass das Applet jetzt nach Herzenslust tun und lassen kann, was es will. Es unterliegt während der Ausführung strengen Einschränkungen, unter anderem

- darf es keine Dateien auf dem lokalen Dateisystem (also auf Ihrem Rechner) lesen oder beschreiben,

- darf es keine Internetverbindungen zu anderen Rechnern aufnehmen, außer zu dem Rechner, von dem es geladen worden ist (sein Server),

- darf es keine Systeminformationen feststellen, z.B. den Benutzernamen oder den Namen des Heimatverzeichnisses,

- wenn das Applet weitere Fenster aufmacht, erhält der Benutzer eine deutlich sichtbare Markierung, dass es sich um ein unsicheres Fenster handelt.

Es gibt noch eine Reihe weiterer Einschränkungen, die wir nicht weiter verfolgen wollen, aber Sie merken schon: Ein Applet darf eigentlich nicht viel machen, es ist von der Außenwelt (= Ihrem Rechner) weitgehend abgeschottet. Diesen Ansatz nennt man *Sandkastenprinzip*. Ein kleines Kind setzt man in den Sandkasten und dort kann es machen, was es will, aber nicht außerhalb. Genauso ist es bei Applets und deshalb können Sie im Internet herumsurfen, ohne sich Sorgen machen zu müssen, jedenfalls nicht wegen der Applets!

Darin liegt auch einer der Hauptunterschiede zwischen Java-Applets und den von Microsoft propagierten ActiveX-Steuerelementen, die mit keinerlei wirklichen Sicherheitsvorkehrungen ausgestattet sind. Abgesehen davon sind ActiveX-Steuerelemente auch nicht plattformübergreifend einsetzbar.

Manchmal ist es allerdings zweckmäßig, bestimmten Applets doch mehr Rechte zu erlauben. Hierzu gibt es verschiedene Wege: Viele Browser erlauben eine Veränderung der Restriktionen (z.B. die Verwendung von *signierten Applets*), allerdings werden die Details bei jedem Browser anders gehandhabt und wir können an dieser Stelle nicht weiter darauf eingehen.

Eine andere Möglichkeit ist der Einsatz des Programms *policytool* des JDK. Mit diesem Programm können Sie in einer Datei *java.policy* (Unix: *.java.policy*) bestimmten Applets mehr Rechte einräumen. Dies sollten Sie aber ganz bewusst machen und nach Möglichkeit vermeiden. Denken Sie daran: Die Welt kann böse sein! Allerdings haben viele Browser ohnehin Probleme mit diesem Mechanismus und ohne Java-Plug-In klappt es nach unseren Erfahrungen mit der aktuellen Browsergeneration nicht.

345

14.8 Zusammenfassung

Applets sind Java-Programme, die in der Umgebung eines javafähigen Browsers ausgeführt werden.

Applets werden von der Java-Klasse `Applet` abgeleitet. Bei Verwendung der Swing-Komponenten sollte stattdessen von `JApplet` abgeleitet werden.

Statt einer `main()`-Methode überschreibt man für Applets die Methoden `init()` und `start()`. Insgesamt gibt es fünf `public`-Applet-Methoden, die im Laufe eines Applet-Lebens vom Browser aufgerufen werden:

- `init()` wird einmalig beim Laden des Applets aufgerufen.

- `start()` wird vom Browser aufgerufen, um dem Applet mitzuteilen, dass es jetzt sichtbar ist und mit seiner Ausführung beginnen oder fortfahren kann.

- `stop()` wird vom Browser aufgerufen, um dem Applet mitzuteilen, dass es seine Ausführung unterbrechen soll.

- `destroy()` wird beim Entlassen des Applets durch den Browser aufgerufen.

- `paint()` wird – wie bei Anwendungen – zum Neuzeichnen des Applet-Containers aufgerufen.

Zur Einbettung eines Applets in ein HTML-Dokument benutzt man das `<APPLET>`-Tag.

Um Parameter von einem HTML-Dokument an ein Applet zu übergeben, müssen Sie die Parameter innerhalb des Applet-Tags mit dem `<param>`-Tag definieren. Um einen vom HTML-Dokument übergebenen Parameter in einem Applet abzufragen, rufen Sie die `getParameter()`-Methode in der `init()`-Methode des Applets auf.

14.9 Fragen und Antworten

F: Angenommen, Sie sollen eine Website für ein Warenhaus erstellen. Auf mehreren Seiten soll der Besucher der Website auswählen können, was er übers Internet kaufen will. Zum Schluss kann der Besucher seine Bestellung per Klick auf einen Schalter abschicken und die Bestellliste wird automatisch an das Warenhaus zurückgemeldet. Kann man dies im Prinzip mit Java realisieren?

Natürlich können Sie zur Erstellung des elektronischen Bestellkatalogs Java verwenden, doch wenn es darum geht, die Bestellliste direkt über die bestehende Client/Server-Verbindung an den Betreiber der Website zurückzumelden, ist ein serverseitiges Skript oder CGI-Programm die bessere Wahl.

14.10 Übungen

1. Erkundigen Sie sich bei Ihrem Internet-Provider nach den Möglichkeiten, eine eigene Website für sich einzurichten.

2. Schreiben Sie das CSpot-Applet so um, dass man ihm via HTML-Parameter angeben kann, wie viele Flecken in welcher Farbe gezeichnet werden sollen.

KAPITEL 15

Threads und Animation

Wenden wir uns nun dem letzten wirklich neuen Konzept zu, das Java noch für Sie bereithält: den Threads! Der Begriff stammt aus dem Englischen und bedeutet an sich »Faden«. Was für Fäden sind damit wohl gemeint? Lesen Sie mal wieder ein gutes Buch, dann wissen Sie es. Denken Sie beispielsweise an Edgar Allen Poes Kurzgeschichte »Der Untergang des Hauses Usher«. Eine ebenso kunstvolle wie geradlinige Geschichte über die Sühne einer inzestuösen Liebe. Geradlinig, weil es im Wesentlichen nur einen Handlungsfaden gibt (oder einen Handlungsstrang, wie man im Deutschen üblicherweise sagt). Genauso einfach und geradlinig – wenn auch zweifelsohne nicht ganz so kunstvoll – waren unsere bisherigen Programme gestrickt. Der Handlungsfaden unserer Programme kann zwar äußerst verwickelt sein (durch Schleifen, Methodenaufrufe oder Abfangen von Anwendereingaben), doch es ist immer nur ein einziger auszuführender Faden gewesen.

Nehmen Sie dagegen einen größeren Roman, beispielsweise »Besessen« von A.S. Byatt – eine ebenso spannende wie hinreißende philologische Spurensuche. Hier gibt es mehrere Handlungsstränge, die teilweise noch auf unterschiedlichen Zeitebenen spielen. Das wollen wir nun auch versuchen: ein Programm mit mehreren Fäden zu erstellen, die nebeneinander ausgeführt werden.

Sie lernen in diesem Kapitel

– ein bisschen Hintergrundwissen zur Arbeit Ihres Prozessors,

– was Threads und Prozesse sind,

– wie Threads synchronisiert werden,

– warum Threads für Applets so interessant sind,

– wie man bestehende Klassen threadfähig machen kann,

– wie man mit Threads Animationen programmiert.

15.1 Multithreading mit Java

Bevor wir Ihnen den Begriff »Thread« näher erläutern werden, wollen wir uns erst einmal ein lehrreiches Beispiel anschauen.

Nehmen wir mal an, dass Sie die Attraktivität Ihrer Homepage erhöhen wollen, indem Sie ein Applet mit einer Zeitanzeige einbauen.

Doch wie gehen Sie dazu vor? Einzige Aufgabe des Applets soll es sein, fortlaufend die aktuelle Uhrzeit anzuzeigen. Um dies zu realisieren, bietet es sich an, in der start()-Methode eine Endlosschleife zu programmieren, in der bei jedem Durchlauf die aktuelle Zeit abgefragt und angezeigt wird.

Eine mögliche Umsetzung dieser Idee könnte wie folgt aussehen:

```
// fehlerhafte Implementierung
import java.util.Date;
import java.text.*;
import java.applet.Applet;
import java.awt.*;

public class CUhrzeit_Test extends Applet {
   String     m_aktZeit;
   DateFormat m_formatierer;
   Font       m_anzeigeFont;

   public void init() {
      m_formatierer = DateFormat.getTimeInstance();
      m_anzeigeFont = new Font("Serif",Font.BOLD,26);
   }

   public void start() {
      while(true) {
         m_aktZeit = m_formatierer.format(new Date());
         repaint();
      }
   }
```

```
public void paint(Graphics g) {
    g.setFont(m_anzeigeFont);
    g.setColor(Color.blue);
    g.drawString(m_aktZeit,20,45);
}
}
```

Die aktuelle Zeit besorgen wir uns durch Instanzbildung der Java-Klasse `Date`   *Analyse*
und wir wandeln sie mittels der `DateFormat`-Klasse in einen formatierten
String um, den wir in der `paint()`-Methode des Applets ausgeben lassen.

Die Programmierung mit den Klassen `Date` und `DateFormat` wurde bereits in
Kapitel 7.2 behandelt.

Die Endlosschleife

In der `start()`-Methode des Applets soll nun fortlaufend die aktuelle Zeit abgefragt, in einen String formatiert und ausgegeben werden. In obigem Programm haben wir dies dadurch versucht zu realisieren, dass wir eine `while`-
Schleife eingerichtet haben, in deren Bedingung wir direkt das Schlüsselwort
`true` angeben. Die Schleifenbedingung ist also immer erfüllt und die Schleife
wird ohne Ende ausgeführt (es sei denn, man würde Sie mithilfe einer `break`-
Anweisung irgendwann verlassen, was in unserem Beispiel aber nicht der Fall
ist).

```
public void start() {
    while(true) {
        m_aktZeit = m_formatierer.format(new Date());
        repaint();
    }
}
```

In der Schleife fragen wir das Datum ab, lassen es in einen String formatieren
und veranlassen durch einen Aufruf von `repaint()` das Neuzeichnen des
Applets und damit die Ausgabe der aktuellen Zeit.

Wenn Sie dieses Applet aber kompilieren und beispielsweise mit dem Appletviewer ausprobieren, werden Sie eine herbe Enttäuschung erleben: Es wird
nichts angezeigt! Außerdem werden Sie feststellen, dass der Appletviewer
oder Browser nur noch mit einer gewissen Zeitverzögerung auf Ihre Eingaben
reagiert (beispielsweise beim Schließen). Was ist bloß los?

Das Problem

Das Problem liegt darin, dass die schnelle Aufeinanderfolge der einzelnen Ite-
rationen dazu führt, dass die Ausgabe nicht lange genug sichtbar bleibt, um
gesehen werden zu können.

351

Dieses Problem kann auch nicht durch die direkte Grafikausgabe durch Beschaffung eines eigenen Graphics-Objekts mit getGraphics() gelöst werden.

Was wir bräuchten, wäre eine Möglichkeit, die Schleife für eine gewisse Zeit anzuhalten, so dass in dieser Zeit die Grafikausgabe sichtbar werden kann. Diese Möglichkeit besteht tatsächlich: Es ist die statische Methode Thread.sleep(long);.

Die Klasse Thread ist in dem Paket java.lang definiert und daher automatisch verfügbar.

Unsere überarbeitete start()-Methode sieht nun folgendermaßen aus:

```
public void start() {
  while(true) {
    m_aktZeit = m_formatierer.format(new Date());
    repaint();

    try {
      // 1000 Millisekunden schlafen
      Thread.sleep(1000);
    }
    catch(InterruptedException e) {
      // Java verlangt das Abfangen dieser
      // Exception für die sleep()-Anweisung
      return;
    }
  }
}
```

Analyse Jetzt wird die Schleife in jeder Iteration für ungefähr 1 Sekunde angehalten. Leider nicht nur die Schleife! Die Methode sleep() hält den ganzen Thread an und da das Applet nur aus einem Thread besteht, bedeutet dies, dass das ganze Applet schlafen gelegt wird. Wir haben also das gleiche Problem wie zuvor: Von der Zeitanzeige ist nichts zu sehen.

Doch mittlerweile sind wir ganz dicht dran an der korrekten Lösung.

Die Lösung: Threads

Obige Konstellation ist ein geradezu klassisches Beispiel. Ein Programm führt eine relativ zeitaufwendige Berechnung durch (oder wie hier eine Schlafoperation, wo einfach nichts getan wird) und »saugt« dadurch die komplette Rechenzeit auf, so dass das Programm währenddessen nichts anderes mehr machen kann. Um für solche Situationen Abhilfe zu schaffen, wurde das Konzept der so genannten *Threads* entwickelt, das wir uns nun kurz anschauen wollen.

In einem klassischen Programm gibt es nur einen Kontrollfluss, d.h., das Programm geht sequentiell durch die Anweisungen hindurch und arbeitet sie ab. Dies erscheint auch ganz natürlich, da der übliche PC nur einen Prozessor besitzt. Trotzdem ist es bei modernen Betriebssystemen möglich, beispielsweise mit einem Textverarbeitungssystem einen Brief zu schreiben und gleichzeitig parallel dazu ein anderes Dokument auszudrucken. Wieso geht das eigentlich? Die Antwort heißt Prozesse und Threads! Jedes Programm, das im Rechner abläuft, ist ein *Prozess* und das Betriebssystem verteilt die zur Verfügung stehende Prozessorzeit auf die Prozesse, indem es zwischen allen laufenden Prozessen so schnell hin- und herschaltet, dass der Anwender den Eindruck erhält, dass die Prozesse gleichzeitig ablaufen. Das tun sie natürlich nicht, da nach wie vor nur ein Prozessor zur Verfügung steht, aber durch das schnelle Hin- und Herschalten sieht es so aus und man spricht daher von *quasi-paralleler* Verarbeitung oder Multitasking.

Dadurch wäre noch nicht allzu viel gewonnen, wenn man nicht auch ein Programm (in der Betriebssystemsprache also ein Prozess) in mehrere Unterprozesse – die *Threads*, auch *leichtgewichtige Prozesse* genannt – aufteilen könnte. Jedes Programm besitzt naturgemäß einen (Vordergrund-)Thread, den Haupt-Thread, mit dem das Programm startet. Darüber hinaus kann der Programmierer aber nun innerhalb des Programms zusätzliche Threads erzeugen und ausführen lassen, die dann parallel ablaufen, d.h., jeder Thread bekommt vom Betriebssystem seine eigene Prozessorzeit zugewiesen. Ferner gibt es noch Hintergrund-Threads (z.B. der so genannte Garbage-Collector, der nicht mehr benötigte Objekte im Speicher freigibt), um die wir uns hier aber nicht weiter kümmern müssen.

Während verschiedene Prozesse (Programme) nichts miteinander zu tun haben, sind die Threads eines Prozesses eng miteinander verzahnt, da sie auf dem gleichen Speicherbereich operieren, d.h., sie können alle auf die Variablen und Daten des zugrunde liegenden Programms zugreifen (und dadurch miteinander kommunizieren und zusammenarbeiten).

Wann ist es sinnvoll, innerhalb eines Programms einen zusätzlichen Thread zu erzeugen und auszuführen?

Threads benötigt man, wenn ein Programm mehrere Aufgaben gleichzeitig erledigen soll oder wenn zeitaufwendige Operationen (wie Druckausgaben) quasi im Hintergrund stattfinden sollen, so dass der Anwender nach dem Starten des Threads mit dem Programm normal weiterarbeiten kann.

353

15.2 Eigene Threads erzeugen: die Klasse Thread

Die Realisierung eigener Threads erfolgt durch den Einsatz der Klasse Thread (Paket java.lang, also keine explizite import-Anweisung notwendig).

Die Implementierung des Threads wird damit denkbar einfach: Man leitet einfach eine eigene Klasse von der Basisklasse Thread ab. Dadurch erbt man eine Reihe interessanter Methoden zur Steuerung der Thread-Ausführung, von denen uns folgende Methoden besonders interessieren:

■ run(). Anwendungen starten mit der main()-Methode, Applets mit start() und Threads mit run(). Alle Anweisungen, die der Thread ausführen soll, gehören also in die Implementierung dieser Methode, die Sie folglich unter Beibehaltung der vorgegebenen Signatur überschreiben müssen. Diese Methode dürfen Sie nicht selbst aufrufen. Die run()-Methode ist das Herz eines Threads. Wenn sie beendet wird, endet auch das Leben des Threads.

■ start(). Die Methode start() rufen Sie auf, um den Thread zu starten. Diese Methode führt einige Initialisierungen durch und ruft dann die run()-Methode des Threads auf.

■ currentThread(). Liefert eine Referenz auf den Thread, der zur Zeit vom Prozessor abgearbeitet wird. Diese Methode ist statisch, d.h., sie kann auch ohne Instanz aufgerufen werden als Thread.currentThread().

■ sleep(long zeit). Eine weitere statische Methode, die veranlasst, dass der Thread für zeit Millisekunden nichts tut, sich also schlafen legt. Der Aufruf dieser Methode muss in einem try-catch-Block gekapselt werden, da nach Ablauf der Wartezeit immer eine InterruptedException erzeugt wird.

■ interrupt(). Setzt eine interne Thread-Variable (das interrupted-Flag) auf true.

■ isInterrupted(). Liefert als Rückgabe true, wenn bei der zugehörigen Thread-Instanz das interrupted-Flag auf true gesetzt worden ist.

■ setPriority(int p). Setzt die Priorität des Threads auf den Wert p.

Gelegentlich können Sie in Programmen noch den Einsatz der Thread-Methoden stop(), resume() und suspend() sehen, die sich aber als absturzfördernd herausgestellt haben. Ab Java 1.2 sind sie daher gar nicht mehr zulässig und werden im Folgenden auch nicht erläutert.

In Java können Sie Klassen durch Ableitung von der Basisklasse `Thread` threadfähig machen. Die Anweisungen für den Thread stehen in seiner `run()`-Methode, die nur indirekt über `start()` aufgerufen wird.

Kehren wir zurück zu unserem Uhrzeit-Applet. Dieses soll zwei Aufgaben quasi gleichzeitig erledigen: das Abfragen der aktuellen Zeit und deren Anzeige im Bereich des Applets. Da wir beide Aufgaben wie gesehen nicht in einer Endlosschleife erledigen können, teilen wir sie auf zwei Threads auf:

- den Haupt-Thread des Applets, der für die Anzeige zuständig ist, und

- einen zusätzlichen Thread, der ständig die aktuelle Zeit abfragt, in einen String formatiert und zur Anzeige bringt.

Damit haben wir schon die Grundlagen zum Verwenden eines Threads. Schauen wir uns nun das modifizierte Uhrzeit-Applet an:

```
01 import java.util.Date;
02 import java.text.*;
03 import java.applet.*;
04 import java.awt.*;
05
06 public class CUhrzeit extends Applet {
07    String m_aktZeit;
08    DateFormat m_formatierer;
09    CZeitThread m_zeit;
10    Font m_anzeigeFont;
11
12    public void init()   {
13      m_anzeigeFont = new Font("Serif",Font.BOLD,22);
14      m_formatierer = DateFormat.getTimeInstance();
15      m_aktZeit = m_formatierer.format(new Date());
16
17      // eine Instanz der Thread-Klasse anlegen und starten
18      m_zeit = new CZeitThread();
19      m_zeit.start();
20    }
21
22    public void start()   {
23      // einen Thread starten
24      if(m_zeit == null) {
25        m_zeit = new CZeitThread();
26        m_zeit.start();
27      }
28    }
29
```

Listing 15.1:
CUhrzeit.java

355

```
30    public void stop() {
31      // den Thread beenden
32      if(m_zeit != null) {
33        m_zeit.interrupt();
34        m_zeit = null;
35      }
36    }
37
38    public void destroy() {
39      // den Thread beenden
40      if(m_zeit != null) {
41        m_zeit.interrupt();
42        m_zeit = null;
43      }
44    }
45
46    public void paint(Graphics g) {
47      // die aktuelle Uhrzeit anzeigen
48      g.setFont(m_anzeigeFont);
49      g.setColor(Color.blue);
50      g.drawString(m_aktZeit,20,45);
51    }
52
53    // den Thread als innere Klasse definieren
54    class CZeitThread extends Thread {
55      public void run()  {
56        while(isInterrupted() == false) {
57          m_aktZeit = m_formatierer.format(new Date());
58          repaint();
59
60          // kurze Zeit schlafen
61          try {
62            sleep(1000);
63          }
64          catch(InterruptedException e)  {
65            return;
66          }
67        }
68      }
69    }
70 }
```

Abb. 15.1:
Das Zeit-
anzeige-Applet

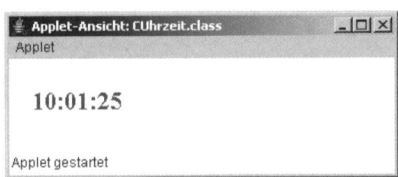

Schauen wir uns zuerst die Implementierung unserer Thread-Klasse `CZeit-` *Analyse*
`Tread` an, die wir als innere Klasse der Applet-Klasse definiert haben, damit
ihre `run()`-Methode und die `paint()`-Methode des Applets ohne Probleme auf
den gleichen Variablen operieren können. Das Anlegen der Thread-Klasse ist
gar nicht schwierig:

▨ Wir leiten die Klasse einfach von der Basisklasse `Thread` ab (Zeile 54)

▨ und überschreiben die Methode `run()`, in der im Wesentlichen die gleichen Anweisungen stehen, die wir zuvor in der `start()`-Methode des Applets stehen hatten (ab Zeile 55).

▨ In der `init()`-Methode der Applet-Klasse erzeugen wir dann einen neuen
Thread und starten dessen Ausführung (Zeilen 18 und 19).

Der Browser ruft die `init()`-Methode des Applets auf, in der wir eine Instanz
unserer Thread-Klasse anlegen und starten. Ab diesem Moment laufen zwei
(so genannte Vordergrund-)Threads: der Haupt-Thread des Applets und der
neue Thread vom Typ `CZeitThread`. In dessen `run()`-Methode wird in einer
Schleife die aktuelle Zeit abgefragt, in einen String konvertiert und die Auffor-
derung zum Neuzeichnen abgeschickt. Danach legt sich der Thread für eine
Sekunde schlafen, um dann das Spiel von vorne zu beginnen. Im Gegensatz
zu den bisherigen Varianten funktioniert das Applet nun korrekt! Der Grund
dafür liegt darin, dass die `sleep()`-Anweisung nur den `m_zeit`-Thread betrifft.
Der Haupt-Thread ist davon nicht betroffen und kann ungestört den im Se-
kundentakt eintreffenden Aufforderungen zum Neuzeichnen nachkommen.
In der `run()`-Methode testet die Instanz von `CZeitThread` mittels `isInter-`
`rupted()`, ob ihr interrupted-Flag gesetzt worden ist. Ist dies der Fall (ist der
zurückgelieferte Wert `true`), dann weiß die Thread-Instanz, dass das Applet
seine Beendigung wünscht. Die `while`-Schleife wird dann verlassen und die
`run()`-Methode und somit auch das Leben des Threads enden. Beachten Sie,
dass wir schon in der `init()`-Methode vorsorglich eine Zeit an `m_aktZeit` zuweisen. Dies ist notwendig, da durch die Java-Laufzeitumgebung die `paint()`-
Methode schon aufgerufen werden kann, bevor die `run()`-Methode des
Threads aufgerufen wird. Wenn `m_aktZeit` dann noch nicht initialisiert wäre,
würde eine `null-pointer exception` ausgelöst, was kein Weltuntergang wäre,
aber peinlich ist!

Beachten Sie bitte ferner, dass in unserem Beispiel die `stop()`-Methode des
Applets den aktiven Thread nicht nur stoppt, sondern völlig beendet. Bei ei-
nem erneuten Aufruf von `start()` wird ein ganz neuer Thread erzeugt. Diese
»Holzhammermethode« ist in den meisten Fällen ausreichend. Wir werden in
Kürze noch einmal darauf zurückkommen.

Das Programm würde auch ohne die `sleep()`-Anweisung in der `run()`-Metho-
de des `m_zeit`-Threads funktionieren, allerdings würde dann die Vielzahl der
`paint()`-Aufrufe zum Flimmern und zur Überlastung des Haupt-Threads
führen.

357

15.3   Eigene Threads erzeugen: das Runnable Interface

Wow, das ist doch eine tolle Sache mit diesen Threads! Doch was ist, wenn man eine Klasse threadfähig machen möchte, die bereits von einer anderen Basisklasse abgeleitet wird? Mehrfachvererbung von Klassen ist in Java ja bekanntlich nicht erlaubt (siehe Kapitel 5.5). Nun, für solche Fälle hält Java die Möglichkeit der Implementierung von Interfaces bereit und so gibt es auch für die Erzeugung threadfähiger Klassen ein eigenes Interface: Runnable.

Klassen, die bereits eine Basisklasse haben, können mithilfe des Interface Runnable threadfähig gemacht werden.

Wenn Sie eine Klasse von der Klasse Thread ableiten, erbt diese Klasse die Methode run(), die Sie mit der gewünschten Funktionalität überschreiben. Wenn Sie eine Klasse erstellen, die das Runnable-Interface implementiert, versichern Sie dem Compiler, dass Ihre neue Klasse eine run()-Methode für einen Thread enthält. Das Erzeugen eines neuen Threads läuft dann im Prinzip wie vorher ab, allerdings instantiieren Sie nun direkt ein Thread-Objekt und keine von Thread abgeleitete Klasse und geben dem Konstruktor eine Referenz mit, wo er seine run()-Methode suchen soll. Dies soll die aufrufende Klasse sein (die auch das Runnable-Interface realisiert), also this. In der run()-Methode brauchen wir nun noch eine Abfrage, mit der der Thread erkennen kann, ob er weitermachen oder sein Leben beenden soll. Hierfür kann man die statische Methode currentThread() verwenden, die eine Referenz auf den gerade ablaufenden Thread enthält. Wenn diese Referenz nicht mehr auf den Thread zeigt, weiß er, dass er aufhören soll.

```
// siehe Übung 2 für vollständigen Code
public class CUhrzeit extends Applet implements Runnable {
   Thread m_zeit;   // die Referenz auf den Thread

   // dies ist die run() Methode innerhalb des
   // Applets für den Thread
   public void run() {
     while(m_zeit = Thread.currentThread()) {
       // Anweisungen, was der Thread machen soll
       // ...
     }
   }
}
```

In der init()-Methode des Applets wird nun ganz normal der Thread erzeugt – allerdings mit dem Unterschied, dass wir dem Konstruktor durch die this-

Referenz mitteilen, dass sich seine `run()`-Methode in der aufrufenden Klasse befindet:

```
public void init() {
    // einen zusätzlichen Thread anlegen
    m_zeit = new Thread(this);
    // den neuen Thread starten
    m_zeit.start();
}
```

Danach können Sie in gewohnter Weise über den Namen der `Thread`-Instanz auf die `Thread`-Methoden zur Steuerung des zusätzlichen Threads zurückgreifen.

Beachten Sie, dass Instanzen von Klassen, die von `Thread` abgeleitet sind oder `Runnable` implementieren, erst einmal ganz normale Klasseninstanzen sind. Was sie allerdings auszeichnet, ist die Möglichkeit, die in ihrer Klassendeklaration definierte `run()`-Methode als eigenständigen Thread ausführen zu lassen.

15.4   Wissenswertes rund um Threads

Prioritäten

Jeder Thread hat eine bestimmte Priorität, die vom Java-Laufzeitsystem benötigt wird, um zu bestimmen, welcher Thread gerade laufen soll. Diesen Entscheidungsvorgang nennt man *Scheduling*. Standardmäßig erbt ein Thread die Priorität des Threads, der ihn erzeugt hat. Man hat aber auch die Möglichkeit, mithilfe der Methode

```
setPriority(int)
```

die Priorität selbst festzulegen. Der Parameter muss dabei im Bereich der Konstanten `Thread.MIN_PRIORITY` und `Thread.MAX_PRIORITY` liegen.

Wenn mehrere Threads vorhanden sind, wählt das Java-Laufzeitsystem immer den Thread mit der höchsten Priorität und führt ihn so lange aus, bis er endet oder sich schlafen legt. Bei bestimmten Betriebssystemen (z.B. Windows 95/98) gibt es noch eine zusätzliche Stoppbedingung: Jeder Thread erhält eine bestimmte Zeitscheibe, d.h. ein Stück CPU-Zeit. Wenn der Thread nach Ablauf dieser Zeitscheibe noch am Laufen ist, wird er vom Java-Laufzeitsystem gestoppt, damit auch andere Threads mal an die Reihe kommen (so genanntes *Time-slicing*).

Schreiben Sie nach Möglichkeit keine thread-basierten Programme, die zum richtigen Ablauf Annahmen über das verwendete Scheduling machen. Beim Wechsel der Plattform könnte das Programm plötzlich nicht mehr das tun, was es auf der alten Plattform tat.

Synchronisierung

Ein weiterer wichtiger Gesichtspunkt der Thread-Programmierung ist die Synchronisierung von mehreren Threads. Man kann hierbei zwei Fälle unterscheiden:

Im ersten Fall erzeugt das Hauptprogramm bzw. Applet mehrere Threads, die irgendwelche netten Dinge tun, die unabhängig voneinander sind. Beispielsweise könnte ein Thread für die Anzeige der Uhrzeit verantwortlich sein, während ein anderer eine Sounddatei abspielt. Dies ist kein Problem, da die Threads auf verschiedenen Daten operieren.

Aufpassen muss man im anderen Fall, wenn mehrere Threads auf gemeinsamen Daten arbeiten müssen. Angenommen, wir haben eine Liste von Personen und zwei Threads, die darauf operieren. Thread A verwaltet den Status der Personen (ledig, verheiratet) und Thread B beantwortet Anfragen nach dem Status. Dann könnte Folgendes passieren, wenn wir eine Liste mit Personen haben:

Dirk(ledig) --- Peter(ledig) --- Volker(ledig) --- Hannah(ledig) --- Petra(ledig) --- ...

Nehmen wir an, dass Dirk Petra heiratet. Thread A wird aufgerufen und setzt den Status von Dirk und Petra auf verheiratet. So weit, so gut, und alle sind hoffentlich zufrieden. Ein Problem kann aber auftauchen, wenn zeitgleich zu Thread A auch Thread B aufgerufen wird mit dem Auftrag, den Status von Dirk und Petra auszugeben. Da das Java-Laufzeitsystem zwischen den Threads hin- und herschaltet, könnte folgendes Resultat herauskommen:

Thread A macht sich auf die Socken und findet zuerst Dirk in der Liste und ändert seinen Status auf verheiratet. Dann sucht er in der Liste weiter und gelangt zu Petra. Aber gerade als er auch den Status von Petra anpassen will, würgt ihn die Java-Maschine ab, schiebt ihn aufs Abstellgleis und lässt Thread B seine Arbeit machen. Der sucht und findet Dirk und meldet ihn als verheiratet. Dann geht er weiter zu Petra, die allerdings noch als ledig eingetragen ist! Damit ist Thread B am Ende und Thread A erhält wieder Rechenzeit und ändert den Status von Petra auf verheiratet, leider zu spät!

Sicherlich ist Ihnen klar, dass so etwas viele Verwirrungen verursachen könnte. Das Problem ist, dass unabhängige Threads auf der gleichen Datenstruktur operieren, die für so etwas nicht vorbereitet ist. Man nennt dies auch: Sie ist nicht threadsicher. Für solche Fälle erlaubt Java die so genannte *Synchronisation* der Threads. Sie erfolgt durch das Schlüsselwort `synchronized`, mit dem man einen Block von Anweisungen oder eine ganze Methode sichern kann. Wenn ein Thread einen derart gesicherten Bereich betritt, kann kein anderer Thread diesen Bereich betreten. Dadurch wird sichergestellt, dass ein Thread seine Arbeit zu Ende bringen kann.

Der Einsatz von `synchronized` kann in zwei Varianten erfolgen:

▓ Eine komplette Methode einer Klasse wird durch Voranstellen des Schlüsselworts `synchronized` vor den Methodennamen geschützt:

```
synchronized void kritischeMethode() {
  // hier die Anweisungen
}
```

▓ Eine andere Möglichkeit ist das Sichern eines Objekts `dasObjekt`:

```
synchronized(dasObjekt) {
    // hier die Anweisungen, die gesichert sein sollen
}
```

Das oben beschriebene Szenario mit dem Bearbeiten einer gemeinsamen Liste durch zwei unabhängige Threads lässt sich nun folgendermaßen lösen. Sei `CAendernThread` die Thread-Klasse zum Ändern des Status eines Paars und `CAusgebenThread` die Klasse zum Ausgeben des Status von zwei Personen. Beide Klassen haben einen Konstruktor, der neben Namen und Status auch eine Referenz auf die gemeinsame Namensliste (z.B. vom Typ `LinkedList`) erhält. Um sicherzustellen, dass nur ein Thread auf der Liste operiert, sichert einfach jeder Thread in seiner `run()`-Methode den Zugriff auf die Liste. Für die Klasse `CAendernThread` könnte das wie folgt aussehen:

```
class CAendernThread extends Thread {
  LinkedList m_liste;
  String m_person1, m_person2, m_status;

  // der Konstruktor
  CAendernThread(LinkedList l, String n1, String n2, String st) {
    m_liste = l;
    m_person1 = n1;
    m_person2 = n2;
    m_status = st;
  }

  public void run() {
    synchronized(m_liste) {
        // Anweisungen, die auf der Liste operieren
        // ...
    }
  }
}
```

Ressourcen sparen

Alle gleichzeitig auf einem Computer laufenden Threads teilen sich den Prozessor (oder Prozessoren, falls mehrere vorhanden sind). Dies kann die Gesamtperformance des Computers schon schmälern und es wäre wünschens-

361

wert, dass die einzelnen Threads nicht sinnlos Prozessorzeit verschwenden. Wenn Sie Programme oder Applets schreiben, die Threads erzeugen, sollten Sie auch dafür sorgen, dass diese Threads ordnungsgemäß beendet werden. Dies ist insbesondere bei Applets wichtig.

Threads von Applets, die vom Browser nicht mehr angezeigt werden, sollten beendet werden, d.h., die Threads müssen ihre run()-Methode beenden. Hier kommen wieder die Applet-Methoden start(), stop() und destroy() ins Spiel.

Wenn der Browser zu einer anderen Seite wechselt, ruft er die stop()-Methode des aktuellen Applets auf, damit es sich zur Ruhe legt. Kehrt der Anwender zu der Seite mit dem Applet zurück, wird das Applet wieder zum Leben erweckt, ausgehend von seinem letzten Zustand. Dies haben Sie schon im letzten Kapitel gelernt. Dort mussten wir uns aber darum nicht weiter kümmern, da die Applets keine eigenen Threads erzeugten. Wenn die Applets vom Browser stillgelegt wurden, war Funkstille. Wenn dagegen separate Threads im Applet laufen, muss sich der Programmierer – also Sie – darum kümmern, dass diese zusammen mit dem Applet stillgelegt werden.

Die einfachste Vorgehensweise, deren wir uns schon in den obigen Beispielen bedient haben, ist das völlige Beenden der aktuellen Threads, indem das Applet in seiner stop()-Methode den laufenden Threads durch den Aufruf ihrer interrupt()-Methoden signalisiert, dass sie sich beenden sollen.

Die run()-Methode der Threads muss dazu eine while-Schleife implementieren, die permanent mittels isInterrupted() testet, ob ein Abbruchwunsch vorliegt:

```
public void run() {
  while(isInterrupted() == false){
    // Anweisungen des Threads
  }
}
```

Durch diese Vorgehensweise werden Threads also nicht nur gestoppt, sondern richtig beendet. Beim Aufruf von start() in der Applet-Klasse muss daher ein ganz neuer Thread erzeugt und gestartet werden. Will man einen Thread nur »auf Eis legen«, so dass er beim Aufwecken da weitermacht, wo er war, als er gestoppt wurde, müssen komplizierte Synchronisierungskonzepte eingesetzt werden, die wir Ihnen hier ersparen wollen. (Es gäbe zwar eine recht einfache Lösung, die auf den Thread-Methoden stop() und resume() aufbaut, doch haben sich diese leider als absturzfördernd herausgestellt und sie sollten ab JDK 1.2 nicht mehr verwendet werden.)

Die meisten aktuellen Browser verlassen sich nicht mehr darauf, dass die Applets korrekt unter Verwendung von `stop()` und `start()` implementiert sind. Sie lösen die Applets gänzlich auf, wenn die zugehörige Seite verlassen wird und starten es beim nächsten Mal neu. Trotzdem sollten Sie sich angewöhnen, `stop()` und `start()` in der vorgesehenen Weise zu verwenden.

15.5   Threads und Animation

Ein Paradebeispiel für den sinnvollen Einsatz von Threads sind Animationen, d.h. bewegte Grafiken oder Bilder. Warum? Weil hier wieder das typische Szenario vorliegt, bei dem von nun an bei Ihnen die Thread-Alarmglocke bimmeln sollte: Aufwändige Berechnungen/Aktionen müssen durchgeführt werden (hier das Erstellen und Verschieben von Grafiken auf dem Bildschirm), gleichzeitig darf aber das Programm nicht lahmgelegt werden (beispielsweise sollen Menübefehle und Schalter weiterhin jederzeit aktivierbar sein).

Zur Veranschaulichung soll das nächste Beispiel dienen, das neben dem Einsatz von Threads auch zeigt, wie einfache Animationen prinzipiell durchgeführt werden können.

Ein Applet soll erstellt werden, das auf einem roten Hintergrund zwei Marsmännchen hin- und herbewegt.

```
import java.awt.*;
import java.applet.*;
import java.awt.event.*;
import java.util.*;

class MeinCanvas extends Canvas {
  MeinCanvas() {
    setBackground(Color.red);
    setForeground(Color.black);
  }

  public void paint(Graphics g) {
    super.paint(g);
    g.setColor(Color.red);
    g.fillOval(1,1,5,5);
  }
}


public class CMars_Applet  extends Applet {
  MeinCanvas m_malFlaeche;
  LinkedList<CAlien> m_alienListe;
```

Listing 15.2: CMars_Applet. java

363

```
public CMars_Applet() {
  // Oberflaeche anlegen
  setLayout(new BorderLayout());
  m_malFlaeche = new MeinCanvas();
  add("Center",m_malFlaeche);

  // Mausadapter registrieren
  m_malFlaeche.addMouseListener(new CMeinMausAdapter());

  // Liste für Marsmenschen anlegen
  m_alienListe = new LinkedList<CAlien>();
}

public void start() {
  CAlien alien = new CAlien(m_malFlaeche,10,10);
  alien.start();
  m_alienListe.add(alien);
  alien = new CAlien(m_malFlaeche,200,50);
  alien.start();
  m_alienListe.add(alien);
}

void loescheListe() {
  // die bisherige Liste an Aliens loeschen
  for(CAlien alien : m_alienListe)
    alien.interrupt();

  m_alienListe.clear();
}

public void stop() {
  loescheListe();
}

public void destroy() {
  loescheListe();
}

// einen MouseAdapter als innere Klasse
// jeder Mausklick = neuer Thread
class CMeinMausAdapter extends MouseAdapter {
  public void mousePressed(MouseEvent e) {
    CAlien neu = new CAlien(m_malFlaeche,e.getX(),e.getY());
    neu.start();
    m_alienListe.add(neu);
  }
}
}
```

Soweit die Applet-Klasse. Im Konstruktor richten wir die GUI-Oberfläche ein, *Analyse* d.h. den Layout-Manager und die MCanvas-Leinwand, in der wir unsere Marsmännchen herumfliegen lassen. (Wundern Sie sich nicht über die fillOval()-Ausgabe in der paint-Methode von MeinCanvas. Unter bestimmten Browser/Betriebssystem-Kombinationen wird der Hintergrund nicht richtig initialisiert, wenn nicht etwas in die Zeichenfläche gemalt wird.)

Das Applet soll bei jedem Mausklick ein neues Männchen erzeugen. Daher versehen wir die MCanvas-Instanz m_malFlaeche mit einem Mausadapter zum Registrieren von Mausklicks. Den Mausadapter definieren wir als innere Klasse von CMars_Applet, damit wir Zugriff auf die Variablen der Klasse CMars_Applet haben. Wenn ein Mausklick erfolgt, wird ein neuer Thread erzeugt und gestartet und in die Liste eingefügt.

Die Marsmenschen selbst erzeugen wir in der start()-Methode des Applets als Instanzen der weiter unten definierten Klasse CAlien. Als Parameter übergeben wir das Canvas-Objekt, in das sich die Instanzen der Klasse CAlien selbst zeichnen sollen, sowie die Startpositionen der Marsmännchen. Die Klasse CAlien ist von Thread abgeleitet und damit threadfähig. In der run()-Methode der Klasse (siehe unten) werden die Marsmenschen fortwährend über die Leinwand bewegt. Um die Marsmenschen in Bewegung zu setzen, rufen wir daher für beide Aliens die Thread-Methode start() auf. Die Männchen verwalten wir in einer verketteten Liste (LinkedList).

Danach folgen die Implementierungen der Applet-Methoden stop() und destroy(), in denen die Threads erzeugt bzw. beendet werden. Alle diese Methoden verwenden die Methode loescheListe(), die mithilfe eines Iterators durch die Liste der Männchen geht und ihnen durch Setzen des interrupted-Flags mitteilt, dass sie ihre run()-Methode verlassen sollen. Danach kann die Liste mittels clear() komplett gelöscht werden.

Das Beenden eines Threads erfolgt dadurch, dass er seine run()-Methode verlässt. Die vorhandene Thread-Methode stop() sollte nicht dazu verwendet werden, da dies zu Systemabstürzen oder zumindest seltsamen Effekten führen kann.

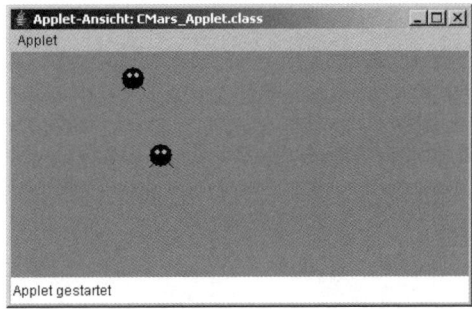

Abb. 15.2: Die Marsmenschen kommen

365

```
// Datei Mars_Applet.java Teil II
class CAlien extends Thread {
  Canvas m_anzeige;
  int m_xPos,m_yPos;
  int m_dx = 2;  // Schrittweite in x und y Richtung
  int m_dy = 2;

  CAlien(Canvas c,int x,int y) {
    m_anzeige = c;
    m_xPos = x;
    m_yPos = y;
  }

  public void run() {
    anzeigen(); // Alien an der Startposition malen

    while(isInterrupted() == false) {
      bewegen();

      try {
        sleep(20);
      }
      catch(InterruptedException e) {
        return;
      }
    }
  }

  void anzeigen() {
    Graphics g = m_anzeige.getGraphics();
    g.fillOval(m_xPos, m_yPos, 20,20);
    g.drawLine(m_xPos+10, m_yPos+10, m_xPos, m_yPos+20);
    g.drawLine(m_xPos+10, m_yPos+10, m_xPos+20, m_yPos+20);
    g.setColor(Color.green);
    g.fillOval(m_xPos+5, m_yPos+5, 4,4);
    g.fillOval(m_xPos+11, m_yPos+5, 4,4);
    g.dispose();
  }

  void bewegen() {
    int xNeu, yNeu;
    Dimension m;
    Graphics g;

    g = m_anzeige.getGraphics();
    m = m_anzeige.getSize();
    xNeu = m_xPos + m_dx;
    yNeu = m_yPos + m_dy;
```

```
    if(xNeu < 0) {
      xNeu = 0;
      m_dx = -m_dx;
    }
    if(xNeu + 20 >= m.width) {
      xNeu = m.width - 20;
      m_dx = -m_dx;
    }
    if(yNeu < 0) {
      yNeu = 0;
      m_dy = -m_dy;
    }
    if(yNeu + 20 >= m.height) {
      yNeu = m.height - 20;
      m_dy = -m_dy;
    }


    g.setColor(m_anzeige.getBackground());
    g.fillRect(m_xPos-2, m_yPos-2, m_xPos+22, m_yPos+22);

    m_xPos = xNeu;
    m_yPos = yNeu;
    anzeigen();
    g.dispose();
  }
}
```

Schauen wir uns nun die Klasse CAlien näher an, die von Thread abgeleitet ist.   *Analyse*

In der run()-Methode von CAlien findet die eigentliche Animation statt: In einer Endlosschleife wird das Männchen um wenige Pixel verschoben und mithilfe der Methode bewegen() neu gezeichnet. Anschließend wird kurz geschlafen, damit die Männchen einen Augenblick auf der Leinwand zu sehen sind, dann geht es weiter mit dem nächsten Schleifendurchlauf. Beachten Sie wieder den Test mittels isInterrupted() im Schleifenkopf, welcher der Thread-Instanz anzeigt, ob sie ihr Dasein beenden soll.

Die CAlien-Methode anzeigen() dient dazu, die Marsmännchen an einer bestimmter Position (gegeben durch die Instanzvariablen m_xPos und m_yPos) einzuzeichnen.

Der Bouncing-Ball-Algorithmus

Werfen wir nun einen Blick auf die Alien-Methode bewegen(). Dort werden die Marsmännchen animiert, d.h.,

▪ wir übertünchen zunächst die alte Position des Marsmenschen in der Hintergrundfarbe der Canvas,

367

▨ ermitteln dann die neue Position des Marsmännchens

▨ und zeichnen das Männchen an der neuen Position ein (durch Aufruf der Methode `anzeigen()`.

Damit die Marsmenschen an den Rändern unseres Applets wie Gummibälle abprallen, besorgen wird uns zur Berechnung der neuen Positionen zuerst einmal die gegenwärtigen Abmessungen des Applets.

Danach bewegen wir das Männchen in x- und y-Richtung und prüfen dann nach, ob das Männchen irgendwo über den Rand des Applets hinausragt. Wenn ja, korrigieren wir die Position und die Verschiebung in x- bzw. y-Richtung für das Marsmännchen.

Beim Ausführen des obigen Applets werden Sie unschwer erkennen, dass die Animation nicht ganz perfekt ist, denn die Männchen bewegen sich ungleichmäßig und es kommt zum Flackern.

Der Grund hierfür liegt darin, dass wir die ganzen Zeichenoperationen direkt auf den Bildschirm ausgeben. Für eine perfekte Animation wäre es erforderlich, die gesamten Zeichenoperationen eines Bewegungsstadiums (von der Wiederherstellung des Hintergrunds bis zum Einzeichnen des Männchens an der neuen Position) im Hintergrund vorzunehmen (beispielsweise in einem Image-Objekt) und dieses dann in einem Schritt an der gewünschten Position der Canvas auszugeben (siehe Fachliteratur).

15.6 Zusammenfassung

Auf 32-Bit-Systemen können Programme mehrere Ausführungsfäden (Threads) parallel laufen lassen.

Um eine Klasse threadfähig zu machen, leitet man sie von der Basisklasse `Thread` ab oder lässt sie das Interface `Runnable` implementieren.

Um einen Thread zu erzeugen, bedarf es zweier Dinge: der Instanziierung der Thread-Klasse und des Aufrufs der `start()`-Methode des Thread-Objekts.

Die Anweisungen, die ein Thread ausführt, stehen in seiner `run()`-Methode (sozusagen der `main()`-Methode des Threads). Solange der Thread die `run()`-Methode abarbeitet, lebt er. Der Aufruf der `run()`-Methode des Threads erfolgt stets indirekt durch Aufruf der Thread-Methode `start()`.

Das Anhalten und Fortsetzen von Threads erfolgt am einfachsten durch Beenden und Neuanlegen des Threads. Hierzu muss die `run()`-Methode so aufgebaut sein, dass sie in einer Endlosschleife eine Abbruchbedingung testet (z.B. `isInterrupted()`).

15.7   Fragen und Antworten

F: Können Java-Applets unter Windows 3.x ausgeführt werden?

Windows 3.x ist kein threadfähiges Betriebssystem und daher nicht java-fähig.

15.8   Übungen

1. Erweitern Sie das Uhrzeit-Applet aus Abschnitt 15.2 um einen Thread, der jede Sekunde die Hintergrundfarbe ändert.

2. Wie sieht das Uhrzeit-Applet aus, wenn wir die Applet-Klasse mittels des Interface `Runnable` direkt threadfähig machen, statt eine eigene Thread-Klasse zu deklarieren?

3. Erinnern Sie sich noch an Swing? Wie muss `CMars_Applet` modifiziert werden, damit es ein Swing-Applet wird?

4. Schreiben Sie das Uhrzeit-Applet aus Abschnitt 15.2 so um, dass es auf Veranlassung des aufrufenden HTML-Dokuments entweder die aktuelle Zeit oder das aktuelle Datum anzeigt.

KAPITEL 16

Multimedia in Applets und Anwendungen

Applets sind ausgelegt für das World Wide Web und daher ist es nicht weiter überraschend, dass sie für die multimediale Zukunft gerüstet sind und ohne große Probleme mit Sound- und Bilddateien umgehen können. Bis zu Java 1.1.x hatten sie hier sogar einen echten Vorsprung vor den reinen Java-Anwendungen, die keine Soundmöglichkeiten hatten. Dieses Manko ist mittlerweile aber behoben. Falls Ihre Applets und Anwendungen bei den folgenden Beispielen Ihrem Computer keinen Laut entlocken können, dann sollten Sie mal unauffällig nachschauen, ob eine Soundkarte installiert ist!

Sie lernen in diesem Kapitel

– was URLs sind,

– wie man Sound- und Bilddateien aus dem Web lädt und abspielt,

– wie Anwendungen Sounddateien abspielen können.

16.1 Besonderheiten des File-Transfers übers Web

Beim Laden von Bildern und Sounddateien dürfen Applets wegen den schon erwähnten Sicherheitsgründen nicht auf das lokale Dateisystem des Rechners zugreifen, sondern müssen über den Zugriff auf einen URL die Daten aus dem Internet besorgen und zwar von dem Server, von dem sie stammen. Doch stopp! Bevor wir uns weiter über das Laden von Dateien in Applets unterhalten … wissen Sie eigentlich genau, was ein URL ist?

URLs

URL steht für *uniform resource locator* und beschreibt den Ort einer bestimmten Ressource im World Wide Web, z.B.: `http://java.sun.com/`.

Dieser URL verweist auf den Java-Server der Firma Sun Microsystems und zeigt die Struktur eines URL auf:

http://	zuerst kommt das verwendete Übertragungsprotokoll (meistens wie hier http:// = Hypertext Transfer Protocol);
java.sun.com	dann der Name des Servers (java.sun.com);
/index.html	schließlich folgt ein Dateiname. In unserem Beispiel steht hier nur ein Slash /, der als Abkürzung für den Dateinamen /index.html gilt.

URLs in Applets

Java definiert zum Umgang mit URLs eine spezielle Klasse, die praktischerweise auch genauso heißt, also `URL`, und aus dem Paket `java.net` importiert werden muss. Bei der Instanzbildung übergibt man den tatsächlichen URL dann einfach als String an den Konstruktor der Klasse `URL`:

```
URL sun_server = new URL("http://java.sun.com/");
```

Wenn dem Konstruktor ein String mit einem unbekannten Protokoll übergeben wird, löst er eine besondere Exception auf, `MalformedURLException`, die abgefangen werden muss. Daher sollte das Erzeugen eines URL mit einem `try-catch`-Block gesichert werden:

```
try {
  URL sun_server = new URL("http://java.sun.com/");
}
catch(MalformedURLException e) {
  // Fehlerbehandlung falls erforderlich
}
```

Where do I come from?

Wie schon erwähnt, kann ein Applet Dateien nur von seinem Heimat-Server laden. Dazu muss es aber wissen, von welchem Server es eigentlich stammt. Anstatt nun beim Schreiben des Applets diese Server-Adresse wie oben explizit anzugeben (man nennt das »hart kodieren«), ist es flexibler, spezielle Methoden zu verwenden, die dem Applet sagen, wo es herkommt. Wenn sich dann später die Dateistruktur auf Ihrem Heimat-Server ändert, muss der Applet-Code nicht mehr entsprechend angepasst und neu kompiliert werden.

Die beiden Methoden, auf die wir hier abzielen, sind:

- `getDocumentBase()`, die den URL der Webseite liefert, in die das Applet eingebettet ist.

- `getCodeBase()`, die den URL des Applets selbst zurückliefert, d.h. den URL des Heimat-Servers.

Bei den meisten Servern stehen die Applets im gleichen Verzeichnis wie die entsprechenden HTML-Dokumente, so dass beide Methoden den gleichen URL zurückliefern.

Wenn das Applet auf dem Heimat-Server selbst ausgeführt wird (z.B. wenn Sie ein Applet programmieren und auf Ihrem Rechner testen), liefert `get-CodeBase()` als URL das aktuelle Verzeichnis, in dem der Applet-Code gespeichert ist. In diesem Fall haben wir den Sonderfall, dass das Applet auf das lokale Dateisystem zugreifen kann. Doch ist dies nur möglich, weil das Applet nicht aus dem Web geladen wurde.

16.2　Bild- und Sounddateien in Applets

Nun sind wir gerüstet, um Bild- und Sounddateien zu laden. Allerdings versteht Java zurzeit nur wenige Formate: GIF und JPEG für Bilddateien und die Formate WAV, MIDI, AIFF, RMF und AU für Sounddateien.

Da das AU-Format nur einen Kanal, also Mono, definiert, bietet es sich an, zwei (auf manchen Systemen sogar vier) au-Sounddateien gleichzeitig abzuspielen!

Leider ist das AU-Format vor allem in der Unix-Welt verbreitet, während auf PCs meist das WAV-Format dominiert. Falls Sie keine *.au*-Dateien zur Hand haben, finden Sie zum Ausprobieren welche im Verzeichnis *demo* der JDK-Distribution, z.B. *demo\applets\JumpingBox\sounds* (vorausgesetzt, Sie hatten bei der Installation des JDK die Option für die Demo-Dateien aktiviert). Kopieren Sie von dort die *.au*-Dateien in das Verzeichnis mit Ihren Java-Applets.

Bilddateien laden

Beginnen wir mit dem Laden und Anzeigen von Bilddateien. Applets können zum Laden von Bilddateien folgende Methoden verwenden:

```
Image getImage(URL url)
Image getImage(URL url,String name)
```

Beide Methoden erwarten einen URL bzw. einen URL und eine dazu relative Pfadangabe. Beide Methoden kehren direkt vom Aufruf zurück: Das Bild wird also noch nicht geladen, sondern erst beim Versuch, das Bild auf dem Bild-

373

schirm anzuzeigen. Dies verursacht dann meist eine lästige und merkliche Wartezeit, weshalb man das Laden durch Verwenden eines MediaTracker-Objekts schon direkt nach dem Aufruf von getImage() erzwingen sollte.

Der typische Ladevorgang eines Bilds innerhalb eines Applets sieht daher folgendermaßen aus:

```
// Laden eines Bilds
Image bild = getImage(getCodeBase(),"Bild.gif");
MediaTracker tracker = new MediaTracker(this);

// das zu ladende Bild als ID 0 registrieren
tracker.addImage(bild,0);
try {
  // warten, bis das Bild geladen ist
  tracker.waitForID(0);
}
catch(InterruptedException e) { }
```

Der obige Codeschnipsel bewirkt ein blockierendes Laden, da direkt nach dem Ladebeginn mit waitForID() gewartet wird. Gerade für Applets kann aber auch das nichtblockierende Laden interessant sein: In der init() Methode stößt man durch entsprechende getImage()-Aufrufe das Laden von Bildern an, fährt dann mit sonstigen Initialisierungen weiter und wartet am Schluss der Init-Phase auf das Ende des Ladeprozesses.

 Swing-Applets können alternativ die etwas einfacher zu handhabende ImageIcon-Methode getImage() verwenden, siehe Kapitel 11.3.

Wenn ein Bild geladen ist, kann es in bekannter Manier mit der drawImage()-Methode der Graphics-Klasse angezeigt werden.

Beachten Sie, dass getCodeBase() immer einen korrekten URL zurückliefert, so dass dafür kein Exception-Handling notwendig ist. Dafür verlangt der MediaTracker danach, da es theoretisch möglich ist, dass der Wartevorgang durch unvorhersehbare Ereignisse unterbrochen werden kann.

Sounddateien laden

Noch einfacher als der Umgang mit Bildern ist die Verarbeitung von Sounddateien. In Analogie zur Verarbeitung von Bilddateien benötigen wir dazu erst einmal eine passende Klasseninstanz, in die wir den Inhalt der Sounddatei laden können. Nur dass unser Ziel diesmal kein Objekt der Klasse Image ist, sondern ein Objekt einer Klasse, die das AudioClip-Interface implementiert. Die Bereitstellung dieses Objekts und das Laden der Sounddatei besorgt die Methode getAudioClip(), die dafür als Parameter einen URL und den Namen der zu ladenden Sounddatei benötigt.

Der typische Aufruf zum Laden einer Sounddatei sieht damit wie folgt aus:

```
AudioClip klang = getAudioClip(getCodeBase(), "toller_klang.au");
```

Im Gegensatz zum Laden von Bildern kehrt der Aufruf von `getAudioClip()` erst zurück, wenn die Datei vollständig geladen worden ist. Ein `MediaTracker` zur Überwachung ist daher unnötig. Falls die angegebene Datei nicht geladen werden konnte (weil sie zum Beispiel nicht existiert), wird der Wert `null` zurückgegeben. Vor dem Abspielen der Sounddatei sollte man dies nutzen, um sicherzugehen, dass die Sounddatei auch korrekt geladen wurde.

Sounddateien abspielen

Bis Java 1.1.x waren nur Applets in der Lage, Sounddateien abzuspielen. *Applets* Hierzu existieren im `AudioClip`-Interface drei Methoden:

- `play()` spielt den Inhalt ab bis zum Dateiende
- `stop()` beendet das Abspielen
- `loop()` spielt die Sounddatei in einer Endlosschleife ab.

Eine typische Anweisungsfolge zum Laden und Abspielen einer Sounddatei in einem Applet sieht beispielsweise folgendermaßen aus:

```
AudioClip klang = getAudioClip(getCodeBase(),"sound.au");
klang.play();
```

Später wurden die auf `AudioClip`-basierenden Soundfähigkeiten auch Anwen- *Anwendungen* dungen zur Verfügung gestellt, mittels der statischen `Applet`-Methode `newAudioClip()`:

```
import java.applet.*;
import java.net.URL;
// ...
AudioClip clip = null;
try {
   clip = Applet.newAudioClip(
            new URL("file:///c://temp//rock.wav"));
}
catch(Exception e) {
   System.out.println(e);
}

if(clip != null)
   clip.play();
```

Zu beachten ist lediglich, dass beim Anlegen einer URL-Instanz eine Exception vom Typ `MalformedURLException` ausgelöst werden kann, so dass ein geeigneter `try-catch` Block notwendig ist. Außerdem ist zu beachten, dass das Laden größerer Sounddateien eine geraume Zeit dauern kann. Beschränken

375

Sie sich also auf kleine Sounddateien oder arbeiten Sie sich in die ja-vax.sound-API ein, die auch Streaming-Soundausgaben unterstützt.

Für anspruchsvollere Soundausgaben, Streaming und Soundmanipulationen bietet die Java-Bibliothek eine eigene API an: javax.sound. Mehr hierzu erfahren Sie in der entsprechenden Fachliteratur.

Unter Java 1.4 hinderte das Abspielen eines Clips die Java Virtual Machine und das aktuelle Programm am Beenden. (Wegen eines Bugs lief im Hintergrund ein Dämon-Thread der Java Sound Engine weiter.) Gegebenenfalls musste man sich daher unter Java 2 mit System.exit()-Aufrufen oder Strg + C (zum Beenden von Konsolenprogrammen) behelfen. Unter Java 5 ist dieser Fehler behoben: Wird das Programm beendet, wird die Soundausgabe abgebrochen!

Sich bewegende Bohnen

Zum Abschluss soll ein kleines Applet den kombinierten Einsatz von Bildern und Klängen demonstrieren. Das Applet zeigt eine Folge von GIF-Bildern an und spielt dazu noch einen Hintergrundsound ab. Die hierzu notwendigen Bilddateien heißen *T1.gif* bis *T10.gif*, die Sie ebenso wie die Sounddatei *spacemusic.au* im entsprechenden Verzeichnis zu diesem Kapitel auf der Buch-CD finden (die Originale stammen aus den Java-Demobeispielen).

Das Laden des Applets dauert wegen der umfangreichen Sound- und Bilddateien etwas länger.

Listing 16.1:
*CBohnen_*
Applet.java –
sich bewegende
Bohnen

```java
import java.awt.*;
import java.net.*;
import java.applet.*;
import java.awt.event.*;

public class CBohnen_Applet extends Applet
                            implements Runnable {
    Thread       m_bohne;
    AudioClip    m_klang;      // die Hintergrund-Musik
    MediaTracker m_tracker;    // überwacht Laden der Bilder
    Image[]      m_bilderfeld = new Image[11];   // die Bilder
    int          m_aktBild ;   // Index des Bildes, das gerade
                               // angezeigt werden soll

    int m_bildHöhe;
    int m_bildBreite;
```

```java
public void init() {
  URL Codebase;

  // Hintergrundfarbe hellgrau
  setBackground(Color.lightGray);

  Codebase = getCodeBase();
  m_tracker = new MediaTracker(this);

  // die Sounddatei laden
  m_klang = getAudioClip(Codebase,"spacemusic.au");

  // die  Einzelbilder laden, die zur Animation der
  // Bohnen dienen; werden in Array gespeichert

  for(int i=1; i<= 10; i++)  {
    m_bilderfeld[i]= getImage(Codebase,"T"+i+".gif");

    // alle Bilder bei MediaTracker angemelden
    m_tracker.addImage(m_bilderfeld[i],1);
  }

  // das Laden abschließen
  try  {
    m_tracker.waitForAll();
    m_aktBild = 1;
  }
  catch(InterruptedException e) {
    return;
  }
}


public void start() {
  // den  Thread starten
  if(m_bohne == null) {
    m_bohne = new Thread(this);
    m_bohne.start();

    // den Sound als Endlosschleife starten
    if(m_klang != null)
      m_klang.loop();
  }
}
```

377

```java
public void stop() {
  // den Thread beenden
  if(m_bohne != null) {
    m_bohne = null;
  }

  // den Klang stoppen
  if(m_klang != null)
      m_klang.stop();
}

public void destroy() {
  // den Thread beenden
  if(m_bohne != null) {
    m_bohne = null;
  }

  // den Klang stoppen
  if(m_klang != null)
      m_klang.stop();
}

// Die run-Methode des Threads steht innerhalb
// des Applets!
public void run()  {
  while(m_bohne == Thread.currentThread())  {
    // die Maße des alten Bildes merken, damit in
    // paint() der entsprechende Ausschnitt
    // gelöscht werden kann
    m_bildBreite = m_bilderfeld[m_aktBild].getWidth(this);
    m_bildHöhe =  m_bilderfeld[m_aktBild].getHeight(this);

    m_aktBild++;         // das Bild wechseln
    if(m_aktBild > 10)
      m_aktBild = 1;

    repaint();           // ... und anzeigen
    try {
      m_bohne.sleep(200);
        if(m_aktBild == 10)
            m_bohne.sleep(500);
    }
    catch(InterruptedException e)  {
      return;
    }
  }
}
```

```
// update überschreiben, damit kein unnötiges
// Löschen vor dem Aufruf von paint() erfolgt
public void update(Graphics g) {
  paint(g);
}


// hier wird das aktuelle Bild angezeigt
public void paint(Graphics g) {
  // wenn Bilder noch nicht geladen, nichts tun
  if(!m_tracker.checkAll())
      return;

  // letztes Bild löschen
  g.setColor(Color.lightGray);
  g.fillRect(0,0,m_bildBreite,m_bildHöhe);

  // das aktuelle Bild anzeigen
  g.drawImage(m_bilderfeld[m_aktBild], 0, 0,this);
}
} // Ende der Klasse 'CBohnen_Applet'
```

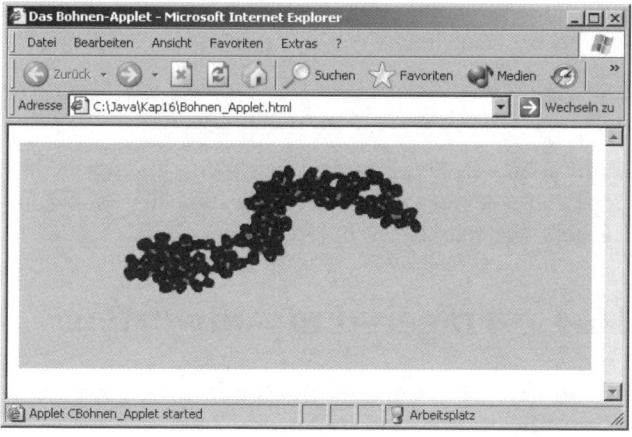

Abb. 16.1:
Tanzende
Bohnen

Dieses Applet ist ein weiteres Beispiel für den Einsatz eines Threads, dessen *Analyse* run()-Methode direkt innerhalb des Applets definiert wird. Damit dies möglich ist, muss die Applet-Klasse das Runnable-Interface implementieren.

In der run()-Methode des Threads geschieht nicht mehr, als dass in einer Schleife die Abmessungen des gerade angezeigten Bildes für das Löschen in der paint()-Methode gespeichert, das neue Bild ausgewählt und die repaint()-Methode zum Erzwingen des Neuzeichnens aufgerufen wird. Zum Schluss jedes Schleifendurchlaufs legt sich der Thread schlafen, etwas länger nach dem letzten Bild der Animation.

379

In der start()-Methode des Applets wird der Thread für die Animation erzeugt sowie das Abspielen der Sounddatei mit der loop()-Methode des Audio-Clip-Objekts gestartet. Wie Sie sehen können, haben wir hier der Einfachheit halber die Holzhammermethode zum Stoppen/Starten des Animationsthreads verwendet. Es wird bei jedem Aufruf von start() ein neuer Thread angelegt, der seine run()-Methode selbst beendet, wenn er nicht mehr der aktuelle Thread ist.

In der init()-Methode des Applets werden die zehn Einzelbilder für die Animation in ein Image-Array eingelesen. Außerdem laden wir dort noch die Sounddatei für den Hintergrund-Sound.

Das Zeichnen der Bilder erfolgt wie üblich in der paint()-Methode.

16.3   Zusammenfassung

URLs werden in Java-Programmen durch Instanzen der Klasse URL repräsentiert.

Zwei für Applets sehr wichtige URLs sind die URL der aufrufenden Webseite (zurückgeliefert von getDocumentBase()) und die URL des Heimat-Servers des Applets (zurückgeliefert von getCodeBase()).

Zum Laden von Bildern benutzen Applets eine eigene getImage()-Methode, die einen URL als ersten Parameter erwartet.

Zum Laden von Sounddateien ruft man bei Applets die Methode getAudio-Clip() auf, die ein AudioClip-Objekt zurückliefert; bei Anwendungen ab Java 1.2 geht dies mit newAudioClip().

16.4   Fragen und Antworten

F: Nennen Sie fünf Unterschiede zwischen dem Laden von Bild- und Sounddateien in Applets?

Folgende Unterschiede bestehen zwischen dem Laden von Bild- und Sounddateien.

	Bilddateien	**Sounddateien**
Objekttyp	Image	AudioClip
Lademethode	getImage()	getAudioClip()
Anzeigen/Abspielen	drawImage()	play() oder loop()
Laden überwachen	ja	nein
interner Thread	nein	ja

F: Was war Ihrer Meinung nach der Grund, warum in den ersten Versionen von Java (bis 1.1.x) nur einfache .au-Dateien für Applets abspielbar waren?

Das au-Format ist ein simples 8 kHz-Mono-Aufzeichnungsformat mit geringer Klangqualität, aber auch sehr geringem Speicherbedarf. Solche Dateien lassen sich daher schneller über das Internet laden, was bei zunehmender Bandbreite allerdings nicht mehr so ins Gewicht fällt.

16.5   Übungen

1. Animationen werden oft durch Bewegung von Bildern (die in Image-Objekte geladen werden) erzeugt. Schreiben Sie ein Applet, in dem ein Bild von links nach rechts über das Applet bewegt wird.

KAPITEL 17

Die Datenbankschnittstelle JDBC

Nachdem Sie nun einen recht gründlichen Überblick über die Programmiersprache Java erworben haben, wollen wir uns nun an eine Aufgabe wagen, die vor allem im Unternehmensbereich, aber auch zunehmend im privaten Bereich zum Einsatz kommt.

Die Programmierung mit Datenbanken zählt zweifelsohne zu den fortgeschritteneren Techniken und gehört nicht unbedingt in ein Einsteigerbuch. Gleiches könnte man aber auch von anderen Themen, die wir in diesem Buch angerissen haben, behaupten. Warum also ausgerechnet auf die Datenbankintegrierung verzichten? Getreu unserem Grundsatz, es weder uns noch den Lesern allzu leicht zu machen und auch komplexere Themen nicht von vornherein auszuklammern, haben wir für alle, die es interessiert, noch dieses kleine Kapitel zur Integration von Datenbanken in Java-Anwendungen aufgenommen.

In früheren Zeiten musste man sich als Programmierer völlig allein um alle anfallenden Probleme kümmern. Ein immer wiederkehrendes war und ist natürlich das strukturierte Abspeichern und Wiederfinden von größeren Datenmengen. Anstatt jedes Mal das Rad neu zu erfinden und dabei zahllose Stunden Entwicklungsarbeit und noch mehr Aufwand für die anschließende Fehlersuche zu investieren, wurden separate Datenbankprogramme erfunden und einige Jahre später war es dann auch Standard, für jede Datenbank eine besondere Programmbibliothek mitzugeben, mit deren Hilfe man aus einem selbst geschriebenen Programm heraus darauf zugreifen kann. Für Java-Programme nennt sich diese Schnittstelle JDBC (Java Database Connectivity).

Sie lernen in diesem Kapitel

–   ein wenig über den Aufbau von Datenbanken,

–   das Wichtigste zur JDBC und der JDBC-ODBC-Bridge,

–   alles, was Sie zum Zugriff auf eine Datenbank aus einer Java-Anwendung heraus wissen müssen,

–   ein wenig zu Zertifikaten und vertrauenswürdigen Applets.

17.1   Datenbanken-ABC

Daten, Datenbanken und Tabellen

Der Begriff der Datenbank hat im allgemeinen Sprachgebrauch zwei Bedeutungen. Zum einen bezeichnet er eine Sammlung von Daten, einen Datenbestand. Zum anderen bezeichnet er die Software, sprich das Programm, mit dem ein Datenbestand verwaltet und bearbeitet werden kann. In diesem Kapitel werden wir unter einer Datenbank vornehmlich den Datenbestand verstehen und im anderen Fall von einer Datenbankanwendung sprechen.

Daten in Datenbanken werden üblicherweise in Tabellenform dargestellt. Für einige einfache Datenbankprogramme gilt eine einfache 1:1-Entsprechung von Datenbank und Tabelle, das heißt, jede Datenbank besteht aus einer Tabelle. Andere Datenbanken – beispielsweise MS-Access-Datenbanken – sind aus mehreren Tabellen zusammengesetzt.

Aufbau von Tabellen

Abb. 17.1: Datensätze und Felder

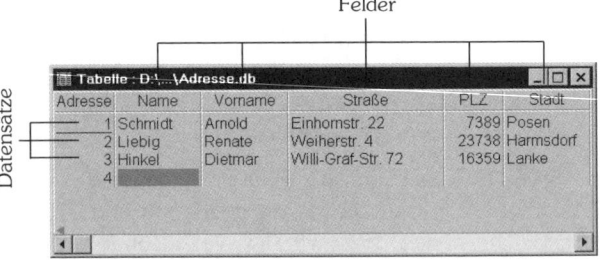

In einer Datenbanktabelle repräsentieren die Spalten der Tabelle die Felder der Datenbank, während die Zeilen die einzelnen Datensätze enthalten. Betrachtet man als typisches Beispiel den Aufbau einer Datenbank zur Adressenverwaltung, so würde man damit beginnen, durch die Definition der Felder die Struktur der Datenbank festzulegen.

384

Danach werden die Datensätze (sprich Adressen) eingegeben, wobei ein voll-   *Datensätze*
ständiger Datensatz zu jeder Spalte der Datenstruktur einen Eintrag enthält.
Üblichweise können auch unvollständige Datensätze eingegeben werden, beispielsweise Adressen, bei denen die Telefonnummer oder der Vorname fehlen, es gibt aber auch Datenbankprogramme, die für bestimmte Felder Eingaben zwingend vorsehen.

Die einzelnen Datensätze sind in der Tabelle in der Reihenfolge abgespei-   *Indizes*
chert, in der sie eingegeben wurden. Dieses ungeordnete Ablagesystem erschwert und verlangsamt die Suche nach bestimmten Datensätzen – einer
häufigen Operation auf Datenbanken. Um dem abzuhelfen, werden Tabellen
indexiert. Dies bedeutet prinzipiell nichts anderes, als dass für eine bestimmte
Spalte der Tabelle eine geordnete Kopie angelegt und eine Zuordnung zwischen den Einträgen der geordneten und der ungeordneten Spalte hergestellt
wird. Im Falle der Adressenverwaltung wird man meist für einen gegebenen
Namen die zugehörige Adresse suchen. Statt nun die Datensätze einzeln
durchzugehen, erstellt man für das Feld NAME einen Index und lässt dann direkt nach dem gewünschten Eintrag suchen. Die Datenbankanwendung sucht
in der sortierten Kopie der Spalte nach dem vorgegebenen Namen. Findet sie
ihn, hat sie damit auch den Verweis auf den entsprechenden Eintrag in der eigentlichen Tabelle und kann den gesuchten Datensatz mit der gewünschten
Adresse anzeigen.

Ein Index muss aber nicht unbedingt aus einem einzigen Feld bestehen. Er
kann auch zwei oder mehrere Felder umfassen, wobei die Felder in der Reihenfolge, in der sie angegeben wurden, zur Sortierung herangezogen werden. Auch mehrere voneinander unabhängige Indizes sind möglich, um nach
verschiedenen Kriterien (beispielsweise nach Name oder nach Telefonnummer) in einer Datenbank suchen zu können. Viele Datenbankenanwendungen
setzen den Primärindex derart um, dass sie die Datensätze direkt in der entsprechenden Sortierung abspeichern.

Relationale Datenbanken (RDBMS)

Das besondere Kennzeichen relationaler Datenbanken ist, dass sie die Daten
mehrerer Tabellen zueinander in Beziehung setzen beziehungsweise dass sie
– um es von der Seite des Anwenders zu betrachten – es ermöglichen, die zu
verwaltende Information auf mehrere Tabellen aufzugliedern. Die Verbindung
zwischen den Tabellen wird dabei durch so genannte Schlüsselfelder hergestellt.

Ein Vorteil relationaler Datenbanken zeigt sich, wenn Sie viele Datensätze haben, die gleichlautende speicherintensive Einträge zu einem Feld der Datenbank besitzen. Ein Beispiel wäre eine Datenbank, in der alle Dateien auf
Ihrem Computer gespeichert sind. Zu jeder Datei speichern Sie das Erstel-
lungsdatum, den Datentyp und natürlich den Verzeichnispfad. Dabei haben

alle Dateien eines Verzeichnisses den gleichen Verzeichnispfad und dieser kann naturgemäß sehr lang sein, weswegen diese Information recht speicherintensiv ist. Hier kann man Speicher sparen, indem man in der Tabelle mit den Dateien statt des Verzeichnispfads ein Kürzel oder einen simplen Zahlenindex aufführt. Die gleichen Zahlenindizes werden dann in einer zweiten Tabelle mit den Verzeichnispfaden verbunden, wobei in dieser zweiten Tabelle jeder Verzeichnispfad nur einmal abgespeichert werden muss. Die Verknüpfung der beiden Tabellen erfolgt hier also über das Feld mit den Zahlenindizes.

Ein weiterer Vorteil der relationalen Datenbanken ist ihr modulares Konzept, das sie ohne große Mühe beliebig erweiterbar macht bei gleichzeitig sparsamem Umgang mit Speicherressourcen.

SQL

SQL steht für Structured Query Language und bezeichnet eine von IBM entwickelte Sprache zur Kommunikation mit relationalen Datenbanken. Anders als die Übersetzung des Akronyms andeutet, ist SQL jedoch nicht strukturiert, sondern besteht aus einer einfachen Sammlung von Datenbankbefehlen, mit denen Daten aus Datenbanken abgefragt, aber auch Datenbanken neu angelegt werden können. Neben der Mächtigkeit der Sprache liegt ihr Wert natürlich auch darin, dass sie einen Quasi-Standard definiert, der von den meisten Datenbankanwendungen unterstützt wird.

Die in Java integrierte Datenbankunterstützung nutzt SQL, um mit Datenbanken zu kommunizieren und Datenbanken aus Java-Programmen heraus aufzubauen, zu verändern oder zu löschen.

17.2   JDBC

Bei der Datenbankintegration geht es uns darum, auf die Daten einer bestehenden Datenbank zuzugreifen und nicht, eine eigene Datenbank-Anwendung wie Paradox, Access oder Oracle zu programmieren.

Dies würde – das notwendige Wissen vorausgesetzt – mehrere Jahre in Anspruch nehmen, um etwas einigermaßen Vergleichbares zu erzielen.

Wem dies zu lange dauert, der geht einen anderen Weg. Statt in seinem Programm eine eigene Datenverwaltung zu implementieren, erstellt er seine Datenbank mit einer bestehenden Datenbankanwendung (beispielsweise MS Access) und richtet sein Programm so ein, dass es auf die Datenbank zugreifen und mit den Daten in der Datenbank arbeiten kann – ganz so als wäre das Programm ein Mensch, der MS Access aufruft und in MS Access die Datenbank bearbeitet.

Dafür wird aber eine Schnittstelle zwischen dem Java-Programm und der Datenbank benötigt. Diese Schnittstelle heißt JDBC.

JDBC

Die JDBC (Java DataBase Connectivity) ist eine Sammlung von Klassen und Schnittstellen, mit deren Hilfe man eine Verbindung zwischen einem Java-Programm und einer Datenbank aufbauen kann.

Die wichtigsten Klassen der JDBC sind in der nachfolgenden Tabelle zusammengefasst.

Klasse	Bedeutung
Driver	Zur Implementierung und Registrierung von Datenbanktreibern.
DriverManager	Zum Herstellen einer Verbindung zwischen dem Programm und der Datenbank.
	Zuvor muss ein passender Treiber unter dem DriverManager registriert worden sein.
Connection	Repräsentiert eine Verbindung zu einer Datenbank.
Statement	Zum Aufsetzen und Abschicken von SQL-Befehlen an die Datenbank.
ResultSet	Repräsentiert die aus der Datenbank zurückgelieferten Daten.

Tabelle 17.1:
Die wichtigsten
JDBC-Klassen

JDBC-ODBC

JDBC auf der einen Seite und eine Datenbank auf der anderen Seite reichen allerdings noch nicht aus, um eine Datenbankverbindung herzustellen. Was man zudem noch benötigt, ist ein Treiber, der die JDBC-Befehle versteht, übersetzt und an die Datenbank weiterleitet.

Um also beispielsweise eine MS-Access-Datenbank anzusprechen, braucht man einen JDBC-Treiber für MS Access. Um eine Sybase-Datenbank anzusprechen, braucht man einen JDBC-Treiber für Sybase und so weiter und so fort.

Da die JDBC aber noch recht jung ist, ist auch das Spektrum an verfügbaren Treibern noch etwas begrenzt. Andererseits gibt es eine Vielzahl von Treibern, die zwischen den gängigsten Datenbankanwendungen und einer anderen, von Microsoft eingeführten, Schnittstelle vermitteln. Die Rede ist von ODBC.

Um den Java-Programmierern gleich von Anfang an den Zugriff auf beliebige Datenbanken zu erlauben, wurde Java mit der so genannten JDBC-ODBC-Brücke ausgestattet. Diese erlaubt es Ihnen, statt echte JDBC-Treiber auch ODBC-Treiber für den Zugriff auf Ihre Datenbanken zu verwenden.

Der Datenbankzugriff über die JDBC-ODBC-Brücke ist nicht für Applets geeignet. Für Ihre Applets sollten Sie sich daher um echte JDBC-Treiber bemühen. Am besten loggen Sie sich dazu auf der Seite *http://java.sun.com/products/jdbc* ein.

17.3 Einrichten der Datenbank

Im Folgenden werden wir den Zugriff auf eine Datenbank durchexerzieren. Als Beispiel haben wir für dieses Kapitel eine Access-Datenbank gewählt, aber das im nachfolgenden Abschnitt aufgestellte Programm sollte ebenso gut mit beliebigen anderen Datenbanken und Datenbanktreibern funktionieren. Lediglich die Namen für den Datenbanktreiber, die Datenbank, die Datenbankfelder und das Passwort für die Datenbank müssen angepasst werden.

Kniffliger als die Anpassung des Programms dürfte die Installation des Treibers sein. Wenn Sie für die JDBC-ODBC-Brücke aber einen anderen ODBC-Datenbanktreiber verwenden, gehen Sie ganz analog zu den für Access beschriebenen Schritten vor. Wenn Sie einen echten JDBC-Treiber verwenden, informieren Sie sich unter *http://java.sun.com/products/jdbc* oder in der Dokumentation des Treibers über dessen Installation und die Einbindung in Ihr Java-Programm.

Datenbank erstellen

Als Erstes legen wir eine Datenbank an.

1. Rufen Sie Microsoft Access auf und legen Sie eine Datenbank namens *Laender.mdb* an (*.mdb* ist die Extension für Access-Datenbanken).

2. Legen Sie in der Datenbank eine neue Tabelle namens *bndlaender* an.

3. Richten Sie in der Tabelle drei Felder ein: *Rang*, *Bundesland* und *Einw (in Mio)*.

4. Geben Sie Datensätze in die Tabelle ein und speichern Sie Tabelle und Datenbank (einen Ausdruck der Tabelle finden Sie am Ende dieses Kapitels).

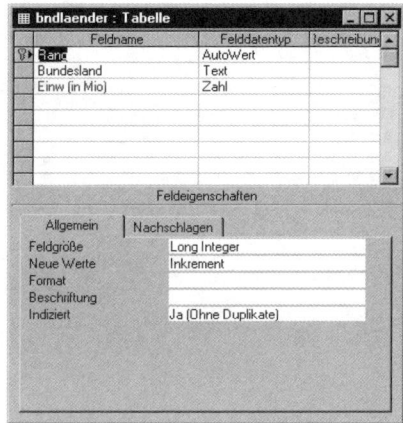

*Abb. 17.2:
Aufbau der
Tabelle bnd-
laender*

ODBC-Treiberverbindung einrichten

Der zweite Schritt besteht nun darin, unter Windows eine ODBC-Treiberverbindung einzurichten.

> Wenn Sie nicht unter Windows auf Ihrem lokalen PC arbeiten, sondern in ei-
> nem Intranet, bitten Sie Ihren Netzverwalter, eine Treiberverbindung für Sie
> einzurichten, und lassen Sie sich den Namen der Treiberverbindung geben.
> Wenn Sie statt mit Windows XP mit Windows 98, NT, 2000 oder Windows
> Me arbeiten, ist die Aufteilung der Dialogfelder eventuell ein wenig anders
> als hier beschrieben, aber der Ablauf ist prinzipiell der Gleiche.

1. Öffnen Sie den Ordner der Systemsteuerung (START/SYSTEMSTEUERUNG),
   doppelklicken Sie auf das Symbol VERWALTUNG und dann auf DATENQUEL-
   LEN (ODBC).

   Unter Windows 95/98/NT öffnen Sie den Ordner der Systemsteuerung
   (START/EINSTELLUNGEN/SYSTEMSTEUERUNG) und doppelklicken auf das Symbol 32-BIT-ODBC.

   Unter Windows 2000 rufen Sie START/PROGRAMME/VERWALTUNG/DATEN-
   QUELLEN (ODBC) auf.

2. Im Dialogfeld des ODBC-Datenquellen-Administrators klicken Sie auf der
   Seite BENUTZER-DSN auf den Schalter HINZUFÜGEN.

3. Im Dialogfeld NEUE DATENQUELLE ERSTELLEN wählen Sie den Microsoft-
   Access-Treiber aus und klicken auf FERTIG STELLEN. Wird der Treiber in dem
   Listenfeld nicht aufgeführt, ist er nicht korrekt unter Windows installiert.

389

*Abb. 17.3:
Treiber-
verbindung
einrichten*

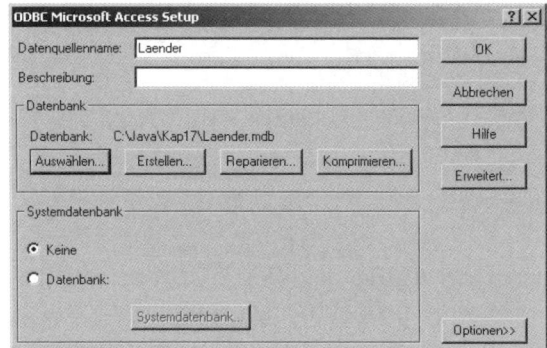

4. Geben Sie einen Namen für die neue Treiberverbindung ein.

5. Legen Sie fest, auf welche Datenbank die Treiberverbindung zugreifen soll. Klicken Sie dazu auf den Schalter AUSWÄHLEN und wählen Sie Ihre Datenbank aus. (Achtung: Datenbank und zuvor ausgewählter Treiber müssen natürlich zueinander passen. Sie können also nicht mit einem Paradox-Treiber auf eine Access-Datenbank zugreifen.)

6. Wenn Sie wollen, können Sie über den Schalter WEITERE OPTIONEN noch einen Benutzernamen und ein Passwort vergeben. Das nachfolgend beschriebene Programm loggt sich beispielsweise mit dem Passwort *Mouse* unter dem Namen *Mickey* ein. Sie sollten daher als ANMELDENAMEN *Mickey* und als KENNWORT *Mouse* eingeben (oder den Quelltext des Programms ändern).

7. Beenden Sie die Dialogfelder mit OK.

17.4   Zugriff auf eine Datenbank

Kommen wir nun zu dem eigentlichen Programm. Neben der import-Anweisung für das Datenbankpaket `java.sql` umfasst der Zugriff auf eine Datenbank sechs wichtige Schritte:

1. Der JDBC-Treiber wird geladen.

```
Class.forName("sun.jdbc.odbc.JdbcOdbcDriver");
```

Da wir einen ODBC-Treiber verwenden, laden wir als JDBC-Treiber die JDBC-ODBC-Brücke.

2. Eine Verbindung wird hergestellt.

```
Connection verbindung = null;
try {
    verbindung = DriverManager.getConnection (
                    URL,
                    benutzername,
                    passwort);
}
```

Eine Verbindung wird durch ein Objekt der Klasse `Connection` repräsentiert. Geöffnet wird die Verbindung durch einen Aufruf der Methode `DriverManager.getConnection()`. Dieser übergeben wir als Parameter den URL zu der Datenbank (für den ODBC-Zugriff ist dies der Name der ODBC-Treiberverbindung) sowie den Namen und das Kennwort, unter dem sich das Programm in die Datenbank einloggen soll. (All diese Namen wurden bei der Einrichtung der ODBC-Verbindung im vorangehenden Abschnitt vergeben.)

3. Ein `Statement`-Objekt wird erzeugt. Dieses benötigen wir, um SQL-Befehle an die Datenbank zu senden.

```
Statement  befehl     = null;
try {
    befehl = verbindung.createStatement();
}
```

4. Daten werden aus der Datenbank abgefragt.

```
ResultSet datenmenge;
datenmenge = befehl.executeQuery("SELECT * FROM bndlaender;");
```

Um Daten aus der Datenbank abzufragen, verwendet man den SQL-Befehl `SELECT`.

Zum `SELECT`-Befehl gehört die Angabe der Felder und der Tabellen, denen die Daten entnommen werden sollen. Der obige Befehl liest die Daten aus allen Feldern (*) der Tabelle `bndlaender`. Ebensogut hätte man `"SELECT Rang, Bundesland, Einw (in Mio) FROM bndlaender;"` schreiben können.

Mit `SELECT` können Sie aber nicht nur die Felder auswählen, die Sie interessieren. Sie können auch gezielt festlegen, welche Datensätze für Sie interessant sind. Der `SELECT`-Befehl verfügt zu diesem Zweck über eine `WHERE`-Klausel, mit der wir uns noch in den Übungen beschäftigen werden.

Als Ergebnis liefert `SELECT` die Daten in Form einer Untertabelle zurück, die alle Daten enthält, die dem Abfragekriterium entsprechen. Wir speichern diese Daten in einem Objekt der Klasse `ResultSet`.

391

5. Die Daten verarbeiten.

```
while(datenmenge.next()) {
   land = datenmenge.getString("Bundesland");
   einw = datenmenge.getInt("Einw (in Mio)");
   System.out.println("  "+land+" \t\t "+einw);
}
```

Mithilfe der Methode `next()` der Klasse `ResultSet` können wir uns in der Ergebnistabelle von einem Datensatz zum nächsten vorarbeiten.

Mit den `get`-Methoden der Klasse `ResultSet` können wir für jeden Datensatz die interessierenden Daten ausgeben.

6. Die Verbindung wird geschlossen.

```
verbindung.close();
```

Hier der vollständige Quelltext:

Listing 17.1:
CDaten-
bank.java

```
//Java-Applikation mit Datenbankzugriff
import java.sql.*;

public class CDatenbank {
  public static void main (String args[])  {
    String URL           = "jdbc:odbc:Laender";
    String benutzername  = "Mickey";
    String passwort      = "Mouse";

    // Treiber laden
    try  {
       Class.forName("sun.jdbc.odbc.JdbcOdbcDriver");
    }
    catch (Exception e)  {
       System.out.println("JDBC/ODBC-Treiber konnte nicht " +
                          "geladen werden.");
       return;
    }

    // Verbindung zu Datenbank aufbauen
    Statement  befehl     = null;
    Connection verbindung = null;
    try  {
       verbindung = DriverManager.getConnection (
                   URL,
                   benutzername,
                   passwort);
       befehl = verbindung.createStatement();
    }
```

```
        catch (Exception e)  {
           System.err.println("Verbindung zu " + URL +
                              " konnte nicht hergestellt werden");
        }


        // Daten auslesen
        try {
           ResultSet datenmenge;
           datenmenge = befehl.executeQuery(
                       "SELECT * FROM bndlaender ORDER BY Bundesland;");

           // Überschriften ausgeben
           System.out.println();
           System.out.println("  Bundesland \t   Einwohner (in Mio) ");
           System.out.println();

           // Einzelne Datensätze ausgeben
           String land;
           int     einw;

           while(datenmenge.next())  {
             land = datenmenge.getString("Bundesland");
             einw = datenmenge.getInt("Einw (in Mio)");
             System.out.println("  "+land+" \t\t "+einw);
           }

           verbindung.close();
        }
        catch (Exception e) {
           e.printStackTrace();
        }
     }
   }
}
```

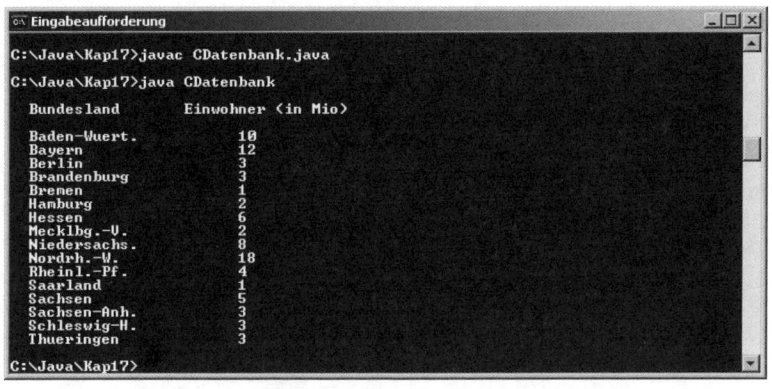

Abb. 17.4:
Ausgabe des
Programms
Datenbank

17.5 Datenbanken und Applets

Um aus einem Applet heraus auf die Daten in einer Datenbank zuzugreifen, geht man im Großen und Ganzen ganz analog wie im Fall einer Java-Anwendung vor.

Zwei Dinge sind allerdings zu beachten:

Die Übertragung der Daten über das Internet (von der Datenbank zum Applet und umgekehrt) kann ziemlich zeitaufwendig sein. Datenbankzugriffe werden in Applets daher üblicherweise in Threads implementiert.

Die JDBC-ODBC-Brücke kann nicht ohne Weiteres genutzt werden, weil der ODBC-Code ein potenzielles Sicherheitsrisiko darstellt, da der ODBC-Code nicht daran gehindert werden kann, auf das lokale Dateisystem zuzugreifen. Der ganze Java-Sicherheitsmechanismus für Applets wäre daher ausgehebelt, wenn besonders niederträchtige Applets eigene ODBC-Treiber verwenden, die nicht nur eine Datenbankanbindung herstellen, sondern sich unbemerkt auch noch auf der Festplatte umtun. Um dies zu verhindern, können Applets, die die JDBC-ODBC-Brücke verwenden, nur dann ausgeführt werden, wenn der Websurfer, der sie herunterlädt, die Applets als vertrauenswürdig erachtet. Dazu gleich noch ein wenig mehr.

Um die Einschränkungen der JDBC-ODBC-Brücke zu umgehen, bemüht man sich am besten, einen direkten JDBC-Treiber zu finden. Interessiert? Dann beginnen Sie die Suche doch gleich auf der Sun-Site: *http://java.sun. com/products/jdbc*. Dort finden Sie auch noch weitere Informationen zur Datenbankprogrammierung mit Java.

17.6 Zertifikate und vertrauenswürdige Applets

Der Prozess zur Erstellung vertrauenswürdiger Applets ist langwierig und komplex, so dass wir uns hier nur auf ein paar allgemeine Bemerkungen beschränken werden – nur für den Fall, dass Sie bei irgendeiner Gelegenheit über eine Fehlermeldung bezüglich »non-trusted applets« stolpern und sich fragen, was damit wohl gemeint sein könnte. Ansonsten wäre die Erstellung vertrauenswürdiger Applets eher ein Thema für ein reines Fortgeschrittenenbuch ... hmmmm, mal sehen.

Vertrauenswürdige Applets beruhen darauf, dass Sie die Applets mit speziellen Zertifikaten ausstatten und der Empfänger der Applets (der Websurfer) diese Zertifikate in seinem Browser als vertrauenswürdig klassifiziert.

Um nun Ihre Applets mit einem Zertifikat auszustatten, müssen Sie diese in eine jar-Datei packen (siehe Kapitel 14.6), mithilfe des Java-Tools *keytool* ein Paar von Schlüsseln erzeugen (einen privaten Schlüssel, den Sie zum Signieren brauchen, und einen öffentlichen Schlüssel, den Sie an die Anwender verteilen) und schließlich das Java-Tool *jarsigner* für das eigentliche Signieren aufrufen.

Wird ein solches signiertes Applet verschickt, kann der Browser am öffentlichen Schlüssel erkennen, von wem das Applet stammt – und es daraufhin akzeptieren oder nicht. Wie aber soll der Anwender, der Websurfer, der Sie ja überhaupt nicht kennt, entscheiden, ob er Ihre Applets in seinem Browser als vertrauenswürdig eintragen soll? Indem Sie ihm die Entscheidung erleichtern und sich von einem offiziellen Internetnotariat (beispielsweise VerySign, *www.verisign.com*) ein offizielles Zertifikat ausstellen lassen. Dieses Zertifikat wird von *keytool* mit dem öffentlichen Schlüssel verbunden. Das offizielle Zertifikat besagt, dass Sie sich bei einem unabhängigen Dritten (dem Internetnotariat) ausgewiesen haben – also aus der Masse der anonymen Internetteilnehmer herausgetreten sind und registriert wurden.

Als Anwender trägt man die Zertifikate, die man als vertrauenswürdig erachtet, in den Einstellungen des Browsers ein. Für den Internet Explorer findet man die entsprechenden Optionen unter EXTRAS/INTERNETOPTIONEN, Registerkarte INHALT, im Netscape 7-Browser finden Sie die entsprechenden Einstellungen unter BEARBEITEN/EINSTELLUNGEN, Kategorie PRIVATSPHÄRE & SICHERHEIT.

Das Ende

Damit ist die erste Erkundung der Programmiersprache Java abgeschlossen! Wir hoffen, dass es lehrreich und dennoch unterhaltsam für Sie war. Und wenn Sie Lust am Programmieren in dieser Sprache bekommen haben, dann sollten Sie ohne Pause weitermachen, denn Programmieren lernt man am besten durch Programmieren. Viel Spaß und Erfolg dabei!

17.7   Zusammenfassung

Die JDBC ist eine Sammlung von Klassen und Schnittstellen, die es ermöglicht, aus einem Java-Programm heraus auf eine Datenbank zuzugreifen. Voraussetzung ist allerdings das Vorhandensein eines passenden Treibers.

Die Kommunikation zwischen Java-Programm und Datenbank erfolgt über SQL, eine von IBM entwickelte Sprache zum Steuern von Datenbankanwendungen.

Die grundlegenden Schritte für die Kommunikation mit einer Datenbank sind:

Treiber laden	`Class.forName()`
Verbindung herstellen	`DriverManager.getConnection()`
Befehlsobjekt erzeugen	`verbindung.createStatement()`
Befehl abschicken	`befehl.executeQuery()`
Eventuell zurückgesandte Daten verarbeiten	Methoden von `ResultSet`
Verbindung schließen	`verbindung.close()`

17.8   Fragen und Antworten

F: Was ist der Unterschied zwischen einer Datenbank und einer Datenbanktabelle?

Mit einer Datenbank kann sowohl eine Datenquelle als auch ein Programm zur Verwaltung von Datenquellen (Access, Oracle etc.) gemeint sein. Ist die Datenquelle gemeint, so bezeichnet man als Datenbank die Datensammlung (bestehend aus einer oder mehreren Tabellen) und alle relevanten Komponenten (Abfragen, Indexdateien etc.). Für einfache Datenbanken besteht eine Datenbank nur aus einer einzigen Tabelle.

F: Was ist die JDBC-ODBC?

Die JDBC-ODBC ist eine Brücke, die zwischen der JDBC-Schnittstelle und einem ODBC-Treiber vermittelt. Sie ist für Java nicht optimal geeignet, erlaubt aber den Zugriff auf alle Datenbanken, für die ODBC-Treiber vorhanden sind.

17.9   Übungen

1. Nehmen Sie sich ein Buch zu SQL zur Hand und schreiben Sie das Datenbankprogramm so um, dass nur die fünf bevölkerungsreichsten Bundesländer ausgegeben werden.

2. Schreiben Sie das Datenbankprogramm so um, dass die Datensätze nicht nach Rang, sondern alphabetisch sortiert ausgegeben werden.

ANHANG A

Lösungen

Kapitel 2

1. Der Quelltext zur Lösung dieser Aufgabe könnte beispielsweise folgendermaßen aussehen:

```
public class CAnmeldung {
  public static void main (String[] args){
    System.out.println("Hallo Welt. Hier ist ??? ");
  }
}
```

2. Der Quelltext zur Lösung dieser Aufgabe könnte beispielsweise folgendermaßen aussehen:

```
public class CGruss extends java.applet.Applet {
  public void paint(java.awt.Graphics gc) {
    gc.drawString("Willkommen zu meiner Homepage",
               100,100);
  }
}
```

3. Wenn Sie einen Java-Quelltext (.java) unter einem anderen als dem
   Namen der im Quelltext definierten Hauptklasse speichern, ernten Sie bei
   der Kompilation eine Fehlermeldung. Der *javac*-Compiler des JDK weist
   Sie beispielsweise darauf hin, dass in einer .java-Datei eine Hauptklasse
   gleichen Namens definiert sein muss.

4. Achten Sie darauf, dass die Applet-Klasse (.class) im gleichen Verzeichnis
   wie das HTML-Dokument Ihrer Homepage steht.

Kapitel 3

1. Die erste Klasse dient zur Beschreibung des Flugzeugs. Als Eigenschaften sollten Sie zumindest zwei Gruppen von Feldern deklarieren:

   - eine Gruppe, die das Flugzeug beschreibt (Flugzeugtyp, Anzahl Turbinen, Spannweite, Höchstgeschwindigkeit etc.)

   - eine Gruppe, die den aktuellen Zustand des Flugzeugs beschreibt (Position, Flughöhe, Geschwindigkeit etc.)

   Als Methoden brauchen Sie wenigstens `beschleunigen()` und `bremsen()`.

```
//Hilfsklasse für Positionsangaben
class CKoord {
  int m_x;
  int m_y;

  CKoord(int x, int y) {
    m_x = x;
    m_y = y;
  }
}

//Flugzeugklasse
class CFlugzeug {
  String m_typ;
  int    m_turbinen;
  int    m_spannweite;
  int    m_maxGeschw;

  CKoord m_position;
  int    m_hoehe;
  int    m_aktGeschw;

  CFlugzeug(String typ, int turb, int weite, int geschw) {
    m_typ = typ;
    m_turbinen = turb;
    m_spannweite = weite;
    m_maxGeschw = geschw;
    m_position = new CKoord(0,0);
    m_hoehe = 0;
    m_aktGeschw = 0;
  }

  int beschleunigen() {
    // Akt. Geschw. erhöhen, Höhe und Position ändern
    return m_aktGeschw;
  }
```

```
  int bremsen() {
    // Akt. Geschw. senken, Höhe und Position ändern
    return m_aktGeschw;
  }
}
```

Für die Wassertürme brauchen Sie vor allem Felder für die Position sowie Breite, Höhe und Tiefe. (Statt die x,y-Koordinaten der meist runden Wassertürme aus Mittelpunkt und Radius zu berechnen, denken Sie sich ein Rechteck, das den Wasserturm einhüllt. Der Code zur Kollisionsberechnung wird dadurch einfacher und vor allem schneller. Die resultierende Ungenauigkeit ist vernachlässigbar, solange die Wassertürme nicht wesentlich breiter sind als die Flugzeuge.) Wenn Sie möchten, können Sie auch eine Methode vorsehen, die aufgerufen wird, wenn ein Flugzeug in einen Wasserturm kracht.

```
// Klasse für Wassertürme
class CWasserturm {
  CKoord m_position;
  int m_breite;
  int m_hoehe;
  int m_tiefe;

  CWasserturm(CKoord pos, int b, int h, int t)  {
    m_position = pos;
    m_breite = b;
    m_hoehe = h;
    m_tiefe = t;
  }
}
```

Für jedes Flugzeug, das in Ihrer Szenerie herumfliegt, bilden Sie eine eigene Instanz.

Da es drei Wassertürme gibt, benötigen Sie drei Instanzen der Klasse CWasserturm.

Für den Boden brauchen Sie im Prinzip keine spezielle Klasse.

```
public class CFlugzeugSimulator {
  public static void main(String[] args) {
    CFlugzeug meines =
        new CFlugzeug("Sportflugzeug",1,5,300);
    CWasserturm turm1 =
        new CWasserturm(new CKoord(50,100),40,120,40);
    CWasserturm turm2 =
        new CWasserturm(new CKoord(150,80),30,140,40);
    CWasserturm turm3 =
        new CWasserturm(new CKoord(450,20),30,140,40);
```

399

```
        meines.beschleunigen();
        meines.bremsen();
    }
}
```

2. Zuerst müssen Sie die Klasse `CAuto` importieren. Unter der Annahme, dass die Klasse `CAuto` als `public` deklariert ist und keinem besonderen Paket angehört, kopieren Sie die class-Datei in das Verzeichnis Ihres Programms und setzen die Anweisung

```
import CAuto;
```

an den Anfang Ihres Quelltextes. Dann bilden Sie eine Instanz der Klasse:

```
CAuto meinAuto = new CAuto();
```

und rufen bei Bedarf einfach die Methode `anlassen()` auf:

```
meinAuto.anlassen();
```

3. Eigentlich sollte es nichts ausmachen, wenn die Methode `bremsen()` vor den Methoden `anlassen()` und `beschleunigen()` aufgerufen wird. Was aber wirklich passiert, hängt natürlich von der Implementierung ab, die Ihr Freund vorgesehen hat.

Nehmen wir an, die Methode `bremsen()` reduziert die aktuelle Geschwindigkeit um 10 km/h. Dann kann es passieren, dass ein Aufruf der Methode `bremsen()` vor dem Aufruf der Methode `beschleunigung()` die aktuelle Geschwindigkeit auf -10 km/h zurücksetzt, einen negativen und somit ungültigen Wert. Gemäß den Regeln der Objektorientiertheit sollte die Klasse selbst dafür sorgen, dass ihre Daten (Felder) nur vernünftige Werte annehmen. Die Methode `bremsen()` sollte also ständig die aktuelle Geschwindigkeit kontrollieren und diese nicht unter 0 km/h herabsetzen.

Auf diese Weise sorgt die interne Implementierung der Klasse dafür, dass die Integrität ihrer Daten erhalten bleibt und Programmierfehler durch unsachgemäßen Gebrauch der Klasse weitestgehend verhindert werden. Man bezeichnet dies auch als Information Hiding oder Kapselung.

Kapitel 4

1. Um Abstürze abzufangen, brauchen Sie nur die Höhe des Flugzeugs zu kontrollieren:

```
if (meines.m_hoehe < 0) {
  // abgestürzt
}
```

Um zu erkennen, wann ein Flugzeug in einen Wasserturm geflogen ist, prüfen Sie, ob seine Position innerhalb der Koordinaten eines der Wassertürme liegt und ob seine Flughöhe niedriger als die des Wasserturms ist:

```
if (  (meines.m_position.X > turml.m_position.X
      && meines.m_position.X < turml.m_position.X +
                                    turml.m_breite)
   && (meines.m_position.Y > turml.m_position.Y
      && meines.m_position.Y < turml.m_position.Y +
                                    turml.m_tiefe)
   && (meines.m_hoehe <= turml.m_hoehe) )
{
  // in Wasserturm gekracht
}
```

2. Die for-Schleife zur Berechnung der ersten hundert Quadratzahlen könnte folgendermaßen aussehen:

```
public class CQuadrat {
  public static void main(String[] args) {
    int loop;

    for(loop=1; loop<=100; loop++) {
      System.out.println("Das Quadrat von " + loop
                        + " ist = " + loop*loop);
    }
  }
}
```

3. Die zugehörige while-Schleife sieht folgendermaßen aus:

```
public static void main(String[] args) {
  int loop;

  loop = 1;
  while(loop <=100) {
    System.out.println("Das Quadrat von " + loop
                      + " ist = " + loop*loop);
    loop++;
  }
}
```

4. In Binärdarstellung kann man gerade Zahlen einfach daran erkennen, dass das letzte Bit auf 0 steht. Wenn man nun eine Zahl mit der Eins AND-verknüpft, erzeugt der Computer als Ergebnis eine Zahl, für die nur Bits auf 1 gesetzt sind, die in beiden verknüpften Zahlen bereits auf 1 stehen.

```
0010 1100  // gerade Zahl
0000 0001  // Eins
```
_____
```
0000 0000 // AND-Verknüpfung
```

Ist das Ergebnis 0, muss die erste Zahl gerade gewesen sein. Die folgende Schleife gibt daher nur die Quadratzahlen für gerade Zahlen aus:

```
for(loop=1; loop<=100; loop++) {
  if((loop & 1) == 0)
  System.out.println("Das Quadrat von " + loop
                          + " ist = " + loop*loop);
}
```

Kapitel 5

1. Das Programm zur Ausgabe der this-Variablen könnte folgendermaßen aussehen:

```
class CThis {
  public static void main(String[] args) {
    CDemo_this inst = new CDemo_this();
    System.out.println("Instanz inst = " + inst);
    inst.this_wert();
  }
}

class CDemo_this {
  void this_wert() {
    System.out.println("this hat den Wert : " + this);
  }
}
```

Der Ausgabe des Programms können Sie entnehmen, dass die Objektvariable inst und die this-Variable auf dasselbe Objekt im Speicher verweisen. Anhand der this-Variable, die jeder Methode automatisch übergeben wird, kann diese erkennen, für welche Instanz sie aufgerufen wurde.

2. Die Klassen CMitarbeiter, CAngestellter, CLehrling und CChef seien wie in Kapitel 5.1 definiert. Die Hauptklasse des Programms könnte dann wie folgt aussehen:

```
public class CMitarbeiterArray {
  public static void main(String[] args) {
    CMitarbeiter[] personalListe = new CMitarbeiter[5];

    personalListe[0] =
                new CAngestellter("Holger","Lehrling",3000);
    personalListe[1] =
                new CAngestellter("Hans","Angestellter",3000);
    personalListe[2] =
                new CLehrling("Kuno","Lehrling",700);
    personalListe[3] =
                new CChef("El","Chef",7000);
    personalListe[4] =
                new CAngestellter("Hugo","Angestellter",3500);
```

```
  // alle Mitarbeiter ausgeben
  for(int i = 0; i < personalListe.length; i++)
    personalListe[i].datenAusgeben();
  }
}
```

Kapitel 6

1. Ein Programm zum Kopieren von Dateien könnte beispielsweise folgendermaßen aussehen:

```
import java.io.*;

public class CKopieren {
  public static void main(String[] args) {
    try {
      int zeichen;
      FileReader ein = new FileReader("Readme");
      FileWriter aus = new FileWriter("ReadmeKopie");

      while((zeichen = ein.read()) != -1)  {
          aus.write(zeichen);
      }

      ein.close();
      aus.close();
    }
    catch (IOException e) {
      System.out.println("Fehler mit Datei: " +
                        e.getMessage());
    }
  }
}
```

Kapitel 7

1. Eine mögliche Lösung ist:

```
// aus CUmdrehen.java
import java.util.*;
import java.io.*;

class CUmdrehen {
  public static void main(String [] args) {
    System.out.print("Text : ");
    String eingabeWort;
    Scanner tastatur = new Scanner(System.in);
    eingabeWort = tastatur.nextLine();
```

```
int anzahl = eingabeWort.length();

// Die Buchstaben in einen Keller einfügen
Stack<Character> keller = new Stack<Character>();
for(int i = 0; i < anzahl; i++) {
  keller.push(eingabeWort.charAt(i));
}

// Elemente vom Stack entfernen und ausgeben
for(int i = 0; i < anzahl; i++) {
  System.out.print(keller.pop());
}
  }
}
```

Analyse   Zunächst wird der Text von der Tastatur eingelesen. Dann fügen wir die Buchstaben der Reihe nach in den Keller ein und lesen sie anschließend wieder aus. Beachten Sie, dass wir eigentlich einen elementaren Datentyp (char) in den Keller einfügen wollen. Der Compiler ist so nett, automatisch aus dem jeweiligen char-Wert ein Character-Objekt zu erzeugen und dieses dann an die push()-Methode weiterzugeben (Stichwort Autoboxing, siehe Exkurs in Abschnitt »Listen«).

Beim Lesen mit pop() ziehen wir die einzelnen Elemente bzw. die darin eingewickelte char-Werte wieder aus dem Keller (am Schluss ist der Keller dann leer). Da ein Keller nach dem Last-in-First-out-Prinzip (zuletzt-rein-zuerst-raus) arbeitet, werden dadurch die Buchstaben in umgekehrter Reihenfolge entnommen und unser Ziel ist erreicht.

Auf der Buch-CD finden Sie noch ein weiteres Beispiel zur Verwendung von Stacks – *CKlammern.java*, das prüft, ob es in einem Eingabestring zu jeder öffnenden Klammer (, {, [auch eine schließende Klammer gibt! Wenn Sie das Beispiel noch ein wenig ausbauen und für die Verwendung mit Dateien einrichten, können Sie das Programm nutzen, um die Klammerung Ihrer Quelltexte zu kontrollieren.

2. Vorgehensweise: Wir zerlegen die Eingabe mithilfe eines StringTokenizer. Jedes Wort des Eingabestrings wird zusammen mit einem Integer-Objekt (der Zähler) in die Hashtabelle eingefügt (wenn noch nicht vorhanden) bzw. überschreibt den bisherigen Eintrag (mit dem Zähler um 1 erhöht).

```
// aus CWoerter.java
import java.util.*;
import java.io.*;
```

```
class CWoerter {
  public static void main(String []args) {
    System.out.println("Eingabe: ");
    Scanner tastatur = new Scanner(System.in);
    String eingabe = tastatur.nextLine();

    StringTokenizer st = new StringTokenizer(eingabe);

    HashMap<String, Integer> hashTabelle =
                         new HashMap<String, Integer>();
    Integer ergebnis;
    int anzahl;
    String zeichenString;

    while(st.hasMoreTokens()) {
      zeichenString = st.nextToken();
      ergebnis = hashTabelle.get(zeichenString);

      if(ergebnis == null)
        hashTabelle.put(zeichenString, 1);
      else {
        anzahl = ergebnis.intValue() + 1;
        hashTabelle.put(zeichenString,anzahl);
      }
    }

    System.out.println("Anzahl verschiedene Woerter: "
                       + hashTabelle.size());

    System.out.println(hashTabelle);
  }
}
```

Kapitel 8

1. Ohne die Einrichtung eines FlowLayout-Managers würde unser Fenster wie in Abbildung 8.4 aussehen.

Abb. 8.4: CGUI-Beispiel ohne Flow-Layout-Manager

405

Der Grund hierfür ist einfach, dass Java als Standardlayout meistens den Borderlayout-Manager verwendet, der die Komponenten nach den vier Windrichtungen bzw. zentriert ausrichtet. Gibt man beim Hinzufügen der Komponenten keine Richtung an (beispielsweise add("East",hänsel);), werden diese zentriert. In unserem Beispiel erhalten wir also drei zentrierte Schalter, von denen natürlich nur der oberste sichtbar ist.

Abb. 8.5:
CGUI-Beispiel
mit Border-
Layout-
Manager

2. Die Anordnung aus Abbildung 8.5 erhält man mithilfe des BorderLayout-Managers und folgenden Anweisungen:

```
// Layout-Manager zum Anordnen der Schalter
setLayout(new BorderLayout());

// Buttons zum Frame hinzufügen
add("West",hänsel);
add("South",und);
add("East",gretel);
```

3. Die folgende Implementierung der Ereignisbehandlunsgroutine setzt den Text des »Hänsel und Gretel«-Lieds fort, indem es die nächste Zeile als Titel der Schalter ausgibt.

```
// aus CGUI_Beispiel3.java
class CMeinActionLauscher implements ActionListener{
    public void actionPerformed(ActionEvent e){
        // Titel ändern
        m_hänsel.setLabel("verirrten");
        m_und.setLabel("sich");
        m_gretel.setLabel("im Wald");
        }
    }
```

Da wir hierzu auf die Instanzen der Schalter (Hänsel, Und, Gretel) zugreifen müssen, ist es erforderlich, diese als Instanzvariablen zu deklarieren (und nicht wie bisher als lokale Variablen des Konstruktors).

```
// aus CGUI_Beispiel3.java
public class CGUI_Beispiel3 extends Frame {
    Button m_hänsel, m_und, m_gretel;
    ...
```

```
// und im Konstruktor:

m_hänsel = new Button("Hänsel");
m_und   = new Button("und");
m_gretel = new Button("Gretel");
...
add(m_hänsel);
add(m_und);
add(m_gretel);
...
m_hänsel.addActionListener(new CMeinActionLauscher());
m_und.addActionListener(new CMeinActionLauscher());
m_gretel.addActionListener(new CMeinActionLauscher());
```

4. Zur Umstellung vom `ActionListener`-Interface zum `MouseListener`-Interface bedarf es folgender Änderungen:

   – Die von uns definierte Lauscher-Klasse muss statt des `ActionListener`-Interface das `MouseListener`-Interface implementieren. (Den Namen der Lauscher-Klasse brauchen Sie nicht zu ändern, es empfiehlt sich aber, um Verwirrungen zu vermeiden.)

   – Die Ereignisbehandlungsmethode für das Drücken des Schalters lautet jetzt `mouseClicked()` (statt `actionPerformed()`) und erwartet als Parameter ein Objekt der Klasse `MouseEvent`.

   – Da wir nicht die zugehörige Adapter-Klasse verwenden, müssen wir alle Methoden des `MouseListener`-Interface selbst implementieren. (Welche Methoden dies sind, können Sie Ihrer Java-Dokumentation entnehmen, oder lassen Sie sich einfach vom Compiler anzeigen, welche Methoden noch zu implementieren sind.)

   – Schließlich müssen Sie zur Registrierung der Lauscher-Klasse die Methode `addMouseListener()` (statt `addActionListener()`) aufrufen.

Die umgebaute Lauscher-Klasse und ihre Registrierung sehen danach folgendermaßen aus.

```
// aus Datei CGUI_Beispiel4.java
class CMeinMouseLauscher implements MouseListener{
    public void mouseClicked(MouseEvent e){
        // einmal piepen
        java.awt.Toolkit.getDefaultToolkit().beep();
    }
    public void mouseEntered(MouseEvent e) {
    }
    public void mouseExited(MouseEvent e) {
    }
```

407

```
        public void mousePressed(MouseEvent e) {
        }
        public void mouseReleased(MouseEvent e) {
        }
    }
```

5. Abgesehen davon, dass die Verwendung des `MouseListener`-Interface aufwändiger ist, wenn man nicht die zugehörige Adapter-Klasse nutzt, können die Schalter jetzt nicht mehr über die Tastatur (Leertaste) gedrückt werden.

   Von Vorteil ist, dass man nun mehrere Methoden zum Abfangen verschiedener Ereignisse zur Verfügung hat und der Parameter vom Typ `MouseEvent` detailliertere Informationen (beispielsweise über die genauen Koordinaten des Mausklicks) übermittelt. Beide Vorteile sind für die Ereignisbehandlung von Schaltern jedoch im Grunde unerheblich, so dass man für Schalter meist das `ActionListener`-Interface verwendet.

Kapitel 9

1. Die Swing-Version des Programms:

```java
// Datei CAWT_zu_Swing2.java
import javax.swing.*;
import java.awt.*;
import java.awt.event.*;

// Fensterklasse definieren
public class CAWT_zu_Swing2 extends JFrame {
  JButton schalter;

  // Ereignisbehandlung für die Steuerelemente
  class CMeinActionLauscher implements ActionListener {
    public void actionPerformed(ActionEvent e) {
      schalter.setText("Danke");
    }
  }

  // der Konstruktor
  CAWT_zu_Swing2(String titel) {
    super(titel);

    // Button erzeugen
    schalter = new JButton("Klick mich");

    // Button in Fenster aufnehmen
    add(schalter);
```

```
      // Fenster schließen = Anwendung schließen
      setDefaultCloseOperation(WindowConstants.EXIT_ON_CLOSE);

      // die Buttons bei einem ActionListener registrieren
      schalter.addActionListener(new CMeinActionLauscher());
  }


  public static void main(String[] args) {
    CAWT_zu_Swing2 fenster = new CAWT_zu_Swing2("Swing");
    fenster.pack();
    fenster.setSize(300,100);
    fenster.setVisible(true);
  }
}
```

Kapitel 10

1. Die folgende Klasse implementiert einen Schalter, der standardmäßig
   100x100 Pixel groß dargestellt wird. Unter der Klassendefinition sehen
   Sie die Instanziierung eines Schalters dieser Klasse.

```
// aus CEigenerSchalter.java

class CMeinSchalter extends JButton {
  public CMeinSchalter(String titel) {
    super(titel);
  }

  public Dimension getMinimumSize() {
    return new Dimension(100,100);
  }
  public Dimension getPreferredSize() {
    return getMinimumSize();
  }
}

public class CEigenerSchalter extends JFrame {

  CEigenerSchalter(String titel) {
    ...
    CMeinSchalter schalter = new CMeinSchalter("Klick mich");
    add(schalter);
  ...
```

2. Lila erhalten Sie beispielsweise als RGB(203,12,151).

409

3. Für das Layout aus Abbildung 10.5 benötigt man einen BorderLayout-Manager für das Fenster und ein Panel mit FlowLayout-Manager (Standard) für die beiden oberen Schalter.

```
// aus CLayout.java
CLayout(String titel) {
  super(titel);
  setLayout(new BorderLayout());

  Panel p = new Panel();
  JButton schalter1 = new JButton("Klick mich");
  JButton schalter2 = new JButton("Klick mich");
  schalter2.setFont(new Font("Serif",Font.BOLD,14));
  p.add(schalter1);
  p.add(schalter2);

  JButton schalter3 =
          new JButton("Richtig, mich solltest du klicken");
  add(p,"North");
  add(new JLabel("Hör nicht auf die beiden!",
                SwingConstants.CENTER),"Center");
  add(schalter3,"South");

  setDefaultCloseOperation(WindowConstants.EXIT_ON_CLOSE);
}
```

4. Neben Tangens und Potenzfunktion finden Sie in der Klasse `Math` beispielsweise folgende Funktionen: `abs()`, `asin()`, `acos()`, `atan()`, `exp()`, `sin()`, `cos()`, `tan()`, `sqrt()`.

   Darüber hinaus können Sie natürlich auch eigene Funktionen berechnen lassen.

5. Folgende Änderungen sind erforderlich:

   – Löschen Sie die Import-Anweisung `import javax.swing.*`. Achten Sie darauf, dass `java.awt.*` importiert wird.

   – Statt der Klassen `JFrame`, `JPanel` und `JRadioButton` verwenden Sie `Frame`, `Panel` und `Checkbox`.

   – Zum Einfügen der Komponenten in das Fenster verwendet man die `add()`-Methode von `Frame`.

   – Die Behandlung der Optionsfelder ist in Swing und AWT ähnlich, aber nicht identisch (siehe auch Kapitel 13). Zur Gruppierung wird nicht die Klasse `ButtonGroup`, sondern `CheckboxGroup` verwendet. Die Zuordnung der Optionsfelder zu einer `CheckboxGroup`-Gruppe kann über den Konstruktoraufruf erfolgen, bei dem man das betreffende `Checkbox`-Group-Objekt übergibt. Der Befehlsname braucht nicht gesetzt zu werden, wir werden die Optionsfelder in der Ereignisbehandlung nach ihren Titeln unterscheiden.

– In der Ereignisbehandlung lässt man sich von der CheckboxGroup()-Methode getSelectedCheckbox() gleich die ausgewählte Checkbox-Instanz zurückliefern. Mithilfe der Methode getLabel() kann der Titel der ausgewählten Checkbox abgefragt und mit den Titeln der vorgesehenen Optionen verglichen werden. Für das Zeichnen der Freihandlinien sieht das wie folgt aus.

Den vollständigen Quelltext finden Sie auf der Buch-CD (*CMalprogramm_Swing.java*).

Kapitel 11

1. Um Dateien aus beliebigen Verzeichnissen zu laden, müssen Sie neben dem Dateinamen auch das vom Anwender ausgewählte Verzeichnis ermitteln und vor den Dateinamen stellen:

```
// aus CBildbetrachter2.java
FileDialog d = new FileDialog(this, "Bilddatei laden...",
                    FileDialog.LOAD);
d.setVisible(true);
m_dateiname = d.getDirectory();
m_dateiname += d.getFile();
```

2. Um das Verschieben des geladenen Bilds zu ermöglichen, definieren Sie innerhalb der Leinwand-Klasse CBildLeinwand die folgende Lauscher-Klasse:

```
// aus CBildbetrachter3.java, in Klasse CBIldleinwand
class CMeinMausMotionAdapter extends MouseMotionAdapter {
  public void mouseDragged(MouseEvent e) {
    // lokale Variablen
    int x,y;

    // wenn kein Bild geladen ist, nichts tun
    if(m_aktBild == null)
      return;

    // Mauskoordinaten abfragen
    x = e.getX();
    y = e.getY();

    // Das Bild nur bewegen, wenn direkt darauf
    // geklickt worden ist
    if(   x >= m_bild_x1 && x <= m_bild_x2
       && y >= m_bild_y1 && y <= m_bild_y2) {

      m_Xpos = x - m_bildBreite/2;
      m_Ypos = y - m_bildHoehe/2;
```

411

```
        // Die neue Begrenzung berechnen und
        // das Bild neu anzeigen
        m_bild_x1 = m_Xpos;
        m_bild_y1 = m_Ypos;
        m_bild_x2 = m_bild_x1 + m_bildBreite;
        m_bild_y2 = m_bild_y1 + m_bildHoehe;
        repaint();
      }
    }
}
```

Registrieren Sie die Lauscher-Klasse im Konstruktor der Leinwand-Klasse:

```
CBildLeinwand (){
  addMouseMotionListener(new CMeinMausMotionAdapter());
}
```

Der oben aufgezeigte Algorithmus zum Verschieben des Bilds weist noch einige Mängel in Bezug auf die Koordinatentransformation und die Rekonstruktion des Bilds auf. Wenn Sie an professionelleren Techniken interessiert sind, schauen Sie doch unter SPRITE-ANIMATIONEN in der entsprechenden Fachliteratur nach.

Kapitel 12

1. Um ein Kombinationsfeld mit den Namen der auf einem System verfügbaren Fonts zu füllen, müssen Sie sich zuerst eine GraphicsEnvironment-Instanz beschaffen. (Die abstrakte Klasse GraphicsEnvironment definiert dafür die Methode getLocalGraphicsEnvironment().) Über deren Methode getAvailableFontFamilyNames() können Sie sich die verfügbaren Font-Namen in ein String-Array kopieren. Danach können Sie dann in einer Schleife das String-Array durchlaufen und für jeden Font ein Listenelement einrichten:

```
String[] fontNames;
fontNames =
GraphicsEnvironment.getLocalGraphicsEnvironment().getAvailableFont
FamilyNames();
m_fonts = new JComboBox();
for(int i = 0; i < fontNames.length; i++)
    m_fonts.addItem(fontNames[i]);
```

2. Um eine mit indexOf(String) begonnene Suche fortzusetzen, sieht man am besten einen eigenen Menübefehl vor, in dessen Ereignisbehandlung Sie die Methode indexOf(String, int) aufrufen, der Sie den alten Suchstring und den Index des Endes des zuletzt gefundenen Vorkommens des Suchstrings übergeben (Suchstring und zuletzt gefundene Position sollten daher als Instanzvariablen abgespeichert werden).

Kapitel 13

Die Lösungen zu den Übungen dieses Kapitels finden Sie in den Listings auf der Buch-CD.

Kapitel 14

1. Für diese Übung gibt es keine Lösung.

2. Um das CSpot-Applet entsprechend der Aufgabenstellung abzuwandeln, müssen wir den Code aus dem Konstruktor in die init()-Methode verlagern. Dies ist notwendig, weil das m_flecken-Array jetzt nicht mehr für eine vorgegebene Anzahl Elemente erzeugt werden soll, sondern für genau die Anzahl Elemente, die via Parameter von der HTML-Seite an das Applet übergeben wird. Da die Parameterwerte aber frühestens in der init()-Methode abgefragt werden können, müssen wir den betreffenden Code verlagern. Insgesamt könnte der Code der init()-Methode wie folgt aussehen:

```
// aus CSpot_mit_Parametern.java
public void init() {
    String parameter = getParameter("Anzahl");
    int anzahl = Integer.parseInt(parameter);
    m_flecken = new CScheibe[anzahl];
    for(int i = 0; i < m_flecken.length; i++)
        m_flecken[i] = new CScheibe();

    String farbe = getParameter("Farbe").toUpperCase();
    if (farbe.equals("ROT"))
        m_farbe = new Color (255, 0, 0);
    else if (farbe.equals("BLAU"))
        m_farbe = new Color (0, 0, 255);
    else if (farbe.equals("GRUEN"))
        m_farbe = new Color (0, 255, 0);
    else if (farbe.equals("GELB"))
        m_farbe = new Color (255, 255, 0);
    else
        m_farbe = new Color (0, 0, 0);
}
```

Zuerst liest die Methode den Parameter für die Anzahl der Flecken ein (wir *Analyse* haben ihm den Namen »Anzahl« gegeben), wandelt den Parameter in einen int-Wert um und legt dann ein Array exakt dieser Größe an.

Dann wird der Name der gewünschten Farbe eingelesen und mit verschiedenen angebotenen Farben verglichen. Gibt es eine Übereinstimmung, wird m_farbe mit dem zugehörigen Color-Objekt initialisiert, ansonsten zeichnen wir in Schwarz (new Color (0,0,0)).

Beachten Sie, dass wir den Parameter direkt nach dem Einlesen mithilfe der String-Methode toUpperCase() in Großbuchstaben umwandeln. So müssen wir nicht gegen unterschiedliche Groß-/Kleinschreibungen testen – die Autoren der Webseiten, die unser Applet einsetzen, können aber unterschiedliche Groß-/Kleinschreibungen verwenden.

In einem HTML-Dokument könnte das Applet wie folgt aufgerufen werden:

```
// aus Spot_mit_Parametern.html
<hr>
  <applet code="CSpot_mit_Parametern.class" width="400"
                                            height="200">
                  <param name="Anzahl" value="2">
                  <param name="Farbe" value="Rot">
  </applet>
<hr>
<hr>
  <applet code="CSpot_mit_Parametern.class" width="400"
                                            height="200">
                  <param name="Anzahl" value="8">
                  <param name="Farbe" value="Gelb">
  </applet>
<hr>
```

Kapitel 15

1. Um das Uhrzeit-Applet aus Abschnitt 15.2 um einen dritten Thread zu erweitern, der jede Sekunde die Hintergrundfarbe ändert, definieren Sie erst einmal eine zweite innere Thread-Klasse für das Applet:

```
// aus CUhrzeit_Farbe.java
class CFarbThread extends Thread {
  public void run()  {
    while(isInterrupted() == false)  {
      // Gelbtöne variieren
      m_hinterGrundFarbe = new Color(255, 255,
                                  (int)(255*Math.random()));
      repaint();
      try  {
        sleep(1000);
      }
      catch(InterruptedException e) {
        return;
      }
    }
  }
}
```

Dann legen Sie m_hinterGrundFarbe als Instanzvariable der Applet-Klasse an (Datentyp Color) und sorgen innerhalb der Methode paint() dafür, dass die aktuelle Hintergrundfarbe auch berücksichtigt wird:

```
public void paint(Graphics g)  {
  // die aktuelle Uhrzeit anzeigen
  setBackground(m_hinterGrundFarbe);
  g.setFont(m_anzeigeFont);
  g.setColor(Color.blue);
  g.drawString(m_aktZeit,20,45);
}
```

Schließlich legen Sie in der Applet-Klasse noch eine Instanzvariable

CFarbThread m_farbe;

an und duplizieren alle Aufrufe von Thread-Methoden in init(), start(), stop() und destroy() für den Zeit-Thread m_zeit. Die Kopien passen Sie für den Farb-Thread m_farbe an.

2. Unter Verwendung des Interface Runnable sieht das Uhrzeit-Applet folgendermaßen aus:

```
// CUhrzeit_Runnable.java
 import java.util.Date;
 import java.text.*;
 import java.applet.*;
 import java.awt.*;

 public class CUebung_02 extends Applet implements Runnable {
  String m_aktZeit;
  DateFormat m_formatierer;
  Thread m_zeit;
  Font m_anzeigeFont;

  public void init()  {
    m_anzeigeFont = new Font("Serif",Font.BOLD,22);
    m_formatierer = DateFormat.getTimeInstance();
    m_aktZeit = m_formatierer.format(new Date());

    // einen zusätzlichen Thread anlegen und starten
    m_zeit = new Thread(this);
    m_zeit.start();
  }

  public void start()  {
    if(m_zeit == null) {
      m_zeit = new Thread(this);
      m_zeit.start();
    }
  }
```

415

```
public void stop() {
  if(m_zeit != null)
    m_zeit = null;
}

public void destroy() {
  if(m_zeit != null)
    m_zeit = null;
}

public void paint(Graphics g)  {
  g.setFont(m_anzeigeFont);
  g.setColor(Color.blue);
  g.drawString(m_aktZeit,20,45);
}

// die run()-Methode des Threads
public void run() {
  while( m_zeit == Thread.currentThread()) {
    m_aktZeit = m_formatierer.format(new Date());
    repaint();

    try {
      m_zeit.sleep(1000);
    }
    catch(InterruptedException e) {
      return;
    }
  }
}
}
```

Analyse In der init()-Methode wird der Thread selbst erzeugt, wobei dem Konstruktor der Klasse Thread die Referenz auf die Applet-Klasse übergeben werden muss, da in dieser die run()-Methode des Threads definiert ist. Das Beenden des Threads erfolgt mittels der currentThread()-Methode. In der run()-Methode testet der Thread, ob der aktuelle aktive Thread im System er selbst ist; wenn dies nicht der Falls ist (weil in der stop()-Methode m_zeit = null gesetzt worden ist), weiß er, dass er sich beenden soll.

3. Dies ist ein Kinderspiel. Wir leiten die Applet-Klasse von JApplet anstatt von Applet ab. Nicht vergessen dürfen wir natürlich die zusätzliche import-Anweisung für javax.swing.*;.

   Etwas aufwändiger wäre die Umstellung, wenn wir in dem Applet Steuerelemente verwenden würden (vergleiche z.B. das Taschenrechner-Applet aus Kapitel 14).

416

4. Damit das Uhrzeit-Applet auf Veranlassung des aufrufenden HTML-Dokuments wahlweise die Uhrzeit oder das aktuelle Datum anzeigt, brauchen wir lediglich in der `init()`-Methode den entsprechenden Parameter vom HTML-Dokument abzufragen, auszuwerten und je nach seinem Wert das `DateFormat`-Objekt durch einen Aufruf der Methode `DateFormat.getTimeInstance()` oder `DateFormat.getDateInstance()` zu erzeugen. Der restliche Code des Applets kann unverändert bleiben.

```java
// aus CUhrzeit_Parameter.java
public void init(){
    String Parameter;
    Parameter = getParameter("Datum/Zeit");

    if (Parameter.equals("Zeit"))
       m_formatierer = DateFormat.getTimeInstance();
    else
       m_formatierer = DateFormat.getDateInstance();

    m_anzeigeFont = new Font("Serif",Font.BOLD,22);
    m_aktZeit = m_formatierer.format(new Date());

    // eine Instanz der Thread-Klasse anlegen und starten
    m_zeit = new CZeitThread();
    m_zeit.start();
}
```

Ein möglicher Aufruf im HTML-Dokument sähe dann etwa folgendermaßen aus:

```html
<html>
<head>
  <title> Uhrzeit </title>
</head>

<body>

<hr />
<applet code=" CUhrzeit_Parameter.class" width="150"
                                     height="100">
      <param name="Datum/Zeit" value="Zeit">
</applet>
<hr />
<applet code=" CUhrzeit_Parameter.class" width="150"
                                     height="100">
      <param name="Datum/Zeit" value="Datum">
</applet>
<hr />

</body>
</html>
```

417

Abb. 15.3:
Uhrzeit und
Datum

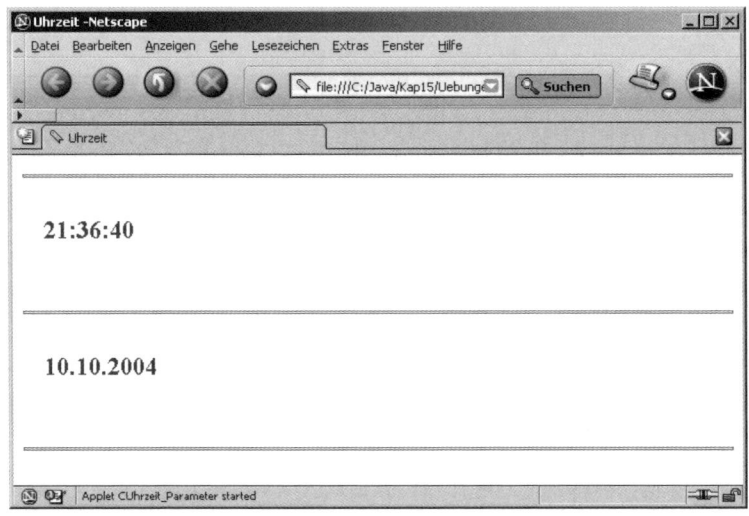

Kapitel 16

1. Wenn Sie wissen, wie man mit Threads Zeichnungen animiert, dann ist die Animation mit Bildern auch nicht schwer. Nur muss man die Bilder (im GIF-, PNG- oder JPEG-Format) erst einmal haben. Die Bilder für die vorliegende Animation stammen beispielsweise aus dem JDK-Demobeispiel: *demo/applets/Animator/images/SimpleAnimation* und heißen *T1.gif* und *T2.gif*. Diese werden in dem folgenden Applet kontinuierlich vorgerückt und abwechselnd angezeigt, bis sie rechts aus dem Applet-Anzeigebereich entschwunden sind.

```java
// Datei CAnimation.java
import java.applet.*;
import java.awt.*;
import java.net.*;

 public class CAnimation extends Applet implements Runnable {
    Image m_bilder[] = new Image[2];
    String m_bildDateien[] = {"T1.gif", "T2.gif"};
    Image m_aktBild;
    Thread m_animator;
    int m_x, m_y;

    public void init()   {
      MediaTracker ladeKontrolle = new MediaTracker(this);

      for(int i = 0; i < 2; i++) {
        // Bilder laden und beim MediaTracker registrieren
        URL codebase = getCodeBase();
```

```
      m_bilder[i] = getImage(codebase, m_bildDateien[i]);
      ladeKontrolle.addImage(m_bilder[i],0);

      // Solange warten, bis das Bild ganz geladen ist
      try {
       ladeKontrolle.waitForID(0);
      }
      catch(InterruptedException e) {
       // Das Laden ist fehlgeschlagen
       m_bilder[i] = null;
       return;
      }
     }
    m_aktBild = m_bilder[0];
  }

  public void start() {
    m_x = 0;
    m_y = 0;

    // Thread erzeugen und starten
    m_animator = new Thread(this);
    m_animator.start();
  }

  public void paint(Graphics g)  {
    g.drawImage(m_aktBild,m_x,m_y,this);
  }

  public void run()  {
    while(m_x <= getSize().width + 10)  {
      if(m_aktBild == m_bilder[0])
        m_aktBild = m_bilder[1];
      else
        m_aktBild = m_bilder[0];

      repaint();
      m_x += 10;
      try  {
        m_animator.sleep(500);
      }
      catch(InterruptedException e)  {
        return;
      }
    }
   m_animator = null;
  }
} // Ende
```

419

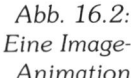

Abb. 16.2:
Eine Image-
Animation

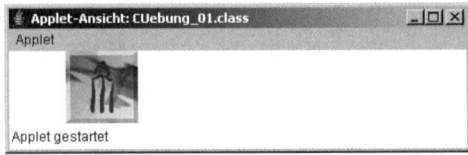

Analyse

In der `init()`-Methode werden die Bilder geladen. Wie in diesem Kapitel beschrieben, verwenden wir zum Laden die Applet-Methode `getImage()`. Als URL für die Bilddateien übergeben wir den URL des Applets (den die Methode `getCodeBase()` zurückliefert). Es wird also vorausgesetzt, dass die Bilddateien und die Applet-Class-Datei zusammen in einem Verzeichnis stehen. Der eigentliche Ladevorgang wird dann mit einem `MediaTracker`-Objekt angestoßen und überwacht.

In der `start()`-Methode werden die Startkoordinaten für das erste Bild festgelegt und der Thread gestartet, der die Bilder tauscht und vorrückt.

In der `run()`-Methode prüfen wir zuerst, ob sich die Animation bereits über den rechten Applet-Rand herausbewegt hat. Wenn ja, ist der Thread beendet und wir setzen die Thread-Variable `m_animator` auf `null`.

Ist der Applet-Rand noch nicht erreicht, prüfen wir, auf welches Bild die Variable `m_aktBild` gerade verweist, und weisen der Variablen dann das jeweils andere Bild zu. Auf diese Weise wird dafür gesorgt, dass die Bilder *T1.gif* und *T2.gif* immer abwechselnd angezeigt werden. Danach wird das Neuzeichnen des Applets angestoßen und die x-Koordinate für die nächste Iteration um 10 Pixel heraufgesetzt.

Da die Animation nur einmal ausgeführt wird, wird die `run()`-Methode des Threads rasch beendet. Es besteht daher kein Bedarf, die Methoden `stop()` und `destroy()` zu implementieren.

Kapitel 17

1. Um nur die fünf bevölkerungsreichsten Bundesländer ausgeben zu lassen, brauchen Sie nur den SELECT-Befehl um eine passende WHERE-Klausel zu erweitern:

```
datenmenge = befehl.executeQuery(
            "SELECT * FROM bndlaender WHERE Rang < 6;");
```

2. Um die Datensätze nach den Namen der Bundesländer sortiert ausgeben zu lassen, brauchen Sie nur den SELECT-Befehl um eine passende ORDER BY-Klausel zu erweitern:

```
datenmenge = befehl.executeQuery(
            "SELECT * FROM bndlaender ORDER BY Bundesland;");
```

Installation des JDK

Die Installation des Java Development Kit (JDK) ist eigentlich relativ einfach. Nachdem Sie das Paket von der Buch-CD kopiert oder von Suns Webserver (*http://java.sun.com/products/j2se*[1]) heruntergeladen haben, müssen Sie die selbst extrahierende Datei einfach ausführen und gegebenenfalls auf die Fragen des Installationsprogramms nach Verzeichnissen etc. antworten. Lassen Sie den JDK möglichst vollständig installieren und gestatten Sie dem Setup-Programm, auch die Konfiguration Ihrer Browser zu aktualisieren. Dadurch werden Plug-Ins installiert, so dass auch Applets, die nach dem neuesten Java-Standard programmiert sind, ausgeführt werden können.

Beachten Sie beim Herunterladen, dass Sie die zu Ihrer Plattform passende Version des JDK laden, und folgen Sie den Download-Anweisungen auf der Sun-Site.

Wenn die Installation erfolgreich abgeschlossen worden ist, ist Ihre Festplatte um ca. 120 Mbyte (je nach den gewählten Installationsoptionen) ärmer und Sie um das JDK der neuesten Version reicher. Nun müssen noch zwei Kleinigkeiten eingerichtet werden und Sie können mit Java loslegen.

---

1. Beachten Sie, dass sich die Verzeichnisstruktur von Websites ändern kann. Falls Sie unter dem Unterverzeichnis */products/j2se/* nichts mehr finden sollten, beginnen Sie einfach mit dem Home-Verzeichnis *java.sun.com* und suchen Sie Ihren Weg zum JDK.

Erweiterung des Systempfads

Die Java-Tools (insbesondere *javac* und *java*) werden über die Konsole aufgerufen. Wenn Sie dabei nicht immer dem Programmnamen den vollständigen Pfad zur EXE-Datei des Programms voranstellen wollen:

```
Konsolenprompt:> c:\Programme\Java\jdk1.5.0\bin\javac
```

müssen Sie den Pfad zu den Java-SDK-Tools in den Systempfad des Betriebssystems einfügen. Nehmen wir an, dass Sie das Java-SDK in das Verzeichnis *c:\Programme\Java\jdk1.5.0* (Windows) bzw. */home/ihrname/Java/SDK/ jdk1.5.0* (Linux) installiert haben.

▦ Windows 95/98: Legen Sie zur Sicherheit eine Kopie der Datei *c:\autoexec.bat* an und laden Sie die Datei danach in einen Editor (beispielsweise Notepad, Aufruf über START/PROGRAMME/ZUBEHÖR/EDITOR oder über START/AUSFÜHREN, NOTEPAD eingeben und abschicken). Suchen Sie nach einem PATH-Eintrag und fügen Sie das BIN-Verzeichnis der Java-SDK-Installation hinzu. Zum Beispiel:

alter Eintrag: `SET PATH=.;c:\dos;`

neuer Eintrag: `SET PATH=.;c:\dos; c:\Programme\Java\jdk1.5.0\bin;`

Das Semikolon dient zur Trennung der einzelnen Verzeichnisangaben in PATH.

Wenn Sie gar keine PATH-Angabe finden, dann fügen Sie eine neue PATH-Anweisung hinzu, z.B.:

```
SET PATH=c:\Programme\Java\jdk1.5.0\bin;
```

▦ Windows ME/2000/XP: Die Umgebungsvariable PATH wird über den Dialog der Systemeigenschaften verwaltet. Der Weg dorthin ist lang und von Betriebssystem zu Betriebssystem verschieden. Unter Windows Me lautet er START/PROGRAMME/ZUBEHÖR/SYSTEMTOOLS/SYSTEMINFORMATIONEN, Menü TOOLS/SYSTEM KONFIGURATION, Register UMGEBUNG.

Unter Windows 2000 und Windows XP rufen Sie über START oder START/ EINSTELLUNGEN die Systemsteuerung auf, schalten diese gegebenenfalls in die klassische Ansicht und gelangen via SYSTEM, Register ERWEITERT, Schalter UMGEBUNGSVARIABLEN zum Ziel. Danach können Sie die Systemvariable auswählen, zum Bearbeiten laden und den Pfad zu den Java-Programmen anhängen (siehe Abbildung B.1).

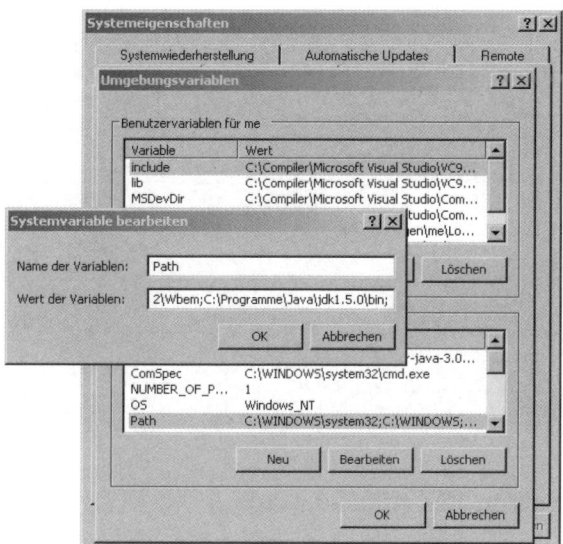

Abb. B.1:
Anpassung der
PATH-Variable
unter Win-
dows XP

Unix/Linux: Analoges Vorgehen: Suchen Sie die Pfadangabe path in der zuständigen ini-Datei (je nach Konfiguration *.login*, *.profile*, *.tcshrc*, *.bashrc* oder Ähnliches) und fügen Sie das Java-Bin-Verzeichnis */home/ihrname/Java/SDK/jdk1.5.0/bin* in der nächsten Zeile nach der bisherigen Pfadangabe hinzu.

Für die C-Shell sieht dies beispielsweise wie folgt aus:

```
set path = (/home/ihrname/Java/SDK/jdk1.5.0/bin . $path)[1]
```

Für die Bourne-Again-Shell (bash) könnte der Eintrag so lauten:

```
export PATH=/home/ihrname/Java/SDK/jdk1.5.0/bin:.:${PATH}
```

oder

```
PATH="/home/ihrname/Java/SDK/jdk1.5.0/bin:.:$PATH"[2]
```

Um den neuen Pfad zu testen, müssen Sie den Rechner neu starten und die Konsole öffnen (Windows-Anwender rufen dazu je nach Betriebssystem START/PROGRAMME/MSDOS-EINGABEAUFFORDERUNG, START/PROGRAMME/EINGABEAUFFORDERUNG oder START/PROGRAMME/ZUBEHÖR/EINGABEAUFFORDERUNG auf). Tippen Sie hinter dem Prompt *javac* ein und schicken Sie den Befehl durch Drücken der Eingabetaste ab. Statt einer Fehlermeldung, dass der Befehl nicht gefunden wurde, sollten die Aufrufoptionen des Java-Compilers erscheinen.

---

1. Mehrere Verzeichnisangaben werden durch Leerzeichen getrennt.

2. Mehrere Verzeichnisangaben werden durch einen Doppelpunkt getrennt.

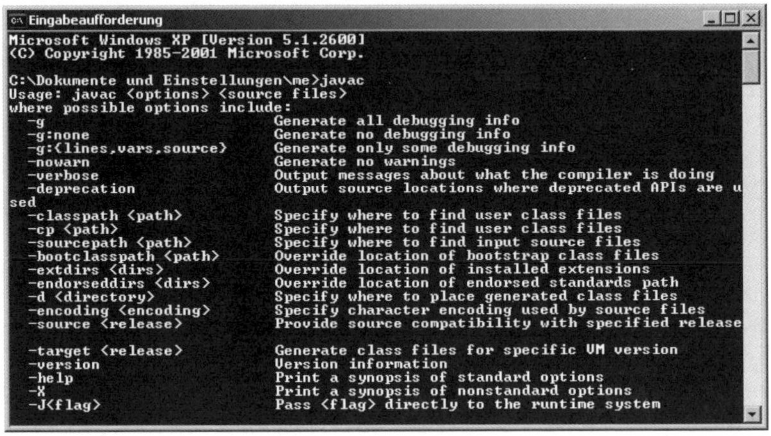

Abb. B.2:
Der Pfad wur-
de korrekt
aktualisiert,
die Java-Tools
können von
jedem Ver-
zeichnis aus
aufgerufen
werden

```
Eingabeaufforderung                                              _ |□| x|
Microsoft Windows XP [Version 5.1.2600]
<C> Copyright 1985-2001 Microsoft Corp.

C:\Dokumente und Einstellungen\me>javac
Usage: javac <options> <source files>
where possible options include:
  -g                         Generate all debugging info
  -g:none                    Generate no debugging info
  -g:<lines,vars,source>     Generate only some debugging info
  -nowarn                    Generate no warnings
  -verbose                   Output messages about what the compiler is doing
  -deprecation               Output source locations where deprecated APIs are u
sed
  -classpath <path>          Specify where to find user class files
  -cp <path>                 Specify where to find user class files
  -sourcepath <path>         Specify where to find input source files
  -bootclasspath <path>      Override location of bootstrap class files
  -extdirs <dirs>            Override location of installed extensions
  -endorseddirs <dirs>       Override location of endorsed standards path
  -d <directory>             Specify where to place generated class files
  -encoding <encoding>       Specify character encoding used by source files
  -source <release>          Provide source compatibility with specified release

  -target <release>          Generate class files for specific VM version
  -version                   Version information
  -help                      Print a synopsis of standard options
  -X                         Print a synopsis of nonstandard options
  -J<flag>                   Pass <flag> directly to the runtime system
```

Setzen des Klassenpfads

Die zweite Einstellung betrifft die CLASSPATH-Variable.

Java-Programme bestehen aus Klassen. Diese sind in Quelltextdateien (Extension *.java*) oder als Bytecode in Class-Dateien (Extension *.class*) definiert. Wenn Sie ein Java-Programm kompilieren oder ausführen, suchen sich die zuständigen Java-Tools (Compiler oder Interpreter) zu allen im Programm verwendeten Klassen die zugehörigen Quelltext- oder Class-Dateien zusammen.

Standardmäßig wird im aktuellen Arbeitsverzeichnis (also von wo aus z.B. der Interpreter aufgerufen worden ist) und in den Class-Archiven *.jar* im LIB-Verzeichnis der Java-SDK-Installation gesucht (gilt erst ab Java-SDK 1.2).

Solange Sie für jedes Programm ein eigenes Verzeichnis anlegen und die Quelltextdateien des Programms zusammen in diesem Verzeichnis speichern, gestaltet sich die Programmerstellung und -ausführung daher recht einfach.

Probleme gibt es meist nur dann, wenn irgendein anderes Programm bei der Installation die CLASSPATH-Variable gesetzt hat. Dann suchen die Java-SDK-Tools nämlich nicht mehr im aktuellen Verzeichnis – es sei denn, das aktuelle Verzeichnis – symbolisiert durch einen Punkt (.) – wurde explizit in der Umgebungsvariable mit aufgeführt. Meist ist dies aber nicht der Fall, so dass Sie den Eintrag für das aktuelle Verzeichnis selbst anhängen müssen.

alter Eintrag: SET CLASSPATH=c:\programme\interbase
neuer Eintrag: SET CLASSPATH=c:\programme\interbase;.

▪ Windows 95/98: Setzen oder passen Sie die CLASSPATH-Variable in der *autoxec.bat*-Datei:

```
SET CLASSPATH = c:\programme\interbase;.
```

- Windows ME/2000/XP: Bearbeiten Sie die CLASSPATH-Umgebungsvariable im Dialogfeld der Systemeigenschaften (analog zu der oben beschriebenen Einrichtung der PATH-Variable).

- Linux: Setzen oder passen Sie die CLASSPATH-Variable in *.login*, *.profile*, *.tcshrc*, *.bashrc* oder Ähnliches (analog zu der oben beschriebenen Einrichtung der PATH-Variable). Für *csh* beispielsweise:

```
setenv CLASSPATH  /bin/interbase;.
```

Nicht vergessen: Nach erfolgreicher Installation und Einrichtung müssen Sie bei Windows 98 Ihr System neu booten, damit die Pfadänderungen wirksam werden! Für Windows 2000/XP reicht es, ein neues Konsolenfenster zu öffnen.

Die API-Dokumentation

Zum Schluss möchten wir Sie noch auf die Java-API-Dokumentation hinweisen, die Sie sich ebenfalls von der Buch-CD bzw. vom Sun-Server herunterladen können. Sie sollten auf diese Informationsquelle nicht verzichten, auch wenn sie viel Festplattenspeicher verschlingt und nur in Englisch vorliegt. Speziell die Java-Dokumentation, die eine Referenz der Java-Klassen enthält, ist für den fortgeschrittenen Java-Programmierer – und das sind Sie nach Lektüre dieses Buchs ganz zweifelsohne – unverzichtbar.

Wo Sie weitere Hilfe finden

Weitere Informationen finden Sie auf der Support-Site zu diesem Buch, *www.carpelibrum.de*, und auf den Download-Webseiten des Sun-Servers.

Leider mussten wir in der Vergangenheit auch feststellen, dass die großen Browser- und Betriebssystemhersteller ihre Produktzyklen nicht nach den Überarbeitungszyklen unserer Bücher ausrichten. Sollten Sie Probleme mit neuen Betriebssystemen oder Browserversionen haben, schauen Sie bitte auf unserer Website nach.

Sollten die Hinweise im Buch und auf der Website nicht ausreichen, haben Sie keine Scheu, sich per E-Mail an uns zu wenden (*autoren@carpelibrum.de*).

Debuggen

Wenn es etwas gibt, was man beim Programmieren die ganze Zeit macht, dann sind es Fehler! Davon sollten Sie sich aber keineswegs entmutigen lassen. Dies geht jedem Programmierer ähnlich. Typischerweise lassen sich zwei Arten von Fehlern unterscheiden:

- Syntaktische Fehler: Sie haben gegen die Syntax und die Regeln der Java-Sprache verstoßen, z.B. wurde ein Semikolon vergessen, ein Schlüsselwort falsch geschrieben, ein Methodenname angegeben, der nirgendwo definiert worden ist, usw. Diese Fehler werden schon beim Kompilieren vom Compiler (javac) entdeckt und Ihnen angezeigt.

- Semantische Fehler: Solche Fehler zeigen sich erst zur Laufzeit des Programms. Das Programm tut nicht das, was Sie von ihm erwarten, beispielsweise werden falsche Ergebnisse berechnet, die Anordnung von Oberflächenelementen sieht anders aus als gewünscht oder vielleicht stürzt das ganze Programm sogar bei der Ausführung ab.

C.1   Grundsätzliches Vorgehen

Viele semantische Fehler lassen sich durch aufmerksames Betrachten des Quellcodes finden. Um den Programmablauf nachzuvollziehen, hat sich auch das Einfügen von System.out.println-Anweisungen bewährt, die anzeigen, welche Methoden gerade ausgeführt werden und welche Werte bestimmte Variablen gerade haben.

Im Prinzip Ähnliches leisten Debugger, allerdings auf wesentlich komfortablere und vielseitigere Weise. Der Debugger selbst ist eine Art Super-Programm, das andere Programme ausführen und dabei überwachen kann. Eine Fehleranalyse führt der Debugger selbst aber nicht durch – dies ist Ihre Aufgabe. Der Debugger hilft Ihnen lediglich dabei, zur Laufzeit gezielt Informationen über die Ausführung des Programms zu sammeln.

Grundsätzlich geht man dabei folgendermaßen vor:

- Man lädt das Programm in den Debugger.

- Man definiert bestimmte Haltepunkte, d.h., man teilt dem Debugger mit, dass die Ausführung des Programms bei Erreichen bestimmter Quelltextzeilen angehalten werden soll.

- Man führt das Programm von Haltepunkt zu Haltepunkt oder schrittweise mit speziellen Debuggerbefehlen aus und kontrolliert dabei, ob der Programmfluss korrekt ist (ob beispielsweise in einer if-Bedingung korrekt verzweigt wird, ob eine Schleife ausgeführt oder eine Methode aufgerufen wird).

- Wurde die Programmausführung vom Debugger angehalten, kann man sich vom Debugger die Inhalte der Variablen des Programms anzeigen lassen. Auf diese Weise kann man beispielsweise die Ausführung von Berechnungen oder die Inkrementierung von Schleifenvariablen kontrollieren.

C.2   Der Debugger JDB

Der im JDK mitgelieferte Debugger heißt *jdb* und eignet sich zur Fehlersuche in Anwendungen und Applets. Allerdings handelt es sich bei der aktuellen *jdb*-Version um ein recht einfaches Kommandozeilenprogramm. Wenn Sie Debugger von anderen Programmiersprachen gewöhnt sind, werden Sie enttäuscht sein. Aber besser als nichts ist er allemal.

Vorbereitungen zum Einsatz von jdb

Um eine Anwendung mit dem *jdb* zu debuggen, muss zunächst der *javac*-Compiler spezielle Debug-Informationen hinzufügen, die der *jdb*-Debugger benötigt. Dazu gibt man beim Kompilieren mit *javac* die Option *-g* mit, z.B.:

javac -g Fehler.java

Nun kann das Programm im Debugger gestartet werden:

jdb Fehler

Falls ein Applet debuggt werden soll, muss der Appletviewer mit der Option *-debug* aufgerufen werden. Er sorgt dann dafür, dass der *jdb* mit aufgerufen wird. Wenn also beispielsweise *Test.html* das zu untersuchende Applet enthält, wird die Debug-Sitzung gestartet mit:

appletviewer -debug Test.html

Nach dem Laden und Initialisieren wartet der *jdb* auf Ihre Befehle.

Wichtige jdb-Kommandos:

Kommando	Beschreibung
run arg1 arg2	Startet die Ausführung des Programms; falls das Programm Parameter erwartet, können sie mit angegeben werden.
stop at Klasse:Zeile	Setzt einen Haltepunkt in Klasse Klasse bei Zeile Zeile.
stop in Klasse.Methode	Setzt einen Haltepunkt in der Methode Methode von Klasse Klasse. Gestoppt wird bei der ersten Anweisung.
step	Eine Codezeile ausführen
cont	Programmausführung fortsetzen (nach einem Haltepunkt)
list	Den Quellcode anzeigen
locals	Anzeigen der lokalen Variablen
print Name	Anzeigen der Variablen Name
where	Die Abfolge der Methodenaufrufe zeigen
quit	jdb beenden
help	Übersicht über alle jdb-Befehle ausgeben
!!	Letztes Kommando wiederholen

Tabelle C.1: jdb-Kommandos

Schlüsselwörter

abstract	do	implements	protected	true
assert	double	import	public	try
boolean	else	inner*	rest*	var*
break	enum	instanceof	return	void
byte	extends	int	short	volatile
byvalue*	false	interface	static	while
case	final	long	strictfp	
cast*	finally	native	super	
catch	float	new	switch	
char	for	null	synchronized	
class	future*	operator*	this	
const*	generic*	outer*	throw	
continue	goto*	package	throws	
default	if	private	transient	

Tabelle D.1: Schlüsselwörter von Java

Die mit * markierten Schlüsselwörter sind für zukünftige Erweiterungen reserviert oder entstammen anderen Programmiersprachen und wurden in die Liste aufgenommen, damit der Java-Compiler ihre Vorkommen leichter erkennen und als Fehler markieren kann. Die »Schlüsselwörter« false, true und null sind Literale und können daher ebenfalls nicht für eigene Variablennamen verwendet werden.

Literatur und Adressen

Zu Java gibt es eine fast schon unübersehbare Flut an Literatur und Informationsquellen. Hier eine kleine Auswahl zur Orientierung:

Bücher

Bei Büchern sollten Sie darauf achten, dass der neue Java 2/Version 1.5-Standard oder zumindest 1.2 abgedeckt wird. Empfehlenswert sind unserer Meinung nach:

- »Java 2 Kompendium«; Louis, Müller; Markt+Technik. Eine umfassende Einführung in die objektorientierte Programmierung mit Java, inklusive vieler Spezialthemen wie Datenbank-, Netzwerk- und Thread-Programmierung.

- »Core Java 2«; Horstmann, Cornell; Markt+Technik. Ein auch in deutscher Übersetzung erhältlicher zweibändiger Rundumschlag in Sachen Java mit ausführlicher Behandlung von fast allen Aspekten von Java.

- »Handbuch der Java-Entwicklung«; Guido Krüger; Addison-Wesley. Ein umfangreiches und gut verständliches Buch für Einsteiger mit und ohne Vorkenntnissen.

- »Just Java 2«; Peter van den Linden; Verlag Prentice Hall. Viele wertvolle Erläuterungen auf hohem Niveau, vor allem für Leute mit C/C++-Vorkenntnissen. Sehr amüsant geschrieben mit vielen Anekdoten. In Englisch.

Zeitschriften

Die folgenden Zeitschriften konzentrieren sich vollständig auf Java oder enthalten zumindest gelegentlich Artikel zur Java-Programmierung:

- »Java Spektrum«, SIGS Verlag, *www.sigs-datacom.de/sd/publications/js/*. Erscheint alle zwei Monate. In Deutsch.

- »Java Magazin«, Software&Support Verlag. Sehr gute deutschsprachige Monatszeitschrift zur Software-Erstellung in Java; *www.javamagazin.de*.

- »Der Entwickler«, Software&Support Verlag GmbH; Zeitschrift rund um Softwareentwicklung. *www.derentwickler.de*. Erscheint alle zwei Monate.

- »Toolbox«, *www.toolbox-mag.de*. Eine Zeitschrift für professionelle Software-Entwickler. Erscheint alle zwei Monate in Deutsch.

Ressourcen im Internet

Java ist die Programmiersprache des Internets und daher ist es nicht weiter überraschend, dass viele Sites mit Java-Informationen existieren, z.B.:

Tabelle E.1:
Internet-
adressen zum
Thema Java

Adresse	Beschreibung
http://java.sun.com,	Die Java-Homepage von Sun.
http://java.sun.com/j2se/	Hier finden Sie das aktuelle JDK J2SE V. 1.5.0, weitere Tools und viel Dokumentationsmaterial.
http://www.borland.de	Hier ist die kostenlose Java-Entwicklungsumgebung JBuilder Personal Edition erhältlich.
http://softwaredev.earthweb.com/java	Viele Informationen, Ressourcen und weiterführende Links.
http://java.seite.net	Hier finden Sie »Kaffee und Kuchen«: eine der wenigen deutschen Java-Adressen im WWW.
comp.lang.java.misc	Newsgroup zu diversen Java-Themen.
comp.lang.java.setup	Newsgroup zum Thema Installation von Java-Tools.
comp.lang.java.programmer	Newsgroup rund um Programmierprobleme.

Markt+Technik-Server

http://www.mut.de

Die Autoren

Wenn Sie uns mitteilen wollen, wie Ihnen das Buch gefallen hat, Anregungen oder Kritik äußern wollen oder eine Frage zum Buch haben, erreichen Sie uns unter:

autoren@carpelibrum.de

leserfragen@gmx.net

Haben Sie aber bitte Verständnis dafür, dass wir nicht alle E-Mails beantworten können – wir versprechen aber, uns zu bemühen.

Die CD-ROM zum Buch

Auf der Buch-CD finden Sie

- **/Beispiele**

  Die Java-Beispiele und zu den umfangreicheren Übungen die Lösungen.

- **/PDFs**

  Das Unterkapitel zu Aufzählungen (enum) aus dem Java-Kompendium.

  Eine Übersicht der wichtigsten Java-Pakete und -Klassen.

  Eine Kurzeinführung und Referenz zu HTML.

  Eine Einführung in die Arbeit mit verschiedenen Java-Entwicklungsumgebungen.

- **/Software**

  Kostenlose Versionen des Java-SDK und der Eclipse-Entwicklungsumgebung. Zur Installation des Java-SDK siehe den Anhang des Buchs. Die Installation von Eclipse ist in der PDF-Datei *Entwicklungsumgebungen.pdf* beschrieben.

Ausführung der Beispiele

Kopieren Sie die Beispiele auf Ihre Festplatte und heben Sie den Schreibschutz für die .java-Dateien auf. Kompilieren Sie die einzelnen Programme wie in den Kapiteln 1.6 und 2 beschrieben.

Stichwortverzeichnis

450

451

Sun Microsystems, Inc. Binary Code License Agreement

for the JAVA 2 PLATFORM STANDARD EDITION DEVELOPMENT KIT 5.0

SUN MICROSYSTEMS, INC. ("SUN") IS WILLING TO LICENSE THE
SOFTWARE IDENTIFIED BELOW TO YOU ONLY UPON THE CONDITION
THAT YOU ACCEPT ALL OF THE TERMS CONTAINED IN THIS BINARY
CODE LICENSE AGREEMENT AND SUPPLEMENTAL LICENSE TERMS
(COLLECTIVELY "AGREEMENT"). PLEASE READ THE AGREEMENT
CAREFULLY. BY DOWNLOADING OR INSTALLING THIS SOFTWARE, YOU
ACCEPT THE TERMS OF THE AGREEMENT. INDICATE ACCEPTANCE BY
SELECTING THE "ACCEPT" BUTTON AT THE BOTTOM OF THE
AGREEMENT. IF YOU ARE NOT WILLING TO BE BOUND BY ALL THE
TERMS, SELECT THE "DECLINE" BUTTON AT THE BOTTOM OF THE
AGREEMENT AND THE DOWNLOAD OR INSTALL PROCESS WILL NOT
CONTINUE.

1. DEFINITIONS. "Software" means the identified above in
binary form, any other machine readable materials
(including, but not limited to, libraries, source files,
header files, and data files), any updates or error
corrections provided by Sun, and any user manuals,
programming guides and other documentation provided to you
by Sun under this Agreement. "Programs" mean Java applets
and applications intended to run on the Java 2 Platform
Standard Edition (J2SE platform) platform on Java-enabled
general purpose desktop computers and servers.

2. LICENSE TO USE. Subject to the terms and conditions of
this Agreement, including, but not limited to the Java
Technology Restrictions of the Supplemental License Terms,
Sun grants you a non-exclusive, non-transferable, limited
license without license fees to reproduce and use
internally Software complete and unmodified for the sole
purpose of running Programs. Additional licenses for
developers and/or publishers are granted in the
Supplemental License Terms.

3. RESTRICTIONS. Software is confidential and copyrighted.
Title to Software and all associated intellectual property
rights is retained by Sun and/or its licensors. Unless
enforcement is prohibited by applicable law, you may not
modify, decompile, or reverse engineer Software. You
acknowledge that Licensed Software is not designed or
intended for use in the design, construction, operation or
maintenance of any nuclear facility. Sun Microsystems, Inc.
disclaims any express or implied warranty of fitness for
such uses. No right, title or interest in or to any
trademark, service mark, logo or trade name of Sun or its

licensors is granted under this Agreement. Additional restrictions for developers and/or publishers licenses are set forth in the Supplemental License Terms.

4. LIMITED WARRANTY. Sun warrants to you that for a period of ninety (90) days from the date of purchase, as evidenced by a copy of the receipt, the media on which Software is furnished (if any) will be free of defects in materials and workmanship under normal use. Except for the foregoing, Software is provided "AS IS". Your exclusive remedy and Sun's entire liability under this limited warranty will be at Sun's option to replace Software media or refund the fee paid for Software. Any implied warranties on the Software are limited to 90 days. Some states do not allow limitations on duration of an implied warranty, so the above may not apply to you. This limited warranty gives you specific legal rights. You may have others, which vary from state to state.

5. DISCLAIMER OF WARRANTY. UNLESS SPECIFIED IN THIS AGREEMENT, ALL EXPRESS OR IMPLIED CONDITIONS, REPRESENTATIONS AND WARRANTIES, INCLUDING ANY IMPLIED WARRANTY OF MERCHANTABILITY, FITNESS FOR A PARTICULAR PURPOSE OR NON-INFRINGEMENT ARE DISCLAIMED, EXCEPT TO THE EXTENT THAT THESE DISCLAIMERS ARE HELD TO BE LEGALLY INVALID.

6. LIMITATION OF LIABILITY. TO THE EXTENT NOT PROHIBITED BY LAW, IN NO EVENT WILL SUN OR ITS LICENSORS BE LIABLE FOR ANY LOST REVENUE, PROFIT OR DATA, OR FOR SPECIAL, INDIRECT, CONSEQUENTIAL, INCIDENTAL OR PUNITIVE DAMAGES, HOWEVER CAUSED REGARDLESS OF THE THEORY OF LIABILITY, ARISING OUT OF OR RELATED TO THE USE OF OR INABILITY TO USE SOFTWARE, EVEN IF SUN HAS BEEN ADVISED OF THE POSSIBILITY OF SUCH DAMAGES. In no event will Sun's liability to you, whether in contract, tort (including negligence), or otherwise, exceed the amount paid by you for Software under this Agreement. The foregoing limitations will apply even if the above stated warranty fails of its essential purpose. Some states do not allow the exclusion of incidental or consequential damages, so some of the terms above may not be applicable to you.

7. TERMINATION. This Agreement is effective until terminated. You may terminate this Agreement at any time by destroying all copies of Software. This Agreement will terminate immediately without notice from Sun if you fail to comply with any provision of this Agreement. Either party may terminate this Agreement immediately should any Software

become, or in either party's opinion be likely to become, the subject of a claim of infringement of any intellectual property right. Upon Termination, you must destroy all copies of Software.

8. EXPORT REGULATIONS. All Software and technical data delivered under this Agreement are subject to US export control laws and may be subject to export or import regulations in other countries. You agree to comply strictly with all such laws and regulations and acknowledge that you have the responsibility to obtain such licenses to export, re-export, or import as may be required after delivery to you.

9. TRADEMARKS AND LOGOS. You acknowledge and agree as between you and Sun that Sun owns the SUN, SOLARIS, JAVA, JINI, FORTE, and iPLANET trademarks and all SUN, SOLARIS, JAVA, JINI, FORTE, and iPLANET-related trademarks, service marks, logos and other brand designations ("Sun Marks"), and you agree to comply with the Sun Trademark and Logo Usage Requirements currently located at http://www.sun.com/policies/trademarks. Any use you make of the Sun Marks inures to Sun's benefit.

10. U.S. GOVERNMENT RESTRICTED RIGHTS. If Software is being acquired by or on behalf of the U.S. Government or by a U.S. Government prime contractor or subcontractor (at any tier), then the Government's rights in Software and accompanying documentation will be only as set forth in this Agreement; this is in accordance with 48 CFR 227.7201 through 227.7202-4 (for Department of Defense (DOD) acquisitions) and with 48 CFR 2.101 and 12.212 (for non-DOD acquisitions).

11. GOVERNING LAW. Any action related to this Agreement will be governed by California law and controlling U.S. federal law. No choice of law rules of any jurisdiction will apply.

12. SEVERABILITY. If any provision of this Agreement is held to be unenforceable, this Agreement will remain in effect with the provision omitted, unless omission would frustrate the intent of the parties, in which case this Agreement will immediately terminate.

13. INTEGRATION. This Agreement is the entire agreement between you and Sun relating to its subject matter. It supersedes all prior or contemporaneous oral or written communications, proposals, representations and warranties and prevails over any conflicting or additional terms of

any quote, order, acknowledgment, or other communication
between the parties relating to its subject matter during
the term of this Agreement. No modification of this
Agreement will be binding, unless in writing and signed by
an authorized representative of each party.

SUPPLEMENTAL LICENSE TERMS

These Supplemental License Terms add to or modify the terms
of the Binary Code License Agreement. Capitalized terms not
defined in these Supplemental Terms shall have the same
meanings ascribed to them in the Binary Code License
Agreement . These Supplemental Terms shall supersede any
inconsistent or conflicting terms in the Binary Code
License Agreement, or in any license contained within the
Software.

A. Software Internal Use and Development License Grant.
Subject to the terms and conditions of this Agreement and
restrictions and exceptions set forth in the Software
"README" file, including, but not limited to the Java
Technology Restrictions of these Supplemental Terms, Sun
grants you a non-exclusive, non-transferable, limited
license without fees to reproduce internally and use
internally the Software complete and unmodified for the
purpose of designing, developing, and testing your
Programs.

B. License to Distribute Software. Subject to the terms and
conditions of this Agreement and restrictions and
exceptions set forth in the Software README file,
including, but not limited to the Java Technology
Restrictions of these Supplemental Terms, Sun grants you a
non-exclusive, non-transferable, limited license without
fees to reproduce and distribute the Software, provided
that (i) you distribute the Software complete and
unmodified and only bundled as part of, and for the sole
purpose of running, your Programs, (ii) the Programs add
significant and primary functionality to the Software,
(iii) you do not distribute additional software intended to
replace any component(s) of the Software, (iv) you do not
remove or alter any proprietary legends or notices
contained in the Software, (v) you only distribute the
Software subject to a license agreement that protects Sun's
interests consistent with the terms contained in this
Agreement, and (vi) you agree to defend and indemnify Sun
and its licensors from and against any damages, costs,
liabilities, settlement amounts and/or expenses (including
attorneys' fees) incurred in connection with any claim,

lawsuit or action by any third party that arises or results from the use or distribution of any and all Programs and/or Software.

C. License to Distribute Redistributables. Subject to the terms and conditions of this Agreement and restrictions and exceptions set forth in the Software README file, including but not limited to the Java Technology Restrictions of these Supplemental Terms, Sun grants you a non-exclusive, non-transferable, limited license without fees to reproduce and distribute those files specifically identified as redistributable in the Software "README" file ("Redistributables") provided that: (i) you distribute the Redistributables complete and unmodified, and only bundled as part of Programs, (ii) the Programs add significant and primary functionality to the Redistributables, (iii) you do not distribute additional software intended to supersede any component(s) of the Redistributables (unless otherwise specified in the applicable README file), (iv) you do not remove or alter any proprietary legends or notices contained in or on the Redistributables, (v) you only distribute the Redistributables pursuant to a license agreement that protects Sun's interests consistent with the terms contained in the Agreement, (vi) you agree to defend and indemnify Sun and its licensors from and against any damages, costs, liabilities, settlement amounts and/or expenses (including attorneys' fees) incurred in connection with any claim, lawsuit or action by any third party that arises or results from the use or distribution of any and all Programs and/or Software.

D. Java Technology Restrictions. You may not create, modify, or change the behavior of, or authorize your licensees to create, modify, or change the behavior of, classes, interfaces, or subpackages that are in any way identified as "java", "javax", "sun" or similar convention as specified by Sun in any naming convention designation.

E. Distribution by Publishers. This section pertains to your distribution of the Software with your printed book or magazine (as those terms are commonly used in the industry) relating to Java technology ("Publication"). Subject to and conditioned upon your compliance with the restrictions and obligations contained in the Agreement, in addition to the license granted in Paragraph 1 above, Sun hereby grants to you a non-exclusive, nontransferable limited right to reproduce complete and unmodified copies of the Software on electronic media (the "Media") for the sole purpose of inclusion and distribution with your Publication(s),

subject to the following terms: (i) You may not distribute the Software on a stand-alone basis; it must be distributed with your Publication(s); (ii) You are responsible for downloading the Software from the applicable Sun web site; (iii) You must refer to the Software as JavaTM 2 Platform Standard Edition Development Kit 5.0; (iv) The Software must be reproduced in its entirety and without any modification whatsoever (including, without limitation, the Binary Code License and Supplemental License Terms accompanying the Software and proprietary rights notices contained in the Software); (v) The Media label shall include the following information: Copyright 2004, Sun Microsystems, Inc. All rights reserved. Use is subject to license terms. Sun, Sun Microsystems, the Sun logo, Solaris, Java, the Java Coffee Cup logo, J2SE , and all trademarks and logos based on Java are trademarks or registered trademarks of Sun Microsystems, Inc. in the U.S. and other countries. This information must be placed on the Media label in such a manner as to only apply to the Sun Software; (vi) You must clearly identify the Software as Sun's product on the Media holder or Media label, and you may not state or imply that Sun is responsible for any third-party software contained on the Media; (vii) You may not include any third party software on the Media which is intended to be a replacement or substitute for the Software;
 (viii) You shall indemnify Sun for all damages arising from your failure to comply with the requirements of this Agreement. In addition, you shall defend, at your expense, any and all claims brought against Sun by third parties, and shall pay all damages awarded by a court of competent jurisdiction, or such settlement amount negotiated by you, arising out of or in connection with your use, reproduction or distribution of the Software and/or the Publication. Your obligation to provide indemnification under this section shall arise provided that Sun: (i) provides you prompt notice of the claim; (ii) gives you sole control of the defense and settlement of the claim; (iii) provides you, at your expense, with all available information, assistance and authority to defend; and (iv) has not compromised or settled such claim without your prior written consent; and (ix) You shall provide Sun with a written notice for each Publication; such notice shall include the following information: (1) title of Publication, (2) author(s), (3) date of Publication, and (4) ISBN or ISSN numbers. Such notice shall be sent to Sun Microsystems, Inc., 4150 Network Circle, M/S USCA12-110, Santa Clara, California 95054, U.S.A , Attention: Contracts Administration.

F. Source Code. Software may contain source code that, unless expressly licensed for other purposes, is provided solely for reference purposes pursuant to the terms of this Agreement. Source code may not be redistributed unless expressly provided for in this Agreement.

G. Third Party Code. Additional copyright notices and license terms applicable to portions of the Software are set forth in the THIRDPARTYLICENSEREADME.txt file. In addition to any terms and conditions of any third party opensource/freeware license identified in the THIRDPARTYLICENSEREADME.txt file, the disclaimer of warranty and limitation of liability provisions in paragraphs 5 and 6 of the Binary Code License Agreement shall apply to all Software in this distribution.

For inquiries please contact: Sun Microsystems, Inc., 4150 Network Circle, Santa Clara, California 95054, U.S.A. (LFI#141623/Form ID#011801)

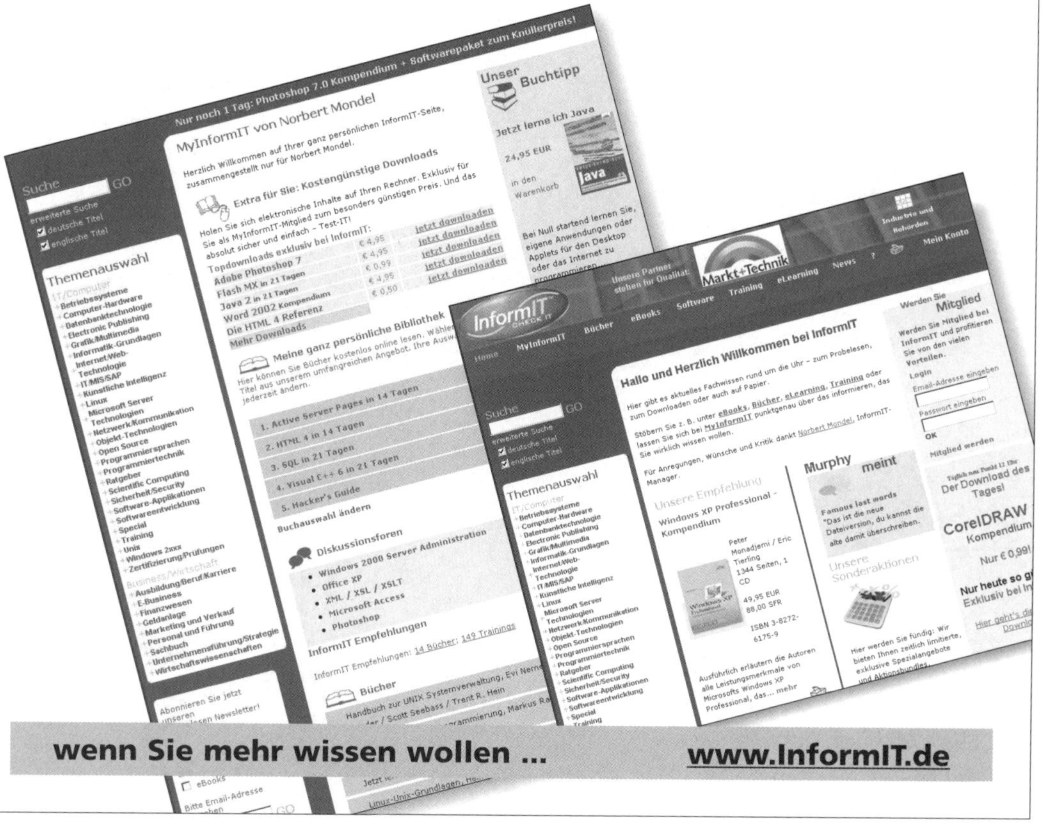

Jetzt lerne ich